# WiWi klipp & klar

**Reihe herausgegeben von**
Peter Schuster, Fakultät Wirtschaftswissenschaften, Hochschule Schmalkalden
Schmalkalden, Deutschland

WiWi klipp & klar steht für verständliche Einführungen und prägnante Darstellungen aller wirtschaftswissenschaftlichen Bereiche. Jeder Band ist didaktisch aufbereitet und behandelt ein Teilgebiet der Betriebs- oder Volkswirtschaftslehre, indem alle wichtigen Kenntnisse aufgezeigt werden, die in Studium und Berufspraxis benötigt werden.

Vertiefungsfragen und Verweise auf weiterführende Literatur helfen insbesondere bei der Prüfungsvorbereitung im Studium und zum Anregen und Auffinden weiterer Informationen. Alle Autoren der Reihe sind fundierte und akademisch geschulte Kenner ihres Gebietes und liefern innovative Darstellungen – WiWi klipp & klar.

Rainer Erne

# Produktmanagement klipp & klar

Rainer Erne
Fakultät Wirtschaft & Recht
Hochschule für Wirtschaft und Umwelt
Geislingen, Deutschland

ISSN 2569-2194    ISSN 2569-2216 (electronic)
WiWi klipp & klar
ISBN 978-3-658-44977-3    ISBN 978-3-658-44978-0 (eBook)
https://doi.org/10.1007/978-3-658-44978-0

Die Deutsche Nationalbibliothek verzeichnet diese Publikation in der Deutschen National-bibliografie; detaillierte bibliografische Daten sind im Internet über https://portal.dnb.de abrufbar.

© Der/die Herausgeber bzw. der/die Autor(en), exklusiv lizenziert an Springer Fachmedien Wiesbaden GmbH, ein Teil von Springer Nature 2024

Das Werk einschließlich aller seiner Teile ist urheberrechtlich geschützt. Jede Verwertung, die nicht ausdrücklich vom Urheberrechtsgesetz zugelassen ist, bedarf der vorherigen Zustimmung des Verlags. Das gilt insbesondere für Vervielfältigungen, Bearbeitungen, Übersetzungen, Mikroverfilmungen und die Einspeicherung und Verarbeitung in elektronischen Systemen.
Die Wiedergabe von allgemein beschreibenden Bezeichnungen, Marken, Unternehmensnamen etc. in diesem Werk bedeutet nicht, dass diese frei durch jedermann benutzt werden dürfen. Die Berechtigung zur Benutzung unterliegt, auch ohne gesonderten Hinweis hierzu, den Regeln des Markenrechts. Die Rechte des jeweiligen Zeicheninhabers sind zu beachten.
Der Verlag, die Autoren und die Herausgeber gehen davon aus, dass die Angaben und Informationen in diesem Werk zum Zeitpunkt der Veröffentlichung vollständig und korrekt sind. Weder der Verlag noch die Autoren oder die Herausgeber übernehmen, ausdrücklich oder implizit, Gewähr für den Inhalt des Werkes, etwaige Fehler oder Äußerungen. Der Verlag bleibt im Hinblick auf geografische Zuordnungen und Gebietsbezeichnungen in veröffentlichten Karten und Institutionsadressen neutral.

Planung/Lektorat: Vera Treitschke
Springer Gabler ist ein Imprint der eingetragenen Gesellschaft Springer Fachmedien Wiesbaden GmbH und ist ein Teil von Springer Nature.
Die Anschrift der Gesellschaft ist: Abraham-Lincoln-Str. 46, 65189 Wiesbaden, Germany

Wenn Sie dieses Produkt entsorgen, geben Sie das Papier bitte zum Recycling.

# Geleitwort

Während unserer Produktmanagement-Laufbahn wurden und werden wir immer wieder von Gesprächspartnerinnen gefragt „Was machen Sie denn bei Ihrem Unternehmen?" Auf unsere Erklärung, wir seien dort im Produktmanagement tätig, bekommen wir dann prompt und freundlich bestätigt: „Ach – Sie arbeiten also im Projektmanagement ...".

Dieses geläufige Missverständnis ist einerseits der Ähnlichkeit der beiden Worte geschuldet, andererseits aber auch der besseren Bekanntheit der Disziplin Projektmanagement. In fast allen Unternehmen werden „Projekte gemanagt", ob Entwicklungsprojekte, Bauprojekte, Change-Projekte, Kostenreduktionsprojekte, Markteinführungsprojekte – um nur einige davon zu nennen. Nicht alle Unternehmen bringen aber „Produkte" auf den Markt. Solche „Produktunternehmen" stehen und fallen mit dem Erfolg Ihrer „Produkte". Kurz und knapp formuliert, besteht die Aufgabe des Produktmanagements in solchen Unternehmen darin, erfolgversprechende Produktideen zu entwerfen, die daraus entstehenden Produkte zeitgerecht und klar im Markt zu positionieren und erfolgreich durch die verschiedenen Phasen des Lebenszyklus zu steuern. Dabei spielt es keine Rolle, ob es sich um physische Produkte (Hardware), Software-Produkte oder Dienstleistungsangebote („as a Service"-Produkte) handelt

Der Produkterfolg ist dabei alles andere als garantiert, sondern vielmehr das Resultat einer Vielzahl voneinander abhängigen und miteinander abgestimmten Aktivitäten vieler verschiedener Fachabteilungen. Über die korrekte Analyse der Kundentypen und Kundenbedürfnisse, der rechtzeitigen Verfügbarkeit in der benötigten Qualität, der passenden Preispolitik und der effektiven Marktkommunikation müssen viele Räder ineinandergreifen, um am Ende den „Lohn" eines erfolgreichen Produktes in Händen zu halten. An dieser Stelle steuert ein gutes Produktmanagement als Bindeglied zwischen vielen „Stakeholdern" im und ums Unternehmen zahlreiche unterschiedliche Aktivitäten, um den Kunden ein wertvolles Produkt zu liefern, das fürs eigene Unternehmen wirtschaftlich attraktiv ist.

Der Leser kann sich vorstellen, dass die Vielseitigkeit und Verantwortung der Aufgabe den Produktmanagerinnen viel abverlangt und der Gesamtüberblick schnell den vielen Details zum Opfer fallen kann. Dies ist umso schwieriger, gibt es doch für den Beruf „Produktmanager" keinen festen Ausbildungspfad, mit dem man sich auf die Praxis vorbereiten könnte. Es ist vielmehr ein „learning on the job" gefordert, mit dem Techniker, Ingenieurinnen, Betriebswirte oder Entwicklerinnen in die Rolle des Produktmanagers wachsen.

Die Vielzahl von Beiträgen – mitunter auch steilen Thesen –, mit denen viele Experten die sozialen Medien mit Beiträgen zum Thema Produktmanagement bevölkern („Niemand braucht mehr eine Roadmap!"), sind dabei mitunter eher verwirrend und beängstigend für diejenigen, die sich in die Aufgabe einarbeiten wollen. Umso wichtiger ist es, dass hochwertige Literatur und praxisnahe Weiterbildungsangebote zur Verfügung stehen, die sich nicht durch eine Masse an Details überbieten, sondern Struktur und Überblick vermitteln. Oftmals werden dabei sogenannte „Frameworks" verwendet, die als mentale Modelle den Aufgabenumfang und die Kompetenzen eines erfolgreichen Produktmanagements beschreiben. Wie wertvoll das für angehende und frischgebackene Produktmenschen ist, sehen wir in jeder unserer Schulungen. Dieses Buch leistet dazu einen wertvollen Beitrag. Die klar strukturierten Inhalte basieren auf dem klaren Blick für die aktuelle Praxis im Produktmanagement, den Rainer Erne mitbringt.

Die im Buch vermittelten Frameworks und Definitionen geben eine Struktur, die insbesondere Neulingen in der Masse an Informationen Orientierung vermitteln. Sie machen aber auch die Vielzahl an Anforderungen und Aufgaben an Produktmanagerinnen deutlich: Informationen, Aufgaben und Anforderungen müssen priorisiert und in eine zeitliche Reihenfolge gebracht werden, um die Rolle des Produktmanagers glaubwürdig und effektiv ausfüllen zu können. Dabei wissen wir aus eigener Erfahrung als Produktmanager, aus unseren Gesprächen mit Kursteilnehmern sowie aus Beratungsmandaten in Unternehmen, dass die Herausforderungen vielfach dieselben sind und sich daraus auch Kompetenzprofile ableiten lassen, um diese erfolgreich zu meistern.

Unsere Praxis aus vielen Jahren Produktmanagement in Unternehmen unterschiedlicher Branchen, Größen und Produkttypen zeigt aber auch, dass die Empfehlungen dieses Buches immer auf das spezifische Umfeld des eigenen Unternehmens (aktuelle Organisation, Anzahl von Produkten und Kunden, technische Komplexitäten) übertragen werden müssen.

In diesem Sinne: viel Spaß beim Lesen des geballt gesammelten Wissensfundus und viel Erfolg bei der Umsetzung in der eigenen Praxis!

Januar 2024  
ProduktManageMentor

Jan Harste  
Thomas Moder

# Inhaltsverzeichnis

1 **Wozu wird Produktmanagement benötigt?** .................. 1
   1.1  Die Erfolgsquote von Neuprodukten am Markt. ........... 1
   1.2  Ursachen für den (Miss-)Erfolg von Produkten. ........... 3
   1.3  Übungsaufgaben und Lösungen. ...................... 7
   Literatur. ................................................ 9

2 **Was ist Produktmanagement?** ........................... 11
   2.1  Aufgaben des Produktmanagements .................... 11
   2.2  Zuständigkeit für das Produktmanagement ............... 16
   2.3  Organisation des Produktmanagements. ................. 18
   2.4  Anforderungen an Produktmanager. .................... 25
   2.5  Herausforderungen für Produktmanager ................ 29
   2.6  Ausbildung für das Produktmanagement. ................ 31
   2.7  Übungsaufgaben und Lösungen. ...................... 35
   Literatur. ................................................ 37

3 **Was ist ein erfolgreiches Produkt?** ....................... 41
   3.1  Der Begriff des Produkts ............................. 41
   3.2  Indikatoren für Produkterfolg ......................... 52
   3.3  Faktoren für Produkterfolg ........................... 59
   3.4  Übungsaufgaben und Lösungen. ...................... 66
   Literatur. ................................................ 67

4 **Wie werden Produkte erfolgreich auf den Markt gebracht?** ... 73
   4.1  Prozessmodelle für die Gestaltung erfolgreicher Produkte ... 73
   4.2  Entdeckung von Produkten .......................... 85
   4.3  Spezifikation von Produkten ......................... 92
   4.4  Realisierung von Produkten. ......................... 105
   4.5  Markteinführung von Produkten ...................... 126
   4.6  Übungsaufgaben und Lösungen. ...................... 128
   Literatur. ................................................ 131

5 **Wie werden Produkte erfolgreich am Markt gehalten?** ....... 137
   5.1  Controlling des Produkterfolgs ....................... 137
   5.2  Definition des Produkterfolgs ........................ 139
   5.3  Erhebung des Produkterfolgs. ........................ 146
   5.4  Beurteilung des Produkterfolgs ....................... 149

| | 5.5 | Entscheidung und Initiierung von Steuerungsmaßnahmen | 153 |
|---|---|---|---|
| | 5.6 | Eliminierung von Produkten | 155 |
| | 5.7 | Übungsaufgaben und Lösungen | 157 |
| | | Literatur | 159 |
| **6** | **Ausblick: Zukunftsthemen für das Produktmanagement** | | **163** |
| | | Literatur | 165 |

# Wozu wird Produktmanagement benötigt? 1

**Lernziele dieses Kapitels**
- Überblick über die Erfolgsquote von Neuprodukten am Markt gewinnen
- Mögliche Ursachen für Produkterfolge und -misserfolge kennen
- Nutzen und Beiträge des Produktmanagements ableiten

## 1.1 Die Erfolgsquote von Neuprodukten am Markt

Die Fragestellung, wozu Produktmanagement benötigt wird, lässt sich durch einen Blick auf die Erfolgsquote von Neuprodukten am Markt beantworten.

Bei der Frage nach der Misserfolgsquote von Neuprodukten am Markt wird in Diskussionen vielfach die Zahl 80 %–90 % angeführt. Diese hohe Zahl, die aus Veröffentlichungen aus den frühen 60er-Jahren stammt (vgl. O'Meara 1961; Schorr 1961), lässt sich jedoch durch empirische Studien nicht belegen (vgl. Castellion und Markham 2012).

Zunächst darf die Erfolgsrate von Produkten nicht mit der Erfolgsrate von Produktideen in den frühen Phasen des Innovationsprozesses verwechselt werden. So wird oft die Studie von Stevens und Burley (1997) im Auftrag des Industrial Research Institutes zitiert, nach welcher von 3000 Produktideen gerade einmal zwei Ideen (0,07 %) zu marktfähigen Produkten führen. Ähnlich kommt die Studie der Design- und Produktinnovationsberatung IDEO zum Ergebnis, dass für 12 verkaufbare Spielzeuge in einem Designstudio insgesamt 4000 Produktideen (0,3 %) erforderlich waren (Sutton 2007, S. 10). Die deutsche Kienbaum-Studie zu derselben Fragestellung, wie viele Ideen für vermarktbare Produkte erforderlich sind, resümiert eine Erfolgsrate von 52 Produkten aus 1919 Produktideen (2,7 %) (vgl. Berth 1993; Horton 2012). Die genannten Studien belegen jedoch weniger eine hohe Misserfolgsrate von Produkten als vielmehr einen erfolgreichen Ideenselektionsprozess (vgl. Abb. 1.1).

Von einem Misserfolg von Neuprodukten soll hier folglich nur gesprochen werden, wenn das Produkt innerhalb eines Zeitraums von maximal drei Jahren nach Markteinführung die anvisierten Umsatz- und Profitabilitätsziele nicht erreicht hat. Produkt-Misserfolg ist somit ein Maß für die Verschwendung. Diese besteht darin, dass ein Produkt auf den Markt gebracht wurde, ohne dass die dadurch entstandenen Investitions- und laufenden Kosten durch Umsätze hinreichend gedeckt wurden.

Diese Definition macht „Produkt-Misserfolg" unabhängig von der unternehmerischen Entscheidung, ob diese Produkte in der Folge elimi-

© Der/die Autor(en), exklusiv lizenziert an Springer Fachmedien Wiesbaden GmbH,
ein Teil von Springer Nature 2024
R. Erne, *Produktmanagement klipp & klar*, WiWi klipp & klar,
https://doi.org/10.1007/978-3-658-44978-0_1

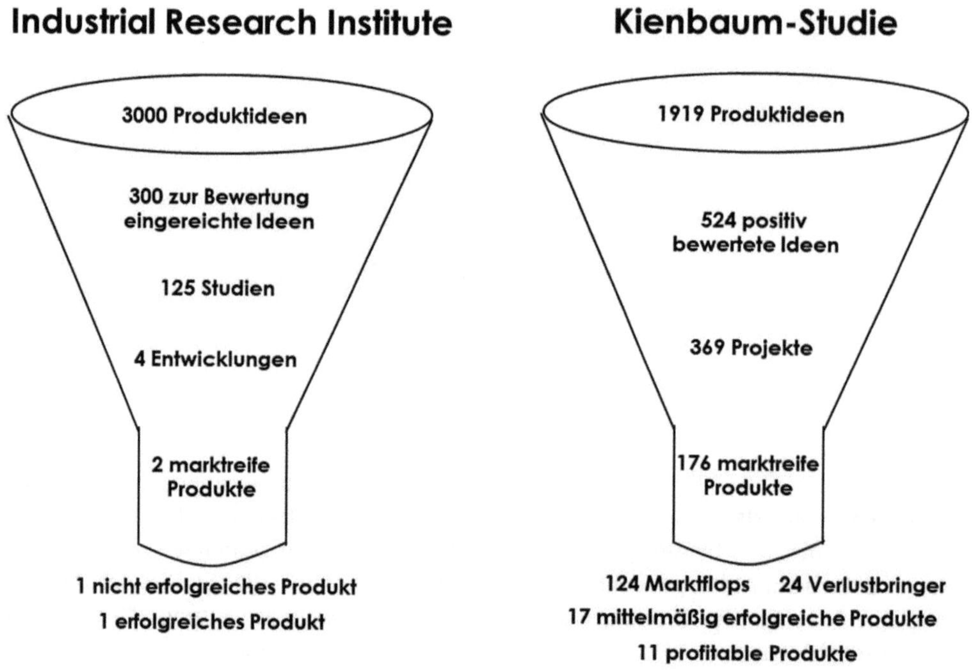

## Industrial Research Institute

- 3000 Produktideen
- 300 zur Bewertung eingereichte Ideen
- 125 Studien
- 4 Entwicklungen
- 2 marktreife Produkte
- 1 nicht erfolgreiches Produkt
- 1 erfolgreiches Produkt

## Kienbaum-Studie

- 1919 Produktideen
- 524 positiv bewertete Ideen
- 369 Projekte
- 176 marktreife Produkte
- 124 Marktflops    24 Verlustbringer
- 17 mittelmäßig erfolgreiche Produkte
- 11 profitable Produkte

**Abb. 1.1** Selektionsprozesse und Erfolgsquoten von Neuprodukten. (Vgl. Stevens und Burley 1997; Berth 1993; Horton 2012)

niert oder aus bestimmten Gründen im Portfolio belassen werden. Ferner lässt dieses Verständnis unberücksichtigt, wie realitätsnah die jeweiligen Umsatz- und Profitabilitätsziele zeitlich und quantitativ gesetzt wurden.

Gemessen an dieser Definition liegt die Erfolgsquote von Neuprodukten am Markt in der Studie des Industrial Research Institutes bei 50 %[1] (vgl. Stevens und Burley 1997), in der IDEO-Studie bei 16,7 %[2] (vgl. Sutton 2007) und bei der Kienbaum-Studie bei 15,9 %[3] (vgl. Berth 1993; Horton 2012). In anderen empirischen Studien zu Misserfolgsquoten von Neuprodukten am Markt liegt diese im Mittelwert zwischen 35 % und 45 %. Das bedeutet, dass 4 von 10 im Markt eingeführte Neuprodukte (40 %) ihre Umsatz- und Profitabilitätserwartungen nicht erfüllen. Positiv gewendet erreichen also im Durchschnitt 6 von 10 auf dem Markt befindlichen Neuprodukte (60 %) ihre Umsatz- und Profitabilitätsziele (vgl. Booz Allen Hamilton 1968, 1982; Crawford 1977, 1987; Page 1993; Griffin 1997; Cooper et al. 2004a, b, c; Edgett 2010; Edgett und Cooper 2012; Crawford und Di Benedetto 2021; Lee und Markham 2016; Cooper 2017).

Exemplarisch für diese Forschungsergebnisse sollen hier die Studien von Robert G. Cooper und Scott J. Edgett bei über 200 US-amerikanischen Unternehmen genauer betrachtet werden (vgl. Edgett 2010; Edgett und Cooper 2012; Cooper 2017). Bei den untersuchten Unternehmen haben im arithmetischen Mittelwert etwa 45 % der Neuprodukte die an sie gestellten Umsatz- und Profitabilitätsziele nicht erreicht. Interessant ist jedoch an diesen Studien nicht allein der Durchschnittswert, sondern die Verteilung der Werte. Es lassen sich nämlich wiederholt die besten 25 % der Unternehmen klar unterscheiden von „dem Rest". Diese Segmentierung wird auch durch einige der oben erwähnten Studien bestätigt (vgl. Lee und Markham 2016). Die Differenzierbarkeit von „guten", „mittelmäßigen" und „schlechten" Unternehmen beim Markterfolg von Neuprodukten weist darauf hin, dass Produkterfolg weniger dem

---
[1] Ein von zwei auf dem Markt eingeführten Produkte erreichten ihre definierten Ziele nicht.
[2] 10 von 12 auf dem Markt eingeführte Produkte erreichten ihre definierten Ziele nicht.
[3] 28 von 176 auf dem Markt eingeführten Produkte.

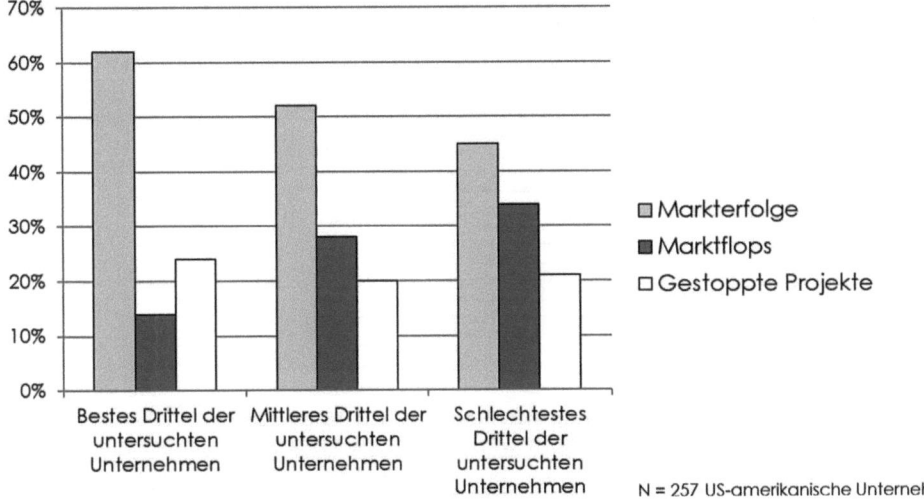

**Abb. 1.2** Erfolgsquote von Neuprodukten am Markt. (Vgl. Edgett 2010)

Zufall als vielmehr unternehmerischen Praktiken zugeschrieben werden kann (vgl. Abb. 1.2).

In anderen Worten kann ein gutes und richtiges Management von Produkten die Wahrscheinlichkeit des Markterfolgs deutlich erhöhen. Dieses Management von Produkten beginnt idealerweise vor der Markteinführung mit der Findung und Selektion der Produktideen im Rahmen des Produktportfolios. Es kann jedoch – mit begrenzterem Gestaltungsspielraum – auch nach der Markteinführung den Produkterfolg beeinflussen. Mit diesen Feststellungen ist bereits der Zweck des Produktmanagements beschrieben:

> **Zusammenfassung: Die Erfolgsquote von Neuprodukten am Markt**
> Produktmanagement wird benötigt, um den Markterfolg von Produkten sicherzustellen. Dies ist nicht selbstverständlich, sondern eine unternehmerische Aufgabe, da durchschnittlich 4 von 10 Produkten am Markt ihre Umsatz- und/oder Profitabilitätsziele nicht erreichen.
> Die Durchschnittswerte werden durch unterscheidbare „gute" und „schlechte" Leistungen in der Neuproduktentwicklung gebildet. Diese guten und schlechten Leistungen müssen sich auch auf gute und schlechte Praktiken zurückführen lassen.

## 1.2 Ursachen für den (Miss-)Erfolg von Produkten

Um das Aufgabenfeld des Produktmanagements spezifischer einzugrenzen, ist es hilfreich, sich mit den Ursachen für den Erfolg oder Misserfolg von Produkten am Markt zu beschäftigen.

Quantitative Studien zu dieser Frage weisen meist mit Abstand einen zentralen Faktor für den Misserfolg von Produkten am Markt aus: fehlender Marktbedarf bzw. ungenügende Marketingforschung. Dies hat sich, wie der Vergleich zweier empirischer Studien zu den Ursachen von Produktmisserfolgen zeigt, zwischen 1971 und 2019 kaum geändert (vgl. Abb. 1.3).

Neben dem fehlenden Marktbedarf existieren eine Reihe weiterer, sehr unterschiedlicher Misserfolgsfaktoren, wie beispielsweise technische Produktprobleme und/oder Produktfehler in der Entwicklung oder in der Produktion, unzureichende Differenzierung von Wettbewerberprodukten, ungünstiges Timing der Markteinführung, mangelhafte Preisgestaltung oder unzureichende Gebrauchstauglichkeit (Usability) des Produkts aus Nutzersicht.

Diese abstrakten Fragebogen-Items werden durch qualitative Fallstudien zu Misserfolgen von Neuprodukten am Markt bestätigt und veranschaulicht (vgl. Abb. 1.4).

## Ursachen für den Misserfolg von Produktinnovationen

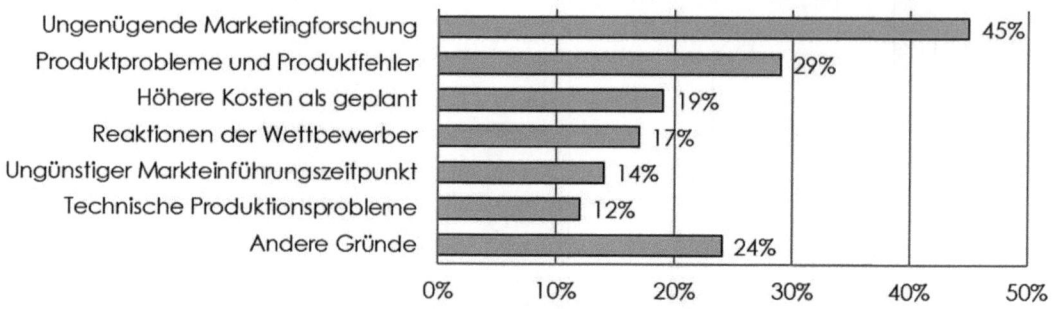

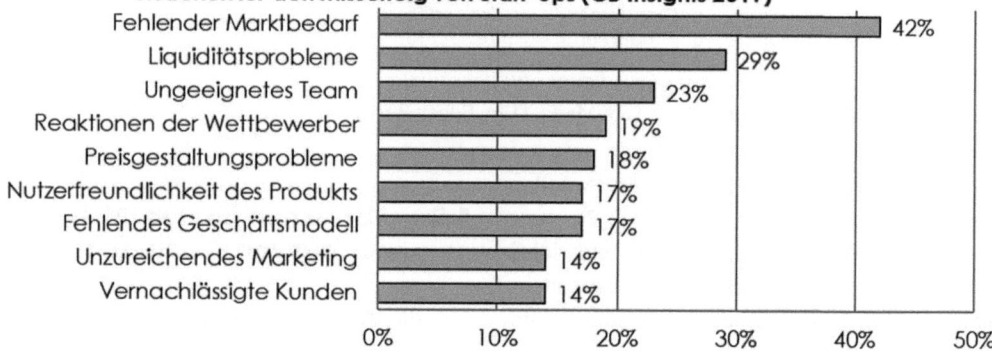

**Abb. 1.3** Ursachen für den Misserfolg von Neuprodukten. (Vgl. Cooper 2012; CB Insights 2019)

**Beispiel: American Biophysics, Mosquito Magnet, 2000**

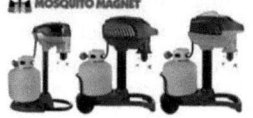

**Beispiel: Segway, Personal Transporter, 2001**

**Beispiel: Coca-Cola, Coca Cola C2, 2004**

**Beispiel: Procter & Gamble, Febreeze Scent Stories, 2004**

**Beispiel: Microsoft, Windows Vista, 2007**

**Abb. 1.4** Fallbeispiele für Produktflops am Markt. (Schneider und Hall 2011)

## 1.2 Ursachen für den (Miss-)Erfolg von Produkten

> **Beispiel**
>
> **Mosquito Magnet 2000 (American Biophysics)**
>
> American Biophysics brachte 2000 eine Moskitofalle, Mosquito Magnet, auf den Markt. Wie der Produktname andeutet, wird hier Kohlendioxid verwendet, um Moskitos in eine Falle zu locken. Das Timing für die Markteinführung war perfekt, da zu dieser Zeit der West-Nil-Virus durch Moskitos übertragen wurde.
>
> Moskito Magnet wurde zum Verkaufsschlager. American Biophysics war jedoch auf den großen Erfolg nicht vorbereitet. Die Firma musste ihre Produktion sehr schnell aus Kapazitätsgründen von Rhode Island nach China verlagern, woraufhin massive Qualitätsprobleme auftraten. Die Kunden waren verärgert. American Biophysics – ein Unternehmen mit 70 Mio. US$ Jahresumsatz – musste schließlich für 6 Mio. US$ an Woodstream verkauft werden, die heute Mosquito Magnet profitabel verkaufen.
>
> Die Lektion aus diesem Fallbeispiel: Ein Produkt und ein Unternehmen kann am Markt scheitern, weil es auf die übergroße Nachfrage nicht vorbereitet ist und es keinen „Plan B" für die Skalierung des Angebots hat. ◄

> **Beispiel**
>
> **Personal Transporter 2001 (Segway)**
>
> Ebenfalls im Jahr 2000, 12 Monate vor der Produkteinführung, gingen Gerüchte von einem neuen, geheimen Produkt „Ginger" durch die Presse, das von dem berühmten Erfinder Dean Kamen stammen sollte. Kamen, so wurde geschrieben, hätte eine ‚Alternative zum Auto' und ‚die wichtigste Erfindung seit dem Internet' erfunden.
>
> Als die Öffentlichkeit jedoch erfuhr, dass die Erfindung eigentlich ein technologisch weiterentwickelter, motorisierter Roller war, der in der Basis-Variante auch noch 5000 US$ Endverkaufspreis kostete, war sie sprachlos. Statt den prognostizierten Verkaufszahlen von 10.000 Stück pro Woche verkaufte Kamen ca. 24.000 Stück in den ersten 5 Jahren. Inzwischen verkauft es sich hauptsächlich an die Polizei, Stadtführer und Handelsunternehmen, weniger an die Konsumenten. Für einen deutlich niedrigeren Preis.
>
> Die Lektion aus diesem Fallbeispiel: Ein Produkt kann am Markt scheitern, wenn man sich zu sehr auf die Technik konzentriert und die Frage vernachlässigt, wer das Produkt für diesen Preis kaufen und wie genau nutzen soll. ◄

> **Beispiel**
>
> **C2 2004 (Coca Cola)**
>
> Coca-Cola identifizierte 2003 einen neuen Markt: 20–40-Jahre alte Männer, die den Geschmack des klassischen Coca-Cola mochten, jedoch nicht dessen Kalorien und Zucker. Diese Zielgruppe wollte auch nicht auf „Diet Coke" mit 0 Kalorien aufgrund des spezifischen Geschmacks und des femininen Images wechseln. Deshalb wurde „Coca Cola C2" mit dem Leistungsversprechen eingeführt, die Hälfte an Kalorien und Zucker im Vergleich zum klassischen „Coke" bei demselben Geschmack aufzuweisen. Die Markteinführung erfolgte 2004 mit einer 50 Mio. US$ schweren Kampagne. Doch die Vorteile von „C2" konnten nicht überzeugen. Der weltweite Umsatz für „Coke", „Diet Coke" und „C2" stieg in 2004 um nur 2 %. Die Männer wollten den „Coke"-Geschmack mit 0 Kalorien und 0 Zucker, nicht die Hälfte. Coca-Cola's Management bewertete „C2" als einen Fehlschlag. Ein Jahr später führten sie „Coke Zero" mit 0 Kalorien und 0 Zucker sowie dem klassischen Geschmack ein.
>
> Die Lektion aus diesem Fallbeispiel: Ein Produkt kann am Markt scheitern, wenn nicht vorher ausreichend sichergestellt wurde, dass seine differenzierenden Eigenschaften die Kunden auch überzeugen. ◄

> **Beispiel**
>
> **Febreeze Scent Stories 2004 (Procter & Gamble)**
>
> In 2004 führte Procter & Gamble einen „Duft-Player" ein, der wie ein CD-Player aussah und alle 30 min Duft versprühte. Die Düfte waren auf Discs für 5,99 US$ pro Stück mit Namen wie „Entspannen in der Hängematte" erhältlich. P&G engagierte die Sängerin Shania Twain für die Einführungswerbung. Die Kunden waren irritiert, da viele der Ansicht waren, das Gerät würde Musik und Duft versprühen. Das Produkt schlug fehl.
>
> Die Lektion aus diesem Fallbeispiel: Ein Produkt kann am Markt scheitern, wenn die Produktkategorie bislang auf dem Markt nicht existiert hat und es das Unternehmen versäumt, die Kunden auf das neue Produkt ausreichend vorzubereiten. ◄

> **Beispiel**
>
> **Windows Vista 2007 (Microsoft)**
>
> Als Microsoft 2007 „Windows Vista" einführte, hatte die Öffentlichkeit hohe Erwartungen. Das galt gleichermaßen für Microsoft, das 500 Mio. US$ für das Marketing von „Windows Vista" budgetierte und prognostizierte, dass 50 % der User die Premium Version in den ersten zwei Jahren kaufen würden. Jedoch hatte das Betriebssystem so viele Kompatibilitäts- und Performance-Probleme, dass sogar die eingeschworenen Microsoft-Fans das Produkt nicht mehr nutzen wollten. „Vista" floppte. Würde Microsoft „Vista" heute einführen, würde das Resultat aufgrund der Verbreitungsgeschwindigkeit durch soziale Netzwerke wahrscheinlich noch schlimmer ausfallen.
>
> Die Lektion aus diesem Fallbeispiel: Ein Produkt kann am Markt scheitern, wenn es auf den Markt gebracht wird, bevor durch Tests hinreichend sichergestellt wurde, dass es die erforderliche und versprochene technische Reife hat. ◄

Versucht man, diese heterogenen Ursachen zu kategorisieren, können drei wesentliche Ursachenkategorien für den Erfolg oder Misserfolg von Produkten am Markt identifiziert werden (vgl. Abb. 1.5):

1. (Fehlende) Marktfähigkeit: Der spezifische Nutzen und die differenzierenden Vorteile eines Produkts müssen für die Zielgruppe erkennbar, erstrebenswert und erschwinglich sein. Dies ist klassischerweise Aufgabe der Marktforschung und des Marketings. Die Beispiele „Segway PT", „Coca Cola C2" und „Febreeze Scent Stories" illustrieren eindrücklich, welche Fehler in dieser Hinsicht möglich sind.
2. (Mangelnde) Realisierbarkeit: Das Produkt muss in der erwarteten und versprochenen Quantität und Qualität entwickelbar, beschaff- und produzierbar, lieferbar, wartbar und entsorgbar sein. Diese Anforderung umfasst also die gesamte Wertschöpfungskette aus Unter-

**Abb. 1.5** Ursachenkategorien für Produkterfolge und -misserfolge. (In Anlehnung an: Pfeiffer 1997; Chasanidou et al. 2015; Gassmann et al. 2021; Hauschildt et al. 2023; Vahs et al. 2023)

nehmenssicht und – im Zuge der zunehmenden Bedeutung von Nachhaltigkeitsaspekten – auch aus stofflicher Hinsicht „von der Wiege bis zur Bahre" (vgl. Biermann und Erne 2020). Das Beispiel „Mosquito Magnet" verdeutlicht hier Fehler in der Nachfrage- und Produktionsplanung.

3. (Unzureichende) Profitabilität: Das Produkt muss finanzierbar, mittelfristig mindestens wirtschaftlich selbsttragend und darüber hinaus in bestimmten Hinsichten unternehmerisch sinnvoll sein. Damit sind zunächst klassische Zielwerte aus der Investitionsrechnung, wie beispielsweise die Amortisationszeit (Rückflusszeit des investierten Kapitals), der Kapitalbarwert (zusätzlicher Gewinn aus der Investition), der interne Zinsfuß (Rentabilität aus der Investition) gemeint. Darüber hinaus können aber auch nicht-finanzwirtschaftliche Kriterien wichtig sein, wie beispielsweise eine steile Lernkurve bei neuen Technologien, Märkten oder Geschäftsmodellen, die eine qualitative Form der „Profitabilität" für das Unternehmen darstellen.

Diese generellen Ursachenkategorien, die aus der Diskussion über Innovationsmanagement entliehen sind (vgl. Chasanidou et al. 2015; Gassmann et al. 2021; Hauschildt et al. 2023; Vahs et al. 2023) gelten auch für das Produktmanagement. Sie können daher auch als die grundlegenden Aufgabenfelder für das Innovations- und Produktmanagement gesehen werden. Im Unterschied zum Innovationsmanagement gelten diese drei Faktoren jedoch im Produktmanagement nur für Produkte (und nicht für Prozesse) und sind dort ferner über den ganzen Produktlebenszyklus relevant. Auf diese Punkte wird im nächsten Kapitel eingehender eingegangen.

> **Zusammenfassung: Ursachen für den (Miss-)Erfolg von Produkten**
> Die Ursachen für Erfolge und Misserfolge von Produkten am Markt sind sehr heterogen. Sie lassen sich in drei Hauptkategorien zusammenfassen: Marktfähigkeit, Realisierbarkeit und Profitabilität. Die Sicherstellung dieser drei grundsätzlichen Ziele über den Lebenszyklus eines Produkts charakterisiert zugleich das Aufgabenspektrum des Produktmanagements.

## 1.3 Übungsaufgaben und Lösungen

### 1.3.1 Übungsaufgaben

**Aufgabe 1**

Im World Wide Web finden sich zahlreiche Schlagzeilen wie beispielsweise:

„95 % aller Neuprodukte floppen";

„Nur 61 % aller Produkte sind am Markt erfolgreich"; oder:

„Die Flop-Quote aller Einführungen von Produkten in Deutschland liegt zwischen 50 und 60 %".

Bitte begründen Sie, weshalb die gemeldeten Prozentwerte sich so stark unterscheiden.

Nennen Sie bitte dazu drei deutlich unterscheidbare Gründe.

**Aufgabe 2**

Apple Inc., das sein erstes iPhone im November 2007 auf den Markt brachte, hat in den ersten fünf Jahren nach der Markteinführung von dieser Modellreihe insgesamt 146 Mio. Stück (Umsatzvolumen von ca. 92 Mrd. US $) weltweit abgesetzt (https://support.apple.com/de-de/108044).

Das niederländische Social Startup Fairphone, welches sein erstes Smartphone-Modell Fairphone 1 2013 im Markt einführte, hat in den ersten fünf Jahren nach Markteinführung von dieser Modellreihe 141 Tsd. Stück (Umsatzvolumen von ca. 43 Mio. €) weltweit abgesetzt (https://www.fairphone.com/wp-content/uploads/2016/08/Fairphone-factsheet-DE.pdf).

Was waren wahrscheinlich die Faktoren, die für die unterschiedlichen Markterfolge dieser zwei Modellreihen verantwortlich waren? Bitte nennen Sie drei deutlich unterscheidbare mögliche Faktoren.

## 1.3.2 Lösungen

**Lösungsskizze zu Aufgabe 1**

Die jeweils gemeldeten Prozentwerte im Hinblick auf den Markterfolg oder Marktmisserfolg von Produkten differieren aus drei zentralen Gründen:

1. *Verallgemeinerbarkeit der untersuchten Stichproben*
   Die Stichproben der untersuchten Fälle sind meist relativ gering und beschränkt auf eine bestimmte Branche und/oder ein bestimmtes Land. Unterschiedliche Untersuchungen haben häufig einen bestimmten Branchen- und geografischen Fokus. Daraus lassen sich schwer Generalisierungen auf alle Produkte weltweit ableiten.
2. *Validität der Befragungen*
   Die Prozentwerte zu erfolgreichen und nicht erfolgreichen Produktprojekten basieren in der Regel auf Angaben aus – zumeist quantitativen – Befragungen von Produktverantwortlichen in Unternehmen. Diese Befragungen unterliegen Fehlerquellen. Eine Fehlerquelle liegt in der Art und Anordnung der gestellten Fragen, die eine bestimmte Beantwortung nahelegen. Eine zweite Fehlerquelle liegt in den Antworten der Produktverantwortlichen, die nach dem Prinzip der „sozialen Erwünschtheit" nicht sonderlich erfolgreiche Produktprojekte im Nachhinein als Erfolge uminterpretieren. Die Validität der Untersuchungsdesigns ist also jeweils kritisch zu hinterfragen.
3. *Kriterien für Markterfolg bzw. Marktmisserfolge*
   In den Befragungen werden häufig unterschiedliche Kriterien für den Markterfolg oder Marktmisserfolg von Produkten angelegt. Zuweilen wird bereits ein in der Entwicklung gestopptes Projekt als „Misserfolg" deklariert, zuweilen schon ein überhaupt auf den Markt gebrachtes Produkt als „Erfolg" gewertet. Für aussagekräftige Ergebnisse würde es einheitlicher Operationalisierungen dessen bedürfen, was ein „Markterfolg" oder „Marktmisserfolg" ausmacht.

**Lösungsskizze zu Aufgabe 2**

„Suchfelder" für den unterschiedlichen Erfolg von Produkten am Markt können in drei Ursachenkategorien gesucht werden:

1. *Marktfähigkeit*
   Das Apple iPhone war das erste massenmarktfähige mobile Endgerät, das dank seinem Multitouch-Display, seinem eigenen Betriebssystem, seinen Apps und seinem innovativen Bedienkonzept einen gebrauchstauglichen mobilen Personal Computer darstellte, der zudem keine Boot-Zeiten benötigte. Dieser Nutzen wurde für einen Verkaufspreis von US $ 500,- auf dem Markt angeboten. Damit wurde ein Kundenproblem auf eine Weise und zu einem Preis gelöst, die bislang noch nicht existierte.
   Das Fairphone 1 war dagegen 2013 ein „Mee-Too-Produkt" auf einem zunehmend wettbewerbsintensiveren Smartphone Markt, das sich durch drei Nutzenelemente von den Wettbewerbsprodukten differenzierte: einzelne konfliktfreie Metalle in den Leiterplatten, einem Dual-Sim-Slot und ein teilweise modulares Konzept mit auswechselbarem Akku. Für einen Verkaufspreis von 310,-–325,- € pro Stück (Fairphone 1) bzw. 525,- € (Fairphone 2) waren das keine Argumente, die für den Großteil der Smartphone-Kunden kaufrelevant waren.
2. *Realisierbarkeit*
   Das Apple iPhone setzte im Hinblick auf die wesentlichen Funktionen aus Nutzersicht (Funktionalität, Zuverlässigkeit, Benutzbarkeit) von Anfang an Standards. Erste Mängel, wie beispielsweise die Empfangsleistung, der Energieverbrauch oder die Geschwindigkeit, wurden bereits ein Jahr später mit der Modellreihe 3G und 3 GS signifikant verbessert. Gleichzeitig wurden die Produktionskapazitäten erhöht sowie die Vertriebskanäle ausgeweitet und damit die Erhältlichkeit gesteigert.
   Das Fairphone 1 dagegen brachte keine signifikanten funktionalen Verbesserungen gegenüber den Android-Wettbewerbsmodellen. Im Gegenteil gab es beim ersten Modell Pro-

bleme mit der Update-Fähigkeit sowie mit der Verfügbarkeit von Ersatzteilen, was das Leistungsversprechen der Langlebigkeit konterkarierte. Diese Probleme wurden erst 2015 mit der Modellreihe Fairphone 2 gelöst. Aufgrund der wenigen Vertriebskanäle war auch die Erhältlichkeit und Prüfbarkeit des Fairphone1 für kaufwillige Kunden erschwert.

3. *Profitabilität*

Das Apple iPhone konnte auf die quantitativen und qualitativen Ressourcen aus dem bisherigen Apple-Portfolio, v. a. der Mac-Serie und dem iPod, zurückgreifen. Dadurch waren die Entwicklungs-, Beschaffungs-, Produktions- und Vertriebskapazitäten bereits vorhanden und Überschüsse aus dem Verkauf der bisherigen Produkte konnten zur Finanzierung des iPhone eingesetzt werden. Die Pionierpositionierung des IPhone, zusammen mit der Bekanntheit der Premium-Marke Apple, sorgten für einen großen Preissetzungsspielraum, der in den Folgemodellen auch genutzt wurde. Gleichzeitig sanken die Stückkosten aufgrund der großen Nachfrage.

Fairphone startete dagegen als Ausgründung aus dem gemeinnützigen Verein „Waag Society" in Amsterdam und war zunächst auf eine Crowdfunding-Finanzierung angewiesen. Das Unternehmen verfügte weder über eingespielte Entwicklungs-, Beschaffungs-, Produktions- und Vertriebskapazitäten noch über einen bekannten Markennamen. Daher war der Preissetzungsspielraum relativ gering. Die niedrigen Produktions- und Verkaufszahlen ermöglichten auch keine signifikanten Fixkostendegressionen, welche genügend finanzielle Mittel für die Weiterentwicklung des Produkts freigaben.

## Literatur

Berth R (1993) Erfolg. Econ, Düsseldorf
Biermann B, Erne R (2020) Nachhaltiges Produktmanagement: Wie Sie Nachhaltigkeitsaspekte ins Produktmanagement integrieren können. Springer Gabler, Wiesbaden
Booz Allen Hamilton (1968) Management of new products. Booz Allen Hamilton, New York
Booz Allen Hamilton (1982) New products management for the 1980s. Booz Allen Hamilton, New York
Castellion G, Markham KS (2012) New product failure rates: Influence of argumentum ad populum and self-interest. J Prod Innov Manag 30(5):976–979
CB Insights (2019) The top 20 reasons Startups fail. CB Insights. https://s3-us-west-2.amazonaws.com/cbi-content/research-reports/The-20-Reasons-Startups-Fail.pdf. Zugegriffen am 13.03.2021
Chasanidou D, Gasparini A, Lee E (2015) Design thinking methods and tools for innovation. In: Marcus A (Hrsg) Design, user experience, and usability: design discourse, Lecture notes in computer science, Bd 9186. Springer, Cham, S 12–23
Cooper RG (2012) Winning at new products: accelerating the process from idea to launch, 4. Aufl. Basic Books, New York
Cooper RG (2017) Winning at new products: creating value through innovation, Rev. Aufl. Basic Books, New York
Cooper RG, Edgett SJ, Kleinschmidt EJ (2004a) Benchmarking best NPD practices. Res Technol Manag 47(1):31–43
Cooper RG, Edgett SJ, Kleinschmidt EJ (2004b) Benchmarking best NPD practices II. Res Technol Manag 47(3):50–59
Cooper RG, Edgett SJ, Kleinschmidt EJ (2004c) Benchmarking best NPD practices III. Res Technol Manag 47(6):43–55
Crawford CM (1977) Marketing research and the new product failure rate. J Mark 41(2):51–61
Crawford CM (1987) New product failure rates: a reprise. Res Manag 30(4):20–24
Crawford CM, Di Benedetto CA (2021) New products management, 12. Aufl. McGraw-Hill, New York
Edgett SJ (2010) Latest research: new product success, failure and kill rates. Stage Gate International. http://www.stage-gate.com/resources_stage-gate_latestresearch.php. Zugegriffen am 15.03.2015
Edgett SJ, Cooper RG (2012) Best practices in the idea-to-launch process and its governance. Res Technol Manag 55(2):43–54
Gassmann O, Frankenberger K, Csik M (2021) Geschäftsmodelle entwickeln: 55 innovative Konzepte mit dem St. Galler Business Model Navigator, 3. Aufl. Hanser, München
Griffin A (1997) PDMA research on new product development practices: updating trends and benchmarking best practices. J Prod Innov Manag 14(6):429–458
Hauschildt J et al (2023) Innovationsmanagement, 7. Aufl. Vahlen, München
Horton G (2012) Bewertungsfehler im Innovationsprozess: Die Kienbaum-Studie. Impulse für Innovation. http://www.zephram.de/blog/innovationsmanagement/bewertungsfehler-innovationsprozess-kienbaum-studie. Zugegriffen am 04.03.2015
Lee H, Markham SK (2016) PDMA comparative performance assessment study (CPAS): methods and future research directions. J Prod Innov Manag 33(1):3–19

O'Meara JT (1961) Selecting profitable products. Harv Bus Rev 39(1):83–89

Page AL (1993) Assessing new product development practices and performance: establishing crucial norms. J Prod Innov Manag 10(4):273–290

Pfeiffer W (1997) Funktionalmarkt-Konzept zum strategischen Management prinzipieller technologischer Innovationen. Vandenhoeck & Ruprecht, Göttingen

Schneider J, Hall J (2011) Why most product launches fail. Harv Bus Rev 89(4):21–23

Schorr B (1961) Many new products fizzle despite careful planning, publicity. Wall Street J, April 5, S 11

Stevens GA, Burley J (1997) 3,000 raw Ideas = 1 commercial success! Res Technol Manag 40(3):16–27

Sutton RI (2007) Weird ideas that work: how to build a creative company. Free Press, New York

Vahs D, Brem A, Oswald C (2023) Innovationsmanagement: Von der Idee zur erfolgreichen Vermarktung, 6. Aufl. Schäffer-Poeschel, Stuttgart

# Was ist Produktmanagement? 2

**Lernziele dieses Kapitels**
- Mögliche Aufgaben des Produktmanagements entlang des Produkt-Lebenszyklus überblicken
- Möglichkeiten der organisatorischen Integration der Produktmanagerin in das Unternehmen kennen
- Zusammensetzung und Organisation des Produktteams verstehen
- Typische Anforderungen an Produktmanager überblicken
- Typische Herausforderungen für Produktmanagerinnen verstehen
- Möglichkeiten zur Bewältigung der typischen Herausforderungen überblicken

## 2.1 Aufgaben des Produktmanagements

Die Aufgaben, die erforderlich sind, um den Produkterfolg am Markt im Hinblick auf Marktfähigkeit, Realisierbarkeit und Profitabilität sicherzustellen, lassen sich am besten anhand des unternehmerischen Produkt-Lebenszyklus darstellen. Dieser wird in unterschiedlichen Monografien verschieden segmentiert und detailliert (vgl. Gorchels 2011; Geracie und Eppinger 2013; Crawford und Di Benedetto 2021; Haines 2014; Cooper 2017; Matys 2022; Haines 2019).

Der unternehmerische Produkt-Lebenszyklus ist ein Modell, um den idealtypischen Prozess eines Produkts von der Produktentstehung bis hin zur Marktelimination (oder dem Relaunch) anhand von finanzwirtschaftlichen Kenngrößen zu beschreiben (Vernon 1966; Rink und Swan 1979; Day 1981; Höft 1992; Cao und Folan 2011). In idealtypischer Form wird er meist wie folgt dargestellt (vgl. Abb. 2.1):

Der Produkt-Lebenszyklus beginnt mit der Produktentstehungsphase, in der Ideen gesammelt und selektiert, das Produkt und sein Geschäftsmodell definiert, entwickelt und für den Markt vorbereitet wird. In dieser Phase werden Cash-Outflows durch keine Umsätze gedeckt, weshalb sowohl die Liquidität als auch der Gewinn stark negativ ist. In den nachfolgenden Phasen der Markteinführung und des (erhofften) Wachstums steigen die Umsätze langsam an, erfordern jedoch weiterhin hohe Auszahlungen für die Markteinführung. In der Reifephase, wenn das Produkt auf dem Markt etabliert ist, können diese reduziert werden, wodurch sich Gewinn und Liquidität – etwas zeitverschoben – im Idealfall positiv entwickeln. Bedingt durch veränderte Kundenbedürfnisse, Technologiewandel und/oder neue Wettbewerber setzt schließlich eine Rückgangsphase ein, in der noch immer positive,

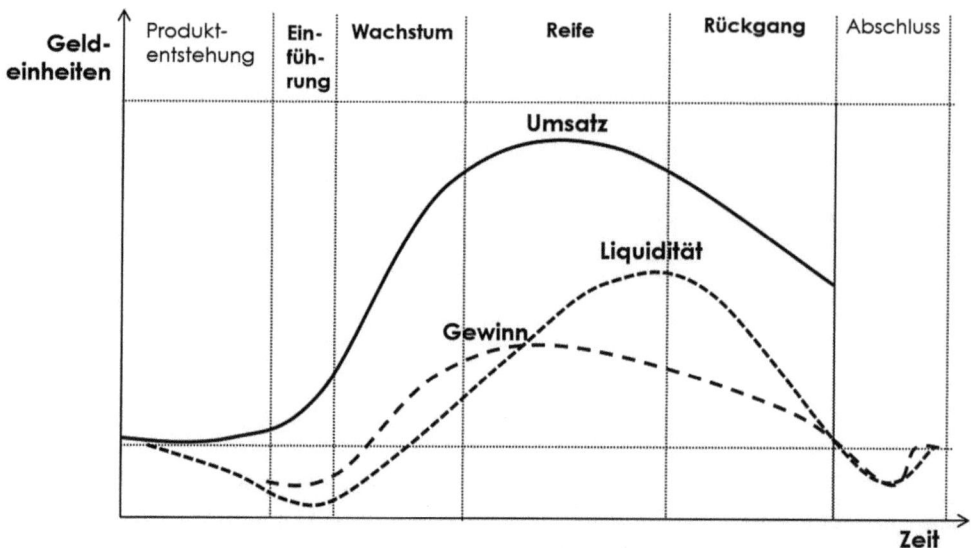

**Abb. 2.1** Der idealtypische Produkt-Lebenszyklus aus Unternehmenssicht. (In Anlehnung an: Rink und Swan 1979; Day 1981; Höft 1992; Sattler 2003; Cao und Folan 2011)

aber rückläufige, Umsätze, Gewinne und Cashflows zu verzeichnen sind. Dies führt schließlich in einer letzten Phase zur Markteliminination oder zu einem Produkt-Relaunch.

Dieser idealtypische Produkt-Lebenszyklus kann in der Praxis sehr unterschiedliche Verläufe nehmen. Diese Verläufe können auf der Basis empirischer Beobachtungen beschrieben werden (vgl. Matys 2022, S. 118–130; Rink und Swan 1979; Cao und Folan 2011) (Abb. 2.2).

So existieren zahlreiche „Rohrkrepierer", die erst gar nicht in das Stadium des Wachstums kommen. Beispiele dafür sind der oben erwähnte „Segway PT" oder das 2014–2015 sich auf dem Markt befindliche „Amazon Fire Phone".

Alternativ können sich Produkte auf dem Markt auch als „Flops" entwickeln, mit einer steilen Wachstumskurve, die sich schnell in eine ebenso steile Rückgangsphase wendet. Die profitable Reifephase hat hier eine sehr kurze Dauer. Beispiele dafür sind – aus unterschiedlichen Gründen – der in Kap. 1 beschriebene „Mosquito Magnet" und das 2017 eingeführte „Samsung Galaxy Note 7".

Sehr ähnlich zum „Flop" ist der Verlauf einer „Laune". Der wesentliche Unterschied besteht darin, dass eine profitable Reifephase gar nicht existiert. Das Produkt zieht bei seiner Markteinführung viele Kunden zum einmaligen Testen an und kippt dann aufgrund einer zu geringen Wiederkäuferquote sofort in die Rückgangphase. Dies ist vielfach bei „Fast Moving Consumer Goods" (FMCG) wie beispielsweise dem oben erwähnten „Coca Cola C2" oder den in den 1990er-Jahren eingeführten, farblosen Softdrink-Varianten, „Coca Cola Tab Clear" und „Crystal Pepsi" der Fall.

Auf der anderen Seite existieren Produktlebenszyklen in der Form eines „Shooting Stars", bei dem eine Rückgangphase lange Zeit nicht sichtbar wird. Das galt beispielsweise lange Zeit für das von Apple 2007 eingeführte „iPhone", das bis 2015 ein kontinuierliches Absatzwachstum – über unterschiedliche Modellreihen und Varianten – verzeichnete.

Die Wachstumsphase kann jedoch auch längere Zeit auf sich warten lassen, was hier als „Spätzünder" bezeichnet wird. Dies ist insbesondere bei Produkten mit einem hohen Innovationsgrad der Fall, bei denen der Sprung in den Massenmarkt etwas länger dauert. Ein Beispiel dafür sind die 2013 eingeführten „Google Glasses", die erst 2017 in eine signifikante Wachstumsphase kamen.

Ferner existieren auch „erfolgreiche Relaunches" von Produkten, die einen ideal-

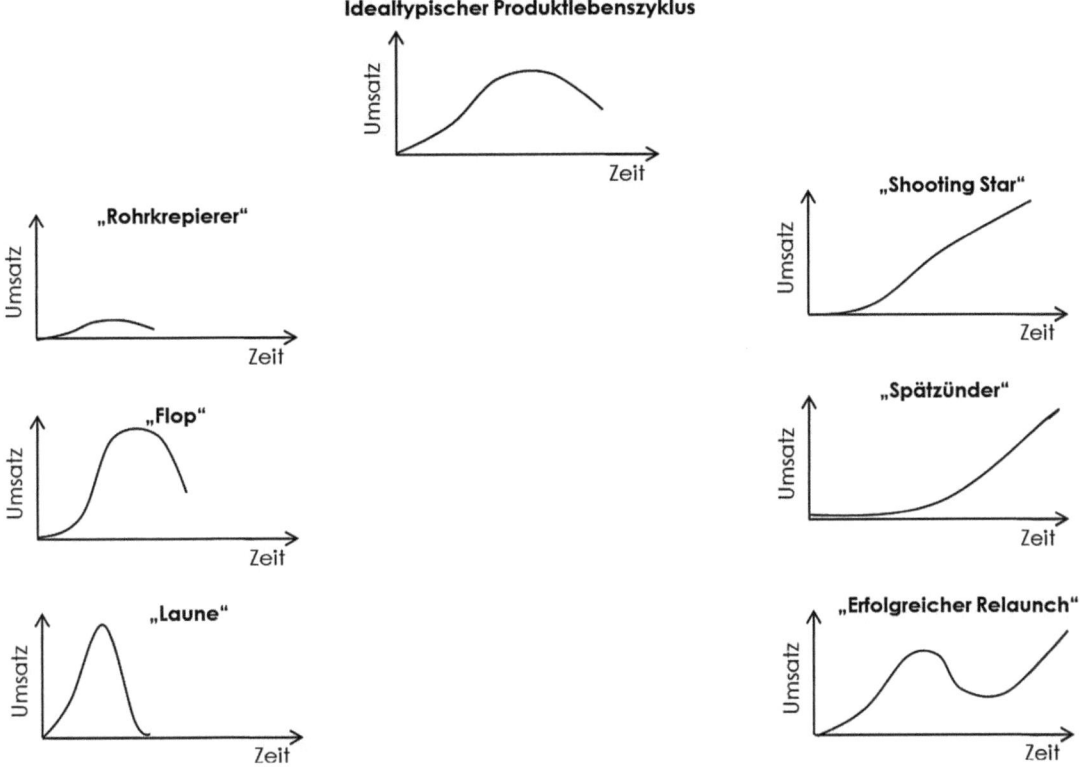

**Abb. 2.2** Mögliche Produkt-Lebenszyklen in der Praxis. (In Anlehnung an Matys 2022, S. 143)

typischen Produktlebenszyklus durchlaufen haben und – meist in aktualisierter Form – für einen weiteren Lebenszyklus erneut aufgelegt werden. Beispiele hierfür findet man v. a. im Automobilmarkt bei Massenmarktmodellen wie dem „VW Golf" oder dem „Toyota Corolla". Relaunches können aber auch erst ein paar Jahre später erfolgreich sein wie beim „VW Beetle" oder beim „Fiat 500".

Die empirisch beobachtbaren Produkt-Lebenszyklen verdeutlichen die Notwendigkeit einer kontinuierlichen Überwachung und Steuerung von Produkten, Produktlinien oder Produktportfolios entlang des Lebenszyklus. Spezifischer formuliert erfordert jede Produkt-Lebenszyklusphase unterschiedliche Management-Schwerpunkte, die in Tab. 2.1 skizziert sind.

Das Konzept des Produkt-Lebenszyklus markiert die grundlegenden Aufgaben des Produktmanagements in unterschiedlichen Lebenszyklus-Phasen. Diese können, wie Linda Gorchels (2011, S. 145–325) es formuliert, scherpunktmäßig in „Upstream Product Management" und „Downstream Product Management" segmentiert werden. „Upstream"-Aufgaben umfassen alle Aktivitäten von der Ideenfindung bis zur Markteinführung. Unter „Downstream" werden die Aufgaben n nach der Markteinführung verstanden (Abb. 2.3).

Fokussiert man auf die „Upstream"-Aufgaben in der ersten Phase der Produktentstehung, wird deutlich, dass diese weitgehend mit denjenigen überlappen, die auch im Innovationsmanagement diskutiert werden (vgl. Thom 1980, S. 26–32; Hauschildt et al. 2023, S. 67–69; Vahs et al. 2023, S. 27–31). Im „fuzzy front end of innovation" (Koen et al. 2002; Chang et al. 2008; Gassmann und Schweitzer 2014) geht es darum, entweder für einen existierenden Kundenbedarf eine Produktlösung zu finden („Pull-Innovation") oder für eine existierende Produktidee bzw. Technologie einen entsprechenden Kundenbedarf zu identifizieren („Push-Innovation"). Der identifizierte „Product-Market Fit" (Olsen 2015,

**Tab. 2.1** Management-Schwerpunkte in den jeweiligen Produkt-Lebenszyklusphasen. (In Anlehnung an Meffert und Burmann 2000; Kotler et al. 2016, S. 370–380; Steinhardt 2017, S. 79–86; Aumayr 2019, S. 276–280)

| | Entstehung | Einführung | Wachstum | Reife | Rückgang |
|---|---|---|---|---|---|
| Umsatz | null | gering | stark steigend | stagnierend | sinkend |
| Liquidität | stark negativ | stark negativ | steigend | stark steigend | stark sinkend |
| Gewinn | stark negativ | negativ | steigend | steigend | sinkend |
| Stückkosten | sehr hoch | hoch | sinkend | stark sinkend | steigend |
| Wettbewerberzahl | keine bis wenige | keine bis wenige | steigend | stark steigend | sinkend |
| Finanzwirtschaftliche Schwerpunkte | schnelle Markteinführung | Absatz steigern | Umsatz steigern | Umsatz halten Kosten reduzieren | Kosten reduzieren |
| Marketing Schwerpunkte | Zielgruppen, Leistungen, Differenzierung bestimmen | Aufmerksamkeit wecken | Kunden gewinnen | Kunden halten Marktanteile verteidigen | Kunden umorientieren |
| Anzahl Produkt varianten | eine | eine | mehrere | viele | reduziert |
| Preisstrategie | zu definieren | niedrig? abschöpfend? | differenziert | differenziert | kostenorientiert |
| Zahl an Vertriebskanälen | zu definieren | limitiert | steigend | stagnierend | sinkend |
| Kommunikationsaktivitäten | zu definieren | informieren, beraten | überzeugen | erinnern, überzeugen | umorientieren |

## 2.1 Aufgaben des Produktmanagements

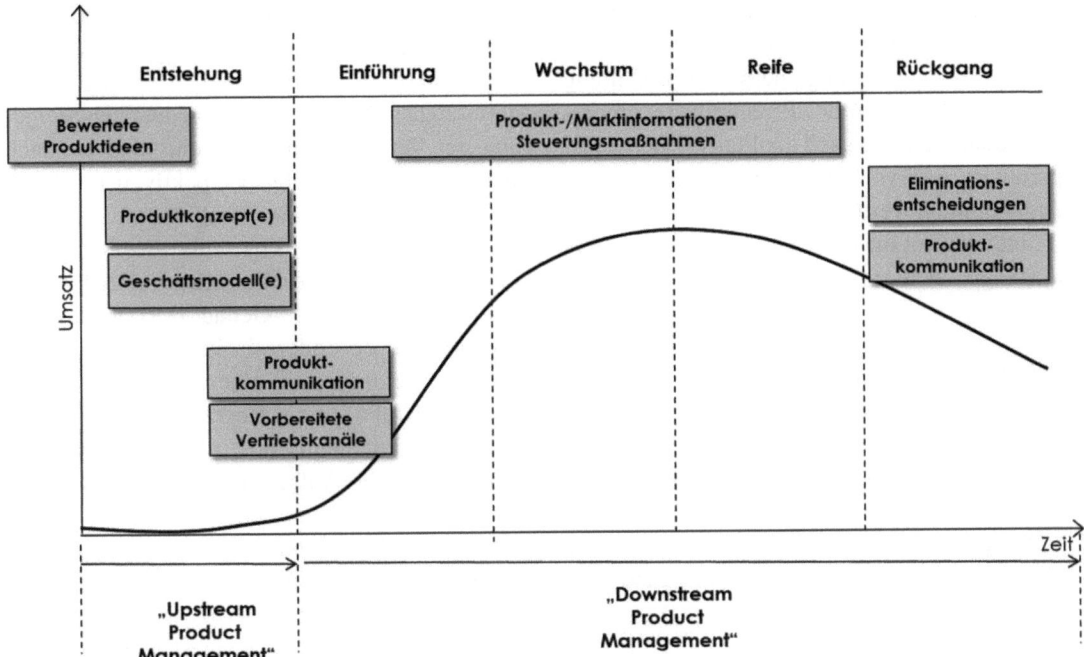

**Abb. 2.3** Schwerpunkte des Produktmanagements entlang des Produkt-Lebenszyklus. (In Anlehnung an Geracie und Eppinger 2013, S. 113–121; Crawford und Di Benedetto 2021, S. 29–34; Haines 2014, S. 21–25; Gaubinger et al. 2015, S. 35–38; Steinhardt 2017, S. 83 f.; Matys 2022, S. 149–163; Aumayr 2019, S. 262–280)

S. 3–12) ist jedoch erst dann wirtschaftlich verwertbar, wenn Produktideen in realisierbare und profitable Produktkonzepte und Geschäftsmodelle konkretisiert werden (vgl. Vahs et al. 2023, S. 20–24). Diese weitgehend parallel ablaufenden Aufgaben kulminieren, wenn sie erfolgreich sind, in der Markteinführung.

In der Phase der Markteinführung muss sichergestellt werden, dass ein marktfähiges, realisierbares und potenziell profitables Produkt für den Markt bereitsteht und dass alle Interessensgruppen, insbesondere Vertriebskanäle und Kunden, darüber hinreichend informiert sind (vgl. Kuhn 2007; Pepels 2012; LeBlanc 2018).

In den Phasen des Wachstums und der Reife liegen die Schwerpunkte des Produktmanagements auf dem Produkt-Controlling. Darunter werden die Aufgaben verstanden, erstens datenbasierte Soll-Ist-Vergleiche der Entwicklung des Produkts auf dem Markt zu erheben, zu analysieren und zu beurteilen und zweitens, sofern notwendig, Entscheidungen zur Verbesserung des Produkts und/oder des Geschäftsmodells zu initiieren (vgl. Hofbauer und Sangl 2017, S. 510–530; Jacobs 2019). Wesentlich ist hierbei nicht allein die Definition von Kennzahlen und die Erhebung von Daten, was meist als Kernaufgabe des Controllings angesehen wird, sondern die Ursachenanalyse für Abweichungen sowie die Umsetzung von ursachenadäquaten Maßnahmen. Erst dadurch wird „Produktkontrolle" zur „Produktsteuerung" (vgl. Reichmann et al. 2017; Horváth et al. 2020; Weber und Schäffer 2020).

Die Phase des Rückgangs eines Produkts kann unterschiedliche Entscheidungen erfordern: Ein „Abschöpfen" verbleibender Umsatzpotenziale, einen „Relaunch" des Produkts oder dessen Elimination aus dem Markt. Während die ersten beiden Strategien zu den Aufgaben des Produkt-Controllings gerechnet werden können, stellt die Produktelimination eine Entscheidung eigener Art dar. Dieses Thema wird im Produktmanagement relativ wenig diskutiert, was deshalb verwundert, weil das Modell des Produkt-

Lebenszyklus diese Phase notwendigerweise einschließt (vgl. Meffert et al. 2015, S. 425–428).

Es ist leicht einsichtig, dass dieser Umfang potenzieller Aufgaben des Produktmanagements sowohl quantitativ als auch qualitativ in der Regel zu groß ist, um von einer Person angemessen wahrgenommen werden zu können. Deshalb soll im Folgenden auf die Rolle des Produktmanagers eingegangen werden.

> **Zusammenfassung: Aufgaben des Produktmanagements**
>
> Die potenziellen Aufgaben des Produktmanagements erstrecken sich über alle Phasen des Produktlebenszyklus. Innerhalb der jeweiligen Phasen kann das Produktmanagement folgende Aufgabenschwerpunkte wahrnehmen:
>
> - In der Phase der Produktentstehung die Erzeugung und Selektion von Produktideen, die Definition von Produktkonzepten und Geschäftsmodellen;
> - in der Phase der Markteinführung die Produktkommunikation sowie die Vorbereitung der Vertriebskanäle Markteinführung;
> - in den Phasen des Wachstums und der Reife die Überwachung und Steuerung des Produkterfolgs am Markt;
> - in der Phase des Rückgangs die Initiierung der Entscheidung über ein Halten, einen Relaunch oder eine Eliminierung des Produkts sowie die Gestaltung dieser Entscheidung.

## 2.2 Zuständigkeit für das Produktmanagement

Legt man den in Kap. 1 formulierten Zweck und die in Abschn. 2.1 skizzierten Aufgaben des Produktmanagements zugrunde, so lässt sich Produktmanagement als Unternehmensführung auf der Ebene eines Produkts, einer Produktlinie oder eines Produktportfolios beschreiben (vgl. Lennertz 2006; Albers und Herrmann 2007; Geracie und Eppinger 2013; Gaubinger et al. 2015; Haines 2014, 2019; Hofbauer und Sangl 2017; Matys 2022).[1] Mit der darin angedeuteten Steigerung der Verantwortungsbereiche sind zugleich potenzielle Entwicklungsperspektiven innerhalb des Produktmanagements markiert.

Damit ist zugleich klar, dass die Zuständigkeit für diese Funktion zunächst bei der Unternehmensleitung liegt. Genau dort sind diese Aufgaben, insbesondere in kleinen und mittleren Unternehmen mit einem überschaubaren Produktportfolio, in der Regel auch angesiedelt. Ohne dass dort der Begriff überhaupt existiert, werden doch die Aufgaben – abhängig von der Rechtsform des Unternehmens – von einem Einzelunternehmer oder einem jeweils zuständigen Gesellschafter, Geschäftsführer oder Vorstand wahrgenommen.

Die Ausdifferenzierung einer eigenständigen Rolle quer zur hierarchischen Aufbauorganisation wird dann erforderlich, wenn das Produktportfolio zu unübersichtlich und zu diversifiziert wird, als dass die Aufgaben noch der Unternehmensleitung adäquat wahrgenommen werden können. Dies geschah erstmals 1931 in den USA bei dem Multi-Marken-Konzern Procter & Gamble.

**Die Geburt des Produktmanagers**
„Der Geburtstag des modernen Produktmanagements ist nach Ansicht von Wirtschaftshistorikern der 13. Mai 1931.

Kurz zuvor war Neil McElroy, damaliger Leiter der Werbeabteilung des US-Konzerns Procter & Gamble (P&G), gebeten worden, sich um die Markteinführung des neuen Seifenprodukts „Camay" zu kümmern. Dadurch sollte jedoch der Erfolg der im Markt schon etablierten P&G-Seife „Ivory" so wenig wie möglich gefährdet werden. McElroy schlug daher in einem Memorandum mit dem obigen Datum vor, dass er nicht nur für die Werbung der neuen Seife, sondern – als Chef eines Ein-Produkt-Unternehmens und organisatorisch herausgelöst aus der Marketinggruppe „Seifen" – auch für alle übrigen Produktaufgaben und damit insgesamt für den Markterfolg des Produktes „Camay" die Verantwortung übernehmen sollte.

---

[1] Andere Autoren definieren Produktmanagement enger als Marktanalyse und die Gestaltung des Marketings für ein Produkt oder eine Produktlinie (vgl. Lehmann und Winer 2004; Großklaus 2009; Herrmann und Huber 2013; Pepels 2017; Steinhardt 2017; Aumayr 2019). Dies wird hier lediglich als eine – wenn auch zentrale – Aufgabe des Produktmanagements unter vielen möglichen anderen verstanden.

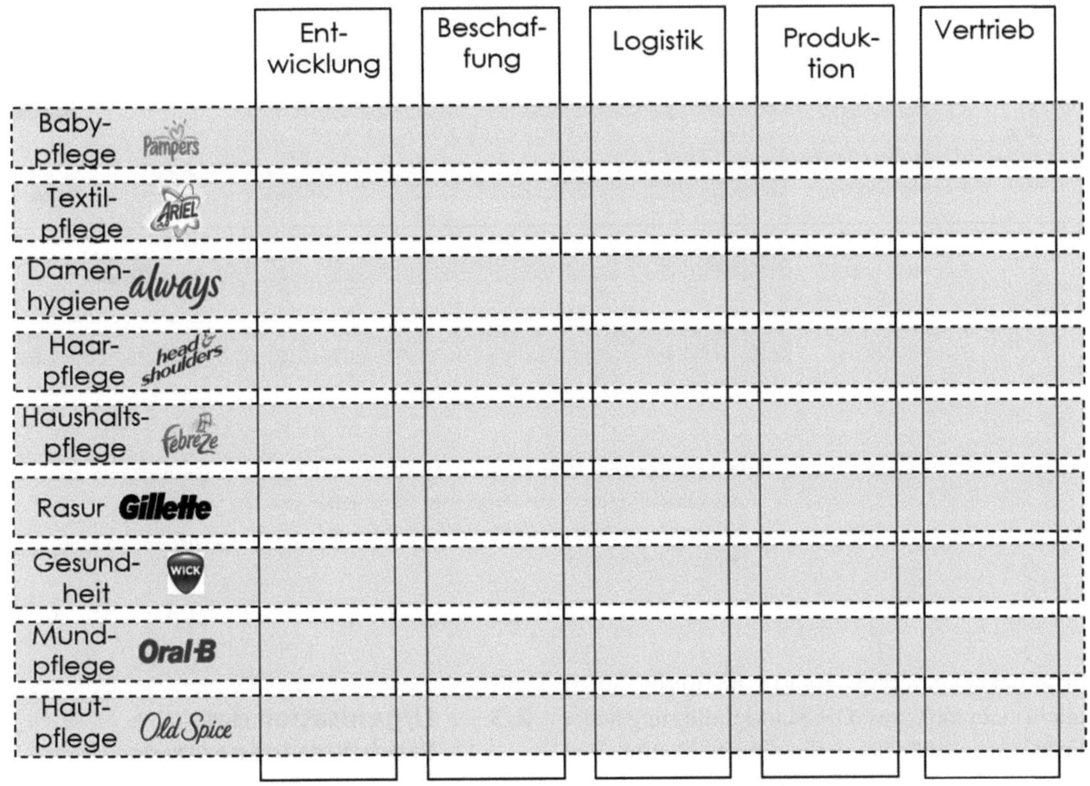

## 2.2 Zuständigkeit für das Produktmanagement

|  | Entwicklung | Beschaffung | Logistik | Produktion | Vertrieb |
|---|---|---|---|---|---|
| Babypflege *Pampers* | | | | | |
| Textilpflege *Ariel* | | | | | |
| Damenhygiene *always* | | | | | |
| Haarpflege *head & shoulders* | | | | | |
| Haushaltspflege *Febreze* | | | | | |
| Rasur *Gillette* | | | | | |
| Gesundheit *Wick* | | | | | |
| Mundpflege *Oral-B* | | | | | |
| Hautpflege *Old Spice* | | | | | |

**Abb. 2.4** Das Produktportfolio von Procter & Gamble. (In Anlehnung an: Procter & Gamble 2023a)

Richard Depreu, der damalige Präsident von P&G, war von dem neuen Managementkonzept bald so überzeugt, dass es nach bestandener Prüfung im Markt für alle neuen Produkte des Unternehmens übernommen wurde. Dahinter stand die Erkenntnis, dass durch die maßgeschneiderte Betreuung der einzelnen, häufig sogar konkurrierenden Produkte einer Firma der Markterfolg jedes einzelnen Produktes und damit der Unternehmenserfolg gesteigert werden kann." (Lennertz 2006, S. 10).

Procter & Gamble ist heute mit weit über 100 Marken und 80 Mrd. US$ Umsatz der weltweit größte Hersteller von „Fast Moving Consumer Goods" (FMCG) in den Produktsparten Babypflege, Textilpflege, Damenhygiene, Haarpflege, Haushaltspflege, Rasur, Gesundheit, Mundpflege und Hautpflege (Procter & Gamble 2023a). Es ist leicht einsichtig, dass diese unterschiedlichen Produkt-Markt-Kombinationen eine eigenständige Betreuung quer zu den Funktionsbereichen Entwicklung, Beschaffung, Logistik, Produktion, Vertrieb usw. benötigen (vgl. Abb. 2.4).

Die Entstehung der eigenständigen Zuständigkeit für das Produktmanagement ist somit ein Ergebnis der Diversifizierung des Produktportfolios eines Unternehmens.

Die Tendenz dazu hat in den letzten Jahren branchenübergreifend zugenommen. So zeigen Studien von McKinsey (Ahuja et al. 2017) und Gartner (Raskino 2019), dass Unternehmensverantwortliche zur Erzielung von organischem Wachstum zunehmend die Strategie der Investition in neue Produkte, Dienstleistungen und Geschäftsmodelle präferieren. Da sich Produkt-Lebenszyklen in vielen Branchen aufgrund von veränderten Kundenwünschen, Wettbewerberaktivitäten und Technologiewandel verkürzen,[2] reichen Investitionen in bislang erfolgreiche Produkte

---
[2]Zur Diskussion um die Verkürzungen von Produktlebenszyklen, deren Existenz und Ursachen nicht unumstritten sind, vgl. Kinkel (2005); Cao und Folan (2011); Kadam und Apte (2015); Prakash et al. (2016).

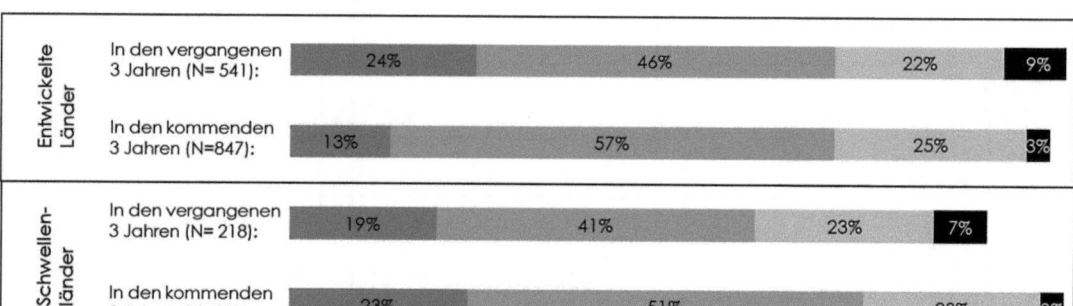

**Abb. 2.5** Primäre Strategien von Unternehmen zur Erreichung von organischem Wachstum. (Vgl. Ahuja et al. 2017)

oder Leistungsverbesserungen im Kerngeschäft allein nicht mehr aus. Die Markteinführung neuer Produkte – und damit die Diversifikation und Variantenvielfalt von Produktportfolios – wird zunehmend bedeutsamer (vgl. Abb. 2.5).

Die Ausdifferenzierung einer eigenständigen Rolle und Funktion „Produktmanager/in" im Unternehmen zieht die Frage nach sich, wie diese Position innerhalb der Struktur eines Unternehmens organisiert werden kann. Dies ist Gegenstand des folgenden Abschnitts.

> **Zusammenfassung: Zuständigkeit für das Produktmanagement**
> Die Zuständigkeit für den Erfolg eines Produkts, einer Produktlinie oder eines Produktportfolios liegt grundsätzlich beim Unternehmer. Mit der Diversifizierung von Produktportfolios ist die Wahrnehmung dieser Zuständigkeit durch den Unternehmer aufgrund quantitativer und/oder qualitativer Überlastung nicht mehr möglich. In dieser Situation entsteht die eigenständige Rolle der Produktmanagerin. Da diese Entwicklung in den letzten Jahren zugenommen hat, lässt sich vermuten, dass proportional dazu auch der Bedarf an spezialisierten Produktmanagerinnen ansteigt.

## 2.3 Organisation des Produktmanagements

Die Frage, wie Produktmanagement organisiert werden kann, beinhaltet zwei Aspekte: Erstens die Frage nach der organisatorischen Integration in die Unternehmensstruktur und zweitens die Frage nach der Organisation des „Produktmanagement-Teams". Beide Fragen sollen im Folgenden behandelt werden.

### Ad 1: Die organisatorische Integration des Produktmanagements

Die Existenz einer eigenständigen Rolle „Produktmanager/-in" stellt ein Unternehmen vor die Frage, wie diese so in die bestehende Organisationsstruktur integriert werden kann, damit sie einerseits wirksam und andererseits umsetzbar ist. Antworten auf diese Frage bestehen in drei idealtypischen Organisationsformen, die sich durch die jeweilige Einflussmacht unterscheiden, über die ein Produktmanager verfügt (vgl. Tab. 2.2).

Ein erster Typus für die organisatorische Integration des Produktmanagements stellt die Einflussorganisation dar (vgl. Abb. 2.6).

Damit ist gemeint, dass die Rolle der Produktmanagerin als Stabsstelle oder untergeordnete Linienstelle verankert ist. Aus dieser Position he-

## 2.3 Organisation des Produktmanagements

**Tab. 2.2** Organisatorische Integrationsmöglichkeiten des Produktmanagements. (In Anlehnung an Project Management Institute 2017, S. 47)

|  | Einflussorganisation | Matrixorganisation | Linienorganisation |
|---|---|---|---|
| **Einfluss des Produktmanagers** | Gering bis Mittel | Mittel | Hoch |
| **Kapazität des Produktmanagers** | Teil- oder Vollzeit | Teil- oder Vollzeit | Vollzeit |
| **Ressourcenverfügbarkeit** | Gering | Mittel | Hoch |

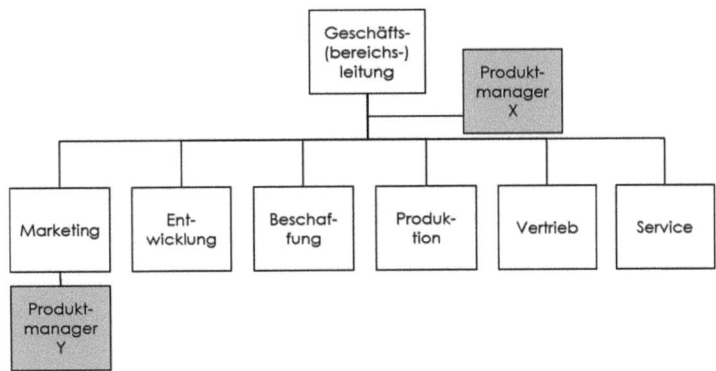

**Abb. 2.6** Integration des Produktmanagements als Einflussorganisation

raus muss sie ein Projektteam oder eine Arbeitsgruppe aus den anderen Funktionsbereichen organisieren und sicherstellen, dass sich diese hinreichend für den Erfolg des Produkts einsetzt. Der Einfluss der Produktmanagerin in dieser Organisationsform ist stark abhängig von ihrer Persönlichkeit und/oder ihrem Beziehungsnetzwerk zu den Managementfunktionen sowie der ihr zugeordneten Kapazitäten. Über dauerhaft zugeordnete Stellen verfügt sie nicht (vgl. Lehmann und Winer 2004, S. 10 f.; Großklaus 2009, S. 18; Bruhn und Hadwich 2017, S. 301–310; Aumayr 2019, S. 81–90).

> **Beispiel**
>
> **Die organisatorische Integration des Produktmanagements in einer Brauerei**
>
> Brauereien sind klassischerweise einlinig und funktional strukturiert, also nach betrieblichen Funktionsbereichen, die jeweils einer Verantwortlichkeit unterstehen. Als Beispiel ist unten das veröffentlichte Organigramm der Neumarkter Lammsbräu Gebr. Ehrnsperger KG aus Neumarkt in der Oberpfalz in seinen Grundzügen skizziert (Neumarkter Lammsbräu 2023).
>
> Die Stelle einer Produktmanagerin – wenn sie in Form einer Einflussorganisation integriert werden sollte – ist entweder als Stabstelle bei der Geschäftsleitung oder als Linienstelle in der Abteilung „Markt & Kommunikation" oder „Qualitätssicherung & Produktentwicklung" denkbar. In allen drei Fällen würde die Aufgabe der Produktmanagerin darin bestehen, aus ihrer jeweiligen Position heraus vorwiegend informell die Interessen der Produktlinien „untergärige Bio-Biere", „obergärige Bio-Biere" oder „Bio-Limonade" gegenüber den Funktionsbereichen im Unternehmen zu vertreten (vgl. Abb. 2.7). ◄

In einem zweiten Organisationstypus wird dem Produktmanager fachliche Weisungsbefugnis innerhalb einer Matrixorganisation zugeordnet. Unter „fachlicher Weisungsbefugnis" wird verstanden, dass der Produktmanager von den disziplinarischen Führungskräften Kapazitäten (Personenstunden pro Mitarbeiter) aus den Funktionsbereichen zugeordnet bekommt und innerhalb dieser Kapazitätsbudgets die inhaltliche Arbeit dieser bestimmen kann (vgl. Abb. 2.8).

Damit steigt der Einfluss des Produktmanagers auf die ihm zugeordneten Teammitglieder gegenüber der Einflussorganisation. Gleichzeitig birgt diese Organisationsform jedoch auch größeres Konfliktpotenzial. Einerseits das Konflikt-

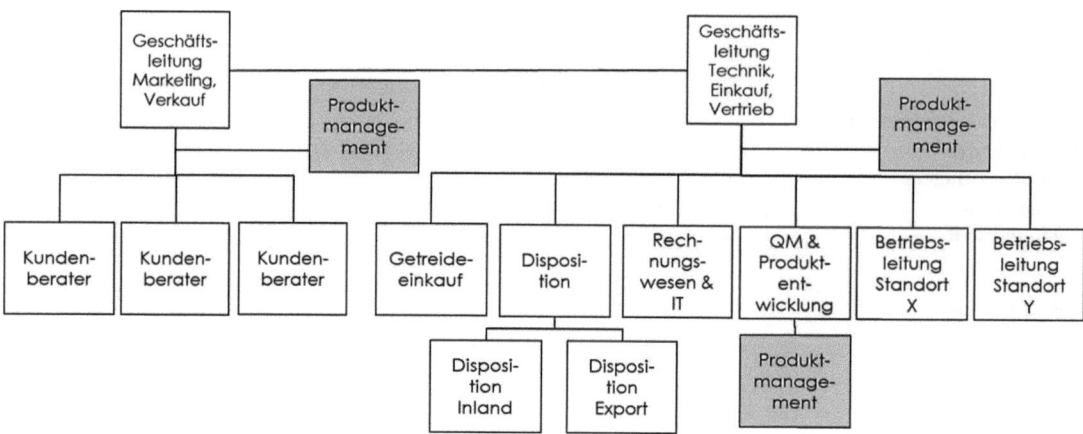

**Abb. 2.7** Integrationsmöglichkeiten des Produktmanagements als Einflussorganisation in eine Brauerei. (In Anlehnung an: Neumarkter Lammsbräu 2023)

**Abb. 2.8** Integration des Produktmanagements als Matrixorganisation

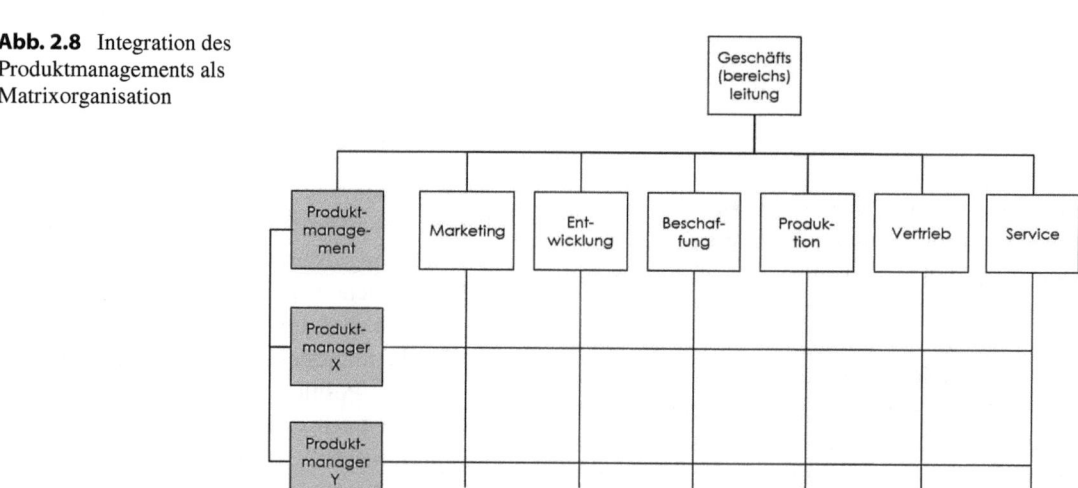

potenzial mit den jeweiligen Linienverantwortlichen, die die Kapazitäten ihrer Mitarbeiter auf unterschiedliche Aufgaben verteilen müssen; andererseits aber auch mit den funktionalen Mitarbeitern, die mit mehreren Weisungsbefugten zusammenarbeiten müssen (vgl. Großklaus 2009, S. 19–21; Bruhn und Hadwich 2017, S. 301–310; Aumayr 2019, S. 81–90).

> **Beispiel**
>
> **Die organisatorische Integration des Produktmanagements in einem Technologiekonzern**
>
> Technologiekonzerne sind klassischerweise stark entwicklungsorientiert ausgerichtet und deshalb häufig nach technologischen Produktkomponenten strukturiert. Ein Beispiel dafür ist die Organisation des US-amerikanischen Hard- und Softwareherstellers Apple Inc., der seinen Umsatz mit mobilen und stationären Hard- und Softwarelösungen erwirtschaftet. In Anlehnung an dessen Geschäftsverteilungsplan kann die Organisationsstruktur von Apple Inc. ungefähr wie in Abb. 2.9 dargestellt rekonstruiert werden.
>
> Die Organisationsstruktur ist einerseits nach technologischen Hard- und Softwarekomponenten und andererseits nach kaufmännischen Funktionen strukturiert. Darüber hinaus existiert eine Business Unit „Produktmarketing", in welcher – quer zu den techno-

## 2.3 Organisation des Produktmanagements

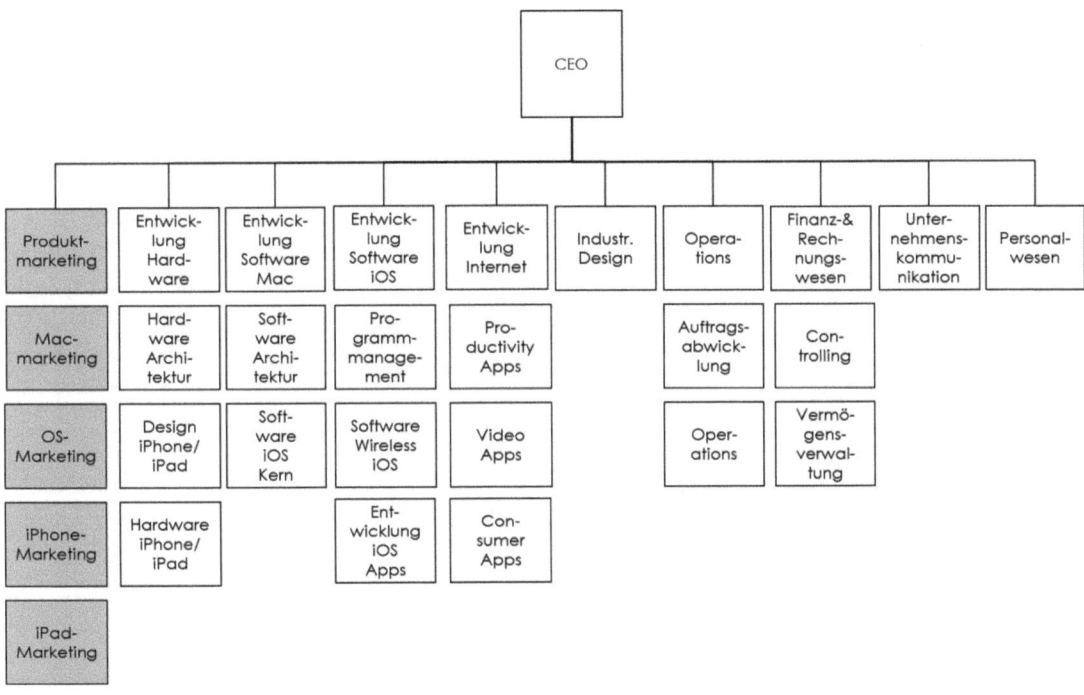

**Abb. 2.9** Integrationsmöglichkeiten des Produktmanagements als Matrixorganisation in einen Technologiekonzern. (In Anlehnung an PenMyPaper 2020, Elmer-DeWitt 2019, Apple 2023)

logischen und kaufmännischen Business Units – das Produktmarketing für die zentralen Produktlinien Mac (PC), iOS (Betriebssysteme), iPhone (Smartphone) und iPad (Tablet) angesiedelt ist. Hier ist also das Produktmarketing bzw. Produktmanagement in Form einer Matrixstruktur integriert. ◄

Der dritte Typus der Integration des Produktmanagements besteht in einer disziplinarischen Linienfunktion. Dieser ist vorwiegend in divisionalen Organisationsstrukturen zu finden, wenn ein Unternehmen auf der zweiten Organisationsebene nicht nach Funktionen, sondern nach Produktgruppen strukturiert ist (vgl. Abb. 2.10).

In dieser Integrationsform hat die Produktmanagerin die volle disziplinarische Weisungsbefugnis sowie Ressourcenverfügbarkeit über die ihr zugeordneten Mitarbeiter – etwa aus dem Marketing, der Entwicklung und dem Service (vgl. Lehmann und Winer 2004, S. 3–7 f.; Großklaus 2009, S. 21 f.; Bruhn und Hadwich 2017, S. 301–310; Aumayr 2019, S. 81–90).

> **Beispiel**
>
> **Die organisatorische Integration des Produktmanagements in einem diversifizierten Konsumgüterkonzern**
>
> Konsumgüterkonzerne mit einem stark diversifizierten Produktportfolio sind häufig nach Produktfamilien strukturiert. In Rekonstruktion der Organisationsstruktur von Procter & Gamble bestehen diese Produktfamilien aus „Babypflege und Damenhygiene", „Haar- und Hautpflege", „Gesundheit und Mundpflege", „Rasur", „Textil und Haushaltspflege" sowie „Produktinnovation" (vgl. Procter & Gamble 2023a, b) (vgl. Abb. 2.11).
>
> Innerhalb dieser Produktfamilien existieren einzelne Produktgruppen (z. B. „Oral B" in der Produktfamilie „Mundpflege"), die wiederum in Produktlinien unterteilt sind (z. B. Produktlinie „Zahnbürsten" innerhalb der Produktfamilie „Oral B"). Produktmanagement-Funktionen sind also in Form von „Sector Business Units" in die Linie integriert. Dane-

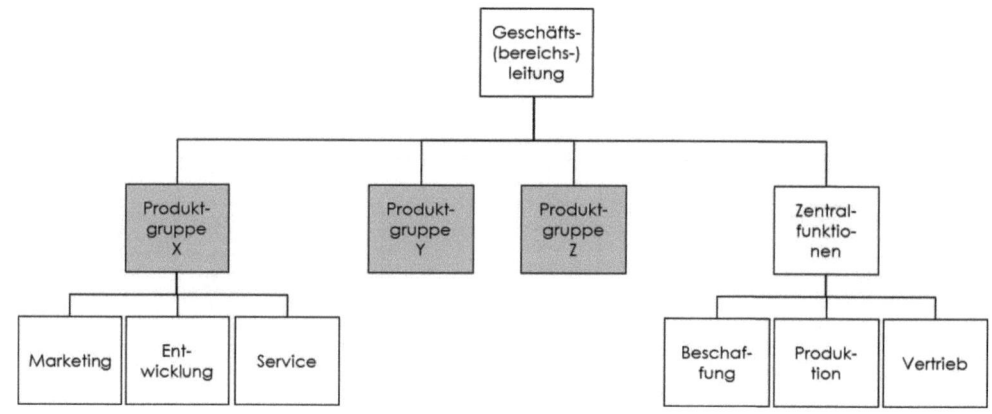

**Abb. 2.10** Integration des Produktmanagements als Linienorganisation

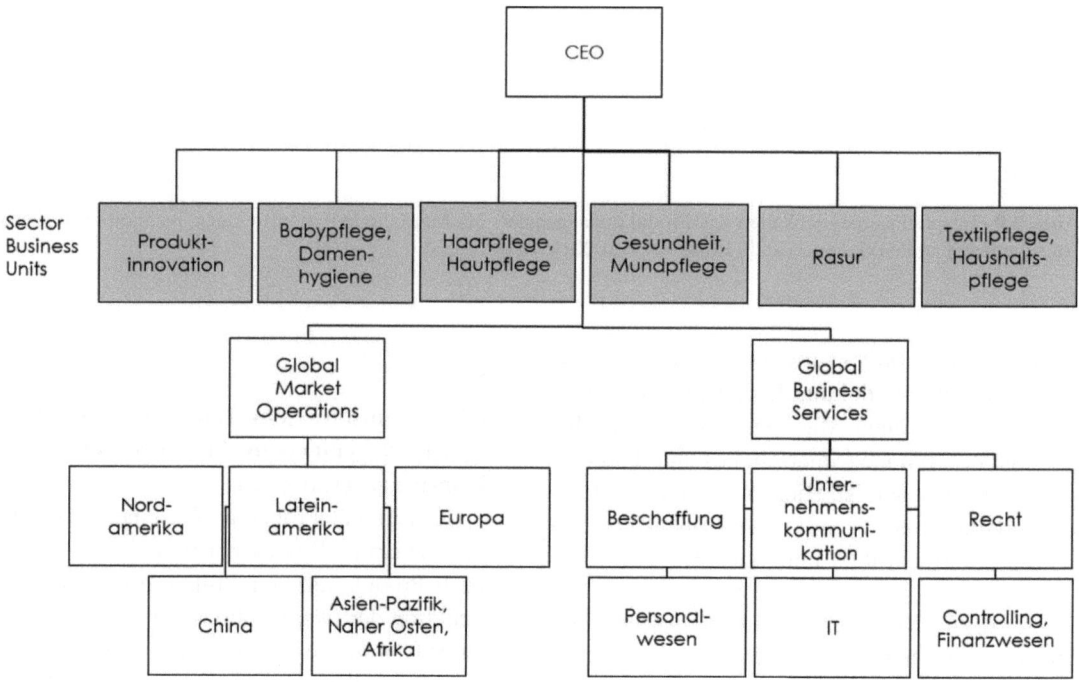

**Abb. 2.11** Integrationsmöglichkeiten des Produktmanagements als Linienorganisation in einen diversifizierten Konsumgüterkonzern. (In Anlehnung an: Procter & Gamble 2023a, b)

ben existieren noch kaufmännische Zentralfunktionen („Global Business Services") wie Beschaffung, Personalwesen und IT sowie eine Strukturierung nach globalen Märkten („Global Market Operation"), die den Vertrieb der Produkte in den einzelnen regionalen Märkten verantworten. ◄

Die dargestellten drei idealtypischen Integrationsmöglichkeiten des Produktmanagements in die Aufbauorganisation eines Unternehmens machen deutlich, dass Produktmanagement einerseits als Sekundärorganisation etabliert werden kann, welche als temporäre Projektorganisation, Stabsstelle oder Matrix die Primärorganisation überlagert. Dies ist dann der Fall, wenn eine Organisation auf der zweiten Hierarchieebene nach Funktionen strukturiert ist und im Hinblick auf einen durchgängigen Produktfokus „weiße Flecken" oder „Schnittstellenprobleme" aufweist.

Produktmanager haben in dieser Situation die Aufgabe, die primäre Logik einer Organisation im Hinblick auf ein Produkt oder eine Produktlinie zu durchbrechen. Je nach Einfluss der Produktmanagerin (gering bei Projekt-/Arbeitsgruppen und bei Stabsstellen, höher bei einer Matrixstruktur) gelingt diese Aufgabe dann besser oder schlechter (vgl. Kieser und Walgenbach 2010, S. 128–147; Schulte-Zurhausen 2013, S. 306–336; Vahs 2019, S. 177–180).[3]

Andererseits ist aber auch die organisatorische Verankerung des Produktmanagements als Primärorganisation denkbar. Dies ist vor allem in stark diversifizierten Organisationen mit eigenständigen Produkt-/Markt-Kombinationen der Fall. In diesem Fall ist die Funktion des Produktmanagements auf der Ebene der Geschäftsleitung, der Geschäftsbereiche oder Strategischen Geschäftsfelder mit einer relativ starken Positionsmacht und Ressourcenverfügbarkeit angesiedelt. Der Vorteil einer hohen Produkt-/Marktwirksamkeit wird hier jedoch um den Preis einer geringeren Ressourceneffizienz erkauft, da die einzelnen Funktionsbereiche in jeder Division redundant vorhanden sind (vgl. Kieser und Walgenbach 2010, S. 128–147; Schulte-Zurhausen 2013, S. 263–276; Vahs 2019, S. 141–163).

Unabhängig davon, ob Produktmanagement als Einfluss-, Matrix- oder Linienorganisation in eine Unternehmensorganisation integriert ist, haben alle drei Integrationstypen eine Gemeinsamkeit: Die Notwendigkeit der Zusammenarbeit des Produktmanagements mit anderen internen Funktionsbereichen und externen Stellen. Dieses gemeinsame Element führt zum Thema der Organisation des Produktmanagement-Teams.

**Ad 2: Die Organisation des Produktmanagement-Teams**
Es gehört zum Kern der Stelle oder Rolle der Produktmanagerin, dass diese mit den betrieblichen Funktionen im Interesse eines erfolgreichen Produkts zusammenarbeitet. Denn der Erfolg eines Produkts wird – in unterschiedlichen Gewichtungen – von der Entwicklung, der Beschaffung, der Produktion, dem Vertrieb und dem Marketing, sowie von Führungs- und Personalthemen bestimmt. Produktmanagement ist deshalb eine Querschnittsaufgabe, die diese unternehmerischen Funktionsbereiche im Hinblick auf ein Produkt, eine Produktlinie oder ein Produktportfolio koordiniert und führt. Im Integrationstyp der Einfluss- und der Matrixorganisation findet dies in der Form von Projekt- oder Arbeitsgruppen, im Integrationstyp der Linienorganisation in Form von Abteilungen statt.

Welche betrieblichen Funktionsbereiche dabei jeweils betroffen sind, hängt jeweils stark von der jeweiligen Branche und dem Produkt ab (vgl. Lehmann und Winer 2004; Lennertz 2006; Albers und Herrmann 2007; Großklaus 2009, S. 67–71; Gorchels 2011, S. 19–30; Geracie und Eppinger 2013; Haines 2014, S. 569–581, 2019; Gaubinger et al. 2015; Kotler et al. 2016, S. 800; Steinhardt 2017, S. 17–27; Bruhn und Hadwich 2017 S. 330–342; Hofbauer und Sangl 2017; Matys 2022; Aumayr 2019, S. 3–27). Ebenfalls in typologischer Form lassen sich die in Abb. 2.12 dargestellten betrieblichen Funktionsbereiche denken.

In Abb. 2.12 ist das engere Produktteam grau markiert, während das erweiterte Team weiß gekennzeichnet ist. Zum engeren Team gehört als zentrale Scharnierfunktion die Produktmanagerin, die, wie bereits in Abschn. 2.1 ausgeführt wurde, für den Erfolg des Produkts am Markt verantwortlich ist. Zur Wahrnehmung dieser Verantwortung benötigt sie …

- … Marketingfunktionen, welche den Erfolg der Marketinganalysen und Marketingmaßnahmen verantworten. Deren Resultat besteht in einem datenbasierten Marketingkonzept, das die Marktpositionierung des Produkts (Produktleistungen, Zielgruppen, Wettbewerbsdifferenzierung) sowie entsprechende Produkt-, Preis-, Vertriebs- und Kommunikationsmaßnahmen enthält.
- … Entwicklungsbereiche, welche für die funktionierende Umsetzung der Produktanforderungen (Lastenheft, Leistungskonzept,

---
[3] Das Phänomen der Sekundärorganisation ist bereits aus den Feldern des „Projektmanagements", „Prozessmanagements" oder „Key Account Managements" bekannt.

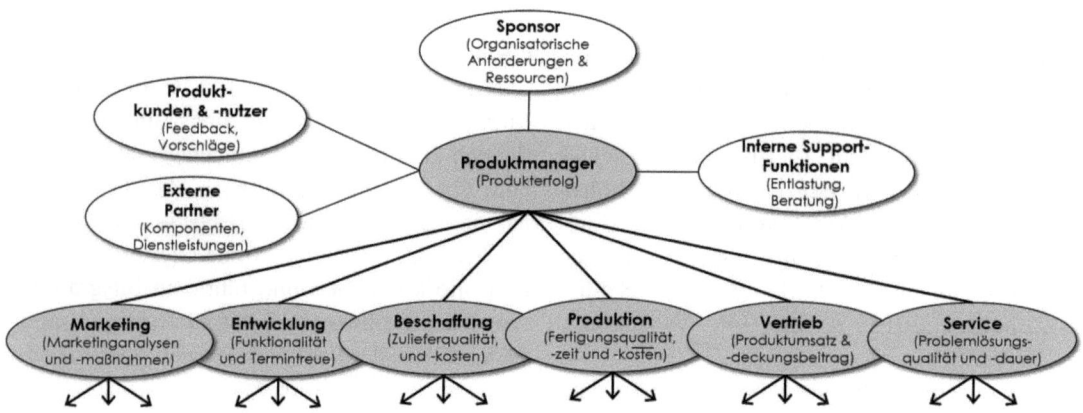

**Abb. 2.12** Das Produktteam

Use Cases, User Stories oder ähnliches) im gegebenen Zeit- und Budgetrahmen verantwortlich sind. Deren Zulieferungen bestehen – je nach Produkt – in einem Pflichtenheft, in Stücklisten, Layouts, Zeichnungen, Quellcodes, Rezepturen oder ähnlichem.

- … Beschaffungsfunktionen, die – abhängig von der jeweiligen Wertschöpfungstiefe der Branche und des Unternehmens – für die Qualität, Kosten und Zuverlässigkeit der zugelieferten Materialien, Komponenten und Dienstleistungen zuständig sind. Ihre zentralen Leistungen bestehen in Lastenheften, Lieferverträgen und Lieferantenbeurteilungen.
- … Produktionsfunktionen, welche die Qualität, Durchlaufzeit und Kosten der Fertigung verantworten, insofern das Wertschöpfungsmodell der Organisation eine Eigenproduktion vorsieht. Die zentralen Ergebnisse ihrer Mitarbeit bestehen aus Produktionsplänen sowie produzierten Stückzahlen. Damit verknüpft sind auch die entsprechenden Logistikaufgaben in der Eingangs-, Produktions- und Ausgangs-Logistik.
- … Vertriebsmitarbeiter, welche für die Realisierung des Produktumsatzes zu einem bestimmten Produkt-Deckungsbeitrag bei einer (regional, funktional oder wertmäßig) definierten Kundengruppe und/oder einem Vertriebskanal sorgen. Sie benötigen für ihr Vertriebssegment passende Verkaufsargumente und liefern den entsprechenden Umsatz und Deckungsbeitrag.
- … Servicefunktionen, welche die Qualität und Dauer der Problemlösungen für Kunden, die im Zusammenhang mit dem Produkt auftreten, verantworten. Ihr Beitrag besteht in erster Linie in vollständig und zeitnah gelösten „Incidents" sowie, in zweiter Linie, in Produkt-Verbesserungsvorschlägen auf Basis der Kundenrückmeldungen.

Neben diesem engeren Produktteam ist ein direkter Kontakt zu einem organisationsinternen Sponsor aus den höheren Managementebenen hilfreich, der für die Beschaffung und Sicherstellung der organisatorischen Ressourcen sorgt und – im Gegenzug dafür – organisatorische Anforderungen an die Produktmanagerin stellt (vgl. Hauschildt et al. 2023, S. 183–210). Der organisationsinterne Sponsor hat innerhalb des Produktteams nur temporäre Rollen und kann daher zum erweiterten Produktteam gerechnet werden.

Neben dem Sponsor als Vertreter des oberen Managements können temporär weitere interne Unterstützungsfunktionen zur Entlastung und Beratung wichtig werden, wie beispielsweise das Rechnungswesen und Controlling, die Informations- und Kommunikationstechnologie oder das Personalwesen. Wann immer Business Cases zu erstellen, ein Produkt in das Controlling-System oder den Produktkatalog integriert werden muss, Mitarbeiter beschafft, ausgewählt oder entwickelt werden müssen, sind diese internen Support-Funktionen wesentlich für den Produkterfolg.

In den letzten Jahren wurde verstärkt auf die Bedeutung von potenziellen oder realen Kunden und Nutzern des Produkts hingewiesen, die im Rahmen von „Open Innovation" oder „Agilen" Initiativen in die Entwicklung und Verbesserung des Produkts und/oder Geschäftsmodells als Ideengeber, Co-Entwickler, Mit-Umsetzer und/oder Tester in das Produktmanagement integriert werden (vgl. Kaulio 1998; Chesbrough 2003; Pichler 2014). Dasselbe kann auch für andere externe Partner wie Komponentenlieferanten oder Dienstleister gelten. Deshalb können auch diese externen Stakeholder zum temporären und erweiterten Produktteam gezählt werden.

Die Führung des engen und erweiterten Produktteams über unterschiedliche Phasen des Produkt-Lebenszyklus gehört in jeder organisatorischen Integrationsform zu den Aufgaben der Produktmanagerin.

> **Zusammenfassung: Organisation des Produktmanagements**
>
> Die Frage, wie Produktmanagement organisiert werden kann, lässt sich in zwei unterschiedliche Themen untergliedern: Erstens in das Thema der organisatorischen Integration in die Unternehmensstruktur und zweitens in das Thema der Organisation des „Produktmanagement-Teams".
>
> Im Hinblick auf das Thema der Integration des Produktmanagements in die Unternehmensstruktur existieren drei Typen von Integrationsmöglichkeiten: Als Einfluss-, Matrix- oder Linienorganisation. Im ersten Fall ist Produktmanagement als Stabsstelle oder untergeordnete Linienstelle in einer funktionalen Linienorganisation verankert. In einer Matrixorganisation ist dem Produktmanagement fachliche Weisungsbefugnis zugeordnet, so dass die Steuerung der Organisation nach Produktaspekten die funktionale Linienorganisation als sekundäres Strukturierungsprinzip überlagert. In der Linienorganisation ist die Organisation schließlich auf der zweiten Hierarchieebene nach Produkten gegliedert, was der Produktorganisation weitreichende fachliche und disziplinarische Weisungsbefugnisse verleiht. Die Einflussmöglichkeiten, Kapazitäten und Ressourcenverfügbarkeiten des Produktmanagements steigen also von der Einfluss-, über die Matrix- bis hin zur Linienorganisation an. Gleichzeitig bedeutet die Strukturierung nach Produktaspekten eine Vernachlässigung der Strukturierung nach alternativen Aspekten (z. B. Ressourceneffizienz, Kunden usw.).
>
> Mit Blick auf das Thema der Organisation des Produktmanagement-Teams gehört zum Berufsbild der Produktmanagerin, dass diese mit anderen betrieblichen Funktionen im Interesse eines erfolgreichen Produkts zusammenarbeitet. Dies betrifft in erster Linie die betrieblichen Funktionsbereiche der Entwicklung, der Beschaffung, der Produktion, des Vertriebs, des Kundenservice und des Marketings. Neben diesem engeren Produktteam bedarf die Produktmanagerin des direkten Kontakts zu einem organisationsinternen Sponsor, der für die Beschaffung und Sicherstellung der organisatorischen Ressourcen sorgt und – im Gegenzug dafür – organisatorische Anforderungen an die Produktmanagerin stellt. Weiterhin sind noch weitere externe und interne Schnittstellen zu erwähnen, die zeitlich begrenzte Beiträge innerhalb des Produktteams erbringen müssen. Diese zahlreichen organisatorischen Schnittstellen verdeutlichen die Querschnitts- und Koordinationsfunktion der Produktmanagerin.

## 2.4 Anforderungen an Produktmanager

Die Anforderungen an Produktmanagement als Beruf werden in den einschlägigen Monografien ausführlich beschrieben (vgl. Lehmann und Winer 2004, S. 13–15; Lennertz 2006, S. 25–36,

Großklaus 2009, S. 31–66; Gorchels 2011, S. 3–57; Herrmann und Huber 2013, S. 1–4; Geracie und Eppinger 2013, S. 43–50; Mugge und Markham 2013; Pichler 2014, S. 7–15; Haines 2014, S. 16–19, 2019; Gaubinger et al. 2015, S. 29–31; Bruhn und Hadwich 2017, S. 301–302; Steinhardt 2017, S. 17–27; Aumayr 2019, S. 28–43; Wagenblatt 2019, S. 22–41, Matys 2022, S. 30–96; ProduktManageMentor 2023a). Fasst man diese Entwürfe zusammen, so lässt sich das Stellen- oder Rollenprofil einer Produktmanagerin wie folgt zusammenfassen:

**Typisches Stellenprofil einer Produktmanagerin**

**Stellenbezeichnung:**
Produktmanager/in (m/w/d)
**Übergeordnet:**
Leiter Geschäftsbereich
**Untergeordnet:**
-
**Stellvertretung:**
Leiter Geschäftsbereich
**Tarifgruppe:**
AT2
**Verantwortung:**

- Sicherstellung des Markterfolgs der Produktgruppe xy von der Ideenphase bis zur Abkündigung

**Aufgaben:**

- Findung und Bewertung von Ideen für marktfähige Produkte und Lösungen
- Entwicklung der Marktpositionierung und der Marketingmaßnahmen
- Definition und Abstimmung der Produkteigenschaften mit den Stakeholdern
- Begleitung der Produktentwicklung und der Produkttests
- Sicherstellung der Geschäftsprozesse zur Kommerzialisierung der Produkte
- Sicherstellung der Wirtschaftlichkeit der Produkte
- Vorbereitung und Durchführung der Markteinführung
- Monitoring der Marktentwicklung der Produkte
- Initiierung von Maßnahmen zur Sicherung des Markterfolgs

**Befugnisse:**

- Fachliche Weisungsbefugnis bzgl. der Mitarbeiterinnen in der Produktgruppe

**Kompetenzanforderungen:**
Produkt- und marktbezogene Kenntnisse und Fähigkeiten:

- Kennt das Produkt und die Produktfamilie/Produktgruppe in den wesentlichen Elementen
- Kennt die Märkte (Kunden, Wettbewerber, Lieferanten) der zugeordneten Produktgruppe
- Kann wettbewerbsdifferenzierende Lösungen für Kundenbedürfnisse entwickeln und bewerten
- Kann Produktanforderungen klar, verständlich und überprüfbar definieren und kommunizieren

Methodische Kenntnisse und Fähigkeiten:

- Kann Projekte organisieren, planen und überwachen
- Kann eigene und fremde Arbeit strukturiert planen, initiieren und überwachen
- Kennt Methoden der Marktanalyse und kann diese wirksam und wirtschaftlich umsetzen
- Kennt wirksame Marketinginstrumente und kann diese wirtschaftlich einsetzen
- Kennt die Prozesse und Methoden der Produktentwicklung
- Kennt die Geschäftsprozesse für sein Produkt
- Kann Business Cases für sein Produkt erstellen und überzeugend kommunizieren

- Kann Produkte im Markt wirksam überwachen
- Kennt Ansatzpunkte zur Optimierung der Marktfähigkeit von Produkten und kann diese umsetzen

Persönlich-soziale Kenntnisse und Fähigkeiten:

- Kann sich auf Wesentliches fokussieren und diese Priorisierung über die Zeit durchhalten
- Kann Aufgaben auch unter schwierigen Bedingungen zu Ende bringen
- Kann die Interessen anderer erkennen und auf dieser Basis überzeugen
- Kann diverse Gruppen zu einem Ergebnis bringen
- Kann Entscheidungen treffen und diese konsequent umsetzen
- Kann Entscheidungen klar und prägnant kommunizieren und begründen
- Kann die Umsetzung von Entscheidungen delegieren und kontrollieren

Charakteristisch für die Anforderungen an Produktmanagerinnen sind dabei folgende vier Elemente:

**Großer Verantwortungsbereich**
Produktmanager werden vielfach als „Unternehmer für ihr Produkt" (vgl. Haines 2014, S. 20; Herrmann und Huber 2013, S. 1) oder als „Verantwortliche für den Produkterfolg" (vgl. Matys 2022, S. 32) bezeichnet.

**Breites und tiefes Aufgabenspektrum**
Mit dem großen Verantwortungsbereich ist zugleich ein breites und tiefes Aufgabenspektrum abgesteckt. In der Breite umfasst es den gesamten Produktlebenszyklus von der Entstehung bis zur Eliminierung, wie dies in Abschn. 2.1 bereits dargestellt wurde. In der Tiefe können in jeder dieser Phase Aspekte des Marketings, der technischen Produktanforderungen, der unterschiedlichen Geschäftsprozesse sowie der Profitabilität gefordert sein.

**Mangel an Weisungsbefugnis**
Sehr oft verfügen Produktmanager über keine disziplinarische Weisungsbefugnis gegenüber den Mitarbeitern der Funktionsbereiche, auf deren Mitarbeit sie angewiesen sind. Der Terminus „fachliche Weisungsbefugnis" verdeckt eher die Tatsache, dass Produktmanagerinnen zur Durchsetzung von Produktinteressen gegenüber den internen Funktionsbereichen weder über Sanktions- und Legitimationsmacht, noch über Ressourcenmacht verfügen.[4] Sie können lediglich auf der Basis ihrer Persönlichkeit, ihrer Beziehungen und ihrer Überzeugungskraft Produktinteressen gegenüber internen Interessensgruppen durchsetzen. Dasselbe gilt natürlich auch für die externen Stakeholder. Deshalb lässt sich seine Rolle auch als „jack of all roles, master of none" (Steinhardt 2017, S. 18) bezeichnen.

**Schnittstellenfunktion**
Produktmanagerinnen arbeiten in zweierlei Hinsichten als Schnittstellenfunktion: Erstens als „Scharnierfunktion zwischen Markt und Organisation" (vgl. Geracie und Eppinger 2013, S. 43–45), insofern sie die Interessen des Marktes gegenüber den internen Funktionsbereichen und umgekehrt vertreten. Zweitens als Vertreterinnen des Produkts gegenüber allen alternativen Interessen der internen Funktionsbereiche. In dieser Hinsicht fungieren sie als „Koordinatorinnen" oder „Mädchen für alles" (vgl. Aumayr 2019, S. 5–23).

Es ist leicht ersichtlich, dass die Stelle bzw. Rolle des Produktmanagers, wenn sie so gestaltet ist, drei große Risiken in sich birgt:

1. Eine Verletzung des klassischen Kongruenzprinzips der Stellengestaltung in der Organisationslehre, nach dem Verantwortung, Aufgaben und Befugnisse einer Stelle denselben (kongruenten) Umfang haben sollen (Reiß 1982). Ist dies nicht gegeben, besteht das Risiko, eine „Sündenbock-Stelle" mit viel

---

[4]Zu den Quellen organisatorischer Macht vgl. French und Raven (1959); Crozier und Friedberg (1979); Mintzberg (1983); Breyer-Mayländer (2020).

Verantwortung und einem großen Aufgabenspektrum, aber geringer Durchsetzungsmacht, in der Organisation zu installieren.
2. Eine quantitative und/oder qualitative Überlastung des Stelleninhabers, insofern kaum ein einzelner Mensch den Umfang an Aufgaben sowie die Fülle an erforderlichen Produkt-, Markt-, Organisations-, Finanz-, Controlling- und Kommunikations-Kompetenzen vorweisen oder entwickeln kann. Es können Jobs mit „ein bisschen von allem" entstehen, die die Produktmanagerinnen überfordern und zersplittern, statt zu konzentrieren und zu fokussieren (Malik 2006, S. 200 f. und 301 ff.)
3. Eine chronische Abhängigkeit der Produktmanager von der Zuarbeit anderer Stellen, welche sich darin zeigt, dass Produktmanager für jedes Resultat immer Kollegen aus den Funktionsbereichen und entsprechend viele Meetings benötigen. Ein „Multipersonen-Job", in dem man kaum die Möglichkeit hat, Ergebnisse ohne zahlreiche Abstimmungen zu erbringen (Malik 2006, S. 301).

Aus diesem Grund hat es sich eingebürgert, die Verantwortlichkeiten und Aufgaben der Produktmanagerin in der Praxis zu segmentieren, um die Anforderungen begrenzter und deshalb besser erfüllbar zu machen. Eine Auswahl möglicher Aufgabenschwerpunkte des Produktmanagements ist in Tab. 2.3 dargestellt.

Die branchen-, kompetenz- oder lebenszyklusphasenorientierte Spezialisierung des Produktmanagements verdeutlicht, dass das anfangs skizzierte Stellenprofil einen generischen Charakter hat. In den jeweiligen Branchen- und Unternehmenspraxen ist der Verantwortungs-, Aufgaben und Kompetenzbereich deutlich begrenzter, was die Aufgabe besser bewältigbar macht.

**Tab. 2.3** Aufgabenschwerpunkte des Produktmanagements. (In Anlehnung an: Gorchels (2011), S. 145–326; Geracie und Eppinger (2013), S. 38–49)

| Aufgabenschwerpunkte nach Branchen | Produktmanagement bei schnelllebigen Konsumgüter (FMCG) | Produktmanagement bei technologischen Produkten |
|---|---|---|
| | - Ideenfindung | - Anforderungserhebung |
| | - Markenmanagement | - Lastenhefterstellung |
| | - Kundengewinnung | - Begleitung der Produktentwicklung |
| | - Operatives Marketing | - Kundenintegration in die Produktentwicklung |
| | - Markteinführungen | - Mitarbeit in der Beschaffungs- und Produktionsplanung |
| | - Rationalisierungs- maßnahmen | |
| Aufgabenschwerpunkte nach Kompetenzen | „Inbound" Produktmanagement | „Outbound" Produktmanagement |
| | - Technologie entwicklung | - Kundenanalysen |
| | - Technologienutzung | - Wettbewerberanalysen |
| | - Lastenheftdefinition | - Trendanalysen |
| | - Abnahmetests | - Produktgestaltung |
| | | - Operatives Marketing |
| Aufgabenschwerpunkte nach Produktlebenszyklusphasen | „Upstream" Produktmanagement | „Downstream" Produktmanagement |
| | - Ideenfindung und -bewertung | - Marktbeobachtung |
| | - Produkt- und Marktstrategien | - Vertriebsunterstützung |
| | - Begleitung der Produktentwicklung | - Operative Marketingmaßnahmen |
| | - Markteinführung | - |
| | - Marktanalysen | |

## 2.5 Herausforderungen für Produktmanager

Die bisherigen Ausführungen in Kap. 2 haben gezeigt, dass der Arbeitsalltag im Produktmanagement – abhängig von Faktoren wie organisatorischer Integration, Branche, Produkt, Lebenszyklus-Phase und jeweiliger Stellengestaltung – sehr verschiedenartig sein kann. Daher ist es interessant zu wissen, ob in dieser Disparität der Rollen und Aufgaben gemeinsame charakteristische Herausforderungen existieren, die Produktmanagerinnen zu bewältigen haben. Um diese Frage zu beantworten, werden zwei neuere Studien zu den Herausforderungen im Produktmanagement herangezogen (vgl. Product Plan 2020; Product Focus 2023a).

**Charakteristische Herausforderungen im Produktmanagement 2020**

In einer quantitativen Befragung von über 2500 Produktmanagern weltweit aus unterschiedlichen Branchen und Unternehmensgrößen aus dem Jahr 2020 durch den Produktmanagement-Softwareanbieter Product Plan nennen die Befragten die in Abb. 2.13 dargestellten sechs größten Herausforderungen in ihrem Alltag.

Als größte Herausforderung wird das Setzen von produktbezogenen Prioritäten, die Erzielung von Konsens

> **Zusammenfassung: Anforderungen an Produktmanager**
>
> Die Anforderungen an die Rolle des Produktmanagers sind grundsätzlich sehr umfassend: In jedem Fall bedarf es produkt- und marktbezogener Kenntnisse, die sehr branchen- und produktspezifisch sind. Daneben sind methodische Kompetenzen im Projektmanagement, im Marketing, in der technischen Entwicklung, im Geschäftsprozessmanagement, in der Finanzwirtschaft sowie im Controlling gefordert. Drittens bedarf es persönlich-soziale Fähigkeiten im Hinblick auf die Überzeugung und Koordination zahlreicher interner und externer Schnittstellen sowie der fachlichen Führung cross-funktionaler Teams.
>
> Da diese generischen Anforderungen kaum von einer Person erfüllbar sind und zahlreiche Risiken eines „unmöglichen Jobs" in sich bergen, hat es sich eingebürgert, die Anforderungen an Produktmanager nach Branchen, Kompetenzen und/oder Produkt-Lebenszyklusphasen zu segmentieren und zu spezialisieren.

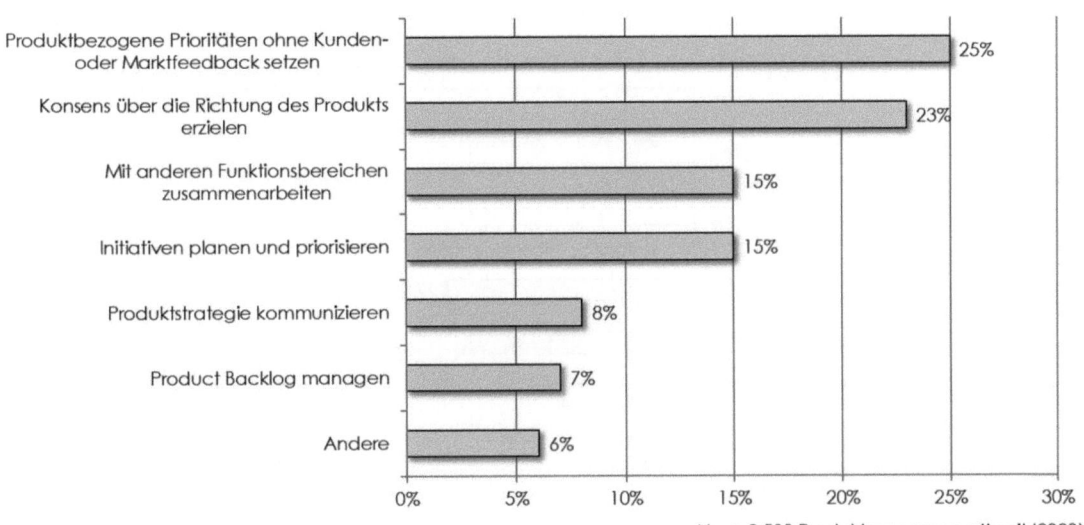

**Abb. 2.13** Herausforderungen im Produktmanagement 2020. (Vgl. Product Plan 2020)

über diese Prioritäten und die Zusammenarbeit mit anderen Funktionsbereichen benannt. Priorisierung und Koordination können also als die beiden zentralen Herausforderungen über alle Branchen und Formen des Produktmanagements gemäß dieser Studie identifiziert werden.

**Charakteristische Herausforderungen im Produktmanagement 2023**
In einer quantitativen Befragung von 947 Produktmanagern aus unterschiedlichen Branchen und Unternehmensgrößen, v. a. im europäischen Raum, aus dem Jahr 2023 durch den Trainings- und Zertifizierungsanbieter Product Focus nennen die Befragten die in Abb. 2.14 gezeigten acht größten Herausforderungen in ihrem Alltag.

Die Befragten nannten Mangel an Ressourcen, zu viel reaktives „Fire-Fighting" und wiederum die Priorisierung als die drei zentralen Herausforderungen in ihrer Arbeit. Daneben beklagte rund ein Drittel auch ein Mangel an Klarheit in den Zuständigkeiten für das Produktmanagement. Viertens zählen auch eine kaum erkennbare Unternehmensstrategie, eine schwache Unternehmensführung sowie mangelnde Unterstützung durch das höhere Management zu den schwierigen Rahmenbedingungen.

Diese Ergebnisse korrelieren in Teilen mit anderen Studien zu Herausforderungen im Produktmanagement (vgl. Matys 2013; 280 Group 2015, Kyne 2021). In der Mehrheit der Situationen liegen diesen Studien zufolge die größten Schwierigkeiten darin, klare Prioritäten inmitten unterschiedlicher Interessen zu setzen, die beteiligten oder betroffenen Interessensgruppen von diesen zu überzeugen und deren Aktivitäten konsequent und dauerhaft auf diese Prioritäten auszurichten. Dies haben Produktmanager in der Regel in einer Situation zu leisten, in denen sie über keine disziplinarische Weisungsbefugnis, wenig zugewiesene Mitarbeiterressourcen, geringe Unterstützung des höheren Managements und kaum erkennbare strategische Prioritäten der Organisation verfügen.

Ansätze zur Lösung dieser Schnittstellenherausforderungen können in zwei „Werkzeugkästen" gesehen werden, die zu den „Standard-Toolboxen" des allgemeinen Managements gehören: Verhaltensbeeinflussung durch formale Regelungen (Organisation) und durch zwischenmenschliche Beeinflussung (Personalführung) (Abb. 2.15).

Zu den organisatorischen Maßnahmen gehört die Institutionalisierung eines festen Produktmanagement-Prozesses in der Organisation, in dem Inputs, Aktivitäten(folgen), Outputs, Aufgabenträger und Werkzeuge für Produktaktivitäten dauerhaft geregelt sind (Erne 2019,

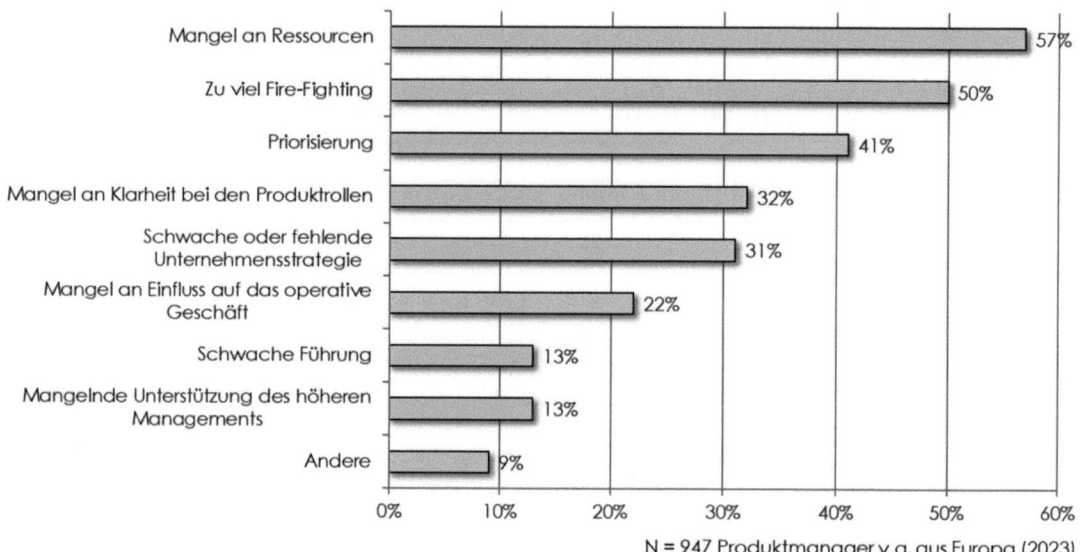

**Abb. 2.14** Herausforderungen im Produktmanagement 2023. (Vgl. Product Focus 2023a)

## 2.6 Ausbildung für das Produktmanagement

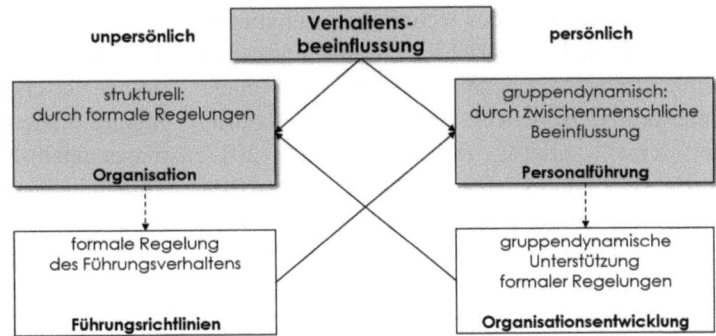

**Abb. 2.15** Formen der Verhaltensbeeinflussung. (Vgl. Ulrich und Fluri 1995, S. 161–164)

S. 53–74; Schmelzer und Sesselmann 2020, S. 63–78; Gadatsch 2020, S. 5–10). Ein so definierter und institutionalisierter Standard-Prozess für das Produktmanagement entlastet von der wiederholten, fallspezifischen Organisation der Tätigkeiten auf Projektbasis und liefert die dauerhafte „Infrastruktur" für das Produktmanagement in einer Organisation. Dabei muss darauf geachtet werden, dass den Beteiligten im Produktteam klare, möglichst überschneidungsfreie und kongruente Verantwortlichkeiten, Aufgaben und Befugnisse übertragen werden, damit der jeweilige „Job" inhaltlich gut definiert und mit minimalem Abstimmungsaufwand erfüllbar ist (vgl. Reiß 1982; Malik 2006, S. 298–303).

Auf der Basis dieser organisatorischen Infrastruktur sind dann zwischenmenschliche, interaktive Maßnahmen möglich und wirksam, die in der Literatur meist unter dem Begriff der „Personalführung" – in diesem Falle meist „laterale Führung ohne Weisungsbefugnis" (Kühl 2016; Gruber 2017) – zusammengefasst werden. Im Produktmanagement bedeutet dies, die Interessen hinter den Positionen der unterschiedlichen Stakeholder „lesen zu lernen" und Prioritäten zu entwickeln, die diese Interessen berücksichtigen, um die unterschiedlichen Funktionsbereiche und externen Partner „ins Boot zu bekommen". Das entspricht dem, was die Gruppe der Verhandlungsforscher an der Harvard Business School als eine der zentralen Erfolgsfaktoren für Verhandlungen identifiziert hat: Die Interessen hinter den Positionen müssen richtig erkannt werden, um Spielräume für Konsens sichtbar zu machen (vgl. Fisher et al. 2011).

Damit ist auch angezeigt, welche Kompetenzen für das Produktmanagement ausgebildet werden müssen (vgl. Gorchels 2011; Steinhardt 2017; Matys 2022; Aumayr 2019; Haines 2019). Dies ist Gegenstand des letzten Abschnitts.

> **Zusammenfassung: Herausforderungen für Produktmanager**
>
> Die zentralen Herausforderungen für Produktmanager in der Alltagspraxis bestehen gemäß empirischen Studien darin, klare Produkt-Prioritäten inmitten der unterschiedlichen Interessen der internen und externen Stakeholder zu definieren, diese von den Prioritäten zu überzeugen und deren Aktivitäten konsequent und dauerhaft auf diese auszurichten. Diese Herausforderungen sind einerseits durch einen definierten und institutionalisierten Produktmanagement-Prozess in der Organisation und andererseits durch Instrumente der lateralen Führung zu bewältigen. Damit sind zugleich die wichtigsten Ausbildungsziele im Produktmanagement markiert.

## 2.6 Ausbildung für das Produktmanagement

Aufgrund der Disparität des Arbeitsfeldes ist es nicht weiter erklärungsbedürftig, dass ein Großteil von Produktmanagerinnen aus dem Marketing, dem Vertrieb oder technischen Funktionen in diese Rolle hineinwächst bzw. hineingestoßen wird. Die erforderlichen Kompetenzen – mehr oder weniger begleitet – „on the job" durch „trial and error" erlernt (vgl. Steinhardt 2017, S. 117–119; Matys 2022, S. 57–75; Haines 2019, S. 15–42; Aumayr 2019, S. 8–23; Product Focus 2023a).[5]

Begleitend zum relativ aufwändigen Erfahrungslernen existieren mittlerweile eine Reihe formaler Aus- und Weiterbildungen im Produktmanagement. Dazu zählen akademische Ausbildungsgänge auf Bachelor- und Masterniveau (vgl. StudyCheck 2023; Aston o. J.), zertifizierte Fort- und Weiterbildungsgänge sowie Einzeltrainings (vgl. Kursfinder 2023; UserLane (2023)). Zu erwähnen sind für den deutschsprachigen Raum die Lernangebote von ProduktManageMentor, dem deutschsprachigen Zweig von Product Focus (ProduktmanageMentor 2023b; Product Focus 2023b), Peter Kairies (Kairies 2023), Pro Produktmanagement (Pro Produktmanagement 2023), PM1 (PM1 2023), Product Lounge (ProductLounge 2023) sowie der Haufe Akademie (Haufe Akademie 2023).

Darüber hinaus haben sich bereits seit Ende der 70er-Jahre, insbesondere in den USA, Verbände zum Produktmanagement etabliert, die ebenfalls Zertifizierungen und Publikationen anbieten, welche – abhängig von der jeweiligen Definition der Schwerpunkte des Produktmanagements – den „Body of Knowledge" definieren, den eine Produktmanagerin beherrschen muss. Eine Übersicht über die wesentlichen international agierenden Verbände und Vereinigungen zum Produktmanagement findet sich in Tab. 2.4.

Die Übersicht über die Lernangebote für Produktmanagement-Aufgaben soll verdeutlichen, dass inzwischen relativ viele Ressourcen zur Verfügung stehen, um das Erlernen von Produktmanagement-Kompetenzen zu erleichtern, zu beschleunigen und zu systematisieren. Die inhaltliche Disparität in diesem Bereich zeigt aber auch, dass sich Produktmanagement als eigenständige Rolle noch im Prozess der Professionalisierung und Standardisierung befindet.[6] Ferner wird anschaulich, dass sich diese Entwicklungen der Professionalisierung und Standardisierung vor allem in den anglo-amerikanischen Regionen vollziehen. Im deutschsprachigen Bereich vollziehen sich diese Entwicklungen derzeit etwas zeitverzögert, jedoch derzeit mit beschleunigter Dynamik.

> **Zusammenfassung: Ausbildung für das Produktmanagement**
>
> Produktmanagerinnen erlernen die erforderlichen Kompetenzen meist „on the job" durch „trial and error". Um dieses notwendige, aber aufwändige Erfahrungslernen zu erleichtern, zu beschleunigen und zu systematisieren existieren mittlerweile eine Reihe formaler Lernangebote auch für den deutschsprachigen Bereich.
>
> Dazu zählen akademische Studiengänge auf Bachelor- und v. a. Master-Niveau, Zertifikatslehrgänge sowie Einzeltrainings. Diese werden teilweise auch von Produktmanagement-Verbänden und Vereinigungen angeboten, die zudem das Wissen über Produktmanagement in Publikationen zusammenfassen und weitere Services für ihre Mitglieder bereitstellen.

---

[5] beim Hinweis auf „on the job training" ist im Kontext kognitionspsychologischer Erkenntnisse der Hinweis wichtig, dass Expertise in den Feldern des Produktmanagements weniger durch bloße kontinuierliche Aufgabenerfüllung erworben wird, sondern durch „deliberate practice" (vgl. Ericsson und Crutcher 1990; Ericsson et al. 1993), also durch eine längerfristige, 8–10 Jahre dauernde, kritisch reflektierte und im Idealfall begleitete Übung in den jeweiligen Domänen.

[6] Unter „Professionalisierung" wird hier – im Anschluss an die Berufs- und Professionssoziologie – die Ausdifferenzierung spezialisierter Berufe mit einem eigenen Kompetenzprofil und „Body of Knowledge" sowie eigenen Zertifizierungen und Karrierepfaden verstanden, die sich dadurch eine gewisse Autonomie in der Berufsausübung sichern (vgl. Millerson 1964; Hodson und Sullivan 1990; Mieg 2003).

## 2.6 Ausbildung für das Produktmanagement

**Tab. 2.4** Internationale Produktmanagement-Verbände und -Vereinigungen

| Organisation | Sitz | Gründungsjahr | Mitglieder | Zertifizierungen | Publikationen |
|---|---|---|---|---|---|
| **Product Development and Management Association (PDMA) (https://www.pdma.org/)** | St. Paul Minnesota, USA | 1976 | Ca. 2000 | New Product Development Professional (NPDP) | Kahn KB ed (2013) PDMA Handbook of New Product Development. Journal of Product Innovation Management (JPIM) https://www.pdma.org/ |
| **Strategic and Competitive Intelligence Professionals (SCIP) (https://www.scip.org)** | San Antonio, Texas, USA | 1986 | Ca. 1200 | --- | Competitive Intelligence Magazine (CIM) |
| **Association of International Product Marketing & Management (AIPMM) (https://aipmm.com/)** | Reno, Nevada, USA | 1998 | Unbekannt | Certified Product Manager (CPM), Certified Product Marketing Manager (CPMM), Certified Brand Manager (CBM), Certified Innovation Leader (CIL), Agile Certified Product Manager Product Owner (ACPMPO) | Geracie und Eppinger (2013), The guide to the Product Management and Marketing Body of Knowledge (ProdBOK) |
| **Blackblot Product Management Expertise (https://www.blackblot.com/)** | New York, USA & Caesarea, Israel | 2004 | | Blackblot Product Management Professional | Steinhardt (2017) The Product Manager's Toolkit: Methodologies, Processes, and Tasks in Technology Product Management Steinhardt (2019) Market-Value Pricing: definitions, concepts, and processes for Market-Value Centric pricing |
| **International Software Product Management Association (ISPMA) (https://ispma.org)** | Stuttgart/ Germany | 2009 | | ISPMA Certified Software Product Manager: Foundation Level ISPMA Certified Software Product Manager: Excellence in Strategic Management ISPMA Certified Software Product Manager: Excellence in Product Strategy ISPMA Certified Software Product Manager: Excellence in Product Planning ISPMA Certified Software Product Manager: Excellence in Orchestration | SPM Body of Knowledge (SPMBOK) (https://ispma.org/body-of-knowledge/syllabi/) |

(Fortsetzung)

**Tab. 2.4** (Fortsetzung)

| Organisation | Sitz | Gründungsjahr | Mitglieder | Zertifizierungen | Publikationen |
|---|---|---|---|---|---|
| Mind the Product/Product Tank (https://www.mindtheproduct.com) | London, UK | 2010/2011 | Ca. 150.000 | --- | --- |
| Product School (https://www.productschool.com) | San Francisco, California, USA | 2014 | --- | Product Management Certificate (PMC) Full Stack Product Management Certificate (FPMC) Product Leadership Certificate (PLC) | --- |
| The Product Coalition (https://platform.productcoalition.com) | Melbourne, Australia | 2014 | Ca. 6000 | --- | Blogs und Artikel auf https://platform.productcoalition.com |
| Products that count (https://productsthatcount.com) | San Francisco, California, USA | 2014 | Ca. 200.000 | --- | --- |
| Woman in Product (https://www.womenpm.org) | San Francisco, California, USA | 2016 | Ca. 15.000 | --- | --- |

## 2.7 Übungsaufgaben und Lösungen

### 2.7.1 Übungsaufgaben

**Aufgabe 1**

Angenommen, Sie wären in der Personalentwicklung von „Procter & Gamble" tätig und hätten die Aufgabe, ein wirksames Konzept für die Laufbahnentwicklung von Produktmanagerinnen zu konzipieren. Wie könne eine sinnvolle Laufbahnentwicklung von Produktmanagerinnen entlang der Phasen des Produktlebenszyklus aussehen? Bitte benennen Sie drei Phasen, in denen Produktmanagerinnen mit jeweils steigendem Anspruchsniveau entlang des Produkt-Lebenszyklus einsetzbar sind und sich so in ihrer Berufslaufbahn entwickeln können. Bitte begründen Sie auch Ihre Zuordnung.

**Aufgabe 2**

Für welche der folgenden Unternehmen ist es sinnvoll, eine eigenständige Rolle „Produktmanager" einzurichten? Bitte geben Sie eindeutige Antworten und begründen Sie Ihre Auswahl.

- Apple Inc. mit eigenen Betriebssystemen, Applikationen, Desktops, Notebooks, Smartphones, Tablets, Wearables, Streaming-Set-Top-Boxen, Online-Services und Peripheriegeräten.
- Fairphone B.V. mit einer Android-basierten Smartphone-Modellreihe.
- Tesla Inc. mit sieben Elektro-Fahrzeugmodellreihen auf dem Markt (Roadster, Model S, Model 3, Model X, Model Y, Semi, Cybertruck), eigenen Ladenetzwerken, Batteriespeichern, Batterie-Speicherkraftwerken und Photovoltaikanlagen.
- Bionade GmbH mit 0,5 L- und 0,33 L – Gebinden von alkoholfreien Erfrischungsgetränken in insgesamt 14 Geschmackssorten (wie z. B. Holunder, Litschi, Zitrone-Bergamotte, Streuobst, Naturtrübe Orange, Mate Pfirsich).
- Spotify AB, die eine Audio-Streaming-Plattform für Musik, Hörbücher und Podcasts im klassischen Abonnement-Modell sowie in den Abo-Modellen Spotify Premium Student, Spotify Premium Family, Spotify Premium Duo sowie Spotify Premium Mini anbietet.

**Aufgabe 3**

Für die Entwicklung des Spotify-Streaming-Dienstes wurden Personen mit Ausbildung und Erfahrungen in der Entwicklung sowie im Marketing und im Vertrieb zu einem Team zusammengeschlossen. Welche Kompetenz fehlte, was zu Beginn zahlreiche Schwierigkeiten mit sich brachte?

Bitte nennen Sie eine wichtige fehlende Kompetenz in diesem Entwicklungsteam mit diesem besonderen Geschäftsmodell und begründen Sie diese.

**Aufgabe 4**

Welche Aufgabenschwerpunkte hat ein Produktmanager bei der Alfred Ritter GmbH & Co KG („Ritter Sport") im Gegensatz zu den Aufgabenschwerpunkten eines Produktmanagers bei Siemens Energy (konventionelle und erneuerbare Energietechnologien, Netztechnologien, Energiespeicherlösungen, Energiesteuerungslösungen)?

Bitte beschreiben Sie jeweils mindestens drei deutlich unterscheidbare Aufgabenschwerpunkte.

**Aufgabe 5**

Angenommen, Apple möchte seine Idee nun verwirklichen und mit eigenen Baureihen des „Apple Cars" auf den Markt gehen. Als erstes Modell ist ein elektrifizierter, stark vernetzter Kleinwagen für den Stadtverkehr in unterschiedlichen Ausstattungsvarianten geplant.

a. Welches sind die jeweiligen Interessen der Funktionen Entwicklung, Beschaffung, Marketing und Vertrieb und Produktion? Bitte skizzieren sie grob die Hauptinteressen dieser vier Funktionen.

b. Was könnte ein Produktmanager für diese Baureihe tun, um den Interessen dieser vier Funktionen möglichst weit entgegenzukommen? Bitte skizzieren Sie eine Handlungsstrategie.

**Aufgabe 6**
Welchen Ausbildungsweg für Produktmanager halten Sie für effektiver (wirksamer): Learning-on-the-job oder systematische theoretische Ausbildung? Bitte geben Sie eine eindeutige Antwort und begründen Sie diese.

Welchen Ausbildungsweg für Produktmanager halten Sie für effizienter (wirtschaftlicher): Learning-on-the-job oder systematische theoretische Ausbildung? Bitte geben Sie eine eindeutige Antwort und begründen Sie diese.

### 2.7.2 Lösungen

**Lösungsskizze zu Aufgabe 1**
Ein sinnvolles Personalentwicklungs-Konzept könnte sein, dass Produktmanagerinnen im „Downstream Product Management" starten, also bei der Überwachung und Steuerung von Produkten in der Wachstums-, Reife und/oder Rückgangphase. Denn hier sind Produkte auf dem Markt eingeführt, die Umsätze und die Kosten relativ stabil und die Aufgaben bestehen darin, Umsätze zu steigern, Kosten zu senken und das Produkt auf dem Markt gegen Wettbewerbsangebote zu verteidigen.

Wurden diese Aufgaben gut erledigt, wäre eine Aufgabe in der Einführungsphase angeraten, in der das Produkt erst noch auf dem Markt etabliert und Kunden gewonnen werden müssen.

Die dritte, anspruchsvollere, Einsatzmöglichkeit ist die Produktentstehung, in der Produktideen erzeugt und ausgewählt, Produktkonzepte definiert und realisiert sowie die Markteinführung vorbereitet werden muss.

**Lösungsskizze zu Aufgabe 2**
Für folgende Unternehmen ist es in jedem Fall sinnvoll, eine eigenständige Rolle „Produktmanager" einzurichten:

- Apple Inc., da das Portfolio aus unterschiedlichen Produkten für unterschiedliche Märkte besteht (stationäre/mobile Lösungen, Applikationen und Online-Dienste), die eigenständig bearbeitet werden müssen.
- Tesla Inc., da das Portfolio aus unterschiedlichen Produkten für unterschiedliche Märkte besteht (Sportwagen, Oberklasse-Limousinen, SUV/Van, Kompakt-Limousinen, Ladenetzwerke, Batteriespeicher, Photovoltaikanlagen), die eigenständig bearbeitet werden müssen.

Für folgende Unternehmen kann wahrscheinlich die Produktmanagement-Rolle durch Vertreter des oberen Managements übernommen werden:

- Fairphone B.V., da es nur eine modellreihe im Portfolio hat.
- Bionade GmbH, da die zwei Gebinde und die 14 Geschmacksrichtungen keine eigenständigen Produkt-Markt-Kombinationen darstellen.
- Spotify AB, da die unterschiedlichen Audio-Contents keine eigenständigen Produkt-Markt-Kombinationen darstellen und die unterschiedlichen Abonnements eher unterschiedliche Vertriebsmitarbeiter als eigenständige Produktmanager erfordern.

**Lösungsskizze zu Aufgabe 3**
In diesem Fall fehlte in jedem Fall ein kompetenter Jurist für Zivilrecht, v. a. für das Recht an geistigem Eigentum, da das Geschäftsmodell von Spotify die Verwertungsrechte der Musik-Labels (z. B. Universal, Sony Music, Warner) sowie der individuellen Künstler berührte. Darin bestand eine zentrale Herausforderung für die Markteinführung der Streaming-Plattform.

**Lösungsskizze zu Aufgabe 4**
- Die Aufgabenschwerpunkte eines Produktmanagers bei der Alfred Ritter GmbH & Co KG bestehen wahrscheinlich in der Sorten- und Namensfindung, in der Durchführung von Markttests, der Preisgestaltung, der Auswahl und Vorbereitung der Vertriebskanäle, der Kommunikationsgestaltung sowie in der Vorbereitung der Markteinführung.
- Die Aufgabenschwerpunkte eines Produktmanagers bei Siemens Energy bestehen wahrscheinlich in der Erhebung der Kundenanforderungen an Energielösungen, der Mit-

arbeit bei der Pflichtenhefterstellung, der Begleitung der Entwicklung und der Integration von Kundenfeedback in die Entwicklung.

**Lösungsskizze zu Aufgabe 5**

Zu a):
- Entwicklungsfunktionen haben meist ein Interesse an anspruchsvollen High-End-Technologien.
- Beschaffungsfunktionen haben meist ein Interesse an wenigen Zulieferern mit einem hohen Einkaufsvolumen.
- Marketing- und Vertriebsfunktionen haben meist ein Interesse an einer hohen Varianten- und Auswahlvielfalt, die die unterschiedlichen Kundenpräferenzen erfüllen.
- Produktionsfunktionen haben meist ein Interesse an einer möglichst geringen Variantenvielfalt, die effiziente Produktionsflüsse mit wenigen Werkzeugwechseln ermöglichen.

Zu b):

- Möglich wäre, anspruchsvolle High-End-Funktionen über Softwarefunktionen zu integrieren („Software Defined Products"). Dies würde den Interessen der Entwicklung nach anspruchsvollen Technologien, von Marketing und Vertrieb nach einer hohen Variantenvielfalt, aber auch Beschaffungs- und Produktionsfunktionen nach geringer Hardware-Vielfalt entgegenkommen.

**Lösungsskizze zu Aufgabe 6**
- Sehr effektiv (wirksam) wäre ein „Learning-on-the-job", da nachweisbar die meisten Qualifikationen und Kompetenzen dadurch erworben werden, wenn (möglichst begleitet) Aufgaben mit Verantwortung selbst erledigt werden.
- Sehr effizient (wirtschaftlich) sind dagegen systematische Ausbildungsgänge. „Learning on the job" ist in der Regel sehr unsystematisch und zeitaufwändig. Eine systematische Ausbildung dagegen gibt einen Gesamtüberblick und beschleunigt das Lernen.

Aus diesen Gründen ist eine Kombination von „Learning-on-the-job" und systematischen Ausbildungsgängen für die Ausbildung von Produktmanager empfehlenswert.

## Literatur

280 Group (2015) Challenges in product management: survey results. 280 Group, Campbell. https://f.hubspotusercontent00.net/hubfs/20417305/Content/Challenges_in_Product_Management_Survey_Results.pdf. Zugegriffen am 28.09.2023

Ahuja K et al (2017) Mastering three strategies of organic growth McKinsey & Company, New York. https://www.mckinsey.com/business-functions/marketing-and-sales/our-insights/mastering-three-strategies-of-organic-growth. Zugegriffen am 20.02.2020

Albers S, Herrmann A (2007) Ziele, Aufgaben und Grundkonzept des Produktmanagements. In: Albers S, Herrmann A (Hrsg) Handbuch Produktmanagement: Strategieentwicklung – Produktplanung – Organisation – Kontrolle, 3. Aufl. Gabler, Wiesbaden, S 1–18

Apple (2023) Leadership and governance: executive profiles. Apple.com. https://investor.apple.com/leadership-and-governance/default.aspx. Zugegriffen am 20.09.2023

Aston B (o.J.) 9 Most popular product management certifications & courses. TheProductManager.com. https://theproductmanager.com/topics/product-management-certifications/. Zugegriffen am 15.09.2023

Aumayr KJ (2019) Erfolgreiches Produktmanagement: Tool-Box für das professionelle Produktmanagement und Produktmarketing, 5. Aufl. Springer Gabler, Wiesbaden

Breyer-Mayländer T (2020) Erfolgsfaktor Macht im Management: 20 Handlungsfelder für bewusste, verantwortungsvolle und erfolgreiche Führungsarbeit. Springer Gabler, Wiesbaden

Bruhn M, Hadwich K (2017) Produkt- und Servicemanagement. Konzepte, Prozesse, Methoden, 2. Aufl. Vahlen, München

Cao H, Folan P (2011) Product life cycle: the evolution of a paradigm and literature review from 1950–2009. Prod Plan Control 23(8):641–662

Chang H-W et al (2008) A model for selecting product ideas in fuzzy front end. Concurr Eng 16(2):121–128

Chesbrough H (2003) Open innovation: the new imperative for creating and profiting from technology. Harvard Business School Press, Boston

Cooper RG (2017) Winning at new products: creating value through innovation, Rev. Aufl. Basic Books, New York.

Crawford CM, Di Benedetto, CA (2021) New products management, 12. Aufl. McGraw-Hill, New York

Crozier M, Friedberg E (1979) Macht und Organisation: Die Zwänge kollektiven Handelns. Athenäum, Königstein

Day GS (1981) The product life cycle: analysis and applications issues. J Mark 45(4):60–67

Elmer-DeWitt P (2019) The most detailed Apple org chart yet – a sample. PED30.com. https://www.ped30.com/2019/03/05/information-apple-org-chart/. Zugegriffen am 20.09.2019

Ericsson KA, Crutcher RJ (1990) The nature of exceptional performance. In: Baltes PB et al (Hrsg) Life-span development and behaviour, Bd 10. Erlbaum, Hillsdale, S 187–217

Ericsson KA et al (1993) The role of deliberate practice in the acquisition of expert performance. Psychol Rev 100(3):363–406

Erne R (2019) Lehrbuch Prozessmanagement. Allensbach Hochschule, Allensbach

Fisher R, Ury W, Patton B (2011) Getting to yes: negotiating agreement without giving in, 3. Aufl. Penguin Books, New York

French JRP, Raven B (1959) The bases of social power. In: Cartwright D (Hrsg) Studies in social power. University of Michigan, Institute for Social Research, Ann Arbor, S 150–167

Gadatsch A (2020) Grundkurs Geschäftsprozess-Management: Analyse, Modellierung, Optimierung und Controlling von Prozessen, 9. Aufl. Springer Vieweg, Wiesbaden

Gassmann O, Schweitzer F (2014) Managing the unmanageable: the fuzzy front end of innovation. In: Gassmann O, Schweitzer F (Hrsg) Management of the fuzzy front end of innovation. Springer, Cham, S 3–14

Gaubinger K et al (2015) Innovation and product management: a holistic and practical approach to uncertainty reduction. Springer, Heidelberg

Geracie G, Eppinger SD (2013) The guide to the product management and marketing body of knowledge (ProdBOK). Product Management Educational Institute, Carson City

Gorchels L (2011) The product manager's handbook, 4. Aufl. McGraw Hill, New York

Großklaus RH (2009) Praxisbuch Produktmanagement. Moderne Industrie, München

Gruber A (2017) Kreuz und quer: Top-down-, bottom-up- und laterale Führung in Organisationen. In: Roehl H, Asselmeyer H (Hrsg) Organisationen klug gestalten: Handbuch für Organisationsentwicklung und Change Management. Schäffer-Poeschel, Stuttgart, S 219–224

Haines S (2014) The product manager's desk reference, 2. Aufl. McGraw Hill, New York

Haines S (2019) The product manager's survival guide: everything you need to know to succeed as a product manager, 2. Aufl. McGraw-Hill, New York

Haufe Akademie (2023) Produktmanagement: Mit Innovation und Know-how zu marktfähigen Produkten!. Haufe-Akademie.de. https://www.haufe-akademie.de/hierarchy/produktmanagement. Zugegriffen am 26.09.2023

Hauschildt J et al (2023) Innovationsmanagement, 7. Aufl. Vahlen, München

Herrmann A, Huber F (2013) Produktmanagement: Grundlagen – Methoden – Beispiele, 3. Aufl. Springer Gabler, Wiesbaden

Hodson R, Sullivan TA (1990) The social organization of work. Wadsworth, Belmont

Hofbauer G, Sangl A (2017) Professionelles Produktmanagement: Der prozessorientierte Ansatz, Rahmenbedingungen und Strategien, 3. Aufl. Publicis, Erlangen

Höft U (1992) Lebenszykluskonzepte: Grundlage für das strategische Marketing- und Technologiemanagement. Erich Schmidt, Berlin

Horváth P, Gleich R, Seiter M (2020) Controlling, 14. Aufl. Vahlen, München

Jacobs J (2019) Produktlebenszyklusorientiertes Controlling am Beispiel des produktbezogenen Businessplans. Springer Gabler, Wiesbaden

Kadam S, Apte D (2015) A survey on short lifecycle time series forecasting. Int J Appl Innov Eng Manag (IJAIEM) 4(5):445–449

Kairies P (2023) Startseite. PeterKairies.de. https://peter-kairies.de/. Zugegriffen am 26.09.2023

Kaulio M (1998) Customer, consumer and user involvement in product development: a framework and a review of selected methods. Total Qual Manag 9(1):141–149

Kieser A, Walgenbach P (2010) Organisation, 6. Aufl. Schaeffer-Poeschel, Stuttgart

Kinkel S (2005) Anforderungen an die Fertigungstechnik von morgen: Wie verändern sich Variantenzahlen, Losgrößen, Materialeinsatz, Genauigkeitsanforderungen und Produktlebenszyklen tatsächlich? Mitteilungen aus der Produktionsinnovationserhebung 37. Fraunhofer-Institut für System und Innovationsforschung, Karlsruhe

Koen PA et al (2002) Fuzzy front end: effective methods, tools and techniques. In: Belliveau P, Griffin A, Sommermeyer S (Hrsg) The PDMA toolbook for new product development. Wiley, New York, S 5–36

Kotler P et al (2016) Marketing management, 3. Aufl. Pearson, Harlow

Kühl S (2016) Führen ohne Hierarchie: Macht, Vertrauen und Verständigung im Konzept des Lateralen Führens. In: Geramanis O, Hermann K (Hrsg) Führen in ungewissen Zeiten: Impulse, Konzepte und Praxisbeispiele. Springer Gabler, Wiesbaden, S 251–264

Kuhn J (2007) Markteinführung neuer Produkte. Deutscher Universitäts-Verlag, Wiesbaden

Kursfinder (2023) Produktmanagement Seminare. Kursfinder.de. https://www.kursfinder.de/suche/produktmanagement-weiterbildung. Zugegriffen am 19.09.2023

Kyne D (2021) Top 10 challenges product managers face in 2021. OpinionX.com. https://www.opinionx.co/blog/stack-ranking-product-management-challenges. Zugegriffen am 28.09.2023

LeBlanc JS (2018) Launching for revenue: how to launch your product, service or company for maximum growth. HAL House, Shanghai

Lehmann DR, Winer RS (2004) Product management, 4. Aufl. McGraw-Hill, New York

Lennertz D (2006) Produktmanagement: Planung – Entwicklung – Vermarktung. Wie Sie mit innovativen Produkten den Unternehmenserfolg steigern. Frankfurter Allgemeine Buch, Frankfurt

Malik F (2006) Führen, leisten, leben: Wirksames Management für eine neue Zeit. Komplett überarb. Neuaufl. Campus, Frankfurt

Matys E (2013) Praxishandbuch Produktmanagement: Grundlagen und Instrumente, 6. Aufl. Campus, Frankfurt

Matys E (2022) Praxishandbuch Produktmanagement: Grundlagen und Instrumente, 8. Aufl. Campus, Frankfurt

Meffert H, Burmann C (2000) Product Life Cycle Management: Grundmodell und neuere Entwicklungen. Thexis 17(2):6–10

Meffert H, Burmann C, Kirchgeorg M (2015) Marketing: Grundlagen marktorientierter Unternehmensführung. Konzepte – Instrumente – Praxisbeispiele, 12. Aufl. Springer Gabler, Wiesbaden

Mieg HA (2003) Problematik und Probleme der Professionssoziologie: eine Einleitung. In: Mieg HA, Pfadenhauer M (Hrsg) Professionelle Leistung – Professional Performance: Positionen der Professionssoziologie. UVK Verlagsgesellschaft, Konstanz, S 11–46

Millerson G (1964) The qualifying associations: a study in professionalization. Routledge & Kegan Paul, London

Mintzberg H (1983) Power in and around organizations. Prentice-Hall, Englewood Cliffs

Mugge P, Markham SK (2013) An innovation management framework: a model for managers who want to grow their business. In: Kahn KB (Hrsg) PDMA handbook of new product development, 3. Aufl. Wiley, New York, S 36–50

Neumarkter Lammsbräu (2023) Jobs. So sieht unser Organigramm aus. Lammsbaeu.de. https://www.lammsbraeu.de/jobs/stellenangebote. Zugegriffen am 23.09.2023

Olsen D (2015) The lean product playbook: how to innovate with minimum viable products and rapid customer feedback. Wiley, Hoboken

PenMyPaper (2020) Organizational structure of Apple. PenMyPaper.com. https://penmypaper.com/knowledgebase/apple-organizational-structure. Zugegriffen am 20.09.2023

Pepels W (Hrsg) (2012) Launch – Die Produkteinführung: Wie sie Produkte und Dienstleistungen erfolgreich in den Markt bringen, 2. Aufl. Symposion, Düsseldorf

Pepels W (2017) Produktmanagement, 7. Aufl. Duncker & Humblot, Berlin

Pichler R (2014) Agiles Produktmanagement mit Scrum: Erfolgreich als Product Owner arbeiten, 2. Aufl. Dpunkt, Heidelberg

PM1 (2023) Produktmanagement Performance in Industrie und B2B. PM1.de. https://www.pm1.de/. Zugegriffen am 26.09.2023

Prakash S et al. (2016) Einfluss der Nutzungsdauer von Produkten auf ihre Umweltwirkung: Schaffung einer Informationsgrundlage und Entwicklung von Strategien gegen „Obsoleszenz". Umweltbundesamt, Dessau-Roßlau. https://www.umweltbundesamt.de/sites/default/files/medien/378/publikationen/texte_11_2016_einfluss_der_nutzungsdauer_von_produkten_obsoleszenz.pdf-. Zugegriffen am 12.08.2019

Pro Produktmanagement (2023) Produktmanagement Schulung und Zertifizierung. Open Product Management Workflow. Pro-Produktmanagement.de https://www.pro-produktmanagement.de/. Zugegriffen am 26.09.2023

Procter & Gamble (2023a) Annual report 2023. P&G, Cincinnati. https://s1.q4cdn.com/695946674/files/doc_financials/2023/ar/2023_annual_report.pdf. Zugegriffen am 24.06.2023

Procter & Gamble (2023b) Corporate structure. US. PG.com. https://us.pg.com/structure-and-governance/corporate-structure/. Zugegriffen am 15.09.2023

Product Focus (2023a) 2023 Survey of the product management profession. Product Focus, Cirencester. https://toolbox.productfocus.com/content-types/reports-and-white-papers. Zugegriffen am 28.09.2023

Product Focus (2023b) Product management training for world class product managers. ProductFocus.com. https://www.productfocus.com. Zugegriffen am 26.09.2023

Product Plan (2020) Product managers in 2020: insights from product managers at the world's leading companies. Product Plan, Santa Barbara. https://assets.productplan.com/content/2020-Product-Managers-Survey-by-ProductPlan.pdf. Zugegriffen am 28.09.2023

ProductLounge (2023) Das Live Online Trainingsprogramm für Produktmanager*innen. ProductLounge.net. https://productlounge.net/live-online-produktmanagement-training/. Zugegriffen am 26.09.2023

ProduktManageMentor (2023a) Marktstudie 2023: Produktmanagement und Produktmarketing. ProduktManageMentor.de. https://www.produktmanagementor.de/wp-content/themes/produktmanagementor/php/convTracking/download.php?did=7404. Zugegriffen am 09.01.2024

ProduktManageMentor (2023b) Für Produktmanager*innen mit und ohne Berufserfahrung: Praxisbezogene Weiterbildung im Produktmanagement. ProduktManageMentor.de. https://www.produktmanagementor.de/. Zugegriffen am 12.09.2023

Project Management Institute (Hrsg) (2017) A guide to the project management body of knowledge (PMBoK), 6. Aufl. PMI, Newton Square

Raskino M (2019) 2019 CEO survey: the year of challenged growth. Gartner, Stamford. https://www.gartner.com/smarterwithgartner/ceos-look-for-growth-opportunities-in-2019-ceo-survey/. Zugegriffen am 20.02.2020

Reichmann T, Kißler M, Baumöl U (2017) Controlling mit Kennzahlen: Die systemgestützte Controlling-Konzeption, 9. Aufl. Vahlen, München

Reiß M (1982) Das Kongruenzprinzip der Organisation. Wirtschaftswissenschaftliches Studium 11(2):75–78

Rink DR, Swan JE (1979) Product life cycle research: a literature review. J Bus Res 7(3):219–242

Sattler R (2003) Unternehmerisch denken lernen: Das Denken in Strategie, Liquidität, Erfolg und Risiko, 2. Aufl. DTV, München

Schmelzer H, Sesselmann W (2020) Geschäftsprozessmanagement in der Praxis: Kunden zufriedenstellen, Produktivität steigern, Wert erhöhen, 9. Aufl. Hanser, München

Schulte-Zurhausen M (2013) Organisation, 6. Aufl. Vahlen, München

Steinhardt G (2017) The product manager's toolkit: methodologies, processes, and tasks in technology product management, 2. Aufl. Springer, Cham

Steinhardt G (2019) Market-value pricing: definitions, concepts, and processes for market-value centric pricing. Springer, Cham

StudyCheck (2023) Studium Produktmanagement. StudyCheck.de. https://www.studycheck.de/studium/produktmanagement/studiengaenge. Zugegriffen am 17.09.2023

Thom N (1980) Grundlagen des betrieblichen Innovationsmanagements, 2. Aufl. Hanstein, Königstein

Ulrich P, Fluri E (1995) Management: eine konzentrierte Einführung, 7. Aufl. Haupt, Bern

UserLane (2023) Top online product management courses for all levels. UserLane.com. https://www.userlane.com/blog/online-product-management-courses/. Zugegriffen am 17.09.2023

Vahs D (2019) Organisation: Ein Lehr- und Managementbuch, 10. Aufl. Schäffer-Poeschel, Stuttgart

Vahs D, Brem A, Oswald C (2023) Innovationsmanagement: Von der Idee zur erfolgreichen Vermarktung, 6. Aufl. Schäffer-Poeschel, Stuttgart

Vernon R (1966) International investment and international trade in the product cycle. Q J Econ 2:190–207

Wagenblatt T (2019) Software product management: finding the right balance for YourProduct Inc. Springer, Cham

Weber J, Schäffer U (2020) Einführung in das Controlling, 16. Aufl. Schäffer-Poeschel, Stuttgart

# Was ist ein erfolgreiches Produkt? 3

**Lernziele dieses Kapitels**
- Unterschiedliche Bedeutungen des Produktbegriffs und Möglichkeiten der Klassifizierung von Produkten verstehen
- Indikatoren und Messgrößen für Produkterfolg verstehen
- Verschiedene Einflussfaktoren auf den Produkterfolg kennen

## 3.1 Der Begriff des Produkts

Bei der in Kap. 2 skizzierten Definition des Produktmanagements wurde zunächst die Frage offengelassen, was genau unter einem „Produkt" zu verstehen ist. Dies ist jedoch insofern wichtig, als ein Produkt den „Erfahrungsgegenstand" des Produktmanagements konstituiert.[1] Es wird im Folgenden hier nach einer Definition des Produktbegriffs gesucht, der für das Produktmanagement zweckmäßig ist.[2]

Das Verständnis dessen, was ein „Produkt" ist, variiert von Autor zu Autor und von Disziplin zu Disziplin. Es hat sich zudem in den letzten hundert Jahren verändert (vgl. Bruhn und Hadwich 2017, S. 9 f.).

Ursprünglich wurde unter einem „Produkt" das Ergebnis eines Produktionsprozesses verstanden, in welchem Produktionsfaktoren (vor allem operative Arbeit, dispositive Arbeit, Betriebsmittel, und Materialien) in unterschiedlichen Kombinationen zu höherwertigen physischen Gütern transformiert werden, was durch die Messgröße der Wertschöpfung messbar ist (Abb. 3.1).

Dieses Verständnis legt einen anbieterbezogenen und technischen Produktbegriff zugrunde. Unter einem Produkt wird hier ein physisches Gut verstanden, das in Form von Stücklisten in klar definierbare Komponenten und Unterkomponenten aufgelöst werden kann. Diese Auffassung von einem Produkt ist nach wie vor in technischen Disziplinen vorherrschend und innerhalb dieser auch sehr nützlich (vgl. Herrmann und Huber 2013, S. 4–12; Geracie und Eppinger 2013, S. 31–35; Haines 2014, S. 6–14; Kotler et al. 2016, S. 389–392; Bruhn und Hadwich 2017, S. 9 f.).

Aus Gründen der Erschließung neuer Umsatzpotenziale und Differenzierung von Wettbewerbern besteht der Nutzen für Kunden heute vielfach nicht mehr allein in einem physischen

---

[1] Zur Unterscheidung zwischen dem Erfahrungsgegenstand und dem Erkenntnisgegenstand in der Betriebswirtschaftslehre vgl. Wöhe und Döring 2013, S. 3.

[2] Diese Intention folgt der wissenschaftstheoretischen Auffassung, dass sich eine gute von einer schlechten Definition durch ihre Zweckmäßigkeit (für das Produktmanagement) unterscheidet (vgl. Ulrich und Hill 1976; Raffee und Abel 1979).

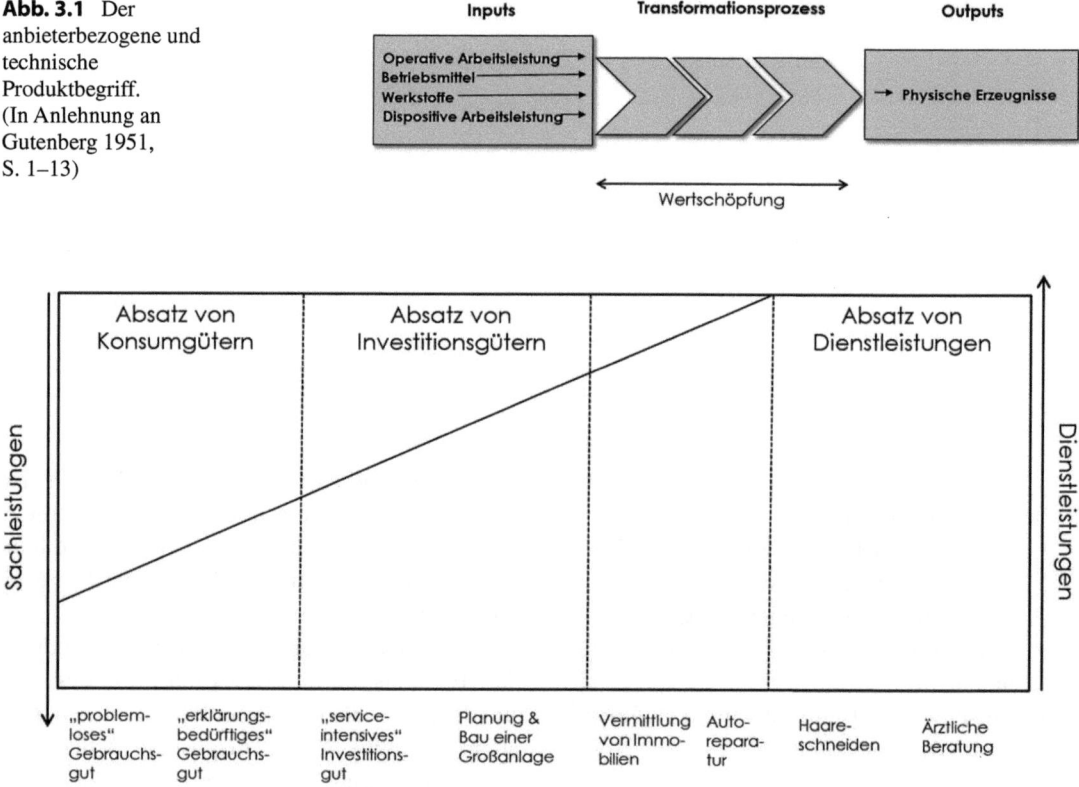

**Abb. 3.1** Der anbieterbezogene und technische Produktbegriff. (In Anlehnung an Gutenberg 1951, S. 1–13)

**Abb. 3.2** „Servitization" von physischen Produkten. (Vgl. Hilke 1989, S. 8; Haller 2017, S. 8)

Gut, sondern wird zunehmend mit produktbegleitenden Dienstleistungen und Rechten angereichert. Dies war zuerst im Investitionsgüter- und B2B-Bereich beobachtbar, in welchem beispielsweise Maschinenelemente mit Service- und Wartungsverträgen zusammen verkauft wurden und recht heute bis zu Angeboten, bei denen nicht das Eigentum an einem physischen Gut, sondern nur dessen Nutzung mit zahlreichen Serviceleistungen angeboten werden. Die letztgenannten Geschäftsmodelle werden häufig mit Begriffen wie „Sharing Economy", „Collaborative Economy", „Access-based Economy" oder „Uberization" bezeichnet (Botsman und Rogers 2010; Eckhardt und Bardhi 2015; Hamari et al. 2016; Grinevich et al. 2017; Beutin 2018). Es ist also in den letzten Jahrzehnten eine zunehmende „Servitization" des Angebots (Rabetino et al. 2018) zu beobachten (Abb. 3.2).

> **Beispiel für Servitization**
>
> **Power-by-the-hour (Rolls Royce)**
>
> Ein oft zitiertes Beispiel für „Servitization" ist das „Power by the Hour"-Angebot des Triebwerkherstellers Rolls Royce. Vor dessen Einführung war der Verkauf von Triebwerken für Rolls Royce klassisch, indem für einen Einmalbetrag ein spezifiziertes Triebwerk in das Eigentum eines Flugzeugherstellers überging.
>
> Im „Power-by-the-hour"-Geschäftsmodell verkauft dagegen Rolly-Royce Schubstunden an die Fluggesellschaften: Die Airlines bezahlen die Betriebsstunden der Triebwerke und sind nicht mehr dazu verpflichtet, die Triebwerke zu kaufen. Dieses bleibt im Eigentum von Rolls-Royce, das ebenfalls für die Instandhaltung der Triebwerke verantwortlich ist (vgl. Smith 2013). ◄

## 3.1 Der Begriff des Produkts

> **Beispiel für Servitization**
>
> **Flottenmanagement (Hilti)**
> „*Konzentrieren Sie sich auf Ihr Kerngeschäft. Wir kümmern uns um Ihre Geräteflotte*" verspricht Hilti seinen Flotten-Kunden. Der Besitz von professionellen Werkzeugen wird damit abgelöst von einem reinen Nutzungsverhältnis. Auf Grundlage eines Vertrags bietet Hilti die Möglichkeit, für einen geringen monatlichen Betrag einen kompletten Gerätepark zu nutzen und gleichzeitig von einem Paket an Serviceleistungen zu profitieren [z. B. kostenfreier Abhol- und Lieferservice bei Neu- und Ersatzgeräten Instandhaltung, Kalibrierung, Verwaltung der Elektrogeräte für Kunden usw.] (Paul 2011 S. 109; vgl. auch Hilti 2023) ◄

Der Prozess der „Servitization" wird dadurch ermöglicht, dass eine zunehmende Zahl an technischen Produkten heute softwarebasiert funktioniert, d. h. das „fest verdrahtete" Mechanik oder Elektrik zunehmend durch variablere Softwarefunktionen ersetzt werden., die teilweise ein grafisches „User Interface" haben, in der Mehrheit jedoch komplett „embedded" ablaufen. Dies ermöglicht die Entwicklung zu „Software-Defined Products", bei welchen auch nach Markteinführung Funktionen zubuch-, abbuch- und konfigurierbar sind, wie es bereits in den Tesla-Baureihen realisiert ist. Dort sind bestimmte Funktionen mittels „Over-The-Air-Updates" für bestimmte Funktionen zu- und abbuchbar (Liu et al. 2022; Shen 2023).

Die Beispiele verdeutlichen, dass es heute schwieriger ist, ein Produkt allein als ein physisches Gut zu definieren, wenn der Kundennutzen auch oder vollständig von „Services" getragen wird. Daher wird der Verbund aus Sachgütern, Dienstleistungen (und Rechten) oft auch als „Product Service Systems" (Annarelli et al. 2016) oder „Solutions" (vgl. Kotler und Levy 1969) bezeichnet.

Hier soll – statt dem veränderten Produktbegriff durch Wortneuschöpfungen Rechnung zu tragen – der Bedeutungsumfang des Begriffs „Produkt" selbst verändert werden:

▶ Unter einem **Produkt** soll hier jedes definierte Nutzenangebot für einen Kunden verstanden werden, das einen gewissen Standardisierungsgrad hat und zu einem Preis am Markt angeboten wird.

Diese Produktdefinition hat für das Produktmanagement folgende Vorteile:

### Vernachlässigung der „Anatomie" eines Produkts

Der Produktbegriff suspendiert die materielle „Anatomie" eines Produkts und integriert darstellbare Sachgüter, Dienstleistungen und Rechte am Markt. Damit wird den aktuellen Produktentwicklungen im Markt, wie sie oben skizziert wurden, Rechnung getragen.

### Abgrenzung des Produktgeschäfts vom Projektgeschäft

Unter einem Produkt wird hier ein Bündel von „Eigenschaften, Funktionen und Nutzenelementen" (vgl. Crawford und Di Benedetto 2021, S. 141–143) verstanden, das im Kern präsentierbar ist und über ein Preisschild verfügt. Der Produktbegriff umfasst somit sowohl voll standardisierte Lagerprodukte („Make-to-stock") sowie individualisierbare bzw. konfigurierbare Produkte auf modularer oder Plattformbasis („Assemble-to-order", „Make-to-order"). Er schließt jedoch rein kundenindividuelle Auftragsentwicklungen ohne Plattformbasis aus („Engineer-to-order"), die andere Produktentstehungs- und Produktmanagementprozesse erfordern (Rahim und Baksh 2003) und besser unter den Begriff des „Projektgeschäfts" passen (vgl. Deutsches Institut für Normung 2016; IPMA 2016; PMI 2017; Axelos und TSO 2017).

Die Definition macht daher das „Produktgeschäft" besser abgrenzbar zum „Projektgeschäft" (vgl. Abb. 3.3).

Diese Unterscheidung legt außerdem den Gedanken nahe, dass Unternehmen, die ihren Umsatz hauptsächlich mit individuellen Kundenprojekten machen und mit diesem Geschäftsmodell ein wenig wirtschaftliches Umsatz-Kosten-Verhältnis realisieren, ihre Strategie in Richtung „konfigurierbares Produktgeschäft"

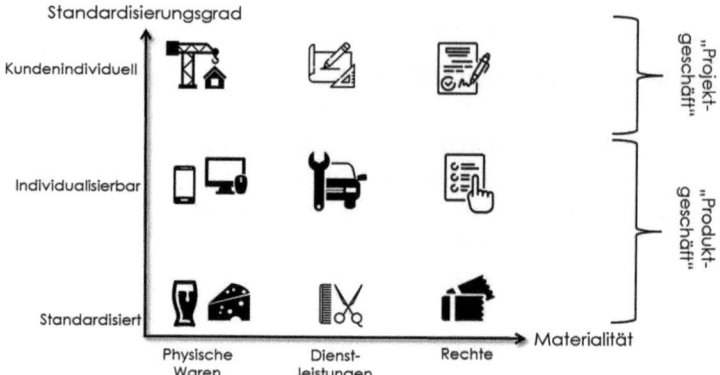

**Abb. 3.3** Abgrenzung des „Produktgeschäfts" vom „Projektgeschäft"

ausrichten sollten, um Effizienz- und Qualitätsvorteile zu realisieren. Dies würde erfordern, ein „Kernprodukt" aus den individuellen Kundenanforderungen zu definieren und umzusetzen (vgl. Deelmann 2010).

**Konzentration auf den Produktnutzen**

Ein Produkt wird nicht anbieterseitig und technisch, sondern kundenseitig und nutzenorientiert definiert. Dies adressiert die Kernaufgabe des Produktmanagements und schließt an den seit mehreren Jahrzehnten im Marketing gebräuchlichen Produktbegriff an (vgl. Kano et al. 1984; Brockhoff 1994, S. 13; Herrmann und Huber 2013, S. 4–12; Geracie und Eppinger 2013, S. 31–35; Haines 2014, S. 6–14; Meffert et al. 2015, S. 361–363; Kotler et al. 2016, S. 520 f.; Bruhn und Hadwich 2017, S. 9 f.; Wagenblatt 2019, S. 12–14 Matys 2022, S. 212–228).

Unter einer nutzenorientierten Perspektive lässt sich ein Produkt zunächst in einen Basisnutzen und einen differenzierenden Nutzen unterteilen. Der Basisnutzen bezeichnet die Leistungen, die von jedermann erwartet werden. Der differenzierende Nutzen macht ein bestimmtes Produkt von Wettbewerberangeboten unterscheidbar, beispielsweise durch bestimmte Vereinfachungen, Integrationen von Zusatzfunktionen, ästhetische Eigenschaften oder soziale Wirkungen (vgl. Kano et al. 1984; Meffert et al. 2015, S. 361–363). Darüber hinaus kann ein Produkt auch so ausgelegt werden, dass es auch für zukünftige, potenzielle Einsatzszenarien nutzbar ist. Dies ist eine Frage der technischen Produkt-

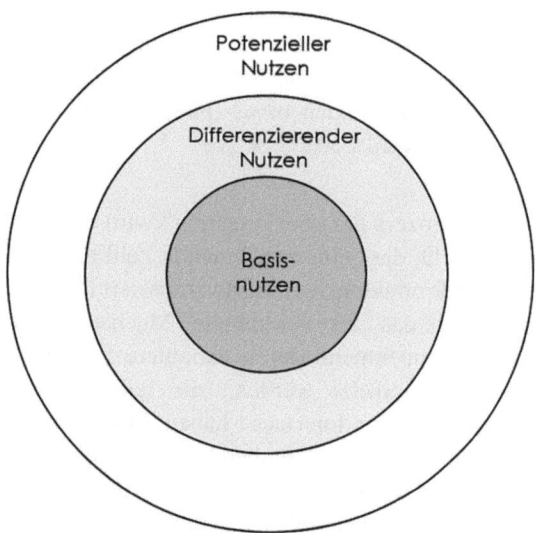

**Abb. 3.4** Der nutzenorientierte Produktbegriff. (In Anlehnung an: Kano et al. 1984; Geracie und Eppinger 2013, S. 31–35; Meffert et al. 2015, S. 361–363; Kotler et al. 2016, S. 520 f.; Matys 2022, S. 212–218)

gestaltung und kann in einer „Product Roadmap" (vgl. Specht und Behrens 2008; Pichler 2016, S. 46–50; Cagan 2018, S. 108–120; Münch et al. 2019) festgehalten werden (Abb. 3.4).

> **Beispiel**
>
> **Nutzenorientierte Betrachtung eines Smartphones (vgl. Abb. 3.5)**
>
> Gemäß einer Befragung der Bitkom bei 786 Smartphone-Nutzern in Deutschland im Jahr 2020 sind die wichtigsten kaufentscheidenden Kriterien beim Kauf des nächsten Smartphones die Robustheit von Display und Verarbeitung,

## 3.1 Der Begriff des Produkts

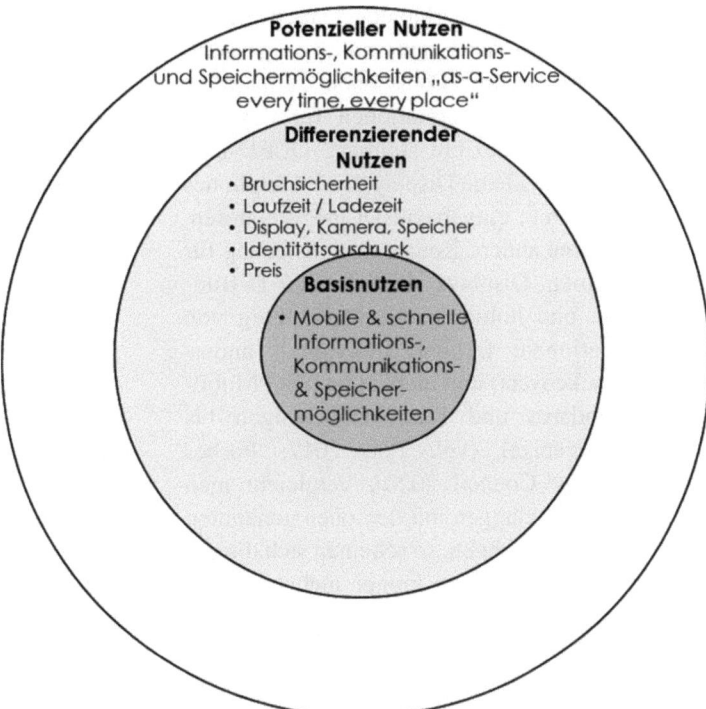

**Abb. 3.5** Nutzenebenen bei einem Smartphone

die Akkulaufzeit und -ladezeit, die Displayqualität und -größe, sowie der Speicherplatz (vgl. Bitkom 2020; POSpulse 2019). Das lässt sich dadurch erklären, dass der Basisnutzen eines Smartphones seit der Markteinführung bis auf ein Sättigungsniveau optimiert wurde. Dieser liegt in der schnellen und tragbaren Nutzung von integrierten Informations-, Kommunikations- und Datenspeicherungsmöglichkeiten.[3]

Seit der Markteinführung des ersten Smartphones, das meist mit der Einführung des „IBM Simon Personal Communicator" 1994 festgesetzt wird (vgl. Sager 2012), hat sich der Basisnutzen des Smartphones wie folgt entwickelt (vgl. StartMobile 2012; Bhagat 2015; Hall 2019; Michaels 2020; Handyflash 2020):

- Die Akkulaufzeit bei kontinuierlicher Nutzung wurde von „IBM Simon" von 1 h auf über 11 h erhöht, was die „Mobilität" des Produkts deutlich erhöht.
- Die Festspeicherkapazität stieg von 1 MB auf meist 64 GB an (teilweise über externe Speicherkarten erweiterbar), wodurch Foto-, Video- und Audiodaten in größerer Menge speicher- und transportierbar werden.
- Die Prozessorgeschwindigkeit entwickelte sich von 16 MhZ Taktrate zu heute üblichen Quad-Core-Prozessoren mit vier Rechenkernen mit jeweils 1,5 Ghz Taktrate, was den Transfer großer Datenmengen und Multitasking ohne störende Latenzzeiten möglich macht.
- Die Abmessungen verkleinerten sich bei deutlich höheren Leistungen (und Verlustleistungen durch Prozessorabwärme) von $200 \times 64 \times 38$ mm auf etwa $123 \times 58 \times 7$ mm, wodurch sich ebenfalls die leichte Portabilität des Produkts steigert.

Das stellt Hersteller heute vor die Herausforderung, welchen differenzierenden Nutzen sie noch offerieren können, um neue Modellreihen marktfähig zu machen. Diese differen-

---

[3] Die am häufigsten genutzten Smartphone-Funktionen sind gemäß Befragungen in Deutschland Kurznachrichten (z. B. WhatsApp), Telefonfunktionen, Suchmaschinen, Nachrichten, Kamera- und Videofunktionen sowie Musikfunktionen (vgl. Statista 2017; Bitkom 2017).

zierenden Nutzenmerkmale werden häufig immer noch in den Funktionalitäten gesucht: Augmented-Reality Funktionen zum Abruf von Hintergrundinformationen für das Kameraobjektiv; flexible, faltbare OLED-Displays, die das kleine Display des Smartphones kompensieren; eingebaute DLP-Projekttoren, welche eine andere Kompensationslösung für die kleinen Displays darstellen; 3-D-Bildschirme und holografische Darstellung von Informationen; farblich individuell änderbare Backcovers; und nicht zuletzt 5G Mobilfunkstandards und Kameraauflösungen bis 100 Megapixel (vgl. Poh 2017; Forbes Technology Council 2020). Vergleicht man diese Entwicklungen mit den oben genannten Nutzeranforderungen, so scheinen sich die angebotenen Funktionen immer mehr von den Bedürfnissen der Verwender zu entfernen.

Die Orientierung an einem nutzenorientierten Produktbegriff würde eine andere „Product Roadmap" nahelegen: Die Verlängerung der Akkulaufzeiten, evtl. mit „Over-the-air-charging"-Technologien (vgl. Dolcourt 2019) oder zumindest die leichte Austauschbarkeit von Akkus; die Erhöhung der Speicherkapazitäten evtl. über Mobile Cloud Services (vgl. Huang und Wu 2018); sowie die Erhöhung der Robustheit und Lebensdauer der Geräte, da der Erwerb eines neuen Modells mit zunehmendem Sättigungsgrad an Funktionen immer weniger attraktiv wird (vgl. Ng 2019).

Darüber hinaus liegt der potenzielle Nutzen nahe, dass nicht das Smartphone als Gerät, bestehend aus einem Gehäuse, einem Display und einer Leiterplatte, Nutzen stiftet, sondern die schnellen, mobilen und integrierten Informations-, Kommunikations- und Speichermöglichkeiten. Das eröffnet Überlegungen in Richtung „Software-as-a-Service", d. h. inwiefern Geräte so in eine multimodale IT-Umgebung integriert werden können, dass nicht das Gerät, sondern die Dienste im Vordergrund stehen (vgl. Nayyar 2019).

Die Fokussierung auf neue Differenzierungsmöglichkeiten bei einem ausgereiften Produkt könnte einerseits den Weg freigeben für potenzielle Innovationen in den Bereichen mobiler Energieversorgung, Robustheit, Displaytechnik und „Software-as-a-Service"-Lösungen, die die Abhängigkeit von der Hardware zunehmend geringer macht.

Will man jedoch die Risiken und Investitionen dieser Innovationen vermeiden, bietet sich ein zweiter Weg über die leichte Austauschbarkeit von Akkus und fehleranfälligen Komponenten an. Diesen Weg gehen „nachhaltigere" Anbieter von Smartphones wie beispielsweise Fairphone (vgl. Fairphone 2020) oder Shiftphone (vgl. Shiftphone 2020). Diese Anbieter sind motiviert, den Lebenszyklus von Smartphones durch die Steigerung der „Repairability" zu verlängern (vgl. Zajonz 2018; Deutsche Umwelthilfe 2018; Kraaijenbrink 2019). Im gleichen Zug haben sich Serviceanbieter wie iFixit entwickelt, die kostenfreie Reparaturanleitungen für alle gängigen Smartphone-Modelle auf ihrer Homepage anbieten und ihren Umsatz mit dem Verkauf der dafür erforderlichen Werkzeuge erwirtschaften (vgl. iFixit 2023). ◄

**Abgrenzung von nicht-marktwirtschaftlichen Leistungsangeboten**

Der hier verwendete Produktbegriff ist nur auf marktwirtschaftliche Versorgungssysteme anwendbar, innerhalb denen Kunden eine Leistung gegen einen Preis (in der Regel Entgelt) angeboten wird. Er ist nicht anwendbar auf andere wirtschaftliche Versorgungssysteme, wie die Selbstversorgung, die Zuwendung oder die Zuteilung (Abb. 3.6).

Beispielsweise umfasst der hier zugrunde gelegte Produktbegriff nicht die Selbstversorgung mit Lebensmittel aus Eigenanbau, unentgeltliche und ehrenamtliche Leistungen für Bedürftige oder Maßnahmen der Agentur für Arbeit zur Aktivierung und beruflichen Eingliederung nach § 45 SGB III. Für solche Leistungsangebote muss weder ein Markt geschaffen und bearbeitet noch marktfähige Produkte entwickelt und gesteuert werden.

Basierend auf der vorgeschlagenen Definition des Produktbegriffs können Produkte weiter klassifiziert werden, um spezifischer benennen zu können, wovon jeweils die Rede ist. Zur Kenn-

## 3.1 Der Begriff des Produkts

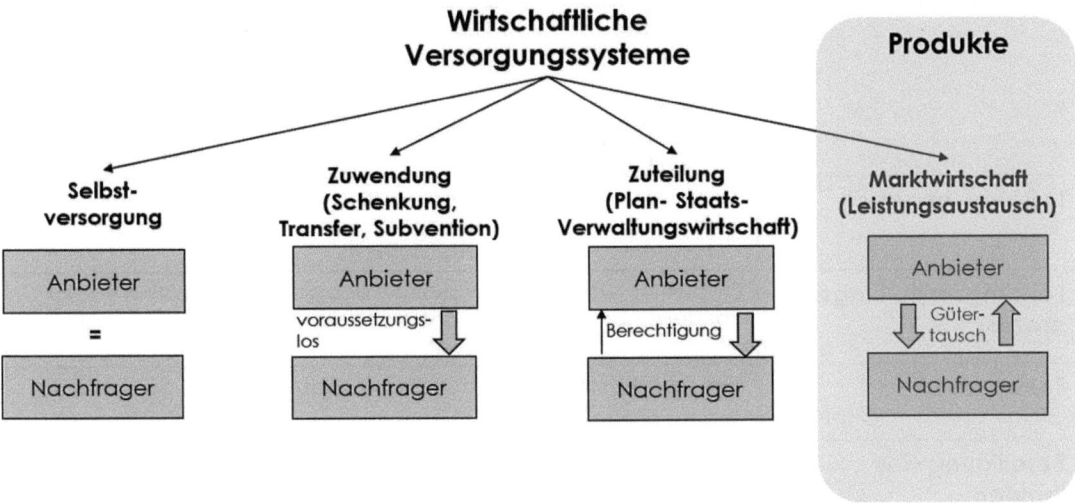

**Abb. 3.6** Wirtschaftliche Versorgungssysteme. (In Anlehnung an: Meyer 1972; Schiffel 1994, S. 15–31)

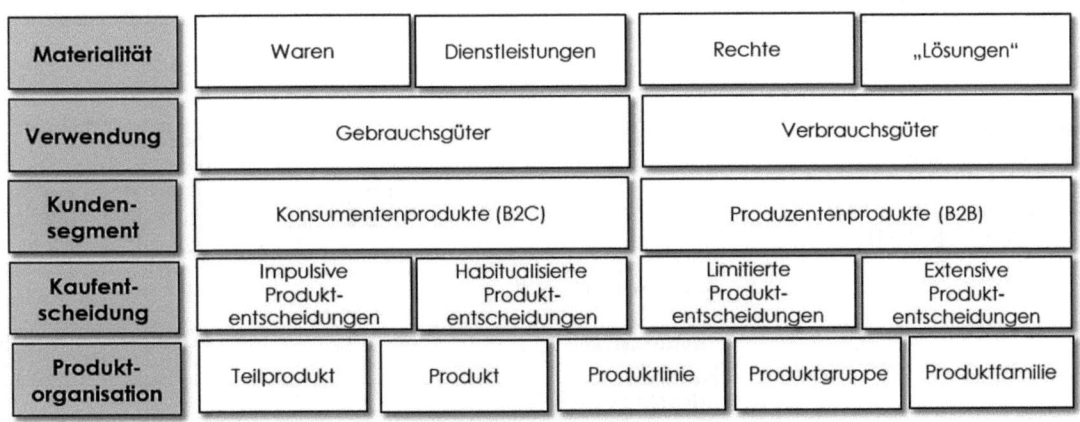

**Abb. 3.7** Morphologischer Kasten zur Klassifizierung von Produkten

zeichnung der für das Produktmanagement relevanten Klassifikationen wird hier ein morphologischer Kasten verwendet (vgl. Norris 1963), welcher deutlich macht, dass ein Produkt mit unterschiedlichen Variablen entlang definierter Parameter beschrieben werden kann (Abb. 3.7).

### Klassifizierung von Produkten nach Materialität

Unter Produkten werden klassischerweise – wie oben erwähnt wurde – materielle Güter verstanden. Nutzenstiftende Leistungsangebote können jedoch auch in Form von Dienstleistungen, Rechten oder Kombinationen aus den genannten „Aggregatszuständen" auftreten, die oft „Lösungen" („Solutions") (vgl. Kotler und Levy 1969) oder „Product Service Systems" (Annarelli et al. 2016) genannt werden. Leistungserstellungsprozess, Marketing, Kapazitätssteuerung und Qualitätssicherung unterscheiden sich bei materiellen und immateriellen Produkten wesentlich, was für das Produktmanagement von Bedeutung ist (Abb. 3.8).

### Klassifizierung von Produkten nach Verwendung

Produkte lassen sich weiterhin nach ihrer Verwendung in Verbrauchs- und Gebrauchsgüter unterteilen. Während erstere („consumables") bei der Nutzung wirtschaftlich untergehen oder in ein Produkt eingehen, sind zweitere („durables") auf

|  | **Physische Waren** | **Dienstleistungen** | **Rechte** |
|---|---|---|---|
| **Leistungsangebot** | Materielles Gut | Immaterielle Zustandsveränderung | Immaterielle Berechtigung |
| **Leistungserstellungsprozess** | Produktion erfolgt vor dem Absatz | Produktion erfolgt synchron mit dem Absatz | Produktion erfolgt vor dem Absatz |
| **Prüfbarkeit** | Vor dem Absatz | Nach dem Absatz | Nach dem Absatz |
| **Beteiligung des Kunden** | Optional | Zwingend | Optional |
| **Vermarktungsstrategie** | Produktdarstellung | Leistungsbereitschaftsdarstellung | Leistungsbereitschaftsdarstellung |

**Abb. 3.8** Klassifizierung von Produkten nach Materialität. (In Anlehnung an Hilke 1989; Haller 2017)

**Abb. 3.9** Klassifizierung von Produkten nach Verwendung. (In Anlehnung an Bruhn und Hadwich 2017, S. 9–14)

|  | **Gebrauchsgüter** | **Verbrauchsgüter** |
|---|---|---|
| **Lebensdauer** | Langlebig | Kurzlebig |
| **Nutzungszyklus** | Mehrmalig | Einmalig |
| **Nachfrage** | Eher schwankend | Eher gleichbleibend |

eine längerfristige wiederholte Nutzung ausgelegt. Entsprechend unterschiedlich sind die Qualitätsanforderungen, Preiserwartungen und die Vertriebsprozesse, was für das Produktmanagement relevant ist (Abb. 3.9).

**Klassifizierung von Produkten nach Kundensegment**

Zielgruppen von Produkten können Konsumenten („Business-to-Consumer", B2C) oder Produzenten sein („Business-to-Business", B2B). Im ersten Fall befriedigen sie ein menschliches Bedürfnis direkt, im zweiten Fall indirekt, indem sie Inputgüter für nachgelagerte Produkte darstellen. Wesentlich für das Produktmanagement ist jedoch, dass sich die Kaufprozesse aufgrund des Informationsbedarfs, des Kaufrisikos, der finanziellen Mittelbindung sowie der Zahl der involvierten Personen in beiden Produktklassen fundamental unterscheiden (Abb. 3.10).

**Klassifikation von Produkten nach dem Kaufentscheidungsprozess**

Produkte lassen sich außerdem nach der Art des Kaufentscheidungsprozesses klassifizieren. Bestimmte Kaufentscheidungen sind einfach und informationsarm, andere Kaufentscheidungen aufwändig und informationsintensiv (vgl. Copeland 1923; Katona 1960; Howard und Sheth 1969). Differenziert man diese Unterteilung spezifischer, lassen sich impulsive, habitualisierte, limitierte und extensive Kaufentscheidungen unterscheiden (vgl. Riemenschneider 2006, S. 35–38; Meffert et al. 2015, S. 99 f.).

## 3.1 Der Begriff des Produkts

| | **Konsumenten-produkte (B2C)**  | **Produzenten-produkte (B2B)**  |
|---|---|---|
| **Verwendung** | Direkt für den Endnutzer | Indirekt für den Produktionsprozess |
| **Kaufentscheider** | Ein oder wenige | Mehrere („Buying Center", („Decision Making Unit") |
| **Kaufentscheidungs-prozess** | Eher kurz | Eher lang |
| **Branchenkenntnis des Anbieters** | Weniger erforderlich | Sehr wichtig |
| **Preissensibilität** | Eher hoch | Eher gering |

**Abb. 3.10** Klassifizierung von Produkten nach Kundensegment. (In Anlehnung an vgl. Hutt und Speh 2016, S. 63–90; Kotler et al. 2016, S. 211–237; Meffert et al. 2015, S. 135–140; Bruhn und Hadwich 2017, S. 9–20)

Impulsive Kaufentscheidungen fallen spontan, meist am Point of Sale, aufgrund der Produktplatzierung, Verpackungsgestaltung oder Verkaufsförderungsmaßnahmen mit minimalem Zeit- und Informationsaufwand des Käufers. Dies ist bei günstigen Produkten mit geringem Risiko der Fall.

Habitualisierte Kaufentscheidungen werden aus Gewohnheit bei Gütern des täglichen Bedarfs, die man bereits kennt und wiederholt anschafft, in der Regel unbewusst getroffen.

Limitierte Kaufentscheidungen fallen in Situationen, wenn die Zahl der bekannten Produkte einer Kategorie („consideration set") begrenzt ist und eine Entscheidung aus einem limitierten Set rational getroffen werden muss. Dies ist vor allem bei langlebigen Gebrauchsgütern mit einem höheren Risiko der Fall.

Das höchste Engagement erfordern hochpreisige Produkte mit einem hohen Kaufrisiko, welches extensive Kaufentscheidungen mit einem hohen Informations- und Zeitaufwand erfordern. Entsprechend diesen Kundenverhaltensweisen sind im Produktmanagement unterschiedliche Schwerpunkte bei der Gestaltung des Marketing-Mix erforderlich (Abb. 3.11).

**Klassifikation von Produkten nach der Produktorganisation**

Hinsichtlich der organisatorischen Verwaltung von Produkten innerhalb eines Unternehmens werden Produkt üblicherweise innerhalb einer branchen- und unternehmensspezifischen Organisationsarchitektur klassifiziert. So können Produkte nach Marktsegmenten zu Produktlinien bzw. Produktgruppen, Produktfamilien und Produktportfolios aggregiert werden. Dies bildet die Produkt- bzw. Sortimentsorganisation eines Unternehmens ab und markiert zugleich mögliche Zuständigkeitsgebiete für Produktmanagerinnen. Zugleich soll damit deutlich gemacht werden, dass, wenn hier von „Produkten" die Rede ist, im Einzelfall auch Produktlinien,

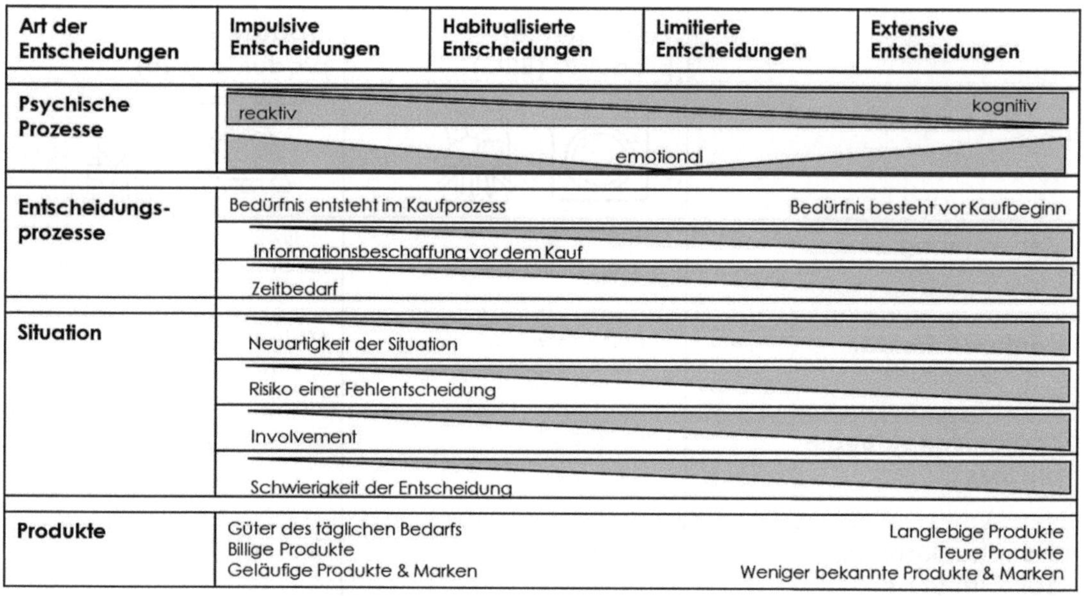

| Art der Entscheidungen | Impulsive Entscheidungen | Habitualisierte Entscheidungen | Limitierte Entscheidungen | Extensive Entscheidungen |
|---|---|---|---|---|
| Psychische Prozesse | reaktiv → → → kognitiv<br>← ← emotional → → | | | |
| Entscheidungsprozesse | Bedürfnis entsteht im Kaufprozess → → → Bedürfnis besteht vor Kaufbeginn<br>Informationsbeschaffung vor dem Kauf<br>Zeitbedarf | | | |
| Situation | Neuartigkeit der Situation<br>Risiko einer Fehlentscheidung<br>Involvement<br>Schwierigkeit der Entscheidung | | | |
| Produkte | Güter des täglichen Bedarfs<br>Billige Produkte<br>Geläufige Produkte & Marken | | | Langlebige Produkte<br>Teure Produkte<br>Weniger bekannte Produkte & Marken |

**Abb. 3.11** Klassifizierung von Produkten nach dem Kaufentscheidungsprozess. (In Anlehnung an Riemenschneider 2006, S. 38)

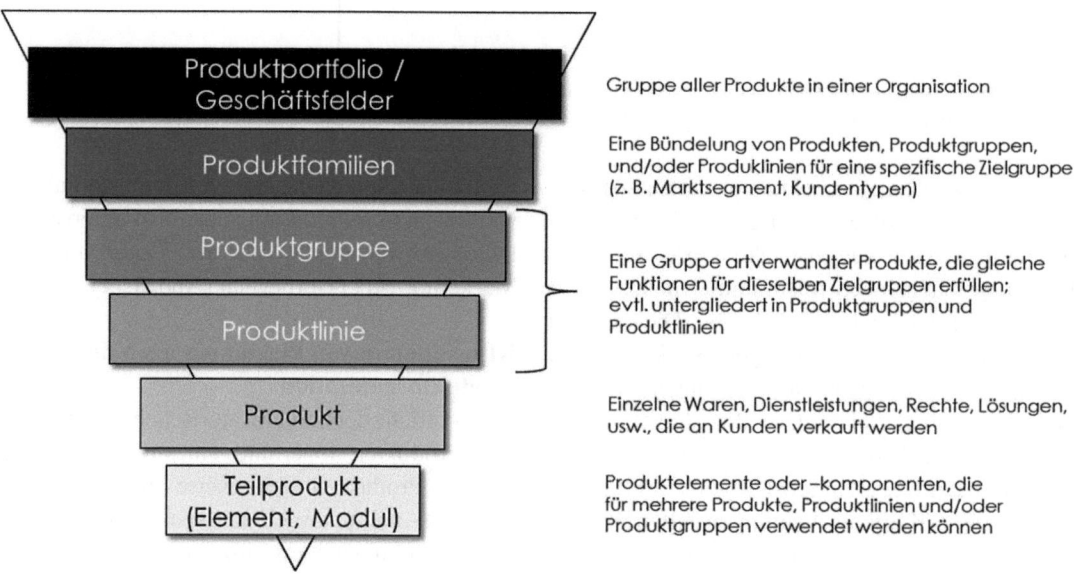

**Abb. 3.12** Möglichkeiten der Produktorganisation. (Vgl. Geracie und Eppinger 2013, S. 35 f.; Haines 2014, S. 6–15; Matys 2022, S. 221–228)

Produktgruppen oder Produktfamilien bzw. Marken gemeint sein können (vgl. Abb. 3.12).

Entlang dieser Systematik lässt sich die Produktorganisation eines Smartphone-Herstellers, wie Apple Inc., wie in Abb. 3.13 gezeigt, rekonstruieren.

Mit diesen grundsätzlichen Überlegungen und Klassifikationen ist der Produktbegriff und damit der „Erfahrungsgegenstand" des Produktmanagements bzw. das mögliche Zuständigkeitsfeld der Produktmanagerin hinreichend definiert.

## 3.1 Der Begriff des Produkts

| Branche | Portfolio / Geschäftsfelder | Produktfamilien | Produktgruppen | Produktlinien | Produkte |
|---|---|---|---|---|---|
| Hardware, Software, IT-Services | Hardware | iOS Devices | iPhone | iPhone 11 | iPhone 11 |
| | | | | | iPhone 11 Pro |
| | | | | | iPhone 11 Pro Max |
| | | | | iPhone X | iPhone X |
| | | | | | iPhone XR |
| | | | | | iPhone XS |
| | | | | | iPhone XS Max |
| | | | | iPhone 8 | iPhone 8 |
| | | | | | iPhone 8 Plus |
| | | | | iPhone 7 | iPhone 7 |
| | | | | | iPhone 7 Plus |
| | | | iPad | iPad Pro | Generation xy |
| | | | | iPad Air | Generation xy |
| | | | | iPad | Generation xy |
| | | | | iPad Mini | Generation xy |
| | | | Apple Watch | Series 5 | Series 5 |
| | | Mac OS Devices | Mac Book | Mac Book Pro | Mac Book Pro 13" |
| | | | | | Mac Book Pro 16" |

**Abb. 3.13** Rekonstruierte Produktorganisation bei Apple. (In Anlehnung an NumericCitizen 2019; Apple 2020)

---

**Zusammenfassung: Der Begriff des Produkts**
Unter „Produkten" werden hier definierte, nutzenstiftende Leistungsangebote für Kunden verstanden, die in marktwirtschaftlichen Versorgungssystemen gegen einen Preis (i. d. R. Entgelt) angeboten werden. Diese Definition integriert physische Waren, Dienstleistungen, Rechte und Kombinationen, was den heutigen Entwicklungen entspricht. Dieser Produktbegriff grenzt sich einerseits ab von rein kundenindividuellen Projekten ohne Standardisierungsgrad und andererseits von Leistungsangeboten, die nicht marktwirtschaftlich gehandelt werden, da beide Formen kein Produktmanagement erfordern. Ferner stellt die vorgeschlagene Produktdefinition den Nutzen für den Kunden, nicht die Materialität des Produkts, ins Zentrum der Betrachtung.

Basierend auf dieser Definition können Produkte nach unterschiedlichen Kriterien klassifiziert werden:

- nach der Materialität in physische Waren, Dienstleistungen, Rechte oder Kombinationen aus diesen „Aggregatszuständen";
- nach der Verwendung in Gebrauchs- und Verbrauchsgüter;
- nach dem Kundensegment in Konsumenten- und Produzentenprodukte;
- nach dem Kaufentscheidungsprozess in impulsive und habitualisierte sowie limitierte und extensive Produktentscheidungen;
- nach der Produktorganisation in Portfolios, Produktfamilien, Produktgruppen und/oder Produktlinien sowie Einzel- und Teilprodukte.

Diese Klassifikationen ermöglichen es, den Gegenstand des Produktmanagements und die Zuständigkeit von Produktmanagerinnen im jeweiligen Einzelfall präzise zu beschreiben.

## 3.2 Indikatoren für Produkterfolg

Nachdem der Erfahrungsgegenstand des Produktmanagements definiert ist, stellt sich die Frage nach dem „Erkenntnisgegenstand".[4] Damit ist gemeint, worin das spezifische Erkenntnisinteresse des Produktmanagements bei Produkten liegt. Eine erste Antwort auf diese Frage wurde bereits in Abschn. 1.2 gegeben: im Produkterfolg.

Damit klarer wird, was genau mit „Produkterfolg" gemeint ist, bedarf es einer Spezifizierung und Operationalisierung des Begriffs. Am präzisesten definiert ist „Produkterfolg" dann, wenn angegeben kann, wie dieser gesteuert und gemessen wird. Dazu bedarf es Steuerungs- und Messfelder („Control Areas") sowie Steuerungs- und Messgrößen („Controls"). Diese sollen im Folgenden für den Produkterfolg skizziert werden.

Im Hinblick auf die Steuerungs- und Messfelder („Control Areas") wurden bereits in Abschn. 1.2 die wesentlichen Ursachenkategorien für den Erfolg bzw. Misserfolg von Produkten identifiziert. Diese Kategorien können zur Definition der Steuerungs- und Messfelder des Produktmanagements herangezogen werden (vgl. Abb. 3.14):

- **Marktfähigkeit:** Wenn unter Produkten nutzenstiftende Leistungen am Markt verstanden werden, ist evident, dass ein wesentlicher Erfolgsfaktor für Produkte die „Marktfähigkeit" bzw. „Product- Market Fit" (Olsen 2015, S. 3–12) darstellt. Dieser Begriff bedeutet, dass die anvisierte Kundengruppe ein Produkt als erkennbar, erstrebenswert und erschwinglich erfährt. Erkennbarkeit bedeutet, dass der Kundennutzen bzw. die Problemlösefähigkeit sowie die Differenzierung des Produkts von Wettbewerberangeboten erstens einfach identifizierbar, zweitens für die Zielgruppe attraktiv und drittens in einem subjektiv erschwinglichen Preis-Leistungs-Verhältnis liegt.
- **Profitabilität:** Das Erfolgskriterium der Marktfähigkeit ist aus der Perspektive des Nachfragers relevant. In marktwirtschaftlichen Versorgungssystemen muss darüber hinaus aber auch die Perspektive des Anbieters angemessen berücksichtigt werden. Deshalb stellt ein zweitens Kriterium für erfolgreiche Produkte die „Profitabilität" dar. Darunter wird verstanden, dass ein Produkt mindestens finanzierbar und auf mittelfristige Sicht auch wirtschaftlich selbsttragend sein muss. Das gilt für erwerbs- und gemeinwirtschaftliche Organisationen gleichermaßen. Darüber hinaus sollte es in irgendwelche Hinsichten unternehmerisch sinnvoll sein. Dieser unternehmerische Nutzen kann in individuell definierten Cashflow-, Gewinn- und Rentabilitätserwartungen, aber auch in Lernerfahrungen mit bestimmten Technologien und/oder Märkten bestehen. Damit ist der hier verwendete Profitabilitätsbegriff brei-

**Abb. 3.14** Steuerungs- und Messfelder für den Produkterfolg. (In Anlehnung an Brown 2009, S. 9–18; Vahs, Brem und Oswald 2023, S.76–85)

---

[4]Zur Unterscheidung zwischen dem Erfahrungsgegenstand und dem Erkenntnisgegenstand in der Betriebswirtschaftslehre vgl. Wöhe und Döring 2013, S. 3.

## 3.2 Indikatoren für Produkterfolg

ter gefasst als in den finanzwirtschaftlichen Disziplinen (vgl. Ballings et al. 2018; Seissian et al. 2018).

- **Realisierbarkeit:** Das vermittelnde Elemente zwischen „Marktfähigkeit" und „Profitabilität" stellt die „Realisierbarkeit" dar. Damit ist gemeint, dass ein Produkt in der geforderten Qualität und Quantität entwickel-, produzier-, distribuier- und wartbar sein muss, damit Leistungsversprechen zugesichert und auch erfüllt werden können. Die Umsetzung dieses Steuerungs- und Messfeldes erfolgt in der Regel über Geschäftsprozesse, die wirksam und wirtschaftlich funktionieren müssen, um nutzenstiftende Leistungen zu transportieren und „Marktfähigkeit" und „Profitabilität" sicherzustellen.

Dieses Verständnis der Steuerungs- und Messfelder korreliert stark mit zwei anderen Ansätzen, die sich mit dem Thema „Produkterfolg" auseinandersetzen. Die Parallelität zu diesen beiden Ansätzen soll hier kurz skizziert werden, um deutlich zu machen, dass die hier vorgeschlagenen Steuerungs- und Messfelder auf Vorarbeiten basieren, die im Produktmanagement ebenfalls Anwendung finden können.

Erstens zeigen sich in weiten Teilen Übereinstimmungen mit dem „Design Thinking"-Ansatz, in welchem drei ähnliche Steuerungs- und Messfelder für den Erfolg von Produktinnovationen zugrunde gelegt werden (vgl. Abb. 3.15).

- „**Desirability**", also die Attraktivität eines Produkts aus Kunden- bzw. Nutzersicht, korreliert stark mit dem hier gewählten Begriff der „Marktfähigkeit". Doch ist der hier gemeinte Begriff umfassender gemeint. Erstens integriert „Marktfähigkeit" auch die Erkennbarkeit des Nutzens durch den Kunden und Anwender, was durch Marketingmaßnahmen gefördert werden muss (vgl. McCarthy 1960). Zweitens fokussiert „Marktfähigkeit" nicht nur die absolute Attraktivität des Produkts durch den Kunden, sondern setzt diese in Relation zu dem zu entrichtenden Preis. Entscheidend ist also das wahrgenommene Preis-Leistungs-Verhältnis.
- „**Viability**", d. h. die ökonomische Dimension mit einem funktionierenden Geschäftsmodell, fokussiert im „Design Thinking" Ansatz in erster Linie auf die minimalen ökonomischen Existenzbedingungen. „Profitabilität" im hier gemeinten Sinn hebt umfangreicher auf den unternehmerischen Nutzen ab, der auch nicht-finanzielle Aspekte enthalten kann wie Markterschließung oder Technologiekompetenz.
- „**Feasibility**", also die Nutzung der Kompetenzen der Organisation für die Realisierung einer Innovation, bedeutet im „Design Thinking" primär die technische Umsetzbarkeit in der Entwicklung. „Realisierbarkeit" wird hier ebenfalls weitergefasst und bezieht alle relevanten Geschäftsprozesse ein: Entwicklung, Beschaffung, Produktion, Vertrieb, Service, ggf. Entsorgung usw.

Zweitens korrelieren die hier vorgeschlagenen Steuerungs- und Messfelder auch mit den Inhalten eines Geschäftsmodells, wie er v. a. von den St.

**Abb. 3.15** Steuerungs- und Messfelder des Design Thinking Ansatzes. (In Anlehnung an Brown 2009, S. 9–18, Bland und Osterwalder 2020)

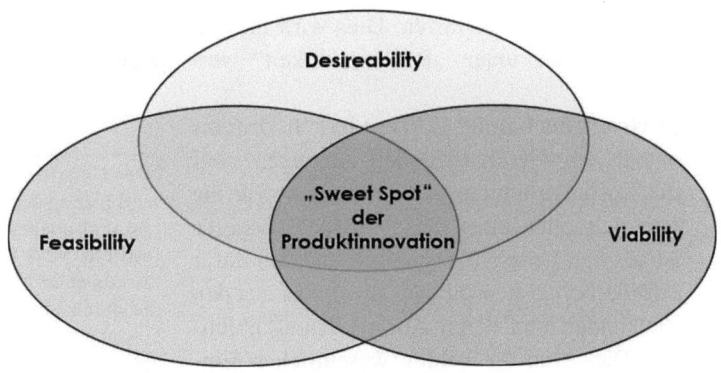

**Abb. 3.16** Steuerungs- und Messfelder des Business Model Ansatzes. (In Anlehnung an Osterwalder und Pigneur 2010; Gassmann et al. 2017)

Galler Autoren Gassmann et al. 2017 und -etwas anders dargestellt – auch von Osterwalder und Pigneur 2010 vertreten wird (Abb. 3.16).

- „Nutzenversprechen" („Was?"): Der erste zentrale Inhalt eines Geschäftsmodells stellt die Antwort auf die Frage dar, welcher Nutzen („Value Proposition") welchen Zielkunden angeboten werden soll. Dies kann noch durch die Definition der Vertriebskanäle, Kommunikationsbeziehungen und Preisgestaltungen detailliert werden. Das entspricht im Wesentlichen den Inhalten, die hier unter dem Begriff „Marktfähigkeit" zusammengefasst sind.
- „Wertschöpfung" („Wie?"): Zweitens muss in einem Geschäftsmodell abgebildet werden, wie dieses Nutzenversprechen realisiert wird. Dies geschieht durch wesentliche Kernprozesse, die wiederum bestimmter Schlüsselressourcen und gegebenenfalls externer Schlüsselpartner bedürfen. Dies wird hier im Wesentlichen unter „Realisierbarkeit" verstanden.
- „Ertragsmechanik" („Wie viel?"): Drittens enthält ein Geschäftsmodell Aussagen über die Kostenstrukturen der Leistung sowie die Umsatzquellen einer Geschäftsidee. Ersteres ist aus den Geschäftsprozessen und den dafür erforderlichen Ressourcen, Zweiteres aus den Zielkunden und deren Absatzmengen ableitbar. Dies sind die beiden wesentlichen Eingangsgrößen für „Profitabilität" im finanzwirtschaftlichen Sinne. Nicht-finanzielle, qualitative Profitabilitätsargumente werden hier nicht explizit betrachtet.

Die hier vorgeschlagenen Steuerungs- und Messfelder für den Erfolg von Produkten basieren also auf prominenten Vorarbeiten, die als Instrumente im Produktmanagement auch genutzt werden können.

Entlang dieser „Control Areas" können dann „Controls", also Messgrößen und Kennzahlen definiert werden, die den Produkterfolg operationalisieren und messbar machen.[5]

**Mögliche Messgrößen für die Marktfähigkeit von Produkten**

Marktfähigkeit, d. h. die Erkennbarkeit, Attraktivität und Leistbarkeit der differenzierenden Vorteile von Produkten aus Kundensicht können etwa durch folgende Messgrößen und Kennzahlen erhoben werden (Tab. 3.1).

---

[5]Der Unterschied zwischen Indikatoren und Kennzahlen wird hier so definiert, dass eine Messgröße jede quantitative und qualitative Größe sein kann, die Produkterfolg feststellt. Eine Kennzahl ist eine spezifische Messgröße, die aus einer Messgröße und einer Bezugsgröße besteht, die durch einen Operator verknüpft sind; z. B. (Netto-)Umsatzrentabilität = Gewinn/Umsatz * 100 (vgl. Kühnapfel 2019).

## 3.2 Indikatoren für Produkterfolg

**Tab. 3.1** Mögliche Messgrößen für die Marktfähigkeit von Produkten. (Vgl. Herrmann und Huber 2013, S. 277–314; Kühnapfel 2019, S. 9–12; Kotler et al. 2016, S. 836–866; Krause 2016; Aumayr 2019, S. 193–228)

| Produktabsatz | verkaufte Stückzahl (absolut) |
|---|---|
| Produktumsatz | verkaufte Stückzahl * Preis (absolut) |
| Absoluter Marktanteil des Produkts | Produktabsatz oder Produktumsatz/Absatz oder Umsatz der gesamten Branche im Produktsegment |
| Relativer Marktanteil des Produkts | Produktabsatz oder Produktumsatz/Absatz oder Umsatz des stärksten Wettbewerbers im Produktsegment |
| Neukundenquote des Produkts | Anzahl neuer Kunden des Produkts/Gesamtanzahl der Kunden des Produkts |
| Wiederkäuferquote des Produkts | Anzahl Wiederkäufer des Produkts/Gesamtanzahl der Kunden des Produkts |
| (gestützter oder ungestützter) Bekanntheitsgrad des Produkts | Anzahl der Befragten, die das Produkt kennen/Gesamtanzahl der Befragten |
| Interessentenquote für das Produkt | Anzahl an interessierten kontaktierten Kunden/Gesamtanzahl an kontaktierten Kunden |
| Konversionsrate des Produkts | Anzahl an Produktkäufern/Anzahl an interessierten Kunden |
| Angebotserfolgsquote („Hit Rate") des Produkts | Wert der angenommenen Angebote/Wert der abgegebenen Angebote |
| Auftragseingangsquote für das Produkt | Zahl der eingegangenen Aufträge/Zahl der erwarteten Auftragseingänge |
| Auftragsreichweite des Produkts | Auftragsbestand/Jahresumsatz |
| Kundenzufriedenheit mit dem Produkt | Soll-Ist-Vergleich eines individuell definierten Customer Satisfaction Scores (CSAT) (z. B. 4 von 5 Sternen) |
| Referenzquote für das Produkt | Anzahl an Kunden, die das Produkt weiterempfehlen/Gesamtanzahl an Kunden |
| Preiselastizität des Produkts | Prozentuale Absatzänderungen/Prozentuale Preisänderungen |
| Reklamationsquote | Anzahl an Produktreklamationen/Gesamtanzahl an verkauften Produkten |

*Mögliche Messgrößen für die Realisierbarkeit von Produkten* Realisierbarkeit, d. h. die Entwickelbarkeit, Produzierbarkeit, Lieferbarkeit und Wartbarkeit von Produkten können beispielsweise durch folgende Messgrößen und Kennzahlen erhoben werden (Tab. 3.2).

## Mögliche Messgrößen für die Profitabilität von Produkten

Profitabilität von Produkten im Sinne der wirtschaftlichen Tragfähigkeit sowie finanziellen- und nicht-finanziellen Rentabilität für das Unternehmen kann u. a. durch folgende Messgrößen und Kennzahlen festgestellt werden (Tab. 3.3).

Um deutlich zu machen, wie eine sinnvolle Auswahl und Gestaltung von Messgrößen für den Produkterfolg aussehen kann, wird dies im Folgenden anhand des Beispiels von Nischenanbietern im Smartphone-Markt veranschaulicht.

### Beispiel

### Messgrößen für den Erfolg von neuen Smartphone-Angeboten

Die Marktfähigkeit der Smartphone-Produktfamilie eines bestimmten Herstellers wird üblicherweise anhand des Absatzes (in Stück) oder Umsatzes (in Geldwerten) festgestellt. Setzt man diese beiden Kriterien ins Verhältnis zum Absatz- oder Umsatzvolumen des Gesamtmarktes oder des stärksten Wettbewerbers erhält man den (absoluten oder relativen) Marktanteil. Dieser fällt für die größten Smartphone-Hersteller, gemessen am Absatz weltweit, über den Zeitraum der letzten 10 Jahre, wie in Abb. 3.17 dargestellt aus.

Die Abbildung der Marktanteile der führenden Smartphone-Hersteller macht deutlich, dass der Markt in den letzten 10 Jahren vor allem durch zwei Hersteller, Apple und Samsung, dominiert wurde. In den letzten fünf Jahren gewannen chinesische Hersteller, allen

**Tab. 3.2** Mögliche Messgrößen für die Realisierbarkeit von Produkten. (Vgl. Lennertz 2006, S. 143–150; Kühnapfel 2019, S. 44–49; Wannenwetsch 2014, S. 690–698; Schmitt 2015; Krause 2016)

| | |
|---|---|
| Time-to-Market für das Produkt | Zeitpunkt Start Markteinführung – Zeitpunkt Start Ideenfindung |
| First-Pass-Yield des Produkts | Anzahl absolvierter Qualitätsprüfungen ohne Nacharbeit/Gesamtanzahl absolvierter Qualitätsprüfungen |
| Gleichteilequote des Produkts | Anzahl Gleichteile/Gesamtanzahl an Teilen |
| Materialreichweite für das Produkt | Durchschnittlicher Lagerbestand an Materialien/Materialeinsatz für das Produkt |
| Fehlerquote Wareneingang für das Produkt | Anzahl fehlerhafter Wareneingänge/Gesamtanzahl Wareneingänge |
| Produktionsleistung für das Produkt | Ausbringungsmenge an Fertigprodukten/Zeit |
| Fehlerrate des Produkts | Anzahl an fehlerhaften Produkten/Gesamtanzahl verkaufter Produkte |
| Lagerumschlag für das Produkt | Durchschnittlicher Lagerabgang pro Zeiteinheit/Durchschnittlicher Lagerbestand pro Zeiteinheit |
| Lieferbereitschaftsgrad für das Produkt | Anzahl an ausgelieferten Produktbestellungen/Gesamtanzahl an Produktbestellungen |
| Lieferzuverlässigkeit für das Produkt | Anzahl eingehaltener Liefertermine für das Produkt/Anzahl an Produktauslieferungen |
| Lieferzeit für das Produkt | Zeitpunkt des Erhalts des Produkts beim Besteller – Zeitpunkt der Bestellung des Produkts durch den Besteller |
| Distributionsgrad des Produkts | Anzahl an Verkaufsstellen, in denen das Produkt verfügbar ist/Gesamtanzahl der Verkaufsstellen in einem definierten Gebiet |
| Verkaufszeitquote für das Produkt | Zeit des Vertriebs im direkten Kundenkontakt/Gesamte Arbeitszeit des Vertriebs |
| Lösungszeit Produktservice | Gesamte Lösungszeit/Gesamtanzahl an Serviceanfragen |
| Lösungsrate Produktservice | Anzahl gelöster Serviceanfragen/Anzahl gesamter Serviceanfragen |

**Tab. 3.3** Mögliche Messgrößen für die Profitabilität von Produkten. (Vgl. Joos und Koslid 2012, S. 178–212; Kotler et al. 2016, S. 836–866; Krause 2016; Aumayr 2019, S. 225–228)

| | |
|---|---|
| Deckungsbeitrag des Produkts | Umsatzerlöse aus dem Produkt – Erlösminderungen – variable Kosten |
| Deckungsbeitragsquote des Produkts | Stückpreis – variable Stückkosten/Stückpreis |
| Direkter Cashflow aus dem Produkt | Einzahlungen – Auszahlungen |
| Indirekter Cashflow aus dem Produkt | Betriebsergebnis des Produkts + zahlungsunwirksame Aufwendungen – zahlungsunwirksame Erträge |
| Umsatzrentabilität des Produkts | Betriebsergebnis aus Produktverkäufen/Umsatzerlöse aus Produktverkäufen |
| Kapitalbarwert (Net Present Value) des Produkts | (negative) Anfangsinvestitionen + diskontierte Summe aller Cashflows (Zielwert: $\geq 0$) |
| Amortisationszeit des Produkts (statisch) | Investitionsausgaben für das Produkt/durchschnittlicher Rückfluss aus Produktverkäufen |
| Lernkurve für das Unternehmen | Differenz der durchschnittlichen Stückkosten für das Produkt/Differenz der kumulierten Absatzmenge des Produkts |
| Kompetenzzuwachs aus dem Produkt | Differenz der Kompetenz-Level der Produkt-Mitarbeiter/Differenz der kumulierten Absatzmenge eines Produkts |
| Wertschöpfungsgrad des Produkts | Anteil produktiver Zeit in einem bestimmten Prozess/Gesamte Durchlaufzeit des Prozesses |
| Entwicklungskostenquote Produkt | Entwicklungskosten für das Produkt/Umsatz Produkt |
| Beschaffungskostenquote Produkt | Beschaffungskosten für das Produkt/Einkaufsvolumen gesamt |
| Produktionskostenquote Produkt | Produktionskosten für das Produkt/Umsatz Produkt |
| Logistikkostenquote Produkt | Logistikkosten für das Produkt/Umsatz Produkt |
| Vertriebskostenquote Produkt | Vertriebskosten für das Produkt/Umsatz Produkt |
| Servicekostenquote Produkt | Servicekosten für das Produkt/Umsatz Produkt |

## 3.2 Indikatoren für Produkterfolg

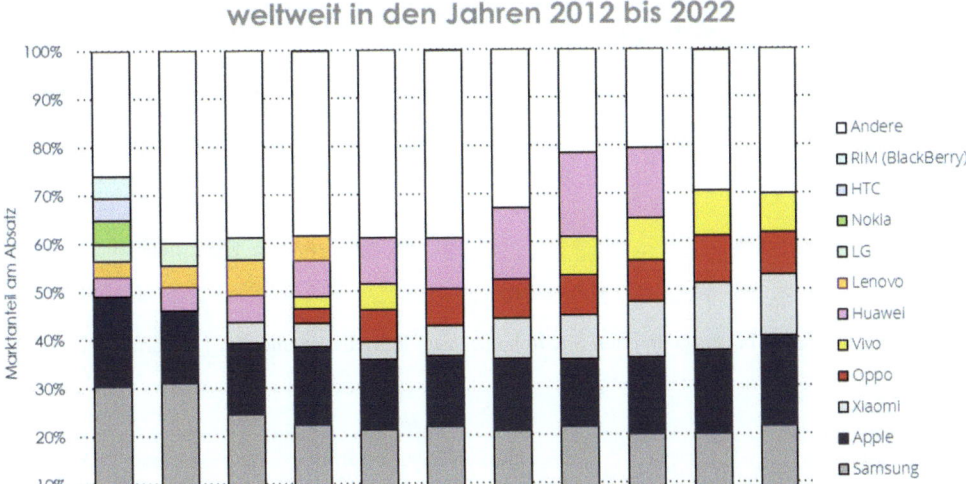

**Abb. 3.17** Marktanteile der führenden Hersteller von Smartphones weltweit von 2012 bis 2022. (Vgl. Business Wire 2023)

voran Xiaomi, Oppo und Vivo, signifikant an Marktanteilen hinzu. Diese fünf Anbieter setzen heute etwa 70 % des gesamten Marktvolumens an Smartphones ab. Die restlichen 30 % des Absatzes werden zwischen vielen kleinen Anbieter aufgeteilt.

Neue Anbieter auf dem Markt, wie beispielsweise Fairphone oder Shiftphone, welche sich durch bestimmte Nachhaltigkeitsmerkmale (konfliktfreie Metaille, Wartbarkeit, Reparierbarkeit) differenzieren wollen, dürften mit Absatzzahlen von ca. 10.000–150.000 Stück pro Jahr rechnen (vgl. Zajonz 2018). Diese Absatzzahlen liegen, gemessen am weltweiten Marktanteil, im niedrigen Promillebereich. So verkauft Apple pro Tag mehr Smartphones als einer dieser kleinen Anbieter in sechs Jahren. In dieser Situation wäre eine vernünftige Mess- und Steuergröße, den eignen Marktanteil im Verhältnis zum Markt an Smartphones mit Nachhaltigkeitsanspruch bzw. zum Markt an robusten Outdoor-Smartphones zu messen. Darüber hinaus macht die letzte Messgröße deutlich, dass derartige Anbieter Strategien bedürfen, die über die Verkaufsargumente „konfliktfreie Metalle" und „Verlängerung des Lebenszyklus" hinausgehen. Denn diese adressieren vor allem Nutzerbedürfnisse wie „gutes Gewissen" und „nachhaltiges Image" (vgl. Hauck 2014; Horn 2019). Es müssen darüber hinaus grundlegendere Bedürfnisse einer größeren Zielgruppe adressiert werden, wie beispielsweise Robustheit oder Reparierbarkeit.

Das Steuerungs- und Messfeld der Realisierbarkeit bezieht sich auf die Definition und Einhaltung von Leistungsversprechen. Zur Beurteilung der Ist-Situation hilft ein Blick auf die bekannten Fehler ausgelieferter Smartphones (vgl. Abb. 3.18).

Die Studie der Blancco Technology Group basiert auf den Daten von Millionen von Smartphones weltweit, die aufgrund dieser Fehler zur Diagnose gebracht wurden. Folgt man diesen Messwerten, müssten sich die zwei wesentlichen Messgrößen für die Realisierbarkeit bei Android-basierten Fairphone- und Shiftphone-Geräten erstens auf die Robustheit gegenüber App-Abstürzen und zweitens auf die Kontinuität der Prozessor- und Speicherleistung beziehen. Beide Ziele sind über Validierungs- bzw. Abnahmetests

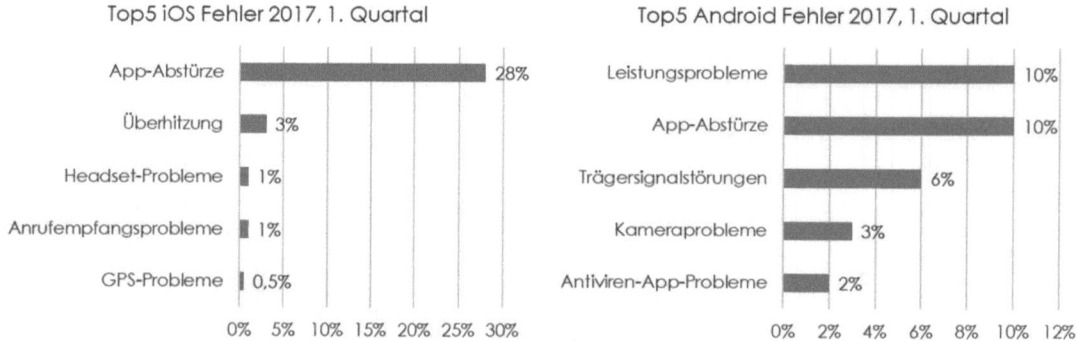

**Abb. 3.18** Bekannte Fehler bei ausgelieferten Smartphones nach Betriebssystemen im 1. Quartal 2017. (Vgl. Vaidos 2017)

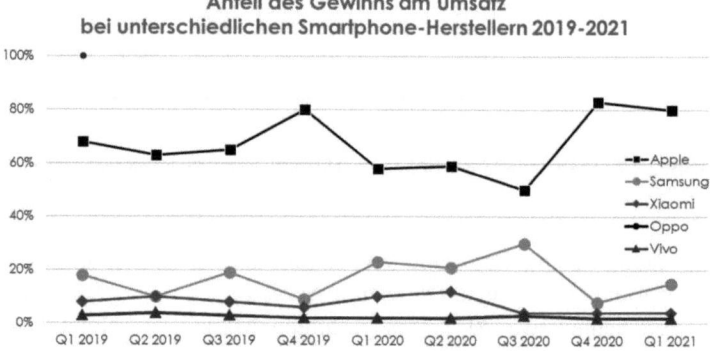

**Abb. 3.19** Anteil des Gewinns am Umsatz bei unterschiedlichen Smartphone-Herstellern 2019–2021. (Vgl. Walla 2022)

der Geräte vor der Markteinführung prüfbar. Im Hinblick auf die Robustheit gegen App-Abstürze können sich diese Ziele auch auf die Apps in Google Play und anderen App-Stores beziehen, die jeweils einen Zertifizierungsprozess durchlaufen.

In zweiter Priorität kann sich die Realisierbarkeit auch auf die Lieferfähigkeit beziehen, d. h. auf das Vermögen, nachgefragte Geräte in den einzelnen Vertriebskanälen auch auszuliefern. Auch in diesem Punkt gab es in der Vergangenheit mehrfach Probleme, insbesondere aufgrund von Ausfällen in den weit verzweigten Lieferketten. So wurde beispielsweise in Folge der globalen CoVID-19 Krise ein Rückgang der Smartphone-Produktion für 2020 von bis zu 12 % im Vergleich zum Vorjahr aufgrund von Lieferengpässen von passiven Komponenten und Kameras in China erwartet. Entsprechend korrigierten die Hersteller ihre Umsatzprognosen nach unten (vgl. TrendForce 2020; Hübner 2020). Ein Zielwert für Hersteller von Nischenprodukten könnte angesichts dieser Situation ein Lieferbereitschaftsgrad (= Anzahl an ausgelieferten Bestellungen/Anzahl an Bestellungen) von wenigstens 70 % durch Multiple-Sourcing-Strategien und erhöhte Sicherheitsbestände sein. Diese Strategien für eine erhöhte Lieferfähigkeit erfordern wiederum erhöhte Kosten, die entweder die Marge der Hersteller schmälern oder in Form von erhöhten Preisen an Kunden weitergegeben werden.

Im Hinblick auf die Profitabilität unterscheiden sich die einzelnen Smartphone-Hersteller nach Expertenschätzungen signifikant, wie der Überblick über die Umsatzrenditen (Anteil des operativen Gewinns am Umsatz) zeigt (vgl. Abb. 3.19).

Folgt man dieser Schätzung, ist es als Nischenanbieter in dem engen Markt relativ schwierig, profitabel zu arbeiten. Die höchsten Umsatzrenditen erwirtschaftet seit Jahren Apple durch die Möglichkeit, aufgrund der Premiumpositionierung am Markt Margen von bis zu 75 % auf die Geräte-Selbstkosten aufschlagen zu können. Hersteller, die diese Markenpositionierung nicht innehaben, wie beispielsweise Xiaomi, verkaufen dagegen ihre Smartphones eher auf dem Niveau der Selbstkosten und versuchen, durch Umsatzbeteiligungen an kostenpflichten Apps, Services und Zubehörverkäufe profitabel zu werden (vgl. Haller 2015). Diese Lage legt für die Zieldefinition von Anbietern wie Fairphone oder Shiftphone nahe, maximal niedrige einstellige Umsatzrenditeziele zu verfolgen und ihre Profitabilität – zumindest in den ersten Jahren – eher qualitativ zu definieren (Lernzuwächse, Kompetenzzuwächse, Markterschließung usw.) ◄

Mit dieser Operationalisierung ist hinreichend präzisiert, was hier unter „Produkterfolg" verstanden werden soll.

> **Zusammenfassung: Indikatoren für Produkterfolg**
>
> Der Erfolg von Produkten lässt sich durch drei wesentliche Felder von Indikatoren definieren. Ein erfolgreiches Produkt muss
>
> - erstens marktfähig sein, d. h. für definierte Kundensegmente erkennbar, erstrebenswert und erschwinglich sein;
> - zweitens realisierbar sein, d. h. entwickelt, produziert, vertrieben und gewartet werden können, damit Leistungsversprechen gemacht und zuverlässig eingehalten werden können;
> - drittens profitabel sein, d. h. sich als mindestens finanzierbar und mittelfristig wirtschaftlich selbsttragend erweisen, sowie – darüber hinaus – von (quantitativem und/oder qualitativem) unternehmerischem Nutzen sein.
>
> Die konkreten Indikatoren, d. h. Messgrößen und Kennzahlen, in diesen drei Feldern können nur produkt- und marktspezifisch definiert werden.

> Marktfähigkeit, Realisierbarkeit und Profitabilität konstituieren auch die Kernelemente eines Geschäftsmodells, dessen Entwurf und Umsetzung die Kernaufgabe des Produktmanagements darstellt.

## 3.3 Faktoren für Produkterfolg

Die Frage, welche Faktoren Produkte erfolgreich machen, beantwortet die Erfolgsfaktorenforschung, welche sowohl im Produkt- als auch im Innovationsmanagement mittlerweile auf 60 Jahre zurückblicken kann.

An dieser Stelle sollen weder die Gemeinsamkeiten und Unterschiede der zahlreichen empirischen Studien analysiert[6] noch auf die methodologischen Kritikpunkte dieser Forschungsrichtung[7] eingegangen werden. Stattdessen liegt der Fokus auf den großen Linien, die Gegenstand der Untersuchungen waren und sind (vgl. Abb. 3.20).

### Produktspezifische Erfolgsfaktoren

Ein Produkt ist dann am Markt erfolgreich, wenn es einen überzeugenden Nutzen für die anvisierten Kundengruppen sowie einen erkennbaren positiven Unterschied zu bislang existierenden Wettbewerbangeboten aus der Perspektive der potenziellen Kunden bietet (Rogers 1983; S. 213–222; Cooper 2017, S. 39–43, 2019, S. 37). Das Gegenteil sind Produkte ohne erkennbaren Wert für Kunden und/oder „Metoo-Produkte", die sich von bereits existierenden Lösungen nicht ausreichend abheben. Beide

---

[6]Diese wurden in mehreren Meta-Analysen und Zusammenfassungen aufgezeigt (vgl. Rothwell 1974; Johne und Snelson 1988; Montoya-Weiss und Calantone 1994; Balachandra und Friar 1997; Henard und Szymanski 2001; Ernst 2001, 2002; Cooper und Kleinschmidt 2010; Sattler 2011; Evanschitzky et al. 2012; Joubert und Van Belle 2012; Storey et al. 2015; Henrik et al. 2017; Cooper 2017, 2019; Marzi et al. 2021; Hauschildt et al. 2023, S. 51–53; Vahs et al. 2023).

[7]Vgl. dazu Ernst 2001; Nicolai und Kieser 2002; Kieser 2006; Hauschildt et al. 2023, S. 52 f.; Vahs et al. 2023, S. 78–81.

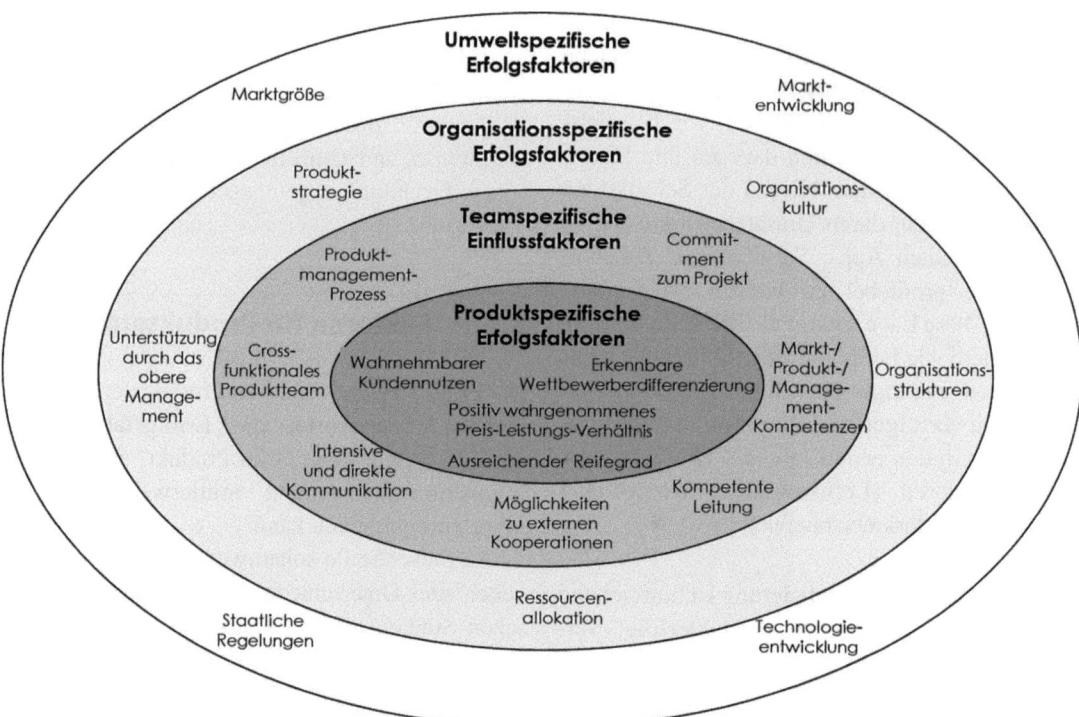

**Abb. 3.20** Wesentliche Ergebnisse der Erfolgsfaktorenforschung zur Neuproduktentwicklung. (In Anlehnung an: vgl. Rothwell 1974; Johne und Snelson 1988; Montoya-Weiss und Calantone 1994; Balachandra und Friar 1997; Henard und Szymanski 2001; Ernst 2001, 2002; Cooper und Kleinschmidt 2010; Sattler 2011; Evanschitzky et al. 2012; Joubert und Van Belle 2012; Storey et al. 2015; Henrik et al. 2017; Cooper 2017, 2019; Marzi et al. 2021; Hauschildt et al. 2023, S. 51–53; Vahs et al. 2023, S. 78–94)

Fälle von Misserfolgsursachen wurden bereits durch die Fallbeispiele in Abschn. 1.2 veranschaulicht.

Der differenzierende Kundennutzen des Produkts wird in unterschiedlichen Kontexten auch als „Competitive Advantage" (Porter 1985), „Value Proposition" (Barnes et al. 2009; Osterwalder et al. 2014), „Unique Selling Proposition" oder „Marktpositionierung" (Großklaus 2015; Matys 2022, S. 185–193) bezeichnet. Er kann sowohl in den Funktionen („Problemlösungspotenzial für Kundenprobleme", „Kompatibilität im Verwendungskontext des Kunden") als auch in den nicht-funktionalen Eigenschaften des Produktes („Langlebigkeit", „Robustheit", „Benutzerfreundlichkeit" bzw. „Einfachheit", „Ästhetik", „Marke") liegen. Dies zeigt, dass kein absolutes Merkmalsbündel eines Produkts darstellt, sondern immer nur in Relation zur definierten Zielgruppe existiert.

Die relative Vorteilshaftigkeit des Produkts gilt dabei nicht nur in Relation zu den Zielgruppen, sondern in marktwirtschaftlichen Systemen auch im Verhältnis zur wahrgenommenen Gegenleistung, also dem Preis des Produkts. Das subjektiv wahrgenommene Preis-Leistungs-Verhältnis ist seit den 1960er-Jahren ein fester Bestandteil des Produktmarketing (McCarthy 1960; Wanless 2009; Mazumdar 2020).

Bei Technologie-Produkten gehört auch der technische Reifegrad eines Produkts, der sich in Störungs- und Problemfreiheit bei den intendierten und nicht-intendierten Anwendungsfällen zeigt, zu den erfolgskritischen Produktmerkmalen (Olechowski et al. 2015).

### Teamspezifische Erfolgsfaktoren

Um ein Produkt mit den oben genannten Merkmalen auf den Markt zu bringen, bedarf es sowohl dauerhafter struktureller Regelungen, als auch individueller und kollektiver Verhaltensweisen auf Teamebene (vgl. Abschn. 2.5; Ulrich und Fluri 1995, S. 161–164).

Im Hinblick auf strukturelle Regelungen wurde als erster wesentlicher Faktor ein klarer, institutionalisierter Innovations- und Entwicklungsprozess für Neuprodukte identifiziert, der Rollen, Aktivitäten, Inputs, Outputs und Werkzeuge für die Entwicklung und Markteinführung von Neuprodukten in einer Organisation dauerhaft definiert (Verworn und Herstatt 2000; Crawford und Di Benedetto 2021, S. 29–36; Pichler 2014; Cooper 2017, S. 95–98). Ein solcher Prozess hat – quer zu den etablierten Funktionsbereichen – idealerweise eine Orientierungs-, Koordinierungs- und Motivierungsfunktion für das jeweilige Neuprodukt. Er entlastet damit zugleich Produktmanager von ständigen interpersonellen Führungsaufgaben. Eine offene Frage bleibt dabei, wie granular definiert und formalisiert geregelt dieser Prozess sein muss und sein darf, um einerseits hinreichend Klarheit zu bieten und andererseits für Änderungen sowie Vor- und Rückwärtsbewegungen offen zu sein.

Innerhalb der „Leitplanken" eines definierten Innovations- bzw. Produktmanagement-Prozesses ist die Arbeit in einem crossfunktionalen Team als ein weiterer Erfolgsfaktor identifiziert worden (vgl. Holland et al. 2003; Huth 2008; Sivasubramaniam et al. 2012; Ellis 2016, S. 3–11). Dieses Team besteht mindestens aus den Funktionen Forschung & Entwicklung sowie Marketing, kann aber auch – zumindest phasenweise – Mitarbeiter aus Beschaffung, Produktion, Logistik, Vertrieb und Service integrieren. Dabei ist wesentlich, dass diesem Team die Verantwortung und die Befugnisse für den Markterfolg des Neuprodukts innerhalb definierter Grenzen übertragen werden. Ansonsten bestehen die Risiken unnötiger Kommunikations- und Freigabeprozesse sowie fehlendem Commitment des Teams.

Das Team ist auf Möglichkeiten zur intensiven und direkten Kommunikation innerhalb und außerhalb der engeren Teamgrenzen angewiesen, da viel Informationen einzuholen und mitzuteilen ist. Diese Kommunikationskanäle müssen sowohl horizontal zu den einzelnen Funktionsbereichen der Organisation als auch vertikal zu den unterschiedlichen Managementebenen der Organisation offen sein (vgl. McDonough et al. 1999; DeFranco und Laplante 2017). Darüber hinaus sollte die Möglichkeit zu Kooperationen mit organisationsexternen Forschungs- und Entwicklungseinrichtungen sowie Agenturen bestehen (West und Bogers 2013; Hauschildt et al. 2023, S. 201–232).

Vor allem in den letzten Jahrzehnten wurden die Potenziale von „Open Innovation"-Ansätzen zunehmend wahrgenommen, wie bereits in Abschn. 2.3 dargelegt wurde (Chesbrough 2003). In diesem Zuge wurde auch die Bedeutung der Möglichkeit von Kooperationen mit organisationsexternen Kompetenzträgern wie Partnerunternehmen und wissenschaftlichen Einrichtungen für Innovationsleistungen erkannt (vgl. Hauschildt 1998; Büyüközkan und Arsenyan 2012; Kern 2016; Hauschildt et al. 2023, S. 201–232). Wenn es zu stabilen Arbeitsbeziehungen mit wechselseitigen Vorteilen kommt, kann diese Möglichkeit den begrenzten quantitativen und qualitativen Ressourcen-Pool eines Teams für die Produktentwicklung deutlich erweitern.

Als ein verhaltensorientierter Erfolgsfaktor auf Teamebene wurde das affektive und/oder normative Commitment des Teams zum Produktentwicklungsprojekt als relevant angesehen (Kraus und Woschee 2009). Dieses Engagement kann durch eine klare Zuordnung von Mitarbeitern zum Produktprojekt sowie eine Ausrichtung der Ziele und Leistungsbewertung am Verhalten im und am Beitrag zum Projekt gefördert werden.

„Commitment" reicht jedoch nicht für den Produkterfolg nicht aus. Hinzukommen müssen markt-, produkt und managementbezogene Kompetenzen (vgl. Abschn. 2.4), welche entweder im Team vorhanden sind, entwickelt werden oder zu denen das Team direkten Zugang hat.

Zu den marktbezogenen Kompetenzen zählt erstens eine profunde Kenntnis des jeweils relevanten Marktes (Kunden, Wettbewerber, weitere Stakeholder, Trends). Diese muss zweitens auch praktisch wirksam werden, indem im Produktentwicklungsprozess Produkt-, Preis-, Vertriebs- und Kommunikations-Entscheidungen im Hinblick auf eine möglichst gute Marktpassung getroffen werden (Wren et al. 2000; Li und Calantone 1998). Umstritten ist dabei, welche Effekte die direkte Integration exemplarischer Kunden („Lead User") in die Produktentwicklung eher zielführend oder eher hinderlich ist (vgl. Gassmann et al. 2010).

Ferner ist das Vorhandensein technischer Kompetenzen, deren Spezifikation vom jeweiligen Produkt (Lebensmittel, mechanische Produkte, softwarebasierte Produkte, usw.) abhängt, ein kritischer Erfolgsfaktor. Dabei können Grundlagenwissen im jeweiligen Technologiefeld, technische Fähigkeiten zur Entwicklung des jeweiligen Produkts und seiner Komponenten, Kompetenzen im ästhetischen und benutzerorientierten Produktdesign sowie Fähigkeiten in der Entwicklung von in Produktions-, Logistik- und Qualitätssicherungsprozessen unterschieden werden (Christensen 1995; Leiponen 2005).

Schließlich bedarf es auch strategischer und operativer Managementkompetenzen. Zur ersten Kategorie zählen die Entwicklung und Operationalisierung einer marktfähigen, umsetzbaren und profitablen Produktvision, zur zweiten deren Umsetzung in Ziele und Meilensteine, Team Commitment und koordinierende Aktivitäten zur Steuerung arbeitsteiliger Aktivitäten (Riel et al. 2012; Cohen 2017; Gorchels 2021; Pichler 2022).

Das Team steht idealerweise unter Leitung eines „kompetenten" Projekt- oder Produktmanagers, dessen Kompetenz sich aus seinem „Commitment" für das Produkt und Projekt, seinen Markt-, Produkt- und/oder Management-Kenntnissen, seiner natürlichen Leitungsautorität sowie seinen (Vollzeit-)Kapazitäten für das Projekt speist (Van Wood und Tandon 1994; Edmondson und Nembhard 2009; Banfield et al. 2017; Cagan und Jones 2020; Pichler 2020) Die Teamleitung kann mit der viel diskutierten Rolle eines „Product Champion" in der Organisation zusammenfallen (Markham und Aiman-Smith 2001; Fujii 2017).

**Organisationsspezifische Erfolgsfaktoren**
Als ein erster wesentlicher Einflussfaktor wird die Existenz einer klaren und längerfristigen Produktstrategie innerhalb des Unternehmens gesehen. Das Adjektiv „klar" bedeutet in diesem Zusammenhang, dass die Strategie eindeutige Entscheidungen beinhaltet, welche Leistungen vom Unternehmen grundsätzlich aus welchen Gründen angeboten werden sollen und welche nicht, um Leitlinien für die Auswahl von Produktideen und den Aufbau eines Produkt-Portfolios zu liefern. „Längerfristig" impliziert, dass Produktstrategien nicht jährlich geändert werden, sondern eine gewisse Kontinuität aufweisen sollen, die „disruptive" Innovationen sowie Weiterentwicklungen bestehender Produkte ermöglichen, welche beide einen längerfristigen Zeithorizont erfordern (Cooper et al. 2001; McGrath 2001; Cooper und Edgett 2009; Haines 2021). Idealerweise setzt diese Strategie nicht nur an Marktlücken an („market-based view"), sondern an den Ressourcen und kollektiven Kompetenzen einer Organisation („resource-based view"), auf denen eine Produktentwicklung aufsetzen kann (Verona 1999).

Operativ wirksam wird die Produktstrategie erstens durch die Unterstützung des Produktentwicklungsprojekts durch das höhere Management, welche die Rolle von „Macht-Promotoren" für ein Neuproduktentwicklungsprojekt einnehmen (Gemünden und Hölzle 2005; Felekoglu und Moultrie 2013; Hauschildt et al. 2023, S. 165–182). Dies liegt darin begründet, dass in Organisationen zahlreiche Vorhaben um knappe Ressourcen konkurrieren und eine „schützende Hand" für den Fokus der Organisation auf das jeweilige Produktentwicklungsprojekt hilfreich ist. Ansonsten droht die Gefahr von unterausgestatteten „Dürreprojekten" oder nicht ernsthaft verfolgten „Pseudo-Projekten".

Zweitens wird die Produktstrategie dann effektiv, wenn das Produktentwicklungsprojekt – wie oben angedeutet – mit ausreichend Ressourcen ausgestattet wird. Dabei ist evident, dass in der Regel unterschiedliche Auffassungen darüber existieren, was „ausreichend" im Einzelfall bedeutet (Cooper und Kleinschmidt 1988; Kavadias und Chao 2008; Klingebiel und Rammer 2013). Unter Ressourcen werden dabei sowohl quantitative Ressourcen an Personal und Finanzmittel, als auch qualitative Ressourcen an Kompetenzen verstanden. Beide Aspekte hängen insofern zusammen, als sich die oben erwähnte innerorganisatorische Konkurrenz um Ressourcen vor allem auf Mitarbeiterinnen bezieht, die hohe Kompetenzen in nachgefragten Bereichen aufweisen. An der Budgetierung mit Personalkapazitäten und Finanzmittel zeigt sich in jedem Fall am deutlichsten die Priorität, die einem Projekt innerhalb der Aktivitäten einer Organisation zuerkannt wird.

Mehrfach erwähnt wird auch die Relevanz einer „innovationsfreudigen Organisationskultur" für den Erfolg von Neuprodukten (Naranjo Valencia et al. 2010; Büschgens et al. 2013; Horibe 2016). Damit werden in der Regel formale und/oder informelle Belohnungs- und Sanktionsmuster für hierarchie- und ressortübergreifendes Denken und Handeln sowie neuartige und experimentierfreudige Verhaltensweisen bezeichnet, deren Erfolgswahrscheinlichkeit sehr unsicher ist. Damit eng verbunden ist also auch der Umgang mit Fehlern innerhalb eines organisatorischen Systems, die notwendigerweise bei risikofreudigen Verhaltensweisen entstehen.

Schließlich gelten die Organisationsstrukturen als ein relevanter Einflussfaktor für den Produkterfolg, was bereits in Abschn. 2.3 angesprochen wurde. Dazu wird häufig die Dichotomie zwischen „mechanistischen" und „organischen" Strukturen herangezogen (Burns und Stalker 1961, S. 96–125). Erstere zeichnen sich durch starke Hierarchien sowie klar definierte, personenunabhängige Stellen und Kommunikationswege aus, die in vor allem stabilen Umwelten effizient funktionieren. Dagegen sind „organische Strukturen" durch eine geringe Bedeutung von Hierarchien, unscharfe und fluide Rollen sowie netzwerkartige Kommunikationswege gekennzeichnet, die dynamischen Umweltbedingungen eher entsprechen. Aus dieser Typologie wurde vielfach der Schluss gezogen, dass sich „organische" Strukturen besser für Innovationen eignen als „mechanistische". Dieser Schluss überschätzt jedoch die Bedeutung der Aufbauorganisation gegenüber weiteren, parallel existierenden Koordinationsmechanismen und übersieht die Vorteile „mechanistischer" Strukturen für spätere Phasen des Produktmanagementprozesses. Die angemessene Schlussfolgerung ist dagegen, nach strukturellen Verbindungsmöglichkeiten von Stabilität und Flexibilität zu suchen. Daraus entstehen Ideen der Auslagerung von Innovationsvorhaben, der Etablierung von Sekundärorganisationen wie Projekte und Prozesse oder die Erweiterung der Organisationsstruktur um innovationsförderliche Elemente (Hull und Hage 1982; Hurley und Hull 1998; Hauschildt et al. 2023, S. 109–123).

**Umweltspezifische Erfolgsfaktoren**
Umweltspezifische Erfolgsfaktoren sind nicht durch das Team oder die Organisation beeinflussbar, sondern stellen Rahmenbedingungen dar, die bei der Formulierung und Umsetzung der Produktstrategie zu berücksichtigen sind.

Erstens ist die Größe des Marktes von Bedeutung. Das anvisierte Marktsegment sollte einerseits eine gewisse Größe besitzen, damit die Investitionen in die Produktentwicklung wirtschaftlich legitimierbar sind. Andererseits steigt mit der Größe des Marktes der Investitionsaufwand für Marketing-Maßnahmen (Vahs et al. 2023, S. 91 f.).

Zweitens ist die zukünftige Marktentwicklung relevant, also das Verhalten der Kunden und Wettbewerber über die Zeit. Im Hinblick auf die Kunden ist die Entwicklung der Marktnachfrage nach der Produktkategorie, im Hinblick auf die Wettbewerber die Attraktivität des Marktes und deren Reaktion auf Produktneueinführungen von Bedeutung. Diese Faktoren sind nach den Untersuchungen von Robert G. Cooper at al. jedoch weit weniger von Bedeutung als die anderen Faktoren, da sich überlegene Produkte auch bei wettbewerbsintensiven Märkten durchsetzen (Cooper und Kleinschmidt 1995; Kleinschmidt et al. 1996, S. 25–30). Andererseits beeinflussen und schaffen Neuprodukte auch Märkte, was seit Joseph Schumpeter (1987) Gegenstand der Forschung ist (vgl. Kamien und Schwartz 1982; Sprong et al. 2021). Die Einflussrichtung zwischen Neuprodukten und Märkten ist also nicht unidirektional, sondern bidirektional.

Drittens ist die Entwicklung der jeweils relevanten Produkt- und Prozesstechnologien von

Bedeutung für den Produkterfolg. Diese haben Einfluss auf die Gestaltung des Produkts und des damit verbundenen Leistungsversprechens, auf die Wahrscheinlichkeit der Einhaltung des Leistungsversprechens sowie auf die Kosten der Entwicklung, Produktion und Vermarktung des Produktes. Gemeint sind also einerseits Technologien, die in das Produkt eingehen, wie beispielsweise generative (Neues erzeugende) oder formative (sich dynamisch verändernde) Künstliche Intelligenz. Andererseits aber auch Technologien, die produktbezogene Geschäftsprozesse optimieren, wie beispielsweise digitale Zwillinge (vgl. Gartner 2023). Da sich diese schnell verändern und im Einzelfall wesentlichen Einfluss auf das Produktkonzept haben, hat sich im Rahmen des Produkt- und Innovationsmanagements Methoden des „Technology Scouting" und „Technology Roadmapping" entwickelt, um frühzeitig neue Technologien zu identifizieren und die Produktstrategie sowie die „Product Roadmap" daraufhin abzustimmen (Kujawa und Paetzold 2019; Wildemann 2021; DeWeck 2022).

Einfluss auf den Produkterfolg haben viertens die sehr umfangreiche Zahl an Rechtsvorschriften, die ein Hersteller (manchmal auch Importeur und/oder Händler) bei der Entwicklung, Produktion und Vermarktung von Produkten zu beachten hat. Dazu zählen insbesondere Regelungen zur Produktsicherheit (z. B. Sachmängel- und Gefährdungshaftung), zum Verbraucherschutz (z. B. Instruktionspflichten) und zum Umweltschutz (z. B. Regulierung bestimmter Inhaltsstoffe) (Griller und Holoubeck 2006, S. 4–10; Reusch und Günes 2012; Hertel et al. 2015; Bauer 2018, S. 261–275; Krey und Apoor 2023). Je nach Verwendungszweck gelten unterschiedliche Rechtsvorschriften für Gebrauchsprodukte (ProdSG, Maschinenrichtlinie, RoHS-Richtlinie usw.), Verbrauchsprodukte wie z. B. Lebens- und Futtermittel oder Kosmetika (LFGB), Medizinprodukte (MPG) und Arzneimittel (AMG). Dienstleistungen sind in der juristischen Begriffsverwendung keine Produkte (= bewegliche Sachgüter), sondern unterliegen dem Dienst- oder Werkvertragsrecht (§§ 611, 631 BGB). Software gilt seit 1987 als eine Sache, d. h. ein Produkt im Rechtssinne, so dass die hierfür geltenden Normen anwendbar sind. Jedoch existieren einige Besonderheiten im Hinblick auf die Vertragsgestaltung, die Überlassung sowie die Haftung (Marly 2018). Über diese produkt- und dienstleistungsspezifischen Rechtsnormen hinaus sind im Einzelfall auch Regelungen zu gewerblichen Schutzrechten sowie zum Wettbewerbsrecht relevant (Lendvai 2017; Wiebe 2022), Weil staatliche Rechtsvorschriften dauerhaften Veränderungen auf EU- und auf nationaler Ebene unterliegen, sind Normen zugleich dynamische Rahmenbedingungen als auch Quellen für Produktinnovationen (Hoffmann-Riem 2016; Maute und Mackenrodt 2019).

Mit diesem kurzen Abriss sind erstens die wesentlichen Forschungsfelder markiert, die im akademischen Innovations- und Produktmanagement bearbeitet werden. Zweitens repräsentieren diese Faktoren auch potenzielle Gestaltungsfelder in der Praxis, die ebenfalls fallspezifisch und zeitlich unterschiedliche Relevanz haben.

Es bleibt jedoch die Frage offen, wo in der Summe dieser Faktoren der entscheidende Hebel ist, um Produkte erfolgreich auf den Markt zu bringen und dort zu halten. Auf diese Frage existieren unterschiedliche Antworten: Der Hebel liegt in der Führung und Entwicklung des Produktteams und/oder des Produktleiters, in der Gestaltung der Produktmanagement-Prozesse, im Management des organisatorischen Produkt-Portfolios, in der Motivierung des oberen Managements oder anderen Stellhebeln.

Hier wird ein entscheidender Faktor in der Ausgestaltung des Produktmanagement-Prozesses gesehen. Denn über einen definierten Prozess kann es gelingen, cross-funktionale Produktteams zusammenzubringen und auf das Produkt hin zu orientieren, Zugang zu relevanten Kompetenzen und Ressourcen zu organisieren sowie Mitglieder des oberen Managements einzubinden (Abb. 3.21).

Der Produktmanagement-Prozess ist Gegenstand des folgenden Kapitels.

## 3.3 Faktoren für Produkterfolg

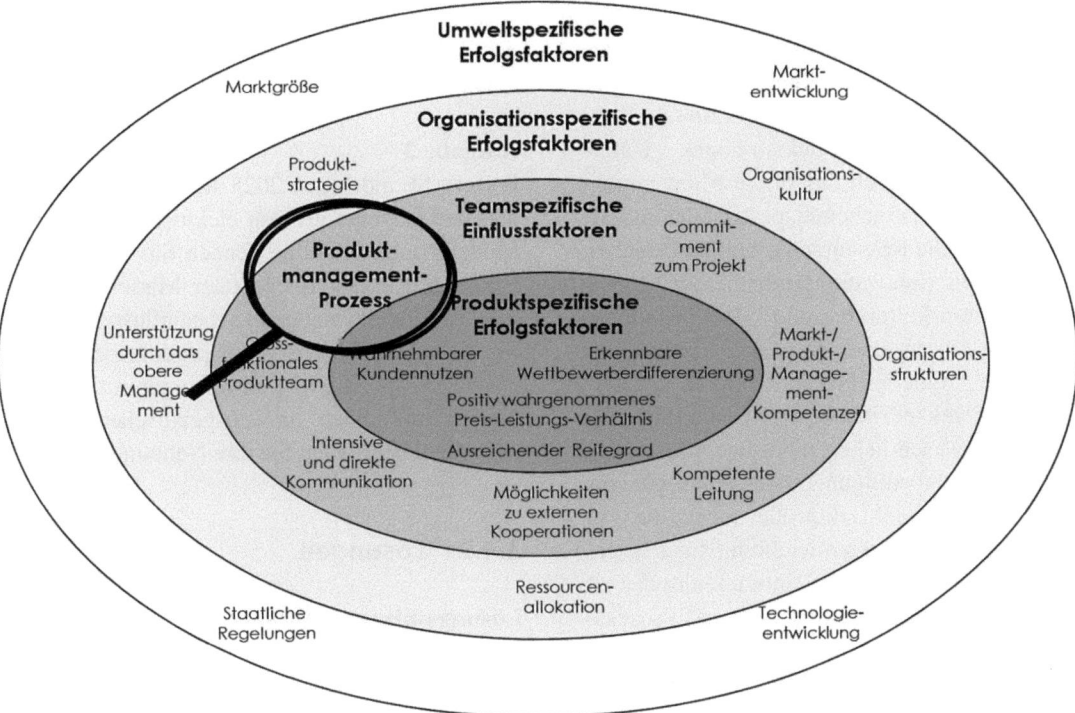

**Abb. 3.21** Der Produktmanagement-Prozess als Hebel zur Realisierung wesentlicher Erfolgsfaktoren. (In Anlehnung an Chrissis et al. 2011)

### Zusammenfassung: Faktoren für den Produkterfolg

Die Erfolgsfaktorenforschung im Innovations- und Produktmanagement hat in den letzten Jahrzehnten zahlreiche Variablen identifiziert und untersucht, welche Einfluss auf den Erfolg eines (Neu-) Produkts am Markt haben. Diese Faktoren lassen sich wie folgt kategorisieren und zusammenfassen:

- Produktspezifische Einflussfaktoren: Zu diesen zählen der wahrgenommene Nutzen des Produkts aus Sicht der anvisierten Zielgruppe in Relation zu Wettbewerbsangeboten sowie zum angebotenen Preis des Produkts. Darüber hinaus ist auch der technische Reifegrad des Produkts bei Markteinführung von Bedeutung.

- Teamspezifische Einflussfaktoren: Als wesentlich für den Produkterfolg wurde ein institutionalisierter Produktmanagement-Prozess erkannt, innerhalb dessen ein cross-funktionales Produktteam konzentriert und weitgehend autonom arbeiten kann. Dieses muss über intensive und direkte Kommunikationskanäle zu den organisationsinternen Funktionsbereichen und zu den Managementebenen sowie über Möglichkeiten zu Kooperation mit externen Organisationen verfügen. Neben diesen strukturellen Faktoren ist ein Commitment des Produktteams zum Produktprojekt, der Zugang zu markt-, technologie- und managementbezogenen Kompetenzen sowie eine kompetente Teamleitung förderlich für den Produkterfolg.

- Organisationsspezifische Einflussfaktoren: Das Team sollte eine klare Orientierung durch eine organisationale Portfolio- und Produktstrategie, Unterstützung durch das obere Management sowie ausreichende personelle und finanzielle Ressourcen erhalten. Daneben haben innovationsfreundliche Organisationskulturen und Organisationsstrukturen einen positiven Einfluss auf die Arbeit des Produktteams.
- Umweltspezifische Einflussfaktoren: Zu den wesentlichen nicht-beeinflussbaren Rahmenbedingungen des Produktteams zählen die Marktgröße sowie die zukünftige Marktentwicklung für das geplante Produkt, die Entwicklung der jeweils relevanten Produkt- und Prozess-Technologien sowie die jeweils gültigen staatlichen Regelungen, die sowohl Limitierungen als auch Quellen der Innovation darstellen können.

## 3.4 Übungsaufgaben und Lösungen

### 3.4.1 Übungsaufgaben

**Aufgabe 1**
Welches der nachfolgenden Leistungen ist nach der hier vorgeschlagenen Definition ein „Produkt"? Bitte geben Sie eine eindeutige Antwort und begründen Sie diese kurz:

- Architektenhaus
- Fertighaus
- Kinoticket
- Car Sharing Service
- Navigations-App
- Gemeinkosten-Wertanalyse als Beratungsangebot
- Ehrenamtlicher Sprachkurs für Geflüchtete

**Aufgabe 2**
Nennen Sie bitte drei deutlich unterscheidbare Messgrößen, um den Markterfolg einer Navigations-App zu messen. Nennen Sie dazu zu jeder der drei zentralen Mess- und Steuerungsfeldern eine passende Kennzahl.

**Aufgabe 3**
Porsche SE möchte ab 2025 die Baureihen Boxster und den Cayman als rein elektrisch angetriebene Modelle anbieten. Bitte nennen Sie vier kritische Faktoren, die den Erfolg oder Misserfolg dieser Elektro-Modelle maßgeblich beeinflussen. Nennen Sie dazu bitte jeweils einen produktspezifischen, einen teamspezifischen, einen organisationsspezifischen und einen umweltspezifischen Erfolgsfaktor und begründen Sie ihre Nennung kurz.

### 3.4.2 Lösungen

**Lösungsskizze zu Aufgabe 1**
Nach der hier vorgeschlagenen Definition sind das Fertighaus, das Kinoticket, der Car Sharing Service, die Navigations-App und die Gemeinkosten-Wertanalyse als Beratungsangebot Produkte, da sie alle definierte Nutzenangebot mit einem gewissen Standardisierungsgrad für Kunden darstellen, die zu einem Preis am Markt angeboten werden.

Ein Nicht-Produkt ist dagegen das Architektenhaus, das kundenspezifisch geplant und gebaut wird und daher eher zum „Projektgeschäft" zu zählen ist.

Ein Nicht-Produkt ist ebenfalls der ehrenamtliche Sprachkurs für Geflüchtete, da er nicht zu einem Preis am Markt angeboten wird und daher auch kein Produktmanagement erfordert, sondern eher einen gerechten und effizienten Zuteilungsmechanismus.

**Lösungsskizze zu Aufgabe 2**
- Marktfähigkeit:
  - „Downloads pro Woche": Zahl an Nutzern, die die App geladen haben/Gesamtzahl an potenziellen Nutzern
  - „Daily Active Users": Zahl der Nutzer, die die App einmal pro Tag öffnen/Gesamtanzahl an Nutzern
  - „Net Promotor Score": Prozentsatz der Nutzer, die die App weiterempfehlen würden – Prozentsatz der Nutzer, die dies nicht tun würden

- Realisierbarkeit:
  - „Reklamationsquote": Anzahl an Reklamationen pro Zeiteinheit/Anzahl an Nutzern pro Zeiteinheit
  - „Crash-Rate": Anzahl an App-Abstürzen/Anzahl an App-Aufrufen
  - „Latenzzeit": Ist-Zeit für Ausgabe auf eine Anfrage/Soll-Zeit für die Ausgabe auf eine Anfrage
- Profitabilität:
  - Durchschnittlicher Umsatz pro Nutzer (ARPU): Gesamter Umsatz pro Zeiteinheit/Zahl an Nutzern pro Zeiteinheit
  - Kosten für Kundenakquisitionen: Kosten pro Kampagne oder Zeiteinheit/neue Nutzer pro Kampagne oder Zeiteinheit
  - Anteil zahlender Kunden: Anzahl an (kostenpflichtigen) Premium-Kunden/Anzahl an App-Downloads

### Lösungsskizze zu Aufgabe 3

- Produktspezifische Erfolgsfaktoren: Ein kritischer Erfolgsfaktor besteht darin, ob und wie der differenzierende Kundennutzen, der bei Sportwagenhersteller wesentlich im Verbrennungsmotor mit dem entsprechenden „Sound" und „Feeling" liegt, sich auf elektrische Antriebe übertragen lässt.
- Teamspezifische Erfolgsfaktoren: Ferner stellt sich die Frage, welche Kompetenzen und Einstellungen in den Entwicklungsteams der beiden neuen Baureihen integriert und/oder entwickelt werden sollen, um einerseits die traditionellen Kaufmotive hinreichend zu berücksichtigen als auch genügend Offenheit für Neues und evtl. neue Kundensegmente zu gewährleisten.
- Organisationsspezifische Erfolgsfaktoren: Für den Erfolg dieser Projekte ist es ferner entscheidend, dass der Vorstand die Elektrifizierung der Baureihen mit ausreichend inhaltlicher Orientierung, Managementunterstützung und Ressourcen unterstützt, damit hinreichend Kapazitäten für die beiden Baureihen zur Verfügung stehen.
- Umweltspezifische Erfolgsfaktoren. Schließlich ist entscheidend, wohin sich der Sportwagenmarkt entwickelt und ob Porsche mit diesem Vorhaben mit der Marktentwicklung oder gegen die Marktentwicklung geht.

## Literatur

Annarelli A, Battistella C, Nonino F (2016) Product service system: a conceptual framework from a systematic review. J Clean Prod 139(2016):1011–1032

Apple (2020) Einkaufen und mehr. Apple.com/de. https://www.apple.com/de/. Zugegriffen am 08.04.2020

Aumayr KJ (2019) Erfolgreiches Produktmanagement: Tool-Box für das professionelle Produktmanagement und Produktmarketing, 5. Aufl. Springer Gabler, Wiesbaden

Axelos und TSO (2017) Managing successful projects with Prince 2, 6. Aufl. Norwich, The Stationary Office

Balachandra R, Friar JH (1997) Factors for success in R&D projects and new product innovation: a contextual framework. IEEE Trans Eng Manag 33(3):276–287

Ballings M, McCullough H, Bharadwaj N (2018) Cause marketing and customer profitability. J Acad Mark Sci 46:234–251

Banfield R, Eriksson M, Walkingshaw N (2017) Product leadership: how top product managers launch awesome products and build successful teams. O'Reilly, Sebastopol

Barnes C, Blake H, Pinder D (2009) Creating and delivery your value proposition. Kogan Page, London

Bauer M (2018) Das Recht des technischen Produkts: Praxishandbuch für Unternehmensjuristen. Springer Vieweg, Wiesbaden

Beutin N (2018) Sharing economy 2017: the new business model. PriceWaterhouseCooper, München. https://www.pwc.de/de/pressemitteilungen/2018/share-economy-in-deutschland-waechst-weiter.html. Zugegriffen am 11.12.2018

Bhagat HR (2015) How the smartphone landscape has changed since the launch of IBM Simon 20 years ago. EconomicTimes.com. https://economictimes.indiatimes.com/magazines/panache/how-the-smartphone-landscape-has-changed-since-the-launch-of-ibm-simon-20-years-ago/articleshow/45962579.cms?from=mdr. Zugegriffen am 05.04.2020

Bitkom (2017) Anteil der befragten Smartphone-Nutzer, die die folgenden Funktionen mit ihrem Smartphone nutzen. Statsta.de. https://de.statista.com/statistik/daten/studie/166150/umfrage/nutzung-von-smartphone-funktionen-in-deutschland/. Zugegriffen am 03.04.2020

Bitkom (2020) Welche Merkmale sind Ihnen beim Kauf Ihres nächsten Smartphones wichtig? Statista.com. https://de.statista.com/statistik/daten/studie/180389/umfrage/gruende-fuer-kaufentscheidung-von-smartphones/. Zugegriffen am 15.04.2020

Bland DJ, Osterwalder A (2020) Testing business ideas: a field guide for rapid experimentation. Wiley, Hoboken

Botsman R, Rogers R (2010) What's mine is yours: the rise of collaborative consumption. Harper Collins, New York

Brockhoff K (1994) Forschung und Entwicklung: Planung und Kontrolle, 4. Aufl. Oldenbourg, München

Brown T (2009) Change by design: how design thinking transforms organizations and inspires innovation. Harper, New York

Bruhn M, Hadwich K (2017) Produkt- und Servicemanagement. Konzepte, Prozesse, Methoden, 2. Aufl. Vahlen, München

Burns T, Stalker GM (1961) The management of innovation. Travistock, London

Büschgens T, Bausch A, Balkin DB (2013) Organizational culture and innovation: a meta-analytic review. J Prod Innov Manag 30(4):763–781

Business Wire (2023) Marktanteile der Hersteller am Absatz von Smartphones weltweit in den Jahren 2007 bis 2022. Statista.de. https://de.statista.com/statistik/daten/studie/173051/umfrage/weltweite-martkanteile-der-fuehrenden-smartphone-hersteller-seit-2007/. Zugegriffen am 02.10.2023

Büyüközkan G, Arsenyan I (2012) Collaborative product development: a literature overview. Prod Plan Control 23(1):47–66

Cagan M (2018) Inspired: how to create tech products customers love, 2. Aufl. Wiley, New York

Cagan M, Jones C (2020) Empowered: ordinary people, extraordinary products. Wiley, New York

Chesbrough H (2003) Open Innovation: the new imperative for creating and profiting from technology. Harvard Business School Press, Boston

Chrissis MB, Konrad M, Shrum S (2011) CMMI for development: guide-lines for process integration and product improvement, 3. Aufl. Pearson, Boston

Christensen JF (1995) Asset profiles for technological innovation. Res Policy 24(5):727–745

Cohen G (2017) Strategy excellence for product managers: a guide to winning markets through product strategy. Agile Excellence Press, Silicon Valley

Cooper RG (2017) Winning at new products: creating value through innovation, Rev. Aufl. Basic Books, New York

Cooper RG (2019) The drivers of success in new-product development. Ind Mark Manag 76:36–47

Cooper RG, Edgett SJ (2009) Product innovation and technology strategy. Product Development Institute, Anchester

Cooper RG, Kleinschmidt EJ (1988) Resource allocation in the new product process. Ind Mark Manag 17(3):249–262

Cooper RG, Kleinschmidt EJ (1995) Benchmarking the firm's critical success factors in new product development. J Prod Innov Manag 12(5):374–391

Cooper RG, Kleinschmidt EJ (2010) Success factors for new product development. In: Jagdish NS, Naresh KM (Hrsg) Wiley international encyclopedia of marketing, Bd 5. Wiley, Chichester, S 1–9

Cooper RG, Edgett SJ, Kleinschmidt EJ (2001) Portfolio management for new products, 2. Aufl. Perseus, Cambridge

Copeland MT (1923) Relation of consumer buying habits to Marketing methods. Harv Bus Rev 1(3):282–289

Crawford CM, Di Benedetto, CA (2021) New products management, 12. Aufl. McGraw-Hill, New York

Deelmann T (2010) Projekt- und produktorientierte IT-Unternehmen – Einige geschäftsmodellgestützte Überlegungen. In: Pietsch W, Krams B (Hrsg) Vom Projekt zum Produkt. Fachtagung des GI-Fachausschusses Management der Anwendungsentwicklung und -wartung im Fachbereich Wirtschaftsinformatik (WI-MAW). Gesellschaft für Informatik, Bonn, S 87–92

DeFranco JF, Laplante PA (2017) Review and analysis of software development team communication research. IEEE Trans Prof Commun 60(2):165–182

Deutsche Umwelthilfe (2018) Nachhaltigkeit von Geschäftsmodellen in der Informations- und Kommunikationstechnik: Analyse und Empfehlungen am Beispiel von Smartphone, Telefon und Router. Deutsche Umwelthilfe e.V., Berlin. https://www.duh.de/fileadmin/user_upload/download/Projektinformation/Kreislaufwirtschaft/Elektroger%C3%A4te/180115_DUH-Studie_Nachhaltigkeit-IKT-Industrie.pdf. Zugegriffen am 12.04.2020

Deutsches Institut für Normung (2016) Leitlinien Projektmanagement DIN ISO 21500:2012. In: Deutsches Institut für Normung Hrsg. Projektmanagement: Netzplantechnik und Projektmanagementsysteme, 3. Aufl. Beuth, Berlin, S 216–259

DeWeck OL (2022) Technology roadmapping and development: a quantitative approach to the management of technology. Springer, Cham

Dolcourt J (2019) Over-the-air wireless charging will come to smartphones. CNet.com. https://www.cnet.com/news/over-the-air-wireless-charging-will-come-to-smartphones/. Zugegriffen am 06.04.2020

Eckhardt GM, Bardhi F (2015) The sharing economy isn't about sharing at all. Harv Bus Rev 28(1):1–8

Edmondson AC, Nembhard IM (2009) Product development and learning in project teams: the challenges are the benefits. J Prod Innov Manag 26(2):123–138

Ellis G (2016) Project management in product development: leadership skills and management techniques to deliver great products. Elsevier, Oxford

Ernst H (2001) Erfolgsfaktoren neuer Produkte: Grundlagen für eine valide empirische Forschung. Deutscher Universitäts Verlag, Wiesbaden

Ernst H (2002) Success factors of new product development: a review of the empirical literature. Int J Manag Rev 4(1):1–40

Evanschitzky H et al (2012) Success factors of product innovation: an updated meta-analysis. J Prod Innov Manag 29(S1):21–37

Fairphone (2020) Fairphone 3: the phone that dares to be fair. Fairphone.com. https://shop.fairphone.com/gb_en/. Zugegriffen am 13.04.2020

Felekoglu B, Moultrie J (2013) Top management involvement in new product development: a review and synthesis. J Prod Innov Manag 31(1):159–175

Forbes Technology Council (2020) Nine tech experts share their predictions for the future of smartphones. Forbes.com. https://www.forbes.com/sites/forbestechcouncil/2020/01/29/nine-tech-experts-share-their-predictions-for-the-future-of-smartphones/#582d3f984020. Zugegriffen am 05.04.2020

Fujii S (2017) Product champion for successful Innovation: a review of the previous literature and challenge for the future. Br J Res 4(4):22

Gartner (2023) Roadmap zu neuen Technologien 2021–2023. Gartner.de. https://www.gartner.de/de/informationstechnologie/trends/roadmap-zu-neuen-technologien. Zugegriffen am 21.10.2023

Gassmann O, Kausch C, Enkel E (2010) Negative side effects of customer integration. Int J Technol Manag 50(1):43–63

Gassmann O, Frankenberger K, Csik M (2017) Geschäftsmodelle entwickeln: 55 innovative Konzepte mit dem St. Galler Business Model Navigator, 2. Aufl. Hanser, München

Gemünden HG, Hölzle K (2005) Schlüsselpersonen der Innovation: Champions und Promotoren. In: Albers S, Gassmann O (Hrsg) Handbuch Technologie- und Innovationsmanagement. Gabler, Wiesbaden, S 457–474

Geracie G, Eppinger SD (2013) The guide to the product management and marketing body of knowledge (ProdBOK). Product Management Educational Institute, Carson City

Gorchels L (2021) Product strategy and roadmaps. Independently Published

Griller S, Holoubeck M (2006) Europäisches und öffentliches Wirtschaftsrecht II, 3. Aufl. Springer, Wien

Grinevich V et al (2017) Green entrepreneurship in the sharing economy: utilising multiplicity of institutional logics. Small Bus Econ. https://doi.org/10.1007/s11187-017-9935-x. Zugegriffen am 02.12.2018

Großklaus RHG (2015) Positionierung und USP: Wie Sie eine Alleinstellung für Ihre Produkte finden und umsetzen, 2. Aufl. Springer Gabler, Wiesbaden

Gutenberg E (1951) Grundlagen der Betriebswirtschaftslehre, Bd.1: Die Produktion. Springer, Berlin

Haines S (2014) The product manager's desk reference, 2. Aufl. McGraw Hill, New York

Haines S (2021) Leading product management: how to create a high-performance product management organization. Sequent, New York

Hall C (2019) Upcoming phones: the future smartphones of 2019. Pocket-Lint.com. https://www.pocket-lint.com/phones/buyers-guides/120810-upcoming-smartphones-and-new-mobiles-coming-out-this-year. Zugegriffen am 12.08.2019

Haller M (2015) Smartphone-Markt nur für Samsung und Apple profitabel: Geldfluss in der Einbahnstraße Richtung Apple. Elektroniknet.de. https://www.elektroniknet.de/elektronik/halbleiter/geldfluss-in-der-einbahnstrasse-richtung-apple-125446.html. Zugegriffen am 07.04.2020

Haller S (2017) Dienstleistungsmanagement: Grundlagen – Konzepte – Instrumente, 7. Aufl. Springer Gabler, Wiesbaden

Hamari J et al (2016) The sharing economy: why people participate in Collaborative Consumption. J Assoc Inf Sci Technol 67(9):2047–2059

Handyflash (2020) Handylexikon. Handyflash.de. https://www.handyflash.de/infocenter/handylexikon. Zugegriffen am 03.04.2020

Hauck M (2014) Öko-Handy Fairphone: Eine Prise gutes Gewissen. Sueddeutsche.de. https://www.sueddeutsche.de/digital/oeko-handy-fairphone-eine-prise-gutes-gewissen-1.1863220. Zugegriffen am 07.04.2020

Hauschildt J (1998) Kooperation von Unternehmen zur Durchsetzung von Innovationen. In: Gerum E (Hrsg) Innovation in der Betriebswirtschaftslehre. Gabler, Wiesbaden, S 1–21

Hauschildt J et al (2023) Innovationsmanagement, 7. Aufl. Vahlen, München

Henard DH, Szymanski DM (2001) Why some new products are more successful than others. J Mark Res 38(3):362–375

Henrik F et al (2017) Critical success factors in early new product development: a review and a conceptual model. Int Entrep Manag J 14(2018):411–427

Herrmann A, Huber F (2013) Produktmanagement: Grundlagen – Methoden – Beispiele, 3. Aufl. Springer Gabler, Wiesbaden

Hertel L, Oberbichler T, Wilrich T (2015) Technisches Recht: Grundlagen, Systematik, Recherche. Beuth, Berlin

Hilke W (1989) Grundprobleme und Entwicklungstendenzen des Dienstleistungsmarketing. Gabler, Wiesbaden

Hilti (2023) Ihr bedarfsorientiertes Flottenmanagement – viel mehr als ein Werkzeug-Leasing. Hilti.de. https://www.hilti.de/content/hilti/E3/DE/de/business/business/equipment/fleet-management.html. Zugegriffen am 28.09.2023

Hoffmann-Riem W (2016) Innovation und Recht – Recht und Innovation: Recht im Ensemble seiner Kontexte. Mohr-Siebeck, Tübingen

Holland S, Gaston K, Gomes J (2003) Critical success factors for cross-functional teamwork in new product development. Int J Manag Rev 2(3):231–259

Horibe F (2016) Creating the innovation culture: leveraging visionaries, dissenters and other useful troublemakers in your organization. Wiley, Etobicoke

Horn D (2019) Fairphone 3 – nachhaltig allein reicht nicht. WDR.de. https://blog.wdr.de/digitalistan/fairphone-3-nachhaltig-allein-reicht-nicht/. Zugegriffen am 12.04.2020

Howard JA, Sheth JN (1969) The theory of buyer behaviour. Wiley, New York

Huang D, Wu H (2018) Mobile cloud computing: foundations and service models. Morgan Kaufmann, Cambridge

Hübner F (2020) iPhone-Lieferprobleme: Apple muss Umsatzprognose wegen Coronavirus anpassen. ComputerBase.de. https://www.computerbase.de/2020-02/iphone-lieferprobleme-apple-umsatzprognose-coronavirus/. Zugegriffen am 12.04.2020

Hull F, Hage J (1982) Organizing for innovation: beyond Burns and Stalker's organic type. Sociology 16(4):563–577

Hurley RF, Hull GTM (1998) Innovation, market orientation, and organizational learning; an integration and empirical examination. J Mark 62(3):42–54

Huth T (2008) Organizing cross-functional new product development projects: the phase-specific effects of organizational antecedents. Gabler, Wiesbaden

Hutt MD, Speh DW (2016) Business marketing management: B2B, 12. Aufl. South Western Cengage Learning, Mason

IFixit (2023) Über iFixit. iFixit.com. https://de.ifixit.com/Info/index. Zugegriffen am 12.10.2023

IPMA. (2016) Individual competence baseline for project, program and portfolio management. Version 4.0. Zurich, International Project Management Association

Johne FA, Snelson PA (1988) Success factors in product innovation: a selective review of the literature. J Prod Innov Manag 5(2):114–128

Joos T, Koslid B. (2012) Controlling von Produkteinführungen. In: Pepels W (Hrsg) Launch – Die Produkteinführung: Wie Sie Produkte und Services erfolgreich in den Markt bringen, 2. Aufl. Symposion, Düsseldorf, S 167–216

Joubert J, Van Belle J-P (2012) Success factors for product and service innovation: a critical literature review and proposed integrative framework. Manag Dyn 12(2):1–26

Kamien MI, Schwartz NL (1982) Market structure and innovation. Cambridge University Press, Cambridge

Kano N et al (1984) Attractive quality and must-be quality. J Jpn Soc Qual Control 14(2):147–156

Katona G (1960) Das Verhalten der Verbraucher und Unternehmer. Mohr Siebeck, Tübingen

Kavadias S, Chao RO (2008) Resource allocation and new product development portfolio management. In: Loch CH, Kavadias S (Hrsg) Handbook of new product development management. Routledge, Abingdon, S 135–164

Kern E (2016) Verteilte Produktentwicklung. In: Lindemann U (Hrsg) Handbuch Produktentwicklung. Hanser, München, S 455–481

Kieser A (2006) Wie Erfolgsfaktoren Ihnen Erfolg bringen. Zeitschrift Führung und Organisation 75(4): 241–242

Kleinschmidt EJ, Geschka H, Cooper RG (1996) Erfolgsfaktor Markt: Kundenorientierte Produktinnovation. Springer, Berlin

Klingebiel R, Rammer C (2013) Resource allocation strategy for innovation portfolio management. Strateg Manag J 35(2):246–268

Kotler P, Levy SJ (1969) Broadening the concept of marketing. J Mark 33(1):10–15

Kotler P et al (2016) Marketing management, 3. Aufl. Harlow, Pearson

Kraaijenbrink J (2019) How Fairphone beats Apple, Samsung and the rest with the 'world's most sustainable' phone. Forbes.com. https://www.forbes.com/sites/jeroenkraaijenbrink/2019/08/28/how-fairphone-beats-apple-samsung-and-the-rest-with-the-worlds-most-sustainable-phone/#711e3330735a. Zugegriffen am 03.04.2020

Kraus R, Woschee R (2009) Commitment und Identifikation mit Projekten. In: Wastian M, Braumandl I, von Rosenstiel L (Hrsg) Angewandte Psychologie für Projektmanager: Ein Praxisbuch für die erfolgreiche Projektleitung. Springer, Heidelberg, S 187–206

Krause HU (2016) Controlling-Kennzahlen für ein nachhaltiges Management: Ein umfassendes Kompendium kompakt erklärter Key Performance Indicators. De Gruyter, Berlin

Krey V, Apoor A (2023) Praxisleitfaden Produktsicherheitsrecht: CE-Kennzeichnung, Risikobeurteilung, Betriebsanleitung, Konformitätserklärung, Produkthaftung, Fallbeispiele, 4. Aufl. Hanser, München

Kühnapfel JB (2019) Vertriebskennzahlen: Kennzahlen und Kennzahlensysteme für das Vertriebsmanagement, 2. Aufl. Springer Gabler, Wiesbaden

Kujawa K A, Paetzold K (2019) External technology searching methods: a literature review. In: The Design Society (Hrsg) Proceedings of the design society: international conference on engineering design, Bd 1, Heft 1. Cambridge, Cambridge University Press, S 2259–2268

Leiponen A (2005) Skills and innovation. Int J Ind Organ 23(5/6):303–323

Lendvai T (2017) Gewerbliche Schutzrechte: Anmeldung – Strategie – Verwertung. Ein Praxishandbuch. Carl Heymanns, Köln

Lennertz D (2006) Produktmanagement: Planung – Entwicklung – Vermarktung. Wie Sie mit innovativen Produkten den Unternehmenserfolg steigern. Frankfurter Allgemeine Buch, Frankfurt

Li T, Calantone RJ (1998) The impact of market knowledge competence on new product advantage: conceptualization and empirical examination. J Mark 62(4):13–29

Liu Z, Zhang W, Zhao F (2022) Impact, challenges and prospect of software-defined vehicles. Automot Innov 5(2):180–194

Markham SK, Aiman-Smith L (2001) Product champions: truths, myths and management. Res-Technol Manag 44(3):44–50

Marly J (2018) Praxishandbuch Softwarerecht: Rechtsschutz und Vertragsgestaltung, 7. Aufl. Beck, München

Marzi G et al (2021) New product development during the last ten years: the ongoing debate and future avenues. IEEE Trans Eng Manag 68(1):330–344

Matys E (2022) Praxishandbuch Produktmanagement: Grundlagen und Instrumente, 8. Aufl. Campus, Frankfurt

Maute L, Mackenrodt M-O (Hrsg) (2019) Recht als Infrastruktur für Innovation. Nomos, Baden-Baden

Mazumdar T (2020) Pricing of products & services. World Scientific, Singapore

McCarthy EJ (1960) Basic marketing: a managerial approach. Irwin, Homewood

McDonough EF, Kahn KB, Griffin A (1999) Managing communication in global product development teams. IEEE Trans Eng Manag 46(4):375–386

McGrath ME (2001) Product strategy for high-technology companies: accelerating your business to web speed, 2. Aufl. McGraw-Hill, New York

Meffert H, Burmann C, Kirchgeorg M (2015) Marketing: Grundlagen marktorientierter Unternehmensführung. Konzepte – Instrumente – Praxisbeispiele, 12. Aufl. Springer Gabler, Wiesbaden

Meyer PW (1972) Wirtschaft – Markt – Marketing: Über die Grundlagen des Marketing. In: Bidlingmayer J (Hrsg) Modernes Marketing, moderner Handel: Carl Christian Behrens zum 65. Geburtstag. Gabler, Wiesbaden, S 17–26

Michaels P (2020) Best phone battery life in 2020: the longest lasting smartphones. Tomsguide.com. https://www.tomsguide.com/us/smartphones-best-battery-life,review-2857.html. Zugegriffen am 03.04.2020

Montoya-Weiss MM, Calantone R (1994) Determinants of new product performance: a review and meta-analysis. J Prod Innov Manag 11(5):397–417

Münch J et al (2019) Product roadmap: from vision to reality. A systematic literature review. In: IEEE (Hrsg) International conference on engineering, technology and innovation (ICE/ITMC), Valbonne Sophia-Antipolis, France. IEEE, Piscataway, S 1–8

Naranjo Valencia JC, Sanz Valle R, Jiménez Jiménez D (2010) Organizational culture as determinant of product innovation. Eur J Innov Manag 13(4):466–480

Nayyar A (2019) Handbook of cloud computing: basic to advance research on the concepts and design of Cloud Computing. BPB Publications, New Dehli

Ng A (2019) Smartphone users are waiting longer before upgrading – here's why. CNBC.com. https://www.cnbc.com/2019/05/17/smartphone-users-are-waiting-longer-before-upgrading-heres-why.html. Zugegriffen am 07.04.2020

Nicolai A, Kieser A (2002) Trotz eklatanter Erfolglosigkeit: Die Erfolgsfaktorenforschung weiter auf Erfolgskurs. Die Betriebswirtschaft 62(2000):579–596

Norris KW (1963) The morphological approach to engineering design. In: Jones JC, Thornley DG (Hrsg) Conference on design methods. Pergamon, New York, S 115–140

NumericCitizen (2019) Current Apple products as of September 2019. NumericCizizen.me. https://numericcitizen.me/2019/09/15/current-apple-products-as-of-september-2019/. Zugegriffen am 08.04.2020

Olechowski A, Eppinger SD, Joglekar N (2015) Technology readiness levels at 40: a study of state-of-the-art use, challenges, and opportunities. In: Kocaoglu DF (Hrsg) Proceedings: management of the technology age. Portland international conference on management of engineering and technology (PICMET) 2015. PICMET, Portland, S 2084–2094

Olsen D (2015) The lean product playbook: how to innovate with minimum viable products and rapid customer feedback. Wiley, Hoboken

Osterwalder A, Pigneur Y (2010) Business model generation: a handbook for visionaries, game changers, and challengers. Wiley, Hoboken

Osterwalder A et al (2014) Value proposition design: how to create products and services customers want. Wiley, Hoboken

Paul A (2011) Hilti Flottenmanagement – Serviceinnovationen am Beispiel von Elektrowerkzeugen. In: Schweiger S, Dressel K, Pfeiffer B (Hrsg) Serviceinnovationen in Industrieunternehmen erfolgreich umsetzen. Gabler, Wiesbaden, S 105–122

Pichler R (2014) Agiles Produktmanagement mit Scrum: Erfolgreich als Product Owner arbeiten, 2. Aufl. dPunkt, Heidelberg

Pichler R (2016) Strategize: product strategy and product roadmap practices for the digital age. Pichler Consulting, Wendover

Pichler R (2020) How to lead in product management: practices to align stakeholders, guide development teams, and create value together. Pichler Consulting, Wendover

Pichler R (2022) Strategize: product strategy and product roadmap ractices for the digital age, 2. Aufl. Pichler Consulting, Wendover

PMI (2017) A guide to the project management body of knowledge, 6. Aufl. Newton Square, Project Management Institute

Poh M (2017) 5 key features to expect in future smartphones. Hongkiat.com. https://www.hongkiat.com/blog/future-smartphone-features/. Zugegriffen am 03.04.2020

Porter M (1985) Competitive advantage: creating and sustaining superior performance. Free Press, New York

POSpulse (2019) Was ist dir bei einem Smartphone wichtig? Statista.de. https://de.statista.com/statistik/daten/studie/1094111/umfrage/umfrage-zu-wichtigen-eigenschaften-features-eines-smartphones/. Zugegriffen am 03.04.2020

Rabetino R et al (2018) Structuring servitization-related research. Int J Oper Prod Manag 38(2):350–371

Raffee H, Abel B (1979) Wissenschaftstheoretische Grundfragen der Wirtschaftswissenschaften. Vahlen, München

Rahim ARA, Baksh MSN (2003) The need for a new product development framework for engineer-to-order products. Eur J Innov Manag 6(3):182–196

Reusch P, Günes M (2012) Qualität und Recht: Anforderungen, Pflichten. Haftungsrisiken, Symposion, Düsseldorf

Riel A et al (2012) Process and product innovation needs integrated engineering collaboration skills. J Softw Evol Process 24(5):551–560

Riemenschneider M (2006) Der Wert von Produktvielfalt: Wirkung großer Sortimente auf das Verhalten von Konsumenten. Deutscher Universitäts-Verlag, Wiesbaden

Rogers EM (1983) Diffusion of innovation, 3. Aufl. Free Press, New York

Rothwell R (1974) Factors for success in industrial innovation. J Gen Manag 2(2):57–65

Sager I (2012) Before IPhone and Android came Simon, the first smartphone. Bloomberg.com. https://www.bloomberg.com/news/articles/2012-06-29/before-iphone-and-android-came-simon-the-first-smartphone. Zugegriffen am 03.04.2020

Sattler M (2011) Excellence in innovation management: a meta-analytic review on the predictors of innovation performance. Gabler, Wiesbaden

Schiffel J (1994) Marktorientierte Unternehmensführung: Eine praxisbezogene Einführung. Gabler, Wiesbaden

Schmitt F (2015) Kennzahlen für den F&E Bereich nach dem Input-Process-Output-Outcome-Framework. Controller Magazin, Januar/Februar, S 38–40

Schumpeter J (1987) Theorie der wirtschaftlichen Entwicklung: eine Untersuchung über Unternehmergewinn, Kapital, Kredit, Zins und den Konjunkturzyklus, 7. Aufl. Duncker und Humblot, Berlin

Seissian LA, Gharios RT, Awad AB (2018) Structural and market-related factors impacting profitability: a cross sectional study of listed companies. Arab Econ Bus J 13(2):125–133

Shen B (2023) Competitive strategies for OTA services: adapting the strategic clock for Tesla. Highlights Bus Econ Manag 11(2023):26–32

Shiftphone (2020) Das #Lovephone. Shiftphones.com. https://www.shiftphones.com/. Zugegriffen am 07.04.2020

Sivasubramaniam N et al (2012) Determinants of new product development team performance: a meta-analytic eeview. J Prod Innov Manag 29(5):803–820

Smith D (2013) Power-by-the-hour: the role of technology in reshaping business strategy at Rolls-Royce. Technol Anal Strateg Manag 25(8):987–1007

Specht D, Behrens S (2008) Strategische Planung mit Roadmaps: Möglichkeiten für das Innovationsmanagement und die Personalbedarfsplanung. In: Möhrle MG, Isenmann R (Hrsg) Technologie-Roadmapping. VDI-Buch. Springer, Berlin, S 145–164

Sprong N et al (2021) Market innovation: a literature review and new research directions. J Bus Res 123(2021):450–462

StartMobile (2012) Die Meilensteine in der Geschichte der Handys und Mobilfunktelefone. StartMobile.net. http://www.startmobile.net/die-meilensteine-in-der-geschichte-der-handys-und-mobilfunktelefone/. Zugegriffen am 03.04.2020

Statista (2017) Welche Funktionen/Apps Ihres Smartphones nutzen Sie am häufigsten? Statista.de. https://de.statista.com/statistik/daten/studie/722248/umfrage/umfrage-zur-nutzung-von-smartphone-funktionen-nach-haeufigkeit-in-deutschland/. Zugegriffen am 03.04.2020

Storey C et al (2015) Success factors for service innovation: a meta-analysis. J Prod Innov Manag 33(5):527–548

TrendForce (2020) TrendForce presents comprehensive analysis of COVID-19 outbreak's impact on global High-Tech Industry. TrendForce.com. https://press.trendforce.com/node/view/3334.html. Zugegriffen am 03.04.2020

Ulrich P, Fluri E (1995) Management: eine konzentrierte Einführung, 7. Aufl. Haupt, Bern

Ulrich P, Hill W (1976) Wissenschaftstheoretische Grundlagen der Betriebswirtschaftslehre. Wirtschaftswissenschaftliches Studium 5(7/8):304–309

Vahs D, Brem A, Oswald C (2023) Innovationsmanagement: Von der Idee zur erfolgreichen Vermarktung, 6. Aufl. Schäffer-Poeschel, Stuttgart

Vaidos A (2017) Android Smartphones experience lower failure rates than iPhones, study reveals. Softpedia.com. https://news.softpedia.com/news/android-smartphones-experience-lower-failure-rates-than-iphones-study-reveals-515861.shtml. Zugegriffen am 03.04.2020

Van Wood R, Tandon S (1994) Key components in product management success (and failure): a model of product managers' job performance and job satisfaction in the turbulent 1990s and beyond. J Prod Brand Manag 3(1):19–38

Verona G (1999) A resource-based view of product development. Acad Manag Rev 24(1):132–143

Verworn B, Herstatt C (2000) Modelle des Innovationsprozesses, Working Paper, No. 6, Hamburg, University of Technology (TUHH), Institute for Technology and Innovation Management. http://nbn-resolving.de/urn:nbn:de:gbv:830-opus-1607. Zugegriffen am 08.03.2019

Wagenblatt T (2019) Software product management: finding the right balance for YourProduct Inc. Springer, Cham

Walla H S (2022) Global handset market operating profits grow 6% yoy in Q2 2022 despite declining revenues. CounterpointReserach.com. https://www.counterpointresearch.com/insights/global-handset-market-operating-profits-q2-2022/. Zugegriffen am 02.10.2023

Wanless W B (2009) The product manager's guide to pricing Booksurge, Charleston

Wannenwetsch H (2014) Integrierte Materialwirtschaft, Logistik und Beschaffung, 5. Aufl. Springer, Berlin

West J, Bogers M (2013) Leveraging external sources of innovation: a review of research on open innovation. J Prod Innov Manag 31(4):814–831

Wiebe A (Hrsg) (2022) Wettbewerbs- und Immaterialgüterrecht, 5. Aufl. Facultas, Wien

Wildemann H (2021) Technology Scouting: Leitfaden um Technologien frühzeitig zu erkennen und Innovationschancen zu nutzen, 3. Aufl. TCW, München

Wöhe G, Döring, U (2013) Einführung in die Allgemeine Betriebswirtschaftslehre, 25. Aufl. München, Vahlen

Wren BM, Souder WE, Berkowitz D (2000) Market orientation and new product development in global industrial firms. Ind Mark Manag 29(6):601–611

Zajonz M (2018) Warum es so schwierig ist, ein faires Handy zu bauen. Sueddeutsche.de. https://www.sueddeutsche.de/digital/fairphone-und-shift-warum-es-so-schwierig-ist-ein-faires-handy-zu-bauen-1.4099828. Zugegriffen am 13.04.2020

# 4 Wie werden Produkte erfolgreich auf den Markt gebracht?

**Lernziele dieses Kapitels**
- Prozessmodelle für die Gestaltung erfolgreicher Produkte kennen
- Methoden zur Entdeckung von Produkten überblicken
- Elemente der Spezifikation von Produkten verstehen
- Wesentliche Aufgaben zur Realisierung von Produkten kennen
- Aktivitäten zur Markteinführung von Produkten überblicken

## 4.1 Prozessmodelle für die Gestaltung erfolgreicher Produkte

In Abschn. 3.3 wurde bereits ausgeführt, dass ein entscheidender Hebel für die Gestaltung erfolgsreicher Produkte in der Institutionalisierung und Ausgestaltung des Produktmanagement-Prozesses gesehen wird. Dafür existieren im Innovations- und Produktmanagement zahlreiche Prozessmodelle (vgl. Verworn und Herstatt 2000; Ernst 2007, S. 424–429; Gaubinger et al. 2015, S. 27–37; Hofbauer und Sangl 2017, S. 339–342; Aumayr 2019, S. 261–265; Hauschildt et al. 2023, S. 133–164 Vahs et al. 2023, S. 193–206).

Hier werden zwei grobe Kategorien von Prozessmodellen unterschieden: Lineare und zyklische Prozessmodelle.

**Lineare Prozessmodelle**
Lineare Modelle zeichnen sich durch einen sequenziellen Verlauf von Phasen aus, die durch Prüftore voneinander abgegrenzt werden. Der erfolgreiche Output einer Phase und der Abschluss eines Prüftors bildet die Voraussetzung und den Input für den Start der nächsten Phase. Rekursionen in eine vorhergehende Phase sind in diesem Modell nicht vorgesehen (vgl. Verworn und Herstatt 2000, S. 3–6). Das bekannteste lineare Modell im Bereich des Produktmanagements, das hier exemplarisch als „Blaupause" für lineare Vorgehensmodelle im Produktmanagement erläutert werden soll, ist das „Stage-Gate-Modell" von Robert G. Cooper (Abb. 4.1).

Das Stage-Gate-Modell besteht, wie bereits der Name aussagt, aus Phasen von Aktivitäten („Stages"), die Ergebnisse hervorbringen, welche in den einzelnen Prüftoren („Gates") nach festgelegten Kriterien bewertet werden. Die Phasen und Prüftore markieren dabei den Weg der Neuproduktentwicklung von der Ideenfindung („Discovery") über erste Konkretisierungen („Scoping") und Business Cases („Business Case") bis hin zur Realisierung („Development"), zu den Tests („Tests and Validation") und zur Marktein-

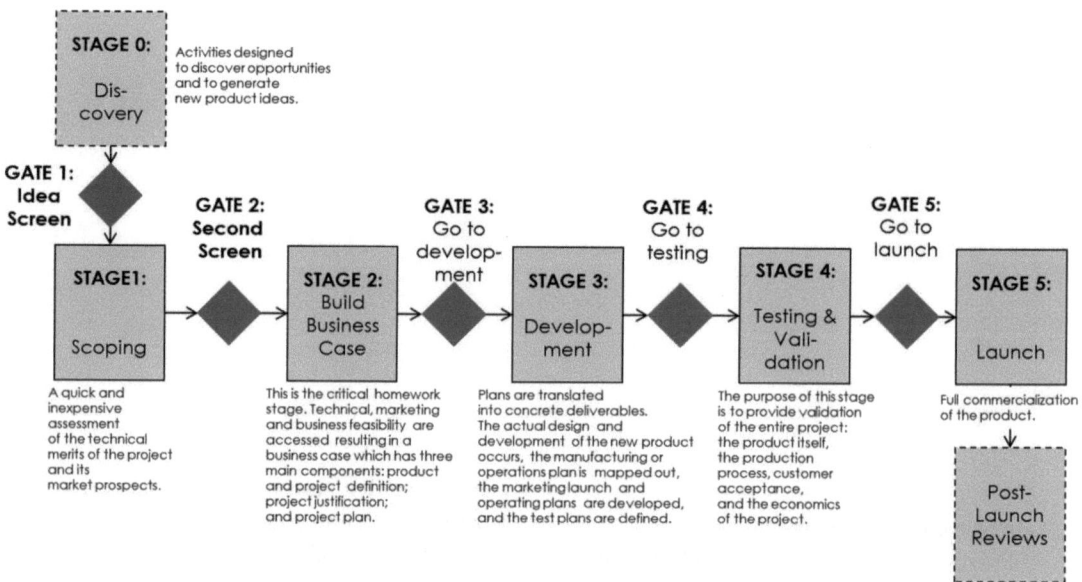

**Abb. 4.1** Das (lineare) Stage-Gate-Prozessmodell. (Vgl. Cooper 1990, 2017, S. 99–146)

führung („Launch"). Letztere sollte auch evaluiert werden („Post Launch Review").

Die Phasen und Gates bilden dabei zusammen eine Trichterfunktion, da sie die Funktion haben, eine Vielzahl von Produktideen im Laufe der Zeit auf wenige marktfähige, umsetzbare und profitable Produktkonzepte zu konzentrieren. Wesentliche Faktoren für diese Funktion sind die cross-funktionale Zusammenarbeit im Produktteam sowie klare und valide Entscheidungskriterien und -methoden an den Prüftoren für eine digitale „Go"- oder „Kill"-Entscheidung. Die vorgeschlagenen Prüfkriterien an den einzelnen „Gates" prüfen dabei die Marktfähigkeit („Product and Competitive Advantage", „Market Attractiveness"), die Umsetzbarkeit („Core Competencies Leverage", „Technical Feasibility") sowie die Profitabilität („Financial Reward versus Risk"). Darüber hinaus gehört auch die Passung zu den Strategien und zum Geschäftsmodell der Organisation („Strategic Fit and Importance") zu den wesentlichen Kriterien.

Das Stage-Gate-Modell ist insofern als Modell oder eine „Blaupause" zu interpretieren, als die Aufgabe für Organisationen darin besteht, die oben skizzierten Grundideen für die spezifischen Strukturen, Ressourcen und Produkte zu adaptieren. So können Phasen und Gates auch zusammengelegt, übersprungen oder ausgelassen werden (vgl. Cooper 2009, 2017, S. 147–183).

> **Beispiel**
>
> **Der Produktentwicklungsprozess bei Procter & Gamble**
>
> Der Produktentwicklungsprozess bei Procter & Gamble, genannt SIMPL („Successful Initiative Management and Product Launch") ist eine Adaption des Stage-Gate-Prozessmodells, bestehend aus fünf Phasen, die jeweils durch ein Prüftor abgeschlossen werden (vgl. Abb. 4.2).
>
> In diesem Produktentwicklungsprozess bestehen die Kernaufgaben in der frühen Erarbeitung und Prüfung der Marktfähigkeit von Ideen und Konzepten sowie in der Vorbereitung der Markteinführung. Diese Schwerpunkte können als typisch für das Management von „Fast-Moving-Consumer-Goods" (FMCG) angesehen werden (vgl. Abschn. 2.4). ◄

> **Beispiel**
>
> **Der Innovationsprozess bei IBM**
>
> Bei IBM verfolgen sogenannte „Value Creation Center" (VCC), bestehend aus IBM Mitarbeitern, Kunden und Partnern, das Ziel,

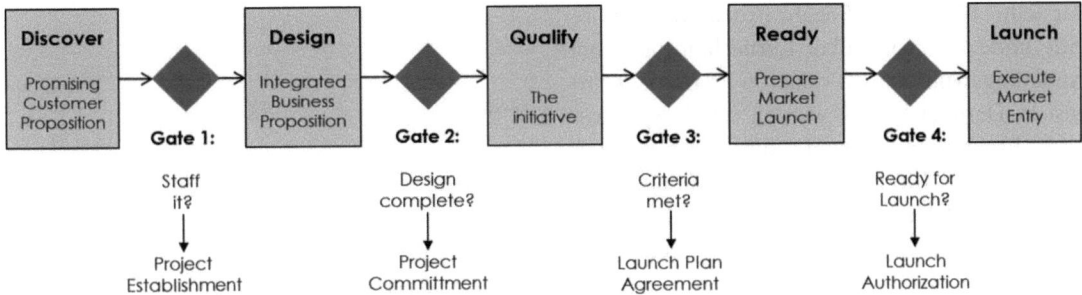

**Abb. 4.2** Der Produktentwicklungsprozess bei Procter & Gamble. (Vgl. Cooper und Mills 2005)

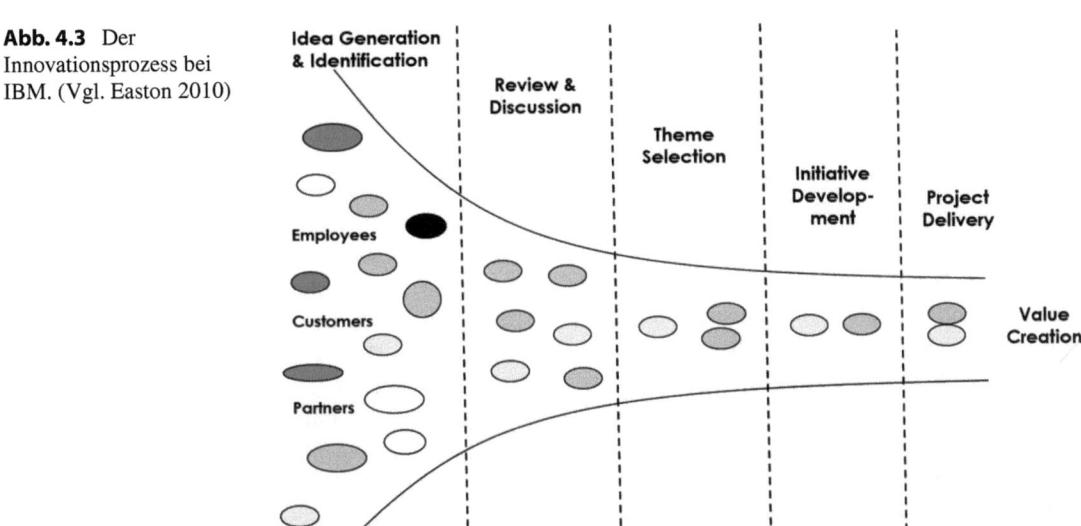

**Abb. 4.3** Der Innovationsprozess bei IBM. (Vgl. Easton 2010)

„Business Cases" für „Value Creation Initiatives" zu generieren, d. h. softwarebasierten Lösungen für Kundenprobleme. Dieser Innovationsprozess stellt ebenfalls eine Adaption des Stage-Gate-Modells mit fünf Phasen und Prüftoren dar (vgl. Abb. 4.3).

Zunächst werden Ideen generiert und diskutiert, die dann in einem zweiten Schritt evaluiert und selektiert werden. Die ausgewählten Themen werden anschließend zu Themenbereichen geclustert, in „Business Cases" spezifiziert und schließlich projektiert. ◄

Die Vorteile linearer Modelle wie dem Stage-Gate-Modell liegen erstens in der klaren und dauerhaften Strukturierung der Aktivitäten. Dadurch wird der vor allem in den Frühphasen oft chaotische Prozess der Neuproduktentwicklung übersichtlich und transparent. Durch den frühzeitigen Einbezug cross-funktionaler Funktionsbereiche werden zweitens Umsetzungsprobleme früh sicht- und bearbeitbar. Drittens werden Produktideen und -konzepte kontinuierlich im Prozess auf strategische Passung, Marktfähigkeit, Umsetzbarkeit und Profitabilität geprüft, was die Wahrscheinlichkeit von Misserfolgen am Markt deutlich reduziert.

Diesen Vorteilen stehen die Nachteile gegenüber, dass in linearen Modellen die Phasen relativ strikt abgegrenzt sind. Das erschwert die Arbeit in rekursiven Denk- und Handlungsschleifen („Trial-and-Error"), was gemäß den Erkenntnissen der Kognitionspsychologie das dominante Handlungsmuster in Problemlösungsprozessen darstellt.[1] Somit sind lineare Prozessmodelle relativ unflexibel gegenüber Lernerfahrungen und Änderungswünschen in späteren Phasen des Prozesses. Darüber hinaus werden relativ spät testbare Ergebnisse erzeugt, die diese Lernerfahrungen am Markt ermöglichen könnten (vgl. Verworn und Herstatt 2000, S. 3–6; Sethi und Iqbal 2008, Sommer et al. 2015; Vahs et al. 2023, S. 205 f.)

**Zyklische Prozessmodelle**
Die Nachteile linearer Prozessmodelle haben Vorschläge für zyklische Prozessmodelle motiviert. So wurde im „Manifest für agile Softwareentwicklung" (Beck et al. 2001) erklärt, dass der sequenziellen und langfristigen Planbarkeit von Neuproduktentwicklungen in der Praxis enge Grenzen gesetzt sind. Aus diesem Grund sollten Prozessmodelle für diesen Anwendungsfall eher die Form zyklischer und rekursiver Lernprozesse haben. Zusammengefasst lassen sich die Prinzipien zyklischer Vorgehensmodelle wie folgt zusammenfassen (vgl. Erne 2019a, S. 40–43):

- (statt der Fokussierung auf die Erstellung von Dokumenten …) … frühe und kontinuierliche Auslieferung prüfbarer Ergebnisse;
- (statt vertraglich detailliert geregelter Auftraggeber-Auftragnehmer-Beziehungen …) … frühe und kontinuierliche Integration von potenziellen Nutzern;
- (statt der Befolgung sequenzieller Phasenabfolgen …) … Offenheit für Lernprozesse und Änderungen durch kurzzyklische Iterationen;
- (statt streng formalisierten Zusammenarbeitsregelungen …) … enge, direkte und konzentrierte Zusammenarbeit im Team.

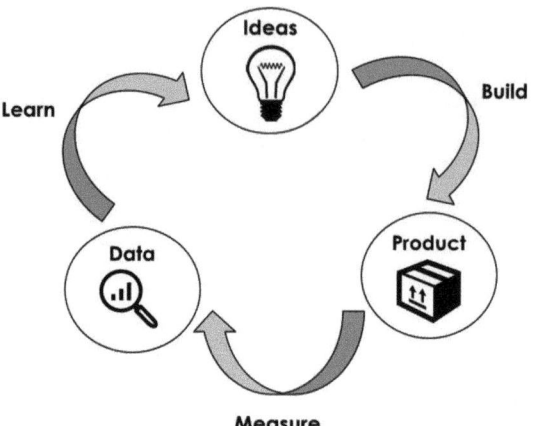

**Abb. 4.4** Das (zyklische) „Lean Startup"-Prozessmodell. (Vgl. Ries 2017)

Die Umsetzung dieser Prinzipien wurden in Vorgehensmodellen wie Scrum (Schwaber und Beedle 2002; Schwaber 2004; Schwaber und Sutherland 2012; Pichler 2014), Design Thinking (Brown 2009; Kelley und Littman 2001) sowie Lean Startup (Blank 2013; Ries 2017) operationalisiert. Auch für die zyklischen Modellen soll ein Vorgehensmodell als „Blaupause" exemplarisch erläutert werden: das „Lean Startup"-Modell (vgl. Abb. 4.4).

Das „Lean Startup"-Prozessmodell besteht im Kern aus kontinuierlichen Feedbackschleifen: Innerhalb einer solchen werden zunächst Produktideen („Ideas") erzeugt und dann schnell in einen Prototyp („Product") umgesetzt. Dieser Prototyp wird anschließend in einem experimentellen Setting mit potenziellen Nutzern getestet. Dieser Nutzertest erzeugt Lernergebnisse („Data"), welche die Basis für einen neuen Zyklus aus „Build" – „Measure" – „Learn" darstellen.

Wesentlich für die Funktionsfähigkeit des Lernzyklus ist ein Prototyp, der die wesentlichen Eigenschaften der Produktidee repräsentiert, sodass mit dessen Hilfe in der „Measure"-Phase ein Maximum an fundierten Lernerfahrungen erzeugt werden kann. Die Empfehlung ist, ein „Minimum Viable Product" (MVP) zu generieren, welches das Produkt auf den wesentlichen Nutzen reduziert („Minimum") und so ausgestaltet ist, dass zukünftige Kunden bzw. Nutzer eine

---
[1] So zeigen Untersuchungen zu kognitionspsychologischen Prozessen im Maschinenbau, in der Architektur und in der Softwareentwicklung, dass Entwicklungs- und Konstruktionsprozesse in den frühen Phasen in der Regel nicht sequenziell-hierarchisch ablaufen, sondern Vor- und Rücksprünge, iterative und assoziative Problem- und Zielklärungen aufweisen, die aus Gründen der kognitiven Ökonomie in dieser Phase zielführender sind als die Befolgung sequenziell-hierarchischer Modelle (vgl. Hacker 1999; Bender 2004).

## 4.1 Prozessmodelle für die Gestaltung erfolgreicher Produkte

Vorstellung von der Gebrauchstauglichkeit erhalten („Viable"). Für die „Measure"-Phase bedarf es klare Hypothesen über die Reaktion der Kunden bzw. Nutzer auf den Prototyp, die dann experimentell abgeprüft werden. Dies stellt die Basis für die „Learn"-Phase dar, in der dann Schlussfolgerungen für die Fortführung, Erweiterung, Verkleinerung, Neupositionierung oder das Verwerfen des erstellten „MVP" gezogen werden.

**Beispiel**

**Die zyklische Entstehung von „AirBnB" (vgl. Abb. 4.5)**

Das Produkt „Room Sharing", das den Kernnutzen von AirBnB darstellt, war kein Ergebnis eines linearen Stage Gate Prozesses. Die Idee entstand vielmehr 2007, als die zwei späteren AirBnB-Gründer, Brian Chesky und Joe Gebbia, von New York nach San Francisco zogen und dort zunächst nach Arbeit suchen mussten. Zu der Zeit fand in San Francisco die Konferenz der „Industrial Design Society of America" (IDSA) statt und alle Hotels waren ausgebucht. Daher kamen die beiden auf die Idee, Luftmatratzen in ihrem Wohnzimmer auszulegen und potenziellen Gästen ein Frühstück anzubieten, um ihr mageres Einkommen aufzubessern. Dieses Produkt wurde unter der schnell zusammengebauten Webseite „AirBedandBreakfast.com" angeboten. Sehr schnell fanden sich über diese Webseite drei zahlende Gäste, einen 30-jährigen Inder, eine 35-jährige Frau aus Boston sowie einen 45-jährigen Vater von vier Kinder, die für 80 US$ pro Person das private „Bed and Breakfast"-Angebot annahmen.

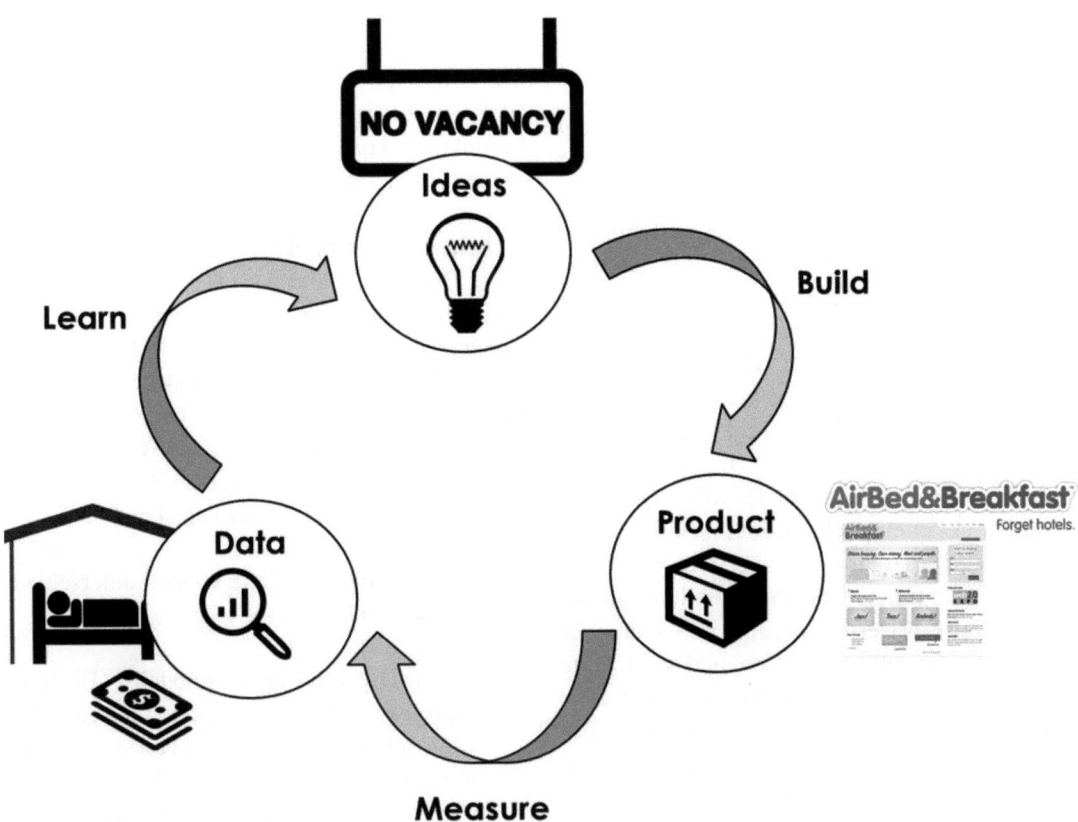

**Abb. 4.5** Die zyklische Entstehung von „AirBnB". (In Anlehnung an: Salter 2012; Merrick 2016; Aydin 2019)

Die validierte Lernerfahrung, dass „Room Sharing" via Web ein marktfähiges und ausbaubares Produkt sein könnte, brachte die Gründer auf die Idee, einen dritten ehemaligen WG-Mitbewohner, Nathan Blecharczyk, mit ins Boot zu nehmen, um eine professionellere Webseite aufzubauen. Damit starteten die drei 2008 als „AirBnB". Durch zahlreiche Rückschläge und neue Lernerfahrungen, sowie durch die Gewinnung von Investoren für ihr Vorhaben, wuchs die Produktidee von drei Übernachtungen 2007 auf 500 Mio. Übernachtungen in mehr als 220 Ländern. (vgl. AirBnB 2020).

Hieran zeigt sich, wie sich Produkte über den Weg einer Idee, die in ein „Minimal Viable Product" umgesetzt und dann am Markt getestet wird, entwickeln können. Das Testergebnis „zahlende Kunden" ist in diesem Fall wesentlich valider als das Testergebnis „Kunden, die diese Idee als gut bewerten". ◄

**Beispiel**

**Die zyklische Entstehung von „Dropbox" (vgl. Abb. 4.6)**

Die Idee für Dropbox kam Drew Houston, dem heutigen CEO, auf einer Busfahrt von Boston nach New York im Jahr 2007. Houston wollte die Busfahrt zur Arbeit nutzen, doch er realisierte, dass er seinen USB-Stick vergessen hatte, auf dem Daten gespeichert waren. Also wollte er eine Lösung finden, um Daten über unterschiedliche Plattformen und Betriebssystemen hinweg zu teilen. Diese Aufgabe erforderte profundes Know-how, wodurch es unmöglich wurde, schnell einen präsentierbaren Prototyp zu erstellen.

Deshalb testete Houston seine Idee auf andere Weise: Er erstellte ein 3 min Video der ersten rudimentären Version und publizierte diese auf „Digg", einer Technologie-Webseite, um zu erfahren, ob plattformübergreifendes Teilen von Dateien ein Problem war, das mehrere Anwender hatten. Die Zahl der Besteller der Beta-Version stieg über Nacht von 5000 auf 75.000 Personen an. Damit war die Hypothese validiert, dass Dropbox ein Problem löste, das Nutzer hatten. Diese Lernerfahrung motivierte Houston, die Beta-Version zu entwickeln und, in der Folge, die Marktfähigkeit des Produkts auszubauen (vgl. Abb. 4.6).

Innerhalb von 7 Monaten fand das Produkt 1 Mio. Nutzer und wurde dann mit weiteren Funktionen, wie Zusammenarbeitsunterstützung, Integration in Microsoft Office, automatischem Hochladen von Smartphone-Fotos usw. ausgestattet. ◄

Die Vorteile zyklischer Modelle kompensieren somit die meisten Nachteile linearer Modelle: Es werden früh präsentierbare Ergebnisse erzeugt, die als „Testvehikel" am Markt verwendet werden können, um Nutzer-Feedback zu erhalten. Die kurzzyklischen Rückmeldeschleifen können dazu verwendet werden, um die initiale Produktidee in Richtung Marktfähigkeit weiterzuentwickeln. Dabei darf nicht übersehen werden, dass zyklische Prozessmodelle Prototypen generieren, deren Marktfähigkeit gut validiert ist. Meist besteht von dort aus noch ein längerer Weg, um zu einem umsetzbaren und profitablen Produkt zu kommen, das auf dem Markt eingeführt werden kann.

**Hybride Prozessmodelle**

Diese Erkenntnis führt zur Idee von kombinierten oder „hybriden" Prozessmodellen im Produktmanagement, in denen die Vorteile linearer Modelle mit denen zyklischer Modelle kombiniert werden. Dies wurde in der Zwischenzeit auch für das Stage-Gate-Modell umgesetzt (Cooper 2014, 2017, S. 184–224; Özcan und Drescher 2016; Conforto und Amaral 2016; Garzaniti et al. 2020).

Hybride Prozessmodelle können unterschiedliches bedeuten (vgl. Abb. 4.7):

- Parallele hybride Prozessmodelle: Einzelne Teilprojekte oder Arbeitspakete können parallel mit unterschiedlichen Vorgehensmodellen durchgeführt werden. So kann beispielsweise ein Produkt aus unterschiedlichen Komponenten, wie z. B. Gehäuse, Leiterplatte und Software-Komponenten, bestehen, die im

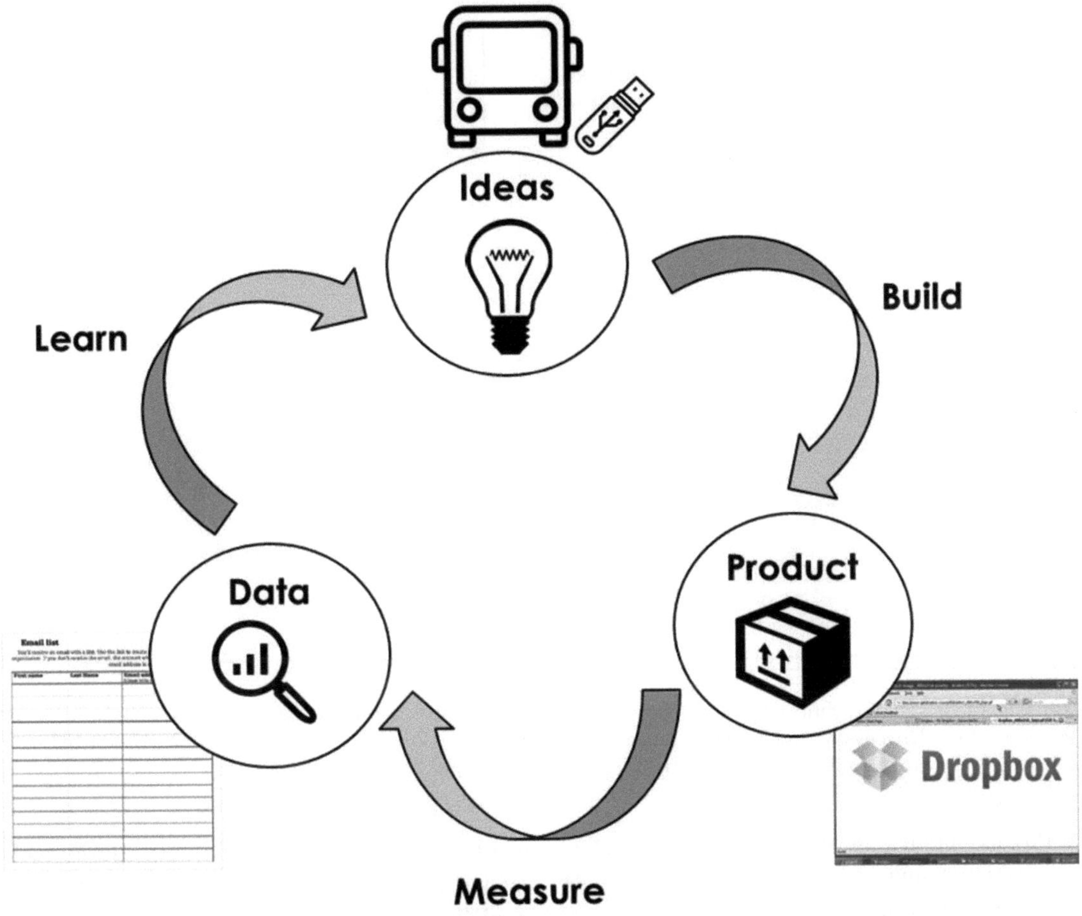

4.1 Prozessmodelle für die Gestaltung erfolgreicher Produkte

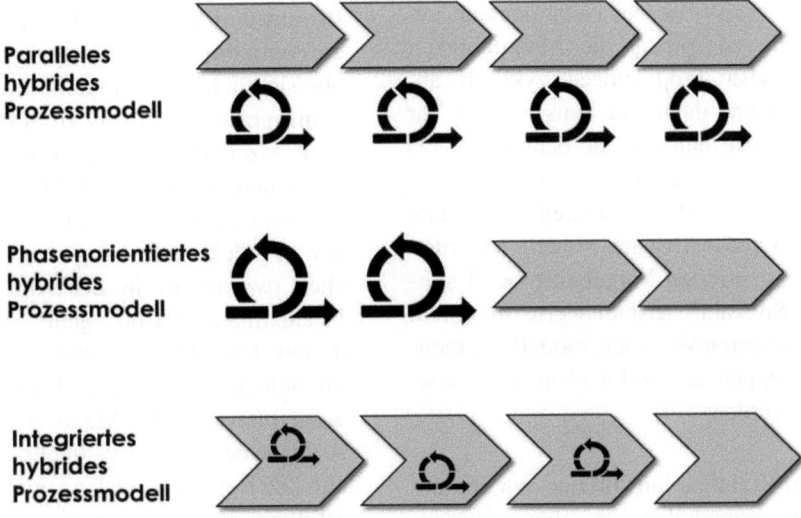

**Abb. 4.6** Die zyklische Entstehung von „Dropbox". (In Anlehnung an: Contributor 2011; Barret 2011; Merrick 2016; Bernard 2018)

**Abb. 4.7** Varianten von hybriden Prozessmodellen. (In Anlehnung an: Hüsselmann 2021, S. 51 f.)

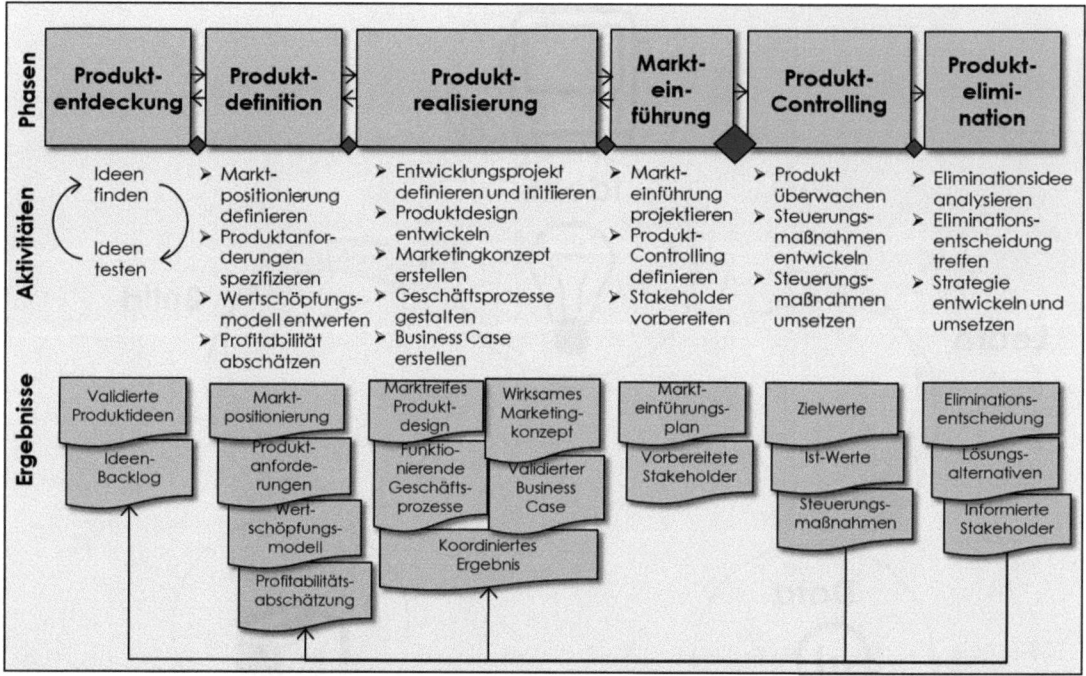

**Abb. 4.8** Modell eines „hybriden" Produktmanagement-Prozesses. (In Anlehnung an Geracie and Eppinger 2013, S. 113–121; Crawford und Di Benedetto 2021, S. 29–42; Haines 2014, S. 21–25; Gaubinger et al. 2015, S. 35–38; Steinhardt 2017, S. 83 f.; Matys 2022, S. 148–162; Aumayr 2019, S. 262–280)

Produktentwicklungsprojekt als Teilprojekte organisiert sind und jeweils parallel entweder linear oder zyklisch abgewickelt werden.

- Phasenorientierte hybride Prozessmodelle: Ein Projekt kann auch phasenweise mit unterschiedlichen Vorgehensmodellen abgewickelt werden. Dies ist beispielsweise bei Neuprodukten gegeben, wenn zu Anfang die Marktfähigkeit unterschiedlicher Produktideen zyklisch abgeprüft wird und dann eine Entscheidung für eine Produktidee fällt, welche dann linear bis zur Markteinführung entwickelt wird.
- Integrierte hybride Prozessmodelle: Elemente aus linearen und zyklischen Modellen werden zu einem integrierten Vorgehensmodell synthetisiert. So kann beispielsweise in einem insgesamt linearen Vorgehensmodell mit mehreren Prototypen und zyklischen Markttests gearbeitet werden.

Der Idee einer Kombination von linearen und zyklischen Prozessmodellen in einer phasenorientierten Konfiguration soll auch hier gefolgt werden. Entsprechend wird – auf Basis zahlreicher vorangegangener Vorschläge für Prozessmodelle zum Produktmanagement – folgendes Modell eines hybriden Produktmanagement-Prozesses zugrunde gelegt (vgl. Abb. 4.8):

- **Produktentdeckung:** Die erste Phase wird aufgrund ihres meist wenig strukturierten und übersichtlichen Charakters im Innovationsmanagement als „fuzzy front end of innovation" bezeichnet (vgl. Chang et al. 2008; Gassmann und Schweitzer 2014; Vollmann 2018; Koen et al. 2002). Der hier verwendete Begriff der „Produktentdeckung" soll deutlich machen, worum es in der Anfangsphase des Produktmanagements geht: Es geht nicht darum, Produkte zu „erfinden" und sie dann mit hohem Marketing- und Vertriebsdruck gewissermaßen in den Markt zu „pressen". Die Aufgabe besteht hier vielmehr darin, Produkte auf der Basis von bislang nicht ausreichend erfüllten Kundenbedürfnisse zu entdecken (vgl. Cagan 2018, S. 26–30; Torres 2021).

- Zu diesem Zweck müssen erstens Ideen für die Erfüllung von Kundenbedürfnissen generiert und zweitens bewertet und selektiert werden. Diese Phase eignet sich deshalb hervorragend für zyklische Vorgehensmodelle, die auf schnelle Lernerfahrungen und Verbesserungen im Hinblick auf Marktfähigkeit abzielen. Die Phase der Produktentdeckung endet mit einem Prüftor, in dem nach Maßgabe des Stage-Gate-Modells nicht strategisch passende, nicht markttaugliche, unrealisierbare und/oder unprofitable Ideen selektiert werden. Dadurch kann sich der Spezifikationsaufwand in der nächsten Phase auf wenige, vielversprechende Produktideen konzentrieren.
- **Produktspezifikation:** Die zweite Phase hat den Zweck, die in der ersten Phase selektierten Produktideen im Hinblick auf Marktfähigkeit, Umsetzbarkeit und Profitabilität (präziser) zu spezifizieren. Wenn der Selektionsprozess der Produktideen im ersten Gate wirksam ist, stehen hier nur noch wenige konkurrierende Produktideen zur Auswahl. Diese Situation erlaubt es, zunächst die Marktpositionierung zu definieren, welche die „Leitplanken" für die weiteren Spezifikationen bildet. Denn auf dieser Basis können die Produktanforderungen für die Entwicklung formuliert werden. Ferner kann ein Wertschöpfungsmodell entworfen werden, durch das die Leistungsversprechen der Marktpositionierung umgesetzt werden. Schließlich können auch die Profitabilitätserwartungen aus Unternehmenssicht definiert werden. Diese vier Festlegungen spezifizieren gemeinsam das Produkt. Da sie eng zusammenhängen, ist diese Phase sowohl auf gut koordinierte Projektarbeit als auch auf Unterstützung von Promotoren aus dem oberen Management in besonderem Maße angewiesen (vgl. Gemünden und Hölzle 2005; Felekoglu und Moultrie 2013; Hauschildt et al. 2023, S. 165–182). Diese Anforderungen legen insgesamt ein lineares Vorgehensmodell nahe, auch wenn einzelne Teilaktivitäten in einem hybriden, parallelen Prozess abgearbeitet werden können.
- **Produktrealisierung:** Die dritte Phase verfolgt den Zweck, die vier Elemente, die in der Produktspezifikation festgelegt worden sind, in ein produzier- oder direkt vermarktbares Produkt umzusetzen. Dazu ist zunächst ein Projekt zu definieren und zu initiieren, welches die vier parallelen Entwicklungsstränge plant, koordiniert und zu einem synchronisierten Ergebnis führt (vgl. Haines 2014, S. 447–480 Trott 2017, S. 342–377). Diese vier Entwicklungsstränge sind:
  - die technische Produktentwicklung, innerhalb derer die Produktanforderungen in ein Produktdesign umzusetzen sind;
  - die Marketingplanung, in welcher die Marktpositionierung in ein Marketingkonzept transformiert wird;
  - die Prozessentwicklung, in der das Wertschöpfungsmodell in funktionierende Geschäftsprozesse transformiert wird;
  - die Finanzplanung, in welchem die anfängliche Profitabilitätsfestlegung zu validen Business Cases entwickelt wird.

  Auch diese Phase erfordert in ihrer Gesamtheit einen stringenten, linearen Prozessmodus. Doch auch hier existieren Möglichkeiten, einzelne Teilaktivitäten (z. B. Softwareentwicklung, Marketingkonzept, Prozessentwicklung) in parallelen, zyklischen Vorgehensmodellen zu erarbeiten.
- **Markteinführung**: Mit der vierten Phase soll dafür gesorgt werden, dass das spezifizierte und entwickelte Produkt möglichst reibungsfrei in den Markt eingeführt wird, damit die Investitionsausgaben zügig durch Umsatzrückflüsse gedeckt werden können. Dafür muss erstens sichergestellt sein, dass ein marktfähiges, umsetzbares und potenziell profitables Produkt für den Markt bereitsteht. Erfolgreich abgeschlossene Produkt- und Markttests, ein konsistentes Marketing-Konzept, funktionierende Geschäftsprozesse sowie unterschiedliche plausible Business Cases sind dafür gute Indikatoren. Zweitens sind die externen und internen Stakeholder für die Markteinführung vorzubereiten, insbesondere Marketing-, Service und Vertriebs-

funktionen, Vertriebskanäle sowie die anvisierten Kundengruppen. Drittens empfiehlt es sich, das Produkt-Controlling in dieser Phase zu definieren, damit der Markterfolg des Produkts ohne Friktionen mess- und steuerbar ist. Diese Aufgaben legen ein lineares Vorgehensmodell mit einem Fokus auf kommunikative Aktivitäten sowie situative Problemlösungsarbeit nahe (vgl. Kuhn 2007, S. 11–23: Haines 2014, S. 482–484; LeBlanc 2018, S. 1–5).

- **Produkt-Controlling:** In der „Downstream-Phase" nach der Markteinführung (Gorchels 2011, S. 243–325) bestehen die Schwerpunkte der Aktivitäten in der Erhebung von Informationen über die Entwicklung des Produktes am Markt, in der Beurteilung dieser Informationen sowie in der Initiierung von zielgerichteten Steuerungsmaßnahmen für den Fall, dass sich das Produkt nicht wie erwartet am Markt entwickelt (vgl. Tomczak et al. 2007; Haines 2014, S. 485–520; Hofbauer und Sangl 2017, S. 510–530; Jacobs 2019, S. 102–126). Während die Erhebung und Analyse von Produkt- und Marktinformationen idealerweise linear und mit hohem Automatisierungsgrad abläuft, kann die Identifikation und Umsetzung von Steuerungsmaßnahmen in linearen und/oder zyklischen Vorgehensmodellen erfolgen.
- **Produktelimination:** Ein bislang wenig beleuchtetes Thema ist dasjenige der Elimination von Produkten. Das Schattendasein dieses Themas lässt sich einerseits dadurch erklären, dass die Beschäftigung mit Rückgang und Abkündigung auf keine Tradition und Motivation in den Wirtschaftswissenschaften trifft. Andererseits ist auch in der unternehmerischen Praxis die Tendenz beobachtbar, dass die Abkündigung von Produkten auf Widerstände stößt. Beide Beobachtungen stellen Gründe dar, den Prozess der Produktelimination zu thematisieren und zu rationalisieren. Hierzu sind Eliminationsimpulse aus dem Produkt-Controlling zunächst zu analysieren, auf dieser Basis ist dann eine Eliminationsentscheidung zu treffen und diese – im positiven Fall – durch eine Eliminations- und Kommunikationsstrategie umzusetzen. Der letzte Aspekt betont die Notwendigkeit, die Sichtweise des Kunden auf Eliminationsentscheidungen nicht zu vernachlässigen (vgl. Meffert et al. 2015, S. 425–428; Cowley 2017).

Es dürfte anhand der knappen Ausführungen deutlich geworden sein, dass die skizzierten Phasen des Produktmanagement-Prozesses jeweils sehr verschiedene Anforderungen an deren Management stellen. Diese werden in Tab. 4.1) nochmals zusammenfassend dargestellt.

Der hier vorgeschlagene Produktmanagement-Prozess soll – analog zum Stage-Gate-Modell und zum Lean Startup-Modell – als typologische „Blaupause" bzw. als „Modell" verstanden werden, der die grundsätzlichen Produktmanagement-

**Tab. 4.1** Managementerfordernisse im Produktmanagement-Prozess. (In Anlehnung an Geschka 1989, S. 65–67; Vahs et al. 2023, S. 193–195)

| Phasen | Managementerfordernisse | Organisatorische Gestaltungsform |
|---|---|---|
| **Produktentdeckung** | Offenheit<br>Kreativität<br>Lernfähigkeit | Zyklische Vorgehensweisen<br>Teamarbeit<br>Einbindung von externen Stakeholdern |
| **Produktspezifikation<br>Produktrealisierung** | Konzentration auf Projektziele<br>Durchsetzungsfähigkeit<br>Schnelligkeit und Effizienz | Klassische Projektarbeit<br>Machtpromotor |
| **Markteinführung** | Kommunikation mit Stakeholdern<br>Auseinandersetzung mit aktuellen Situationen<br>Schnelle Aktionsfähigkeit | Klassische Projektarbeit<br>Task Force Arbeit |
| **Produkt-Controlling** | Prozessabläufe Analyse- und Beurteilungsfähigkeit Umsetzungsorientierung | Prozessarbeit Klassische oder agile Projektarbeit |
| **Produktelimination** | Entscheidungsfähigkeit Kommunikation mit Stakeholdern Durchsetzungsfähigkeit | Klassische Projektarbeit |

## 4.1 Prozessmodelle für die Gestaltung erfolgreicher Produkte

Aufgaben verortet. Er kann entweder als Projektablauf oder – für innovationsintensive Unternehmen – als institutionalisierter Prozess in Unternehmen verankert werden. In beiden Fällen muss das Prozessmodell im Hinblick auf die jeweiligen Anforderungen der Branche, des Unternehmens und des im Fokus stehenden Produkts adaptiert werden. Dies zeigt beispielsweise auch der hybride Neuproduktentwicklungs-Prozess bei Apple Inc.

**Beispiel**

**Design und New Product Process bei Apple (vgl. Abb. 4.9)**

Soweit der Design- und Produktentwicklungs-Prozess bei Apple Inc. rekonstruiert werden kann, startet die Neuproduktentwicklung mit einer Produktentdeckungsphase, in der Senior Manager ihre Anforderungen an ein Neuprodukt in Form eines „Creative Briefs" formulieren und erste Produktideen mit einem Design-Team diskutiert werden.

In der daran anschließenden Phase wird ein streng separiertes „Product Start-Up"-Team gebildet, das die Aufgabe hat, Prototypen zu bauen. Der Bau und die Selektion der Prototypen folgt dem Schema 10-3-1: Zehn Prototypen werden entwickelt, davon drei in die engere Auswahl genommen, wovon ein Prototyp in die Weiterentwicklung kommt. Dieser Prozessabschnitt funktioniert naturgemäß iterativ in längeren zyklischen Suchphasen.

Ist der Prototyp ausgewählt, startet die Realisierungsphase nach dem „Apple New Product Process (ANPP)", der durch die beiden Rollen „Engineering Product Manager" (EPM) und „Global Supply Manager" (GSM) gesteuert wird. Die Verantwortung der ersten Rolle liegt in der Steuerung der Entwicklungsarbeit, während die zweite Rolle für die Produktionsplanung in den Partnerunternehmen in China zuständig ist. Beide Elemente – die Produkt- und die Produktionsprozessentwicklung – werden periodisch

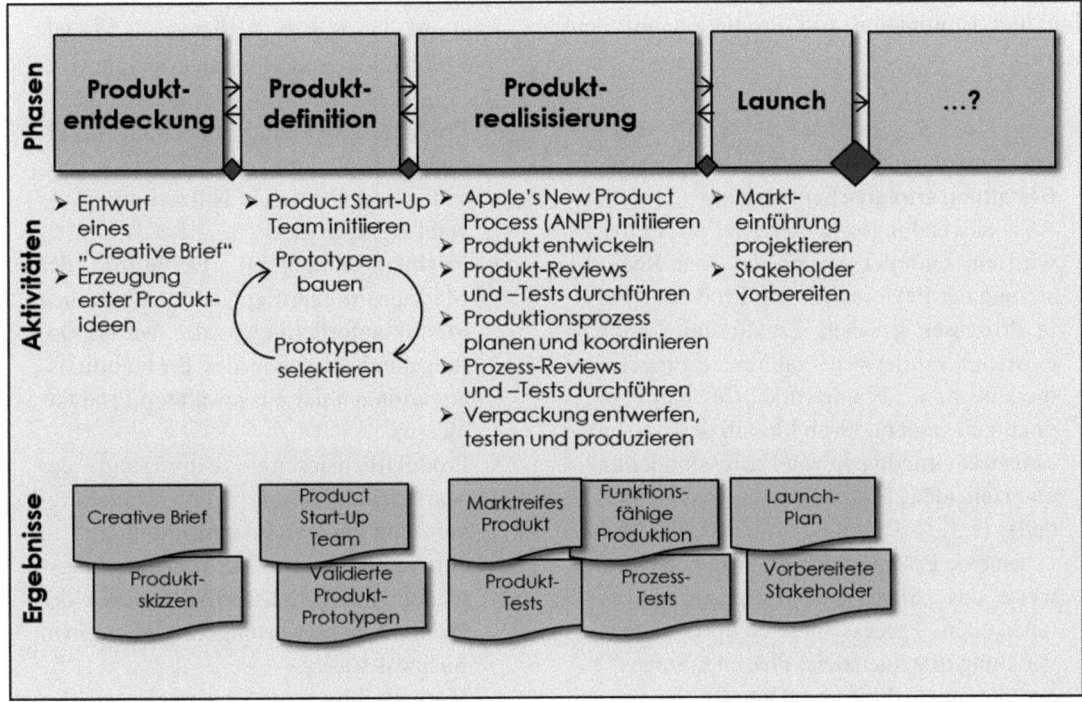

**Abb. 4.9** Design und New Product Process bei Apple. (In Anlehnung an: Lashinsky 2012, Chen und Richtel 2014, Elmansky 2014)

durch Reviews und Tests überprüft. Ferner wird auch noch die Produktverpackung entworfen, getestet und produziert. Der gesamte Prozess der Produktrealisierung wird abschließend einem Review unterzogen, bewertet und „Lessons Learned" für das Folgeprodukt festgehalten.

In dem dargestellten Prozess wurden nur Entwicklungs- und Produktionsprozess-Aspekte berücksichtigt und Themen der Profitabilitätssicherung sowie weiterer Prozessentwicklungen (Logistik-, Distributions- und Serviceprozess) außer Acht gelassen. Ebenso bleibt die Phase der Markteinführung sowie des Produkt-Controllings unberücksichtigt. ◄

Die Aufgaben und Methoden des Produktmanagements sollen – entlang der Phasen des hier vorgeschlagenen Modellprozesses – in den folgenden Kapiteln näher erläutert werden. Dabei liegt der Fokus in Kap. 4 auf dem „Upstream Product Management" (von der Produktentdeckung bis zur Markteinführung) und in Kap. 5 auf dem „Downstream Product Management" (Controlling und Elimination von Produkten auf dem Markt).

> **Zusammenfassung: Prozessmodelle für die Gestaltung erfolgreicher Produkte**
> Aus anwendungsorientierter Perspektive wird ein zentraler Ansatzpunkt zur Realisierung der Faktoren für den Produkterfolg in Prozessen gesehen. Zu diesem Zweck existieren mittlerweile zahlreiche Prozessmodelle bzw. „Frameworks" für das Produktmanagement. Grob klassifiziert lassen sich zwei Grundtypen von Prozessmodellen unterscheiden: Lineare und zyklische Modelle.
> Lineare Prozessmodelle – wie beispielsweise das „Stage-Gate"-Prozessmodell – teilen den Prozess der Neuproduktentwicklung in sequenzielle Phasen („Stages") ein, die durch Prüftore („Gates") klar voneinander abgegrenzt sind. Das jeweilige Prüftor muss erfolgreich durchlaufen sein, um in die nächste Phase zu gelangen. So entsteht ein Trichterprozess, durch den aus vielen Produktideen wenige, marktfähige, umsetzbare und profitable Produkte entstehen sollen.
> Zyklische Prozessmodelle – wie beispielsweise das „Lean Startup"-Modell – konzipieren dagegen den Neuproduktentwicklungsprozess als iterative Schleifen aus „Produktidee entwickeln" – „Prototyp bauen" und „Prototyp mit potenziellen Nutzern testen". Das Nutzerfeedback stellt dann die Basis für den nächsten Zyklus dar. Aus diesem Grund erstreckt sich die Planung lediglich „auf Sicht" von einem Zyklus zum nächsten.
> Beide Vorgehensmodelle haben für das Produktmanagement Vor- und Nachteile, was zu hybriden Prozessmodellen führt, in der beispielsweise einige Phasen zyklisch und andere linear abgearbeitet werden. Ein solcher Produktmanagement-Prozess wird hier vorgeschlagen. Dabei werden – basierend auf den bisher existierenden Modellen – folgende grobe Phasen konzipiert:
>
> - Produktentdeckung: Entdeckung marktfähiger Produktideen über Prototypentests mit potenziellen Nutzern und Auswahl weniger Ideen.
> - Produktspezifikation: Definition der Marktpositionierung, der technischen Produktanforderungen, des Wertschöpfungsmodells sowie der Profitabilitätserwartungen der ausgewählten Produktidee(n).
> - Produktrealisierung: Umsetzung der Marktpositionierung in ein Marketingkonzept, der Produktanforderungen in ein Produktdesign, des Wertschöpfungsmodells in Geschäftsprozesse sowie der Profitabilitätserwartungen in einen Business Case.
> - Markteinführung: Sicherstellung des erfolgreichen Abschlusses aller Spezifi-

kations- und Realisierungsaufgaben, Vorbereitung der internen und externen Stakeholder und Definition des Produkt-Controllings.
- Produkt-Controlling: Erhebung von Informationen über das Produkt auf dem Markt, Beurteilung und Analyse dieser Informationen sowie Initiierung von Steuerungsmaßnahmen.
- Produktelimination: Entscheidung über die Produktabkündigung und Kommunikation dieser Entscheidung an alle relevanten internen und externen Stakeholder.

Diese Phasen verorten die wesentlichen Aufgaben des Produktmanagements in einem idealtypischen Prozessmodell und dienen daher als Leitfaden für die Darstellung der Aufgaben und Methoden des Produktmanagements in den folgenden Abschnitten.

## 4.2 Entdeckung von Produkten

Eine erste Aufgabe von Produktmanagerinnen besteht darin, marktfähige, umsetzbare und profitable Produkte zu entdecken. Diese Aufgabe wird zunehmend schwieriger, wenn in Käufermärkten die Anzahl an Angeboten diejenige der Nachfrage übersteigt. Gerade in dieser Situation kommt der Produktentdeckung eine besondere Bedeutung zu.

Die Aufgabe der Entdeckung von Produkten lässt sich in zwei zentrale Unteraufgaben differenzieren:

1. Wie können Produktideen gewonnen werden?
2. Wie können Produktideen selektiert werden?

Diese beiden Fragen spiegeln die grundsätzlichen Phasen eines offenen Problemlösungsprozesses wider, bestehend aus der (divergent ausgerichteten) Problemdefinition und Ideensuche sowie der (konvergent ausgerichteten) Ideenauswahl und Entscheidung (Geschka 2006, S. 220; Landes und Steiner 2022, S. 259 f.). Sie sollen im Folgenden nacheinander erläutert und Lösungsansätze aufgezeigt werden.

**Gewinnung von Produktideen**

Im Hinblick auf die Gewinnung von Produktideen wird in Monografien zum Innovations- und Produktmanagement häufig auf Kreativitätstechniken hingewiesen, deren Zahl in den letzten siebzig Jahren schier unübersehbar geworden ist (vgl. Pepels 2012; Traut-Mattausch und Kerschreiter 2012; Disselkamp 2012, S. 99–119; Brem und Brem 2019; Rustler 2023; Vahs et al. 2023, S. 316–383).

Dabei ist erstens bemerkenswert, dass sich bestimmte Techniken wie beispielsweise Brainstorming in der Praxis verbreiten, obwohl kognitions- und sozialpsychologische Studien wiederholt zum Ergebnis gekommen sind, dass Brainstorming-Gruppen quantitativ weniger und qualitativ schlechtere Ergebnisse produzieren als Einzelpersonen, die mit derselben Aufgabe konfrontiert sind (Furnham 2000; Stroebe und Nijstad 2004). Zweitens dominiert die Ansicht, dass die Generierung einer Vielzahl von Ideen von Vorteil ist. Gegen diese Position legt der Effizienzgedanke nahe, dass bereits bei der Erzeugung von Ideen eine Vorselektion in Richtung Marktfähigkeit, Umsetzbarkeit und Profitabilität eingebaut sein sollte, damit die Anzahl an erzeugten Produktideen in einem vorgefilterten und bearbeitbaren Rahmen gehalten wird. Drittens geht es bei der Findung von Produktideen im Kern um die Erfüllung von Bedürfnissen von bzw. um Problemlösungen für Kunden. Diese nicht nur zu kennen, sondern zu verstehen, stellt daher eine notwendige Voraussetzung dar, die viele isolierte Ideenfindungstechniken nicht vorsehen.

Aus diesen Gründen sollen hier Ideenfindungsmethoden in den Fokus genommen werden, die erstens qualitative Filterfunktionen und zweitens eine gewissen Kunden- und Marktkenntnis bereits eingebaut haben. In Abb. 4.10 sind diese Methoden nach den zwei wesentlichen Entscheidungskriterien klassifiziert: Nach der voraussichtlichen Güte der Ideen im Hinblick auf

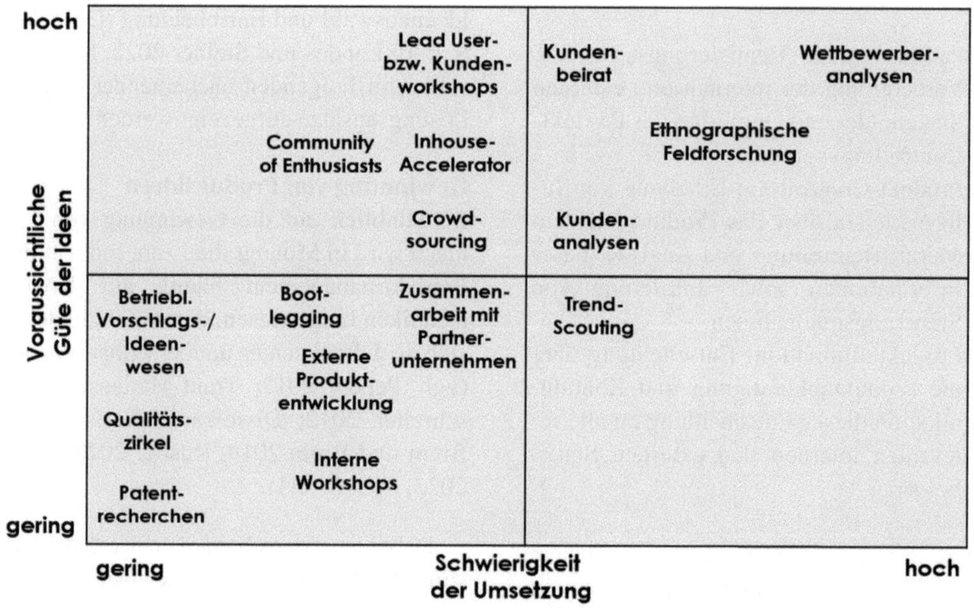

**Abb. 4.10** Methoden der Ideenfindung. (In Anlehnung an: Cooper und Edgett 2007, Cooper und Edgett 2008; Pepels 2012; Großklaus 2014, S. 95–165; Votteler 2015; Vahs et al. 2023, S. 316–383; Franken und Franken 2023, S. 367–402)

Marktfähigkeit, Umsetzbarkeit und Profitabilität sowie nach der Schwierigkeit der Umsetzung im Hinblick auf Aufwand und Teilnehmergewinnung:

Die Klassifizierung der Methoden macht deutlich, dass leicht umsetzbare Methoden in der Regel weniger gute Produktideen hervorbringen als schwieriger umsetzbare. Das gilt beispielsweise für traditionelle Methoden wie den seit den 1960er-Jahren populären Patentrecherchen (Abbas et al. 2014), Qualitätszirkel (Intalar et al. 2018), internen Ideenworkshops (Brem und Brem 2019, S. 209–228) oder Systemen des betrieblichen Vorschlagswesens (Thom 2003). Ihnen allen ist gemeinsam, dass sie durch die Konzentration auf unternehmensinterne Ressourcen und Prozesse mit relativ geringen Barrieren realisierbar sind. Dieser Vorteil ist jedoch gleichzeitig ihr Nachteil, da weitgehend auf externe Wissensträger verzichtet wird.

> **Beispiel**
>
> **Amazon Prime als Ergebnis des betrieblichen Vorschlagswesens bei Amazon.com (vgl. Moore** 2023**)**
>
> Amazon Prime begann mit einer Idee des Ingenieurs Charles Ward, die er über das digitale betriebliche Vorschlagswesen bei Amazon einreichte.
>
> Zu der Zeit bot Amazon seinen Kunden einen kostenfreien Warenversand ab einer Kaufsumme von § 25,- an, der jedoch auch eine längere Lieferzeit beinhaltete. Ward glaubte, dass einige Kunde auch bereit wären, mehr zu bezahlen und dann öfters bei Amazon bestellten, wenn sie einem Kundenclub beitreten könnten, innerhalb dessen eine schnelle Lieferung garantiert wird.
>
> Amazon CEO Jeff Bezos prüfte die „Amazon Suggestion Box" und wurde auf Wards Vorschlag aufmerksam. Er setzte sich dann im November 2004 mit einer Gruppe von Amazon-Managern in seinem Bootshaus in Medina zusammen und bat sie, einen konkreten Vorschlag zur Umsetzung dieser Idee bis Ende Januar zu erarbeiten. Um diese Aufgabe in der kurzen Zeit zu bewältigen, hatte das Team die Erlaubnis, Kollegen aus allen Funktionsbereichen hinzuzuziehen. Von dem Zeitpunkt an arbeitete das cross-funktionale Team 110–120 h die Woche, um das Resultat

zum gewünschten Zeitpunkt fertigzustellen. Am Ende kam Bezoz mit dem perfekten Namen für das Angebot, „All-you-can-eat premium shipping", kurz: „Prime". Amazon startete das Angebot im Februar 2005 zu einem Preis von $79,- pro Jahr. ◄

Etwas herausfordernder ist das neuere Trend Scouting, da hier aus mehreren Quellen relevante Trends identifiziert werden, die für Produktverbesserungen oder Produktinnovationen Impulse liefern können (Rohrbeck 2014).

Die Integration externer Ressourcen in die Ideenfindung ist in den letzten Jahren unter den Begriffen „Voice of-the Customer" (Shillito 2001; Campos und Balland 2012) und „Open Innovation" (Chesbrough 2003; Chesbrough 2006a, b) populär geworden.

Die „Open Innovation"-Idee verfolgt das Ziel, die Außenwelt des Unternehmens für die Erzeugung, Verbreitung und Weiterentwicklung von Innovationsideen zu nutzen. In diesem Zuge sind zahlreiche Methoden zur Erzeugung von Neuproduktideen unter Einbezug von Partnerunternehmen entstanden. Dazu zählen die Auslagerung von Teilen der Innovationstätigkeit an externe Organisationen (Quinn 2000) sowie die Zusammenarbeit mit Partnerunternehmen in unterschiedlichen Phasen des Innovationsprozesses (Tucci et al. 2016).

> **Beispiel**
>
> **Ideenfindung durch Kooperationen mit Partnerunternehmen bei Procter & Gamble (vgl. Huston und Sakkab 2006; Procter & Gamble 2023)**
>
> Der Konsumgüterkonzern Procter & Gamble betreibt eine Plattform „Connect + Develop" (www.pgconnectdevelop.com), um Konzepte für neue Produktideen zusammen mit kleinen und großen Partnerunternehmen zu entwickeln.
>
> Dazu veröffentlich Procter & Gamble periodisch eine Bedarfsliste an Problemen, für die neue Lösungen gesucht werden, wie beispielsweise „Wie kann Wäsche in kaltem Wasser möglichst sauber und nutzerfreundlich gewaschen werden?".
>
> Diese Bedarfsliste wird über die Webplattform „Connect + Develop" veröffentlicht. Vor allem forschungs- und entwicklungsorientierte Unternehmen, aber auch P&G-eigene „Innovation Hubs" können dann auf diese Bedarfsliste mit Lösungsvorschlägen antworten, die keine gewerblichen Schutzrechte berühren. ◄

„Voice of-the Customer"-Methoden können als eine Unterkategorie des „Open Innovation"-Ansatzes interpretiert werden, da sie speziell auf die Einbeziehung „der Stimme potenzieller Kunden" bei der Ideenfindung und/oder -bewertung abstellen. Insbesondere in B2C-Märkten kommen Crowdsourcing-Methoden zum Einsatz (Gassmann et al. 2014; Majchrzak und Malhotra 2020), bei denen das Finden und Bewerten von Ideen, an eine Masse von anonymen potenziellen Nutzern („crowd") über Web-Plattformen ausgelagert („outsourcing") wird. Eine andere Variante ist die Initiierung und Nutzung von „Community of Enthusiasts" oder „Brand Communities", die ein starkes Interesse an einer Marke verbinden, für die Gewinnung von Produktideen (Füller et al. 2008).

> **Beispiel**
>
> **Die Crowdsourcing-Plattform „Lego Ideas" (Beretta et al. 2023; Lego 2023)**
>
> Lego startete 2008 eine Crowdsourcing-Plattform „Lego Ideas" (https://ideas.lego.com/howitworks) aus einer Plattform, die ursprünglich von Lego Fans initiiert wurde. Diese Plattform hat inzwischen mehr als 2,8 Mio. Nutzern und brachte 135.000 eingereichte und diskutierte Ideen für neue Lego Sets hervor. Darunter sind sehr umsatzstarke Produkte wie beispielsweise die „mittelalterliche Schmiede".
>
> „Lego Fan Designer" reichen potenziell kommerzialisierbare Ideen für neue Sets auf der Plattform ein, die sich signifikant von bestehenden Lego Sets unterscheiden müssen. Dazu erstellen sie ein Prototyp mit Lego-Steinen oder einem Grafik-Tool und reichen diese Ideen in Form von Bildern und Kurzbeschreibungen auf der Plattform ein. Nach einer initialen Begutachtung durch das „Lego

Review Board" müssen für diese Idee mindestens 10.000 Unterstützer gewonnen werden. Sind diese Zahl sowie ein positives abschließendes Urteil durch das „Lego Review Board" erreicht, wird die Idee weiterentwickelt und auf den Markt gebracht. Die Einreicher erhalten dann 1 % des Nettoumsatzes aus dem Produkt. ◂

> **Beispiel**
>
> **Die Brand Community/Community of Enthusiasts „Ritter Sport" (Geise 2017; Ritter Sport 2023)**
>
> Die Alfred Ritter GmbH & Co KG unterhält seit Jahren eine gut administrierte Facebook-Seite für Ihre Schokoladenmarke „Ritter Sport" (https://www.facebook.com/RitterSportDeutschland/?locale=de_DE), in der Markenfans direkt untereinander und mit dem Unternehmen Informationen austauschen können. Innerhalb dieser „Brand Community" oder „Community of Enthusiasts" tauchen immer wieder Produktideen auf. Dazu gehören Ideen wie beispielsweise „Was haltet Ihr von einer Einhorn-Schokolade"? „Wieso gibt es die Sorte Olympia aus den 1980er-Jahren nicht mehr?" oder „Wieso gibt es keine Papierverpackung für die Schokolade?"
>
> Die Einhorn-Schokolade wurde in der Folge vom Unternehmen 2016 in einer limitierten Edition auf den Markt gebracht und der Relaunch der Sorte „Olympia" erfolgte 2021. Über alternative Verpackungen wird auf der Seite weiter diskutiert. ◂

Bei Investitionsprodukten im B2B-Bereich werden dagegen vermehrt „Lead User Workshops" zur Erzeugung und Evaluierung von Ideen eingesetzt (vgl. Brem et al. 2018).

> **Beispiel**
>
> **Innovative Einweg-Hygieneprodukte für Operationen durch Lead User Workshops bei Johnson & Johnson Medical Deutschland (vgl. Herstatt 2002)**
>
> Im Juni 2000 wurde bei Johnson & Johnson Medical Deutschland ein Projekt gestartet, um chirurgische Hygieneprodukte, d. h. bei Operationen genutzte Einwegartikel wie Patientenabdeckungen und Schutzbekleidung für das Operationspersonal, wettbewerbsfähiger zu machen.
>
> In diesem Produktbereich differenzierten sich die Johnson & Johnson-Produkte kaum mehr von denjenigen der Wettbewerber, sodass sich der Wettbewerb vornehmlich über den Preis abspielte. Dies wurde durch den Kostendruck in Krankenhäusern und Kliniken noch verschärft.
>
> Das Projektteam setzte sich aus Mitarbeitern der Bereiche Marketing, Vertrieb und Produktmanagement zusammen.
>
> Im ersten Schritt wurden Interviews mit unterschiedlichen Experten durchgeführt, um künftige Entwicklungen im Fokusbereich zu ermitteln. Dazu zählten Chirurgen und OP-Schwestern, die unter normalen Bedingungen sowie unter Extrembedingungen arbeiteten, Hygieneexperten, Einkäufer und Logistiker in Kliniken sowie Experten in analogen Anwendungsfeldern wie beispielsweise der in Reinräumen arbeitenden Halbleiterproduktion.
>
> Dann wurden Lead User aus diesen Bereichen über einen Screening-Prozess ausgewählt, d. h. in erster Linie Chirurgen mit ernsthaften Hygieneproblemen, Verantwortliche für chirurgische Hygiene, Klinikingenieure sowie Hygieneverantwortliche in Kliniken.
>
> Die 20 ausgewählten Lead User fanden sich zu einem zweitägigen moderierten Workshop zusammen, um Konzepte für innovative Hygieneprodukte zu entwickeln. Dazu wurden zunächst die aktuellen Hygieneprobleme identifiziert, dann relevante Entwicklungen identifiziert und dann in vier Untergruppen Lösungen in Form von Skizzen und Modellen erarbeitet. Mit Ende des zweiten Workshop-Tages kristallisierten sich vier Produktkonzepte heraus: Eine neuartige Folie zur Abdeckung, eine Lösung zur Vermeidung des Aufwirbelns von Aerosolen (Wassertropfen sowie Knochen- und Blutpartikel) im Operationsverlauf, ein integriertes System zur sterilen Beinlagerung des Patienten während einer Hüftoperation sowie ein Prozess zur Reinigung eines chirurgischen Roboters.

Bei der abschließenden Evaluation der Produktkonzepte durch die Teilnehmer wurden die ersten drei im Hinblick auf Originalität, Problemlösungsbeitrag und Umsetzbarkeit als hervorragend bewertet. Aus der Perspektive von Johnson & Johnson Medical Deutschland ergaben sich wertvolle Hinweise für neue Produktlinien, da keine der vier erarbeiteten Lösungen bislang zum Produktportfolio gehörten. Einige davon wurden bislang auch noch von keinem Wettbewerber angeboten. ◄

Etwas schwieriger umzusetzen sind fest installierte Kundenbeiräte („Customer Advisory Boards") aus ausgewählten Unternehmenskunden, die u. a. auch Produktverbesserungen und Produktinnovationen aus Kundensicht anregen (Ross 1997; Loudon und Carter 2003).

Dasselbe kann für gut fundierte Analysen von Kundenbedürfnissen gelten, bei denen insbesondere der Feldzugang, der Zeitaufwand sowie die Tiefe der Analyse besondere Herausforderungen darstellen (Kärkkäinen und Elfvengren 2002; Reinhardt und Gurtner 2011).

Als besonders herausfordernd kann dabei die ethnografische Feldforschung angesehen werden. Hier wird das Kundenverhalten in definierten Situationen mit ethnografischen Methoden, z. B. teilnehmender Beobachtung und Tiefeninterviews, erfasst und daraus Rückschlüsse für die Eigenschaften von Neuprodukten oder Produktverbesserungen gezogen (vgl. Lebbon et al. 2003; Goffin et al. 2012).

Daneben kommen Produktideen auch aus unternehmensinternen, fest institutionalisierten „Inkubatoren" oder „Accelerators", die eine oft eine Kombination aus „closed" und „open innovation" Ansätzen darstellen, wie die Inhouse Accelerators bei Samsung Electronics zeigen (Kohler 2016; Moschner et al. 2018)

> **Beispiel**
>
> **Inhouse Accelerators bei Samsung Electronics (vgl. Jang et al. 2019)**
>
> Zur Findung von Ideen für neue Produkte und Prozesse hat Samsung Electronics zwei interagierende Zentren geschaffen: Einerseits das „Samsung Advanced Institute of Technology (SAIT)", das mit der Entwicklung neuer Technologien in Zusammenarbeit mit Forschungszentren, Technologieunternehmen und Samsung Geschäftspartnern im Sinne eines „Open Innovation"-Ansatzes betraut ist. Andererseits das seit 1998 bestehende „Value Innovation Program (VIP) Center", dessen Zweck in der Umsetzung von Technologien in neue Produktideen und -konzepte in Zusammenarbeit mit den Funktionsbereichen bei Samsung besteht. Während also das Technologiezentrum den Prozess der Generierung von Ideen repräsentiert, steht das VIP für den Prozess der Ideennutzung (vgl. Abb. 4.11). ◄

Als besonders herausfordernd erweisen sich immer wieder Wettbewerberanalysen, da der Zugang zu relevanten Informationen hier besonders schwierig ist, die dann aber wertvolle Hinweise

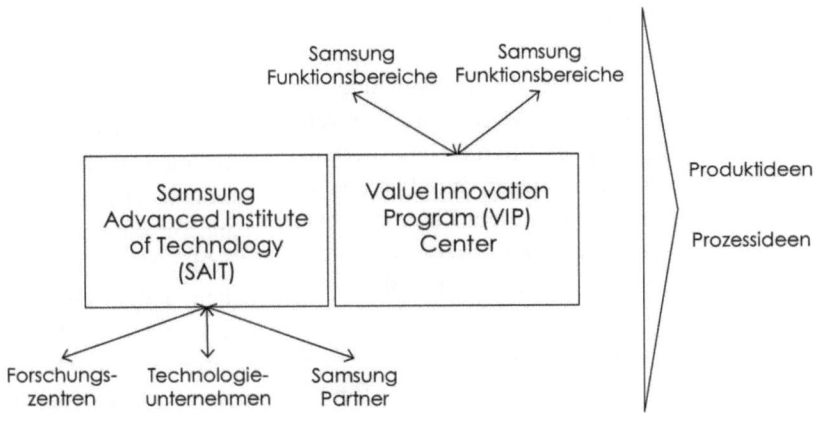

**Abb. 4.11** Inhouse Accelerators bei Samsung Electronics. (Vgl. Jang et al. 2019)

für die Differenzierung von Produkten im Markt geben (Hatzijordanou et al. 2019).

Eine gewisse Sonderstellung bei den Methoden zur Ideenfindung nimmt das Bootlegging ein. Als „Bootlegger" wurden während der US-amerikanischen Prohibitionszeit (1920–1933) Schmuggler bezeichnet, die illegal Alkohol in die USA importierten. Entsprechend werden als Bootlegging „U-Boot-Innovationstätigkeiten" von Mitarbeitern innerhalb von Forschung & Entwicklung und/oder Marketing bezeichnet. Diese können ohne Wissen des oberen Managements oder mit dessen expliziter Autorisierung stattfinden. Im letztgenannten Fall kann beispielsweise bei 3M jeder Mitarbeiter aus technischen Funktionsbereichen bis zu 15 % seiner Arbeitszeit auf eigenständig gewählte Innovationsprojekte verwenden, die er allein oder im Team bearbeitet (Schon 1963; Michalik 2003; Augsdorfer 2021; Stephan-Korus 2022).

### Beispiel

**Neuprodukte aus Bootlegging-Aktivitäten (Michalik 2003, S. 22)**

„Aspirin® (Acetylsalicylsaure) und Cibrobay® (Ciprofloxacin) sind vielleicht die bekanntesten Beispiele für Innovationen aus dem Pharmabereich der Bayer AG, die durch engagierte und nachhaltige Bootlegging-Aktivitaten einzelner Forscher entstanden sind. Sie führten zu Umsätzen in Milliardenhöhe und verhalfen dem Unternehmen zu weltweit bekannten „Blockbuster-Produkten". Auch zahlreiche andere Unternehmen können auf namenhafte Innovationen zurückgreifen, die mit Hilfe von Bootlegging entstanden sind und herausragende Erfolge erzielten. Beispielhaft sind an dieser Stelle die Entwicklung der LCD-Technologie bei Merck, die Laserentwicklung bei Hughes-Aircraft, industrietaugliche Simultanspektrometer zur Farbanalyse bei Zeiss sowie die in diesem Zusammenhang vielfach angeführten Innovationserfolge des Unternehmens 3M zu nennen." ◄

Das Ziel derartiger Methoden in der Phase der Produktentdeckung besteht darin, einen Pool von Produktideen zu generieren, aus denen die erfolgversprechenden selektiert und weiterentwickelt werden können. Für den zweiten Schritt bedarf es Kriterien und Methoden zur Selektion von Produktideen.

### Selektion von Produktideen

Die Selektion erfolgversprechender Produktideen ist sowohl in linearen als auch in zyklischen Prozessmodellen erforderlich. Im „Stage-Gate"-Modell ist der Prozessschritt in den Prüftoren („Gates") inkorporiert, in zyklischen Modellen wie dem „Lean Startup"- oder dem „Design Thinking"-Ansatz ist die Selektionsentscheidung bei der Erzeugung und dem Test von Prototypen erforderlich (vgl. Abschn. 4.1).

Die Selektion von Produktideen erfordert in erster Linie Entscheidungskriterien, anhand derer nicht weiter zu verfolgenden Ideen selektiert werden können. Diese Kriterien können im Wesentlichen aus den Indikatoren für Produkterfolg (Abschn. 3.2) abgeleitet werden (Tab. 4.2).

Die eingesetzten Methoden unterscheiden sich im Wesentlichen dadurch, wer die Produktideen anhand derartiger Kriterien beurteilt (Vorgesetzter, oberes Management, Review-Gremium, potenzielle Kunden und Lieferanten) und wodurch die Einschätzungen gestützt werden (intuitive Bewertungen, datenbasierte Bewertungen). Dabei hat es sich bewährt, in frühen Phasen relativ einfache und intuitive Bewertungsverfahren einzusetzen, die im Laufe der Entwicklung aufwändiger und besser gestützt werden den müssen.

Analog zum Detaillierungsgrad der Bewertungsmethoden folgen auch die Anforderungen an den Detaillierungsgrad der Ausarbeitung von Produktideen der Trichteridee, der zufolge mit zunehmender Selektion der Spezifizierungsgrad zunimmt. Dies ist wichtig, um erstens den Aufwand für die Generierung und Evaluierung von Produktideen in einem vertretbaren Ausmaß zu halten und zweitens die Barrieren für die Erzeugung von Produktideen bei Mitarbeitern und externen Partnern möglichst niedrig zu dimensionieren (vgl. Abb. 4.12).

**Tab. 4.2** Selektionskriterien für Produktideen. (In Anlehnung an: Cooper und Edgett 2006; Cooper 2008; Hoffmann 2012; Haines 2014, S. 291–295; Vahs et al. 2023, S. 397–434)

| Marktfähigkeit | Umsetzbarkeit | Profitabilität |
|---|---|---|
| Hat die Idee einen deutlichen differenzierenden Nutzen für Kunden im Gegensatz zu Wettbewerberangeboten? | Ist die Produktidee in der erforderlichen Qualität entwickelbar? | Wie hoch sind die voraussichtlichen Investitions- und laufenden Kosten für diese Investition über einen Zeitraum von x Jahren? |
| Ist der differenzierende Nutzen der Idee für den Kunden klar erkennbar und kommunizierbar? | Ist die Produktidee in der erforderlichen Qualität produzierbar? | Wie hoch ist der voraussichtliche Umsatz mit der Produktidee über einen Zeitraum von x Jahren? |
| Kann die Idee zu einem Preis am Markt angeboten werden, der den differenzierenden Nutzen rechtfertigt? | Ist die Produktidee in der erforderlichen Quantität distribuierbar? | Wie können die Investitions- und die laufenden Kosten finanziert werden? |
| Ist das Marktpotenzial für die Idee heute und in Zukunft groß genug, damit das Produkt wirtschaftlich angeboten werden kann? | Ist die Produktidee in der erforderlichen Quantität und Qualität wartbar? | Wie hoch ist in etwa die Rentabilität dieser Investition für das Unternehmen? |
| Ist die Wettbewerbslage auf dem Markt so, dass das Produkt eine realistische Chance im Wettbewerb hat? | Können Quantitäts- und Qualitätszusagen für die Produktidee vom Unternehmen zuverlässig eingehalten werden? | Welche nichtfinanziellen Vorteile hat das Unternehmen aus dem Engagement mit dem Produkt? |

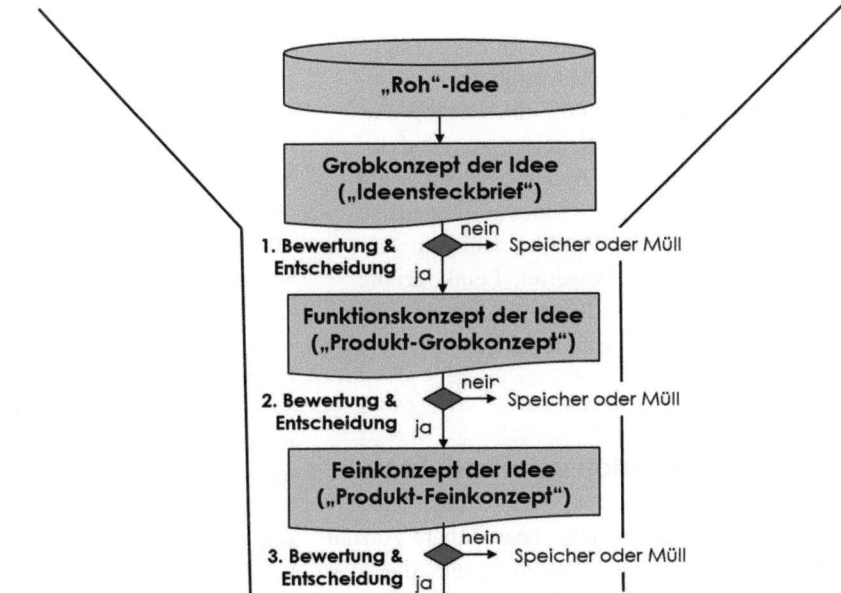

**Abb. 4.12** Der Prozess der Ideenselektion. (In Anlehnung an: Hoffmann 2012; Vahs et al. 2023, S. 397–444)

> **Zusammenfassung: Entdeckung von Produkten**
> Produkte werden entdeckt, indem Ideen generiert und dann mit Hilfe systematischer Kriterien und Methoden selektiert werden. Dies gilt für lineare gleichermaßen wie für zyklische Prozessmodelle.

Im Hinblick auf die Ideenerzeugung sollten möglichst frühzeitig potenziell marktfähige, umsetzbare und profitable Produktideen gefunden werden. Dies kann gelingen, indem in den Prozessschritt der Ideenerzeugung die Validierung direkt oder indirekt eingebaut wird. Die direkte Form erfordert den Einbezug von externen Marktpartnern wie Kunden oder Partner, über Methoden wie z. B. Crowdsourcing, Community of Enthusiasts, Lead User Workshops oder Zusammenarbeit mit Partnerunternehmen. Die indirekte Form erfordert die Diskussion mit markt- und/oder produktnahen Funktionen, wie beispielsweise Entwicklung, Marketing, Vertrieb oder Servicefunktionen innerhalb von internen Innovationsworkshops, Qualitätszirkeln, betrieblichem Vorschlags- bzw. Ideenwesen oder Bootlegging-Aktivitäten.

Derartige Methoden zur Ideenfindung führen im Idealfall zu einem Pool an Produktideen, die in einem zweiten Schritt nach klaren Kriterien und mit Hilfe transparenter Vorgehensweisen bewertet und selektiert werden. Die Bewertungs- und Selektionskriterien lassen sich im Wesentlichen aus den Indikatoren für erfolgreiche Produkte ableiten: Marktfähigkeit, Umsetzbarkeit und Profitabilität. Die Methoden, durch die diese Kriterien auf Produktideen Anwendung finden, folgen dem Trichterprozess der Innovation: grobe Skizzierungen von Produktideen am Anfang werden grob bewertet, Feinkonzepte erfordern eine detaillierte, fundierte und datenbasierte Bewertungsmethode.

## 4.3 Spezifikation von Produkten

Sind Produktideen auf eine bearbeitbare Anzahl reduziert, müssen die Produktideen, die den Selektionsprozess erfolgreich durchlaufen haben, näher spezifiziert werden. Die Produktspezifikation umfasst die Festlegung der Marktpositionierung, die Definition der Anforderungen an das Produkt, den Entwurf eines Wertschöpfungsmodells sowie die Bestimmung der Profitabilitätserwartungen.[2]

---

[2] Vgl. dazu die jeweils etwas unterschiedlichen Konzeptionen der Produktspezifikation bei Gorchels 2011, S. 175–191, Geracie und Eppinger 2013, S. 185–204, Crawford und Di Benedetto 2021, S. 291–301, Haines 2014, S. 319-352, Steinhardt 2017, S. 29–36.

Diese vier Resultate der Spezifikationsphase, die eng miteinander zusammenhängen, sollen im Folgenden erläutert werden.

**Festlegung der Marktpositionierung**
Die Marktpositionierung gibt eine Antwort auf die Frage: „Welchen differenzierenden Nutzen soll das Produkt für welche Zielgruppe stiften?" Somit besteht die Marktpositionierung eines Produkts aus drei Elementen: Den Zielkunden, dem Nutzen für diese Kundengruppe(n) sowie der Differenzierung von Wettbewerbsangeboten (vgl. Abb. 4.13).

Diese Festlegungen liefern die Leitplanken für alle weiteren Spezifikationen des Produkts: Sie orientieren die technischen Anforderungen, das Wertschöpfungsmodell sowie die Profitabilitätsfestlegungen. Deshalb sollten sie zeitlich und logisch am Anfang der Produktspezifikation stehen.

Die Positionierung eines Produkts, einer Produktgruppe oder Produktlinie am Markt erfolgt auf der Grundlage von möglichst validen Informationen über Bedürfnisse und Probleme der relevanten Kunden(segmente) sowie Eigenschaften von Wettbewerberangeboten. Dabei bestehen die zentralen Fragen darin, wie erstens die „richtigen" Kundengruppen zu identifizieren, zu segmentieren und zu charakterisieren ist und, zweitens, welche direkte, indirekte und potenziell zukünftige Wettbewerberangebote in den Fokus zu nehmen sind.

Diese Fragen sind im Marketing und Produktmanagement bekannt. Es existieren für die Definition der Marktpositionierung zahlreiche Vorschläge, die sich wie folgt zusammenfassen lassen (vgl. Trommsdorff 2007; Großklaus 2009, S. 79–138; Gorchels 2011, S. 59–104; Geracie und Eppinger 2013, S. 135–141; Herrmann und Huber 2013, S. 35–84; Haines 2014, S. 135–214; Bruhn und Hadwich 2017, S. 85–146; Hofbauer und Sangl 2017, S. 375–383; Meffert et al. 2015, S. 337 f.; Kotler et al. 2016, S. 297–320; Matys 2022, S. 184–192):

1. Es sprechen gute Argumente dafür, bei der Definition der Marktpositionierung nicht bei bestehenden Wettbewerberprodukten zu beginnen, sondern bei Kundenproblemen bzw.

## 4.3 Spezifikation von Produkten

**Abb. 4.13** Elemente einer Marktpositionierung. (Vgl. Meffert et al. 2015, S. 337 f.; Kotler et al. 2016, S. 297–320; Matys 2022, S. 184–192)

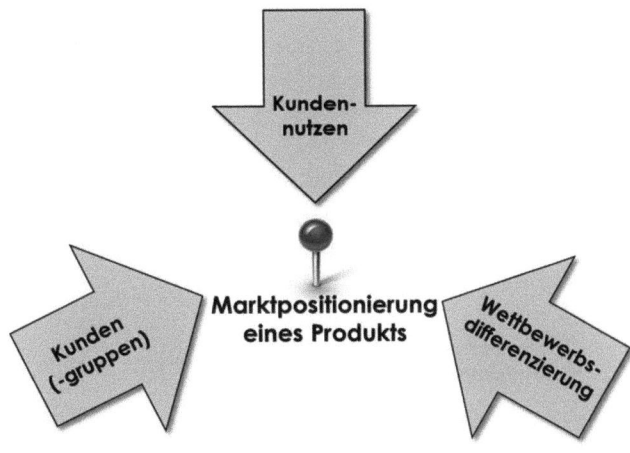

unerfüllten Kundenbedürfnissen. Das eröffnet Möglichkeiten zur signifikanten Differenzierung und zu längerfristigen Wettbewerbsvorteilen im Vergleich zum Start bei existierenden Wettbewerberprodukten. Dazu müssen die Zielgruppe sowie deren kaufentscheidenden Kriterien erhoben und kategorisiert werden.

2. In einem zweiten Schritt werden dann die Wettbewerberangebote identifiziert und daraufhin beurteilt, inwiefern sie die kaufentscheidenden Kriterien der Zielgruppe erfüllen.
3. Das Ergebnis dieser zwei Analyse- und Definitionsschritte ist dann die „Produkt-Markt-Kombination", „Marktpositionierung" bzw. die „Value Proposition" des Produkts.

> **Beispiel**
>
> **Marktpositionierung einer neuen lokalen Biermarke**
>
> Wenn es nur zwei wesentliche kaufentscheidende Kriterien für den Kauf eines Produktes geben würde, könnte die Positionierung einer neuen Marke anhand einer zweidimensionalen Positionierungsanalyse vorgenommen werden: Dazu werden die zwei kaufentscheidenden Kriterien als Extrema auf den Polen eines Positionierungskreuzes eingetragen. Dann werden die Wettbewerbermarken – idealerweise datenbasiert – auf diesem Positionierungskreuz platziert (vgl. Kotler et al. 2016, S. 297–320). Hierdurch wird sichtbar, in welchen Präferenzsegmenten sich bereits viele Anbieter positioniert haben, wo Nischen bestehen und in welchen Punkten sich eine neue Markenpositionierung von den nächsten Wettbewerbern abheben müsste.
>
> Angenommen, für eine neue lokale Biermarke gäbe es nur zwei kaufentscheidende Kriterien: Einerseits „Regionalität oder Internationalität" und andererseits „Bürgerlichkeit oder Individualität". Dann würde eine Positionierungsanalyse wie in Abb. 4.14 dargestellt aussehen.
>
> An diesem Beispiel zeigt sich, dass sich eine neue lokale Biermarke eventuell im Feld „Regionalität" und „Individualismus" gut positionieren ließe. ◄

> **Beispiel**
>
> **Marktpositionierung eines „Mobility-as-a-Service"-Produkts**
>
> „Mobility-as-a-Service"-Angebote integrieren öffentlich zugängliche Verkehrsmittel in einem definierten (Stadt-)Gebiet (z. B. Bahn, Bus, Car-Sharing, Bike-Sharing, Taxi usw.) in einer digitalen Plattform. Auf diese kann ein Nutzer dann für Informationen, Reservierungen, Buchungen, Bezahlungen usw. über eine App zugreifen (Jittrapirom et al. 2017; Hensher et al. 2020). Beispiele dafür sind FreeNow (2023) oder Whim (2023).

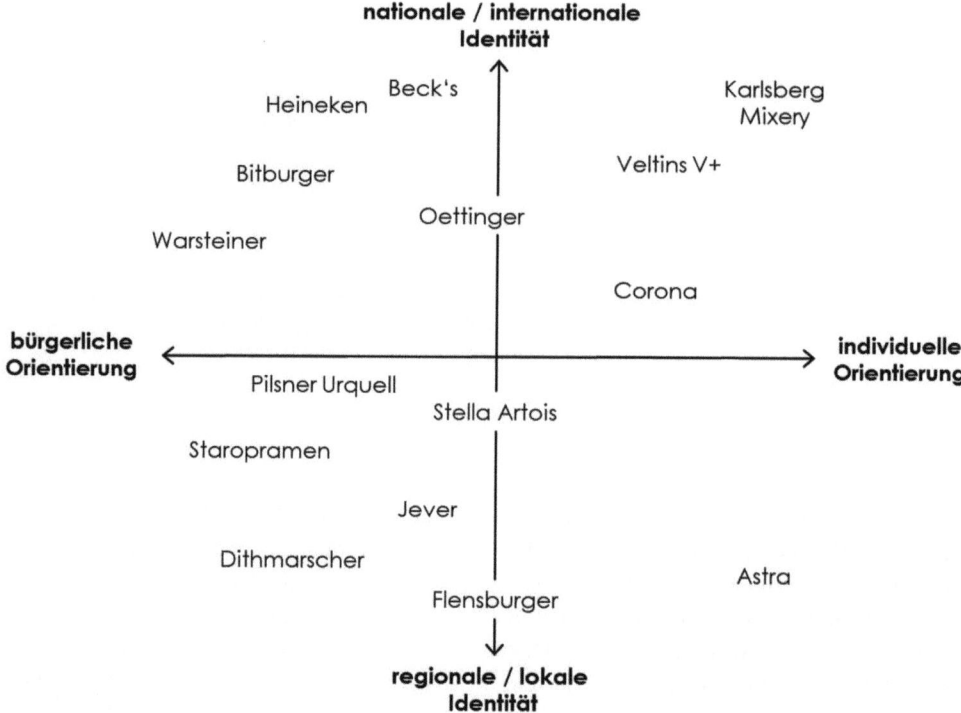

**Abb. 4.14** Zweidimensionale Marktpositionierung einzelner Biermarken. (Vgl. Walsh et al. 2020, S. 449)

Das gesellschaftliche Ziel hinter MaaS-Produkten besteht in der Reduzierung des motorisierten Individualverkehrs in Städten. Will man dafür eine Marktpositionierung definieren, bedarf es erstens der Identifikation der Erwartungen von Nutzern an Mobilitätsangebote und zweitens der Identifikation des stärksten Wettbewerbers: das individuelle Kraftfahrzeug. Stellt man diese in einem Polaritätenprofil gegenüber, wird deutlich, in welchen nutzungsentscheidenden Kriterien die MaaS-Lösung eventuell dem Auto in einer Stadt überlegen ist: Fahrzeiten, Bequemlichkeit, Sicherheit, Wegfall der Parkplatzsuche sowie ökologischer Fußabdruck (vgl. Abb. 4.15).

Die Zielgruppen, für die jeweils unterschiedliche dieser Kriterien entscheidend sind, lassen sich als „Malcontented Motorists", „Aspiring Environmentalists", „Reluctant Riders" und „Carless Crusadors" beschreiben (Anable 2005).

Entsprechend könnte eine mögliche Marktpositionierung für dieses Produkt wie folgt festgelegt werden:

„Unsere Maas-Lösung hilft genervten Autofahrern und Stadtbewohnern ohne Auto, die täglich oder wöchentlich im Stadtgebiet unterwegs sind, an jeden Ort nahtlos, stressfrei, staufrei und ohne Parkplatzsuche hinzukommen, indem alle verfügbaren, öffentlich zugänglichen Verkehrsmittel auf einen Klick identifizier-, buch- und bezahlbar sind." ◀

**Beispiel**

**Marktpositionierung eines neuen Smartphone-Modells**

Die Marktpositionierung eines neuen Smartphone-Modells läßt sich mit Hilfe einer „Value Proposition Analysis" vornehmen (vgl. Osterwalder et al. 2014). Dazu sind zunächst einmal die wesentlichen Kundenaufgaben („Customer Jobs") in der Nutzung eines Smartphones und dann die damit verbundenen Vorteile („Gains") und Nachteile („Pains") zu identifizieren. Auf dieser Basis können die Funktionen und Eigenschaften des Neuprodukts in Vorteilsstifter („Gain Creator") und Problemlöser („Pain Relie-

## 4.3 Spezifikation von Produkten

| Nutzungsentscheidende Kriterien | Vergleich der „Mobility-as-a-Service"-Lösung mit dem individuellen Kraftfahrzeug in der Stadt | | | | |
|---|---|---|---|---|---|
| | -- | - | 0 | + | ++ |
| Keine / kurze Wegzeiten | | X | | | |
| Sofortige Verfügbarkeit | | X | | | |
| Direkte Verbindungen ohne Umstiege | X | | | | |
| Kurze Fahrtzeiten | | | | X | |
| Bequemlichkeit | | | | X | |
| Sicherheit | | | | X | |
| Keine Parkplatzsuche | | | | X | |
| Flexibilität (Routenänderungen) | X | | | | |
| Preisgünstigkeit | | | | X | |
| Kleiner ökologischer Fußabdruck | | | | | X |

**Abb. 4.15** Polaritätenprofil für ein „Mobility-as-a-Service"-Produkt. (In Anlehnung an Humphreys 2016)

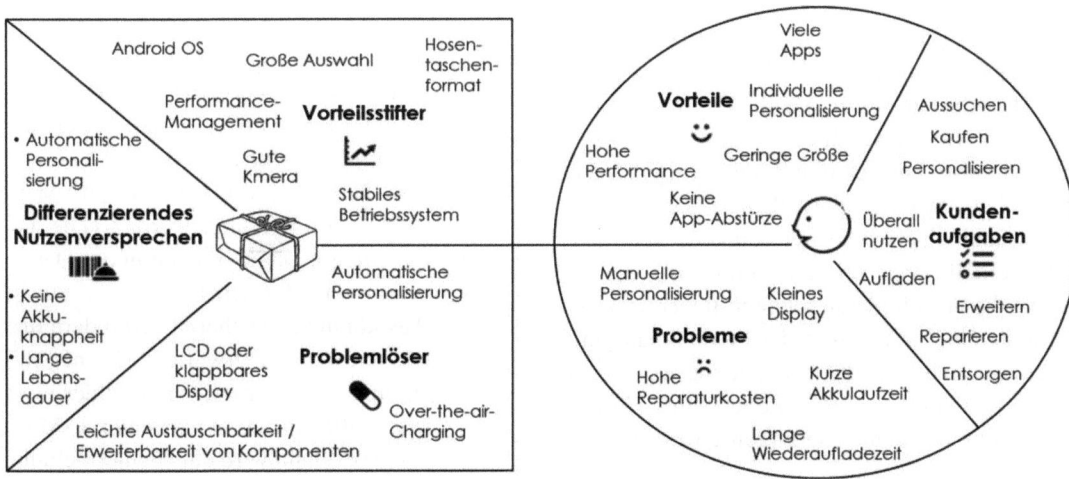

**Abb. 4.16** Value Proposition Analyse eines neuen Smartphone-Modells. (Vgl. Osterwalder et al. 2014)

ver") kategorisiert und diese zu einem differenzierenden Nutzenversprechen oder einer Marktpositionierung zusammengefasst werden (vgl. Abb. 4.16).

In diesem Fall würde das differenzierende Nutzenversprechen auf den Personalisierungsaufwand bei einem Modellwechsel, die Akku-Knappheit sowie die Lebensdauer abheben. Entsprechend einer Befragung der Bitkom im Januar 2023 bei 780 Smartphone-Nutzer ab 16 Jahre in Deutschland würde das im Wesentlichen die kaufentscheidenden Kriterien einer Mehrheit von Smartphone-Nutzern adressieren (Bitkom 2023). ◄

**Definition der Produktanforderungen**

Die Anforderungen an das Produkt übersetzen die Marktpositionierung in Funktionen und Eigenschaften des Produkts. Die Mehrheit der Vorschläge für dieser Aufgabe empfiehlt, die Marktseite und die technische Seite der Produktanforderungen konzeptionell und organisatorisch zu trennen: Die Verantwortung der Produktmanagerin liegt darin, die Produkt-

**Tab. 4.3** Kommunikation zwischen Produktmanagement und Entwicklung. (In Anlehnung an: Rupp und die SOPHIS-Ten 2021, S. 357–388; Ebert 2022, S. 99–122)

| Anforderungen aus Marktsicht | Umsetzung aus technischer Sicht |
|---|---|
| Beschreibung aus Kundensicht | Beschreibung aus Entwicklungssicht |
| Fokus auf Kundenproblemen | Fokus auf Implementierungsproblemen |
| Lastenheft | Pflichtenheft |
| Use Cases/User Stories | Entwurf/Architektur |
| Produkteigenschaften | Rezeptur |
| Anforderungen | Service-Blueprint |
| … | … |

anforderungen aus Marktsicht zu erheben und verständlich zu formulieren; die Verantwortung der Entwicklung besteht in der Umsetzung dieser Marktanforderungen in ein technisches Konzept. Dieser Kommunikationsprozess zwischen der Markt- und der technischen Perspektive hat in unterschiedlichen Branchen und Vorgehensmodellen unterschiedliche Bezeichnungen (vgl. Tab. 4.3).

Dabei empfiehlt es sich, nach Maßgabe des V-Modells, zusammen mit den Marktanforderungen auch die Abnahme- bzw. Validierungstests mit zu definieren (vgl. Friedrich et al. 2009, S. 129–158; Informationstechnikzentrum Bund 2019, S. 27–54). Denn eine Anforderung ist dann eindeutig, vollständig und widerspruchsfrei definiert, wenn man dazu Testfälle angeben kann, durch die die Erfüllung dieser Anforderung abgeprüft werden kann. Damit ist die Zuständigkeit der Produktmanagerin in der technischen Produktentwicklung abgegrenzt: Sie ist zuständig für die Erhebung und Formulierung der Marktanforderungen sowie der Abnahmetests.

> **Beispiel**
>
> **Analyse und Spezifizierung von technischen Anforderungen an ein Smartphone**
>
> Eine mögliche Anforderung des Marktes an ein Smartphone könnte lauten: „Als Nutzer möchte ich mein Profil im Smartphone einmal speichern können, damit ich meine Daten nicht bei jeder einzelnen App wieder neu eingeben muss."
>
> Um aus dieser Rohanforderung eine eindeutige und vollständige Lastenheft-Anforderung zu machen („Requirements Analysis and Engineering"), die für die Entwicklung verständlich und umsetzbar ist, müssen dafür folgende Fragen beantwortet werden (vgl. Becker 2011):
>
> - Schlüsselverb „Speichern"
>   - Wer muss „speichern"? (Nur der Nutzer; es soll kein automatisches Speichern geben)
>   - Wann soll „speichern" stattfinden? (Nur dann, wenn alle Pflichtfelder ausgefüllt sind)
>   - Wann ist „speichern" komplett abgeschlossen? (Wenn eine Speicherbestätigung erscheint)
>   - Wie kann geprüft werden, ob „speichern" durchgeführt wurde? (Die gespeicherten Daten müssen in der Datenbank vorhanden sein)
>   - Was könnte „speichern" verhindern und was wird dann erwartet? (Keine Verbindung zum Server; Pflichtfelder nicht ausgefüllt; falsch eingebende E-Mail-Adresse. Dann wird eine Fehlermeldung mit der Ursache für das Nicht-Speichern angezeigt)
> - Schlüsselsubstantiv „Profil"
>   - Welche Inhalte kommen in „Profil" vor? (Als Inhalt im Profil kommen Namen, Adresse, Mobilnummer und E-Mail-Adresse vor)
>   - Welche optionalen und verpflichtenden Inhalte gelten für „Profil"? (Optional ist die Telefonnummer; alle anderen Felder sind Pflichtfelder)
>   - Welche Inhalte von „Profil" sollen automatisch überprüft werden? (Die E-Mail-Adresse wird nach einem regulären Ausdruck überprüft)

## 4.3 Spezifikation von Produkten

- Wie sieht das Layout für „Profil" aus? (Die Bereiche Namen, Adressdaten und Kontaktdaten (Mobilnummer und E-Mail-Adresse) sind jeweils gruppiert. In jeder Zeile steht links die Bezeichnung für das Feld und rechts der Feldwert)
- Akzeptanzkriterien
  - Die Profildaten müssen aus den Feldern Vorname, Familienname, Straßenname, Hausnummer, Wohnort, Postleitzahl, Mobilnummer und E-Mail-Adresse bestehen.
  - Das Feld Mobilnummer ist optional auszufüllen.
  - Der Nutzer kann sein Profil speichern, wenn alle Pflichtfelder ausgefüllt wurden und das Feld E-Mail nach dem regulären Ausdruck [a-zA-Z0-9_-\.]+@[a-zA-Z0-9\.]+[a-zA-Z]{2,4} geprüft wurde.
  - Wenn die Funktion „Speichern" nicht durchgeführt werden kann, muss dem Nutzer eine entsprechende Fehlermeldung mit Ursachenbezeichnung angezeigt werden.
  - Die Profildaten müssen, nachdem der Nutzer gespeichert hat, in der Datenbank komplett vorhanden sein.
- Testfall „Ungültige E-Mail-Adresse prüfen"
  - Vorbedingung:
    Der Nutzer hat sich registriert, eingeloggt und die Eingabeseite der Profildaten aufgerufen.
  - Auszuführende Testschritte:
    1. Werte in Pflichtfelder eingeben;
    2. Ungültiger Wert für E-Mail-Adresse eingeben;
    3. Speichern-Button anklicken.
  - Erwartetes Ergebnis:
    Der Speichervorgang wird nicht durchgeführt; die Datenbank ist leer.
    Es wird eine Fehlermeldung mit Hinweis auf eine falsch eingegebene E-Mail-Adresse angezeigt.
  - Verwendete Testdaten:
    Erwin Müller, ......
    Erwin.mueller@web.infoz ◀

> **Beispiel**
>
> **User Stories für ein MaaS-Produkt**
>
> Innerhalb agiler Prozessmodelle wird in der Regel auf eine aufwändige Analyse und Spezifizierung („Requirements Analysis and Engineering") verzichtet und stattdessen mit User Stories gearbeitet. Damit werden knappe, prägnante und abgegrenzte Anforderungen aus Nutzersicht bezeichnet, die in Alltagssprache formuliert sind. In dieser Form eignen sie sich dann für „Story Cards" auf einem Kanban Board (Cohn 2010; Rupp und die SOPHISTen 2021, S. 315–320). Auch hier ist es hilfreich, auf der Rückseite Akzeptanzkriterien zu definieren, die spezifischer angeben, wie die jeweilige User Story getestet werden soll.

| Anf. ID | User Story | Akzeptanzkriterien |
|---|---|---|
| 1.1 | Als Nutzer möchte ich für längere Strecken mindestens drei Auswahlmöglichkeiten an Verkehrsmitteln haben, um Engpässe zu umgehen | Für alle Strecken > 5 km werden mindestens drei alternative, öffentlich zugängliche und buchbare Verkehrsmöglichkeiten angeboten. |
| 1.2 | Als Nutzer möchte ich für „Last-Mile"-Strecken mindestens zwei Auswahlmöglichkeiten an Verkehrsmitteln haben, um die letzten km leicht zu überbrücken | Für alle Strecken < 5 km werden mindestens zwei alternative, öffentlich zugängliche und buchbare Verkehrsmöglichkeiten angeboten. |
| 2.1 | Als Nutzer möchte ich ein ausgewähltes Angebot mit einem Klick buchen, reservieren und bezahlen können, um möglichst nahtlos auf alternative Verkehrsmittel wechseln zu können | Alle angezeigten Angebote für eine beliebige Strecke können gesamt mit einem Klick gebucht, reserviert und bezahlt werden. |
| 2.2 | Als Nutzer möchte ich bei gewollten und ungewollten Änderungen der geplanten Route sofort Alternativen angezeigt bekommen, um nahtlos die Route wechseln zu können | Bei jeder Änderung an jedem Ort zu jedem Zeitpunkt werden mindestens zwei buchbare Alternativen angezeigt |
| 3.1 | Als Nutzer möchte ich häufig gewählte Routen und Verkehrsmittel sofort angezeigt bekommen, um Zeit zu sparen | Jede Route und jedes Verkehrsmittel ist personalisiert abspeicherbar |

**Entwurf eines Wertschöpfungsmodells**
Ein Wertschöpfungsmodell beantwortet die Frage, wie die Leistungsversprechen des Produkts umgesetzt werden.

Die Umsetzung von Leistungsversprechen erfolgt in Prozessen. Darunter werden Folgen von Aktivitäten bezeichnet, welche definierte Inputs in definierte Outputs transformieren (Schmelzer und Sesselmann 2020, S. 63, 67). Die (positive) Differenz zwischen dem Wert des Outputs und dem Wert des Inputs repräsentiert das quantitative Ausmaß der Wertschöpfung (Müller-Stewens und Lechner 2016, S. 350–355; Sucky 2019, S. 344–349).

Entsprechend dieses Verständnisses geht es beim Entwurf eines Wertschöpfungsmodells darum, die wesentlichen Prozesse festzulegen, durch die im Hinblick auf das Produkt Wert geschaffen wird. Auch das gehört zu den Aufgaben der Produktmanagerin, da nur durch funktionierende wertschöpfende Aktivitäten ein Produkt erstellt und vermarktet werden kann.

Zur Identifikation der Schlüsselprozesse ist zunächst ein Überblick über die Prozesslandkarte einer Branche und/oder eines Unternehmens hilfreich. Eine generische Prozesslandkarte sieht bei produzierenden Unternehmen in etwa aus wie in Abb. 4.17 dargestellt.

Im zweiten Schritt kann dann ermittelt werden, welche dieser grundlegenden Branchen bzw. Unternehmensprozesse zur Realisierung der Leistungsversprechen des Produkts von besonderer Bedeutung sind. Dies kann beispielsweise mit Hilfe einer Einflussmatrix geschehen (vgl. Stöger 2018, S. 53–88).

Damit ist die Fokussierung für das Produktmanagement klar. Es wird transparent, welche Prozesse nach Effektivitäts- und welche nach Effizienzkriterien zu gestalten und zu führen sind. Darüber hinaus können auf dieser Basis auch Innovationen für Wertschöpfungsmodelle überlegt werden, z. B. Leasing- und Pfandmodelle für Smartphones, garantierte Reparaturen oder die Erweiterung der Entwicklungsprozesse auf andere Modellreihen (vgl. Müller-Stewens und Lechner 2016, S. 356–407).

> **Beispiel**
>
> **Erarbeitung eines Wertschöpfungsmodells für ein neues Smartphone**
>
> Setzt man die kaufentscheidenden Faktoren für ein neues Smartphone, die in der Marktpositionierung in Abschn. 4.3 definiert wurden, in Beziehung zu der in der Elektronik-Industrie üblichen Prozesslandkarte, las-

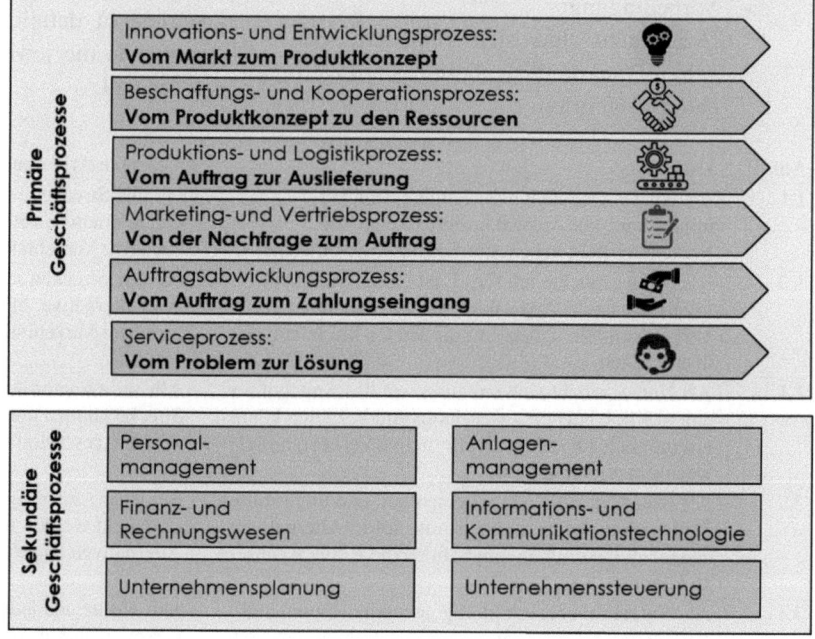

**Abb. 4.17** Generische Prozesslandkarte produzierender Unternehmen (vgl. Schmelzer und Sesselmann 2020, S. 63–97; Erne 2019b, S. 64–73)

## 4.3 Spezifikation von Produkten

| Geschäfts-prozesse \ Leistungs-versprechen | Innovations- und Entwicklungs-prozess | Beschaffungs- und Kooperationsprozess | Produktions- und Logistikprozess | Marketing- und Vertriebs-prozess | Auftrags-abwicklungs-prozess | Service-prozess |
|---|---|---|---|---|---|---|
| Automatische Einrichtung | stark (Cloudbasierter Transfer) | --- | --- | --- | --- | schwach (Problem-behebung) |
| Lange Laufzeit | stark (Over-the-air-Charging) | stark (HW und Netz) | --- | --- | --- | schwach (Problem-behebung) |
| Lange Lebensdauer | stark (robustes Design) | stark (HW, Gehäuse) | stark (Produktions-fehler) | --- | --- | stark (Reparatur-Service) |

**Abb. 4.18** Einflussmatrix zur Identifikation der Kernprozesse bei einem neuen Smartphone. (Vgl. Stöger 2018, S. 53–88; Erne 2019b, S. 106–110)

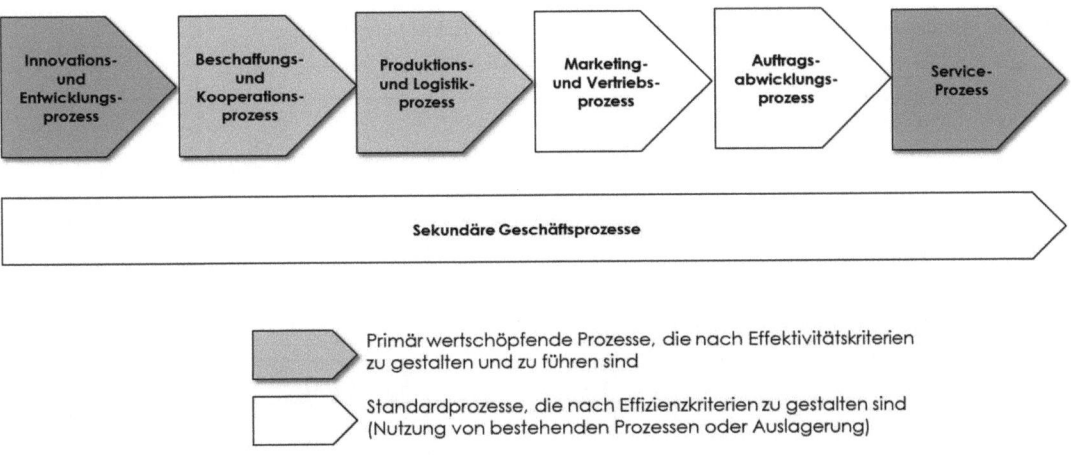

**Abb. 4.19** Wertschöpfungsmodell für ein neues Smartphone

sen sich die in der Einflussmatrix dargestellten Kernprozesse für das Produkt „neues Smartphone" identifizieren (vgl. Abb. 4.18).

Die wichtigsten Prozesse zur Realisierung des Leistungsversprechens sind demnach der Innovations- und Entwicklungsprozess sowie der Serviceprozess. Auf diesen Geschäftsprozessen muss ein besonderer Fokus liegen. Alle anderen primären und sekundären Geschäftsprozesse sind nach Effizienzkriterien zu gestalten. Das bedeutet, es können entweder bestehende Unternehmensprozesse unverändert genutzt oder diese aus Kostengründen ausgelagert werden (vgl. Abb. 4.19). ◄

**Beispiel**

**Erarbeitung eines Wertschöpfungsmodells für neue Bekleidung**

Für das Consumer Panel des German Fashion Modeverbands wurden 2020–2023 jeweils mehr als 1000 Personen zu ihren kaufentscheidenden Kriterien beim Kauf von Bekleidung befragt (German Fashion Modeverband 2022). Werden diese Kriterien in Bezug gesetzt zum branchenüblichen Wertschöpfungsmodell der Bekleidungsindustrie (vgl. Müller-Stewens und Lechner 2016, S. 357 f.), so ergibt sich die in Abb. 4.20 gezeigte Einflussmatrix.

| Geschäfts-prozesse / Kaufentscheidende Kriterien | Markt-analyse | Design | Produkt-entwicklung | Beschaffung | Management der Beschaffungskette | Vertrieb |
|---|---|---|---|---|---|---|
| Gute Passform (96%) | stark | stark | stark | --- | --- | --- |
| Gutes Preis-Leistungs-Verhältnis (95%) | stark | stark | stark | stark | schwach | schwach |
| Bequemlichkeit (94%) | stark | stark | stark | --- | --- | --- |
| Passender Stil (89%) | stark | stark | strak | --- | --- | --- |
| Hohe Qualität (89%) | stark | stark | stark | stark | schwach | --- |
| Funktionalität der Materialien (84%) | schwach | schwach | stark | stark | schwach | --- |

Legende: stark / schwach / ---

**Abb. 4.20** Einflussmatrix zur Identifikation der Kernprozesse für Bekleidungsprodukte

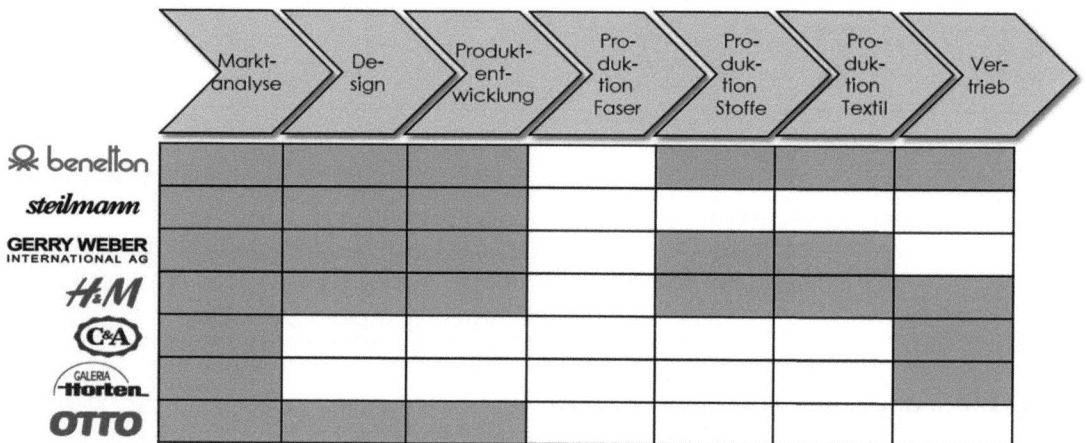

**Abb. 4.21** Wertschöpfungsmodelle ausgewählter Bekleidungshersteller. (In Anlehnung an Müller-Stewens und Lechner 2016, S. 357 f.)

Die wesentliche Wertschöpfung wird also durch die Marktanalyse, das Design und die Produktentwicklung erzielt. Dieser Erkenntnis entsprechen auch die Wertschöpfungsmodelle der Bekleidungshersteller, die im Wesentlichen diese drei Wertschöpfungsstufen selber in der Hand behalten und alle weiteren Stufen auslagern (vgl. Abb. 4.21). ◄

**Bestimmung der Profitabilität**
Die Profitabilität bezeichnet den Nutzen aus dem Produkt für das Unternehmen. Dieser Nutzen lässt sich in zwei unterschiedliche Aspekte klassifizieren: Finanzielle und nicht-finanzielle Nutzenaspekte. Beide sollen im Folgenden kurz erläutert werden.

Im Hinblick auf den finanziellen Nutzen muss ein Unternehmen festlegen, welchen zusätzlichen Gewinn, welche Rentabilität und/oder welche Amortisationszeit es aus der Investition in das Produkt erwartet. Dies wird in der Regel mit Methoden und Kennzahlen der dynamischen Investitionsrechnung (Kapitalwert, interner Zinsfuß, dynamische Amortisationszeit) ermittelt. Dafür fehlen jedoch zu Anfang des Projekts, in der Phase der

## 4.3 Spezifikation von Produkten

Produktspezifikation, noch die Grundlagen, die in den erwarteten Cash-Inflows und Cash-Outflows über einen definierten Betrachtungszeitraum bestehen. Eine Budgetierung der Entwicklungsaufwände ist jedoch hilfreich für die Steuerung der einzelnen Funktionsbereiche.

Hierbei hilft die Idee der Zielkosten (Target Costing) weiter – ein Ansatz des Kostenmanagements in der Produktentwicklung, der sich nach dem 2. Weltkrieg in Zeiten der Rohstoffknappheit, der Rezession und des Wettbewerbsdrucks in Japan, Europa und den USA entwickelte (Clifton et al. 2004; Ansari et al. 2007; Girkinger und Gaubinger 2009; Kajüter 2013; Ehrenspiel et al. 2014; Ahn et al. 2018). Der Ausgangspunkt für Target Costing ist die Bestimmung eines marktfähigen Preises für ein Produkt. Dieser „Zielpreis" („Target Price") wird auf der Basis der Analyse der Zahlungsbereitschaft der Kunden sowie der Preise der Wettbewerberangebote bestimmt. Auf der Basis der Zielpreisbestimmung werden dann der Zielprofit für das Unternehmen („Target Profit") sowie die erlaubten Kosten der Produktentwicklung („Allowable Costs") definiert.

Mit diesem Ansatz werden die klassischen Methoden der Kostenrechnung, wie z. B. die Zuschlagskalkulation, umgedreht: Statt den Produktpreis „bottom up" aus den tatsächlich anfallenden Selbstkosten plus entsprechender (Gewinn-)Zuschläge zu ermitteln, wird der Produktpreis „top down" festgelegt und die „erlaubten Kosten" daraus abgeleitet (Abb. 4.22).

Die wesentlichen Vorteile des Target Costing in der Phase der Produktspezifikation liegen somit in der Marktorientierung bei der Produktpreisfestsetzung sowie in der Möglichkeit zu einer frühen Steuerung der Produktentwicklungsaktivitäten (Ahn et al. 2018, S. 322). Denn die „allowable costs" können in einer „Zielkostenspaltung" entsprechend des jeweiligen Kundennutzens auf die einzelnen Produktkomponenten verteilt werden. Sind die geschätzten Kosten („driftling costs") höher als die „allowable costs", werden Maßnahmen zur Kostenreduktion oder Wertsteigerung diskutiert und entschieden. Das Ergebnis dieser Entscheidung stellen dann die finalen vereinbarten „target costs" für die einzelnen Produktkomponenten dar.

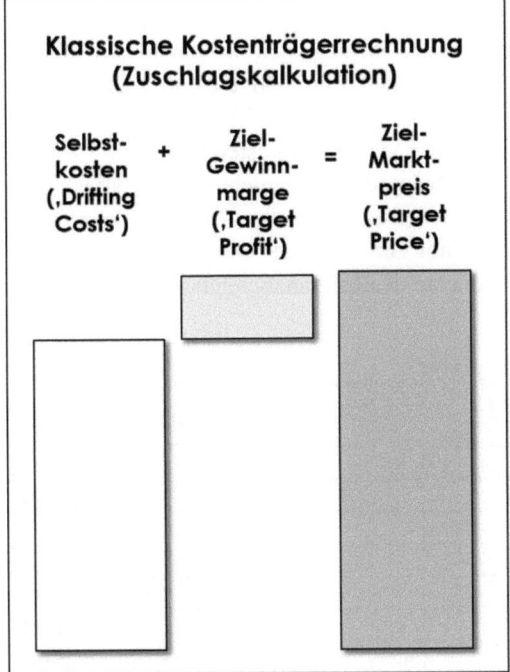
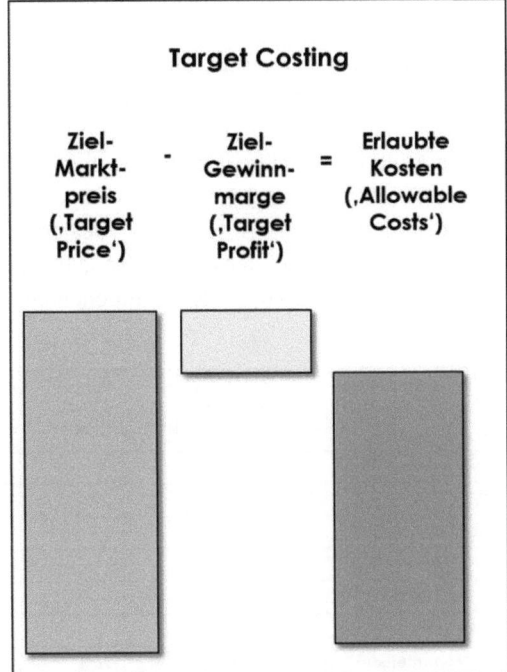

**Abb. 4.22** Das Prinzip der Zielkostenrechnung (Target Costing). (In Anlehnung an Reichhardt 2019, S. 86)

> **Beispiel**
>
> **Target Costing für ein neues Smartphone**
>
> Die Preisschwelle, die hochpreisige von preisgünstigen Smartphones weltweit unterscheidet, liegt bei etwa 400,- US$ Verkaufspreis (IDC 2023). In Deutschland und anderen „high income countries" liegt die Preisschwelle bei etwa 600,- € Verkaufspreis (GFU 2023).
>
> Setzt man einen Marktpreis von 500,- € für ein neues, robustes Smartphone ohne signifikante Markenbekanntheit mit langer Akkulaufzeit und leichter Personalisierung an und bestimmt eine Gewinnmarge pro Stück von 8 % (40,- US$) sowie Mehrwertsteuern, Margen für den Vertrieb sowie Abgaben für Copyright und WEEE-Richtlinie von 22 % (110,- US$), so ergeben sich „erlaubte Kosten" von 350,- pro Stück. Diese umfassen Rohstoffe und Komponenten, Lizenzgebühren, Fertigung, Bearbeitung und Konfiguration, Logistik und Verpackung sowie Verwaltung und Vertrieb.
>
> In einem zweiten Schritt werden dann die Nutzenwerte aus Kundensicht für die einzelnen Funktionen mit Hilfe einer Conjoint-Analyse (Rao 2014) ermittelt. In einem dritten Schritt wird in einem interdisziplinären Team für jede Komponente eingeschätzt, in welchem Grad diese Komponente zur Erfüllung der Funktion beiträgt. Komponenten und Funktionen werden schließlich in einer „Komponenten-Funktionen-Matrix" gegenübergestellt, die die Nutzenanteile der Funktionen und Komponenten widerspiegelt (vgl. Abb. 4.23). Idealerweise entsprechen die Kostenanteile der „allowable costs" dem Nutzenanteil der Komponenten.
>
> Die „Allowable Costs" werden dann mit den geschätzten Selbstkosten aus einem Vorgängerprodukt („Drifting Costs") verglichen. Im Falle von Abweichungen besteht ein Kostenreduktionsbedarf. Zur Identifikation von Schwerpunkten bei den Kostensenkungsmaßnahmen kann ein Zielkostenindex berechnet werden (vgl. Abb. 4.24):
>
> $$\text{Zielkostenindex} = \frac{\text{Nutzanteil der Komponente}}{\text{Kostenanteil der „Drifting Costs"}}$$
>
> Der Zielkostenindex quantifiziert also die relative Bedeutung einer Komponente im Verhältnis zu ihrem tatsächlichen Kostenanteil. Er drückt damit den Grad der Abweichung zwischen Kundenbedeutung und Kostenverursachung bei Produkten aus. Im Idealfall beträgt der Zielkostenindex 1. Ist er größer als 1, kommt der Komponente eine hohe Kundenbedeutung zu, ohne dass sich das in der Kostenbudgetierung widerspiegelt – sie wird also bislang „zu einfach" realisiert. Im umgekehrten Fall, wenn der Zielkostenindex kleiner als 1 ist, verursacht die Komponente zu hohe Kosten im Verhältnis zum Kundenwert – sie ist also „zu aufwändig". Die Schwerpunkte der Budgetierung lassen sich in einem Zielkostenkontrolldiagramm (Value Control Chart) visualisieren (vgl. Abb. 4.25). Hier wird sichtbar, dass der ideale Zielkostenindex von 1 (Winkelhalbierende) meist nicht realisierbar ist. Deshalb wird eine „Zielkostenzone" definiert, in der mit zunehmender Bedeutung einer Komponente der Toleranzbereich abnimmt.

| Funktionen / Komponenten | Mechanische Robustheit | Lange Akkulaufzeit | Personalisierung | Standardfunktionen | Nutzenanteil der Komponente | Anteil Allowable Costs in EUR |
|---|---|---|---|---|---|---|
| Leiterplatte | 5% | | | 20% | 25% | 87,50 |
| Akku | | 20% | | | 20% | 70,00 |
| Front Cover | 5% | | | | 5% | 17,50 |
| Display | 10% | | | | 10% | 35,00 |
| Back Cover | 5% | | | | 5% | 17,50 |
| Funktionssoftware | | | 15% | 20% | 35% | 122,50 |
| **Nutzenanteil der Funktion** | 25% | 20% | 15% | 40% | 100% | 350,00 |

**Abb. 4.23** Komponenten-Funktionen-Matrix für ein neues Smartphone

## 4.3 Spezifikation von Produkten

**Abb. 4.24** Ermittlung des Zielkostenindizes bei einem Smartphone

| Komponenten \ Funktionen | Nutzenanteil der Komponente | Kostenanteil der „Drifting Costs" | Zielkosten-index |
|---|---|---|---|
| Leiterplatte | 25% | 31% | 0,8 |
| Akku | 20% | 17% | 1,2 |
| Front Cover | 5% | 3% | 1,7 |
| Display | 10% | 8% | 1,3 |
| Back Cover | 5% | 2% | 2,5 |
| Funktionssoftware | 35% | 39% | 0,9 |
| Gesamt | 100% | 100% | |

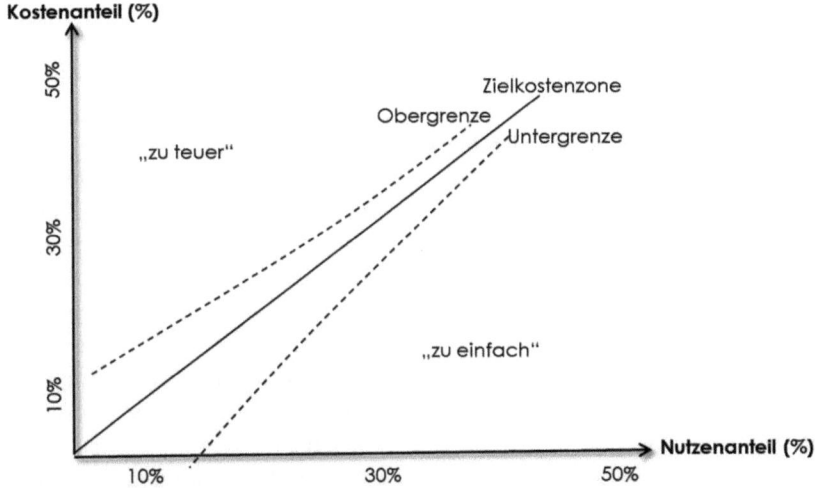

**Abb. 4.25** Zielkostenkontrolldiagramm (Value Control Chart) für ein Smartphone

Handlungsbedarf besteht also im Fallbeispiel vor allem bei den Komponenten Leiterplatte (Kostenreduzierungsmaßnahmen) und Akku (Wertsteigerungsmaßnahmen).

Die auf diese Weise ermittelten und im Idealfall vereinbarten Zielkosten für jede Komponente bilden den budgetierten Orientierungspunkt für die Aufwandsverteilung in der Produktentwicklung. ◄

Somit bildet der Wert des Produkts aus Kundensicht die Basis für die Preisfestsetzung und für die Budgetierung der Produktentwicklung, was das Target Costing zu einem hilfreichen Steuerungsinstrument für das Produktmanagement macht.

Daneben sollten in die Profitabilitätsbestimmung auch qualitative Nutzenelemente für das Unternehmen mit aufgenommen werden. Gerade bei Produkten mit einem hohen Neuigkeitsgrad stellt sich die finanzielle Rentabilität oft erst nach einigen Jahren ein, was einen langen Atem erforderlich macht. In solchen Situationen müssen dann nicht-finanzielle Nutzenargumente für die erste Zeit höher gewichtet werden als finanzielle. Dazu zählen die Technologiebeherrschung aufgrund des Einsatzes neuer Technologien, der Zuwachs an Marktkenntnis, wenn neue Märkte betreten werden, und/oder die Prozesskompetenz in der Entwicklung, Produktion, Vermarktung und im Service neuer Leistungen (vgl. Abb. 4.26).

Diese Nutzenaspekte lassen sich nicht unmittelbar quantifizieren. Sie sollten sich aber zumindest indirekt und langfristig bemerkbar machen in der Senkung der durchschnittlichen

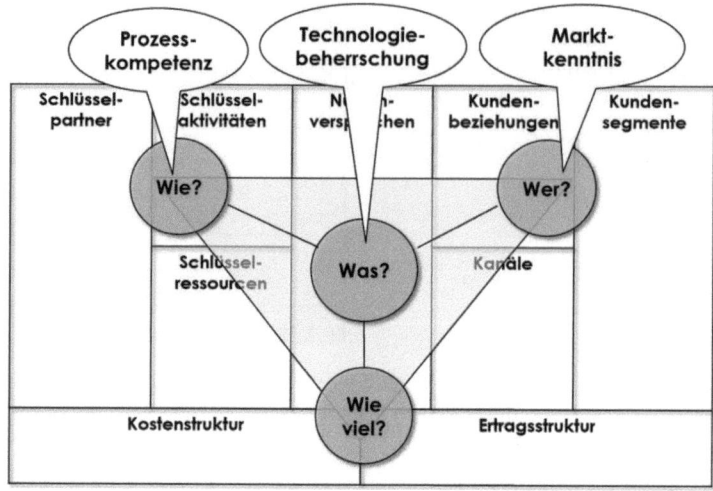

**Abb. 4.26** Mögliche nicht-finanzielle Profitabilitätsaspekte von Produktentwicklungen. (In Anlehnung an Osterwalder und Pigneur 2010; Gassmann et al. 2017)

Stückkosten des Produkts, die gemäß der ökonomischen Lernkurve mit jeder Verdoppelung des Produktions- und Absatzvolumens auftreten kann (vgl. Henderson 1974, Yelle 1979). Andernfalls wäre die Lernerfahrung, dass bestimmte Produkte derzeit in dem definierten Markt nicht funktionieren.

> **Zusammenfassung: Spezifikation von Produkten**
>
> Die Produktspezifikation beinhaltet vier wesentliche Arbeitspakete: Die Festlegung der Marktpositionierung, die Definition der Produktanforderungen, den Entwurf eines Wertschöpfungsmodells sowie die Bestimmung der Profitabilität.
>
> Die Marktpositionierung stellt das „Herz" der Produktdefinition dar, da durch sie definiert wird, welcher Kundennutzen für welche Kundensegmente durch ein Produkt geleistet wird und wie es sich von Wettbewerbsangeboten differenziert. Dies stellt die strategische Richtung für die Produktanforderungen, das Wertschöpfungsmodell sowie die Profitabilitätsbestimmung dar.
>
> Die Produktanforderungen bilden den Ausgangspunkt für einen Kommunikationsprozess zwischen der Markt- und der technischen Sicht, indem zunächst die Anforderungen an das Produkt aus Marktperspektive formuliert werden („Was soll das Produkt leisten?"), die dann in eine technische Produktspezifikation („Wie werden die Marktanforderungen technisch umgesetzt?") transformiert wird.
>
> Im Wertschöpfungsmodell wird identifiziert, durch welche wesentlichen Geschäftsprozesse der Produktnutzen, der in der Marktpositionierung definiert wurde, realisiert wird. Die Gestaltung dieser Kernprozesse bildet das Wertschöpfungsmodell für das Produkt ab.
>
> Die Profitabilitätsbestimmung erfolgt idealerweise über einen Target Costing – Ansatz. Hier wird zunächst ein wettbewerbsfähiger Marktpreis ermittelt, von dem die Ziel-Gewinnmarge subtrahiert wird. Daraus resultieren die „allowable costs" für die Produktentwicklung. Diese können auf einzelne Funktionen und Komponenten entsprechend ihres Kundennutzens verteilt werden. Damit lässt sich der Aufwand in der Produktentwicklung marktorientiert steuern. Neben der finanziellen Profitabilität sollten in diesem Zuge auch nicht-finanzielle Profitabilitätsaspekte wie Marktkenntnis, Technologiebeherrschung und/oder Prozesskompetenz einfließen, die eine Produktentwicklung mit sich bringt.

## 4.4 Realisierung von Produkten

Die Phase der Produktrealisierung ist durch vier parallele Entwicklungsprozesse gekennzeichnet, (vgl. Haines 2014, S. 447–480; Trott 2017, S. 342–377), welche eine koordinierte Planung und Überwachung erfordern (vgl.Abb. 4.27):

- die technische Produktentwicklung: von Produktanforderungen zum Produktdesign;
- die Marketingplanung: von der Marktpositionierung zum Marketingkonzept;
- die Prozessgestaltung: vom Wertschöpfungsmodell zu den Geschäftsprozessen;
- die Ertragsplanung: von der Profitabilitätsabschätzung zum Business Case.

Diese vier Prozesse sollen im Folgenden skizziert werden.

**Die technische Produktentwicklung**
Die Entwicklung von den Produktanforderungen zum Produktdesign folgt branchen- und unternehmensspezifisch individuellen Prozessmodellen. Dies wird schon an den Begrifflichkeiten deutlich: So können sich die Ergebnisse der technischen Produktentwicklung in Zeichnungen, Stücklisten, Produktionsplänen, Quellcodes, Layouts, Service-Blueprints, Prototypen oder Rezepturen materialisieren (vgl. Holzbaur 2007, S. 57–80; Ulrich und Eppinger 2016, S. 73–116; Jantzer et al. 2019, S. 49–68). Zwischen den Anforderungen und dem Design liegen Entwicklungsprozesse, die lineare, wasserfallartige, V-förmige, W-förmige, spiralförmige, und/oder iterativ-inkrementelle Gestalt annehmen können. Dies macht deutlich, dass die Aufgaben des Produktmanagements im Hinblick auf die konkrete Begleitung von technischen Entwicklungsprozessen nur sehr spezifisch diskutiert werden können.

An dieser Stelle soll an zwei Beispielen exemplarisch aufgezeigt werden, worin die Rolle der Produktmanagerin in der Begleitung der technischen Produktentwicklung bestehen kann: Am Beispiel des V-Modells und am Beispiel des Scrum-Ansatzes.

Im V-Modell – sei es in der (klassischen) Version von 1992, von 1997 oder in der aktuellen XT-Version – stellt ein Entwicklungsmodell für

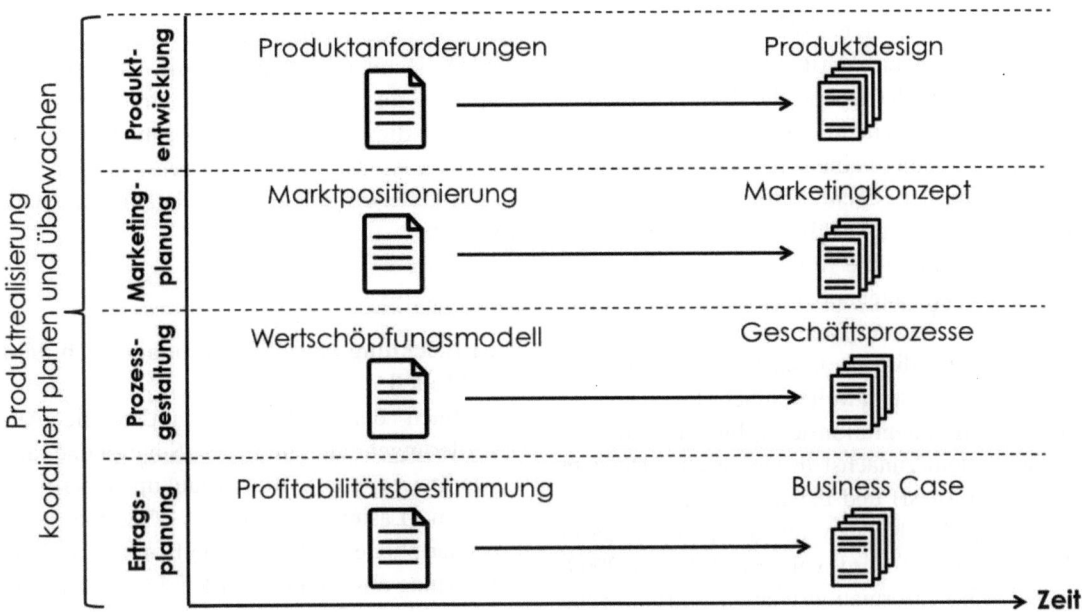

**Abb. 4.27** Aufgaben in der Produktrealisierung

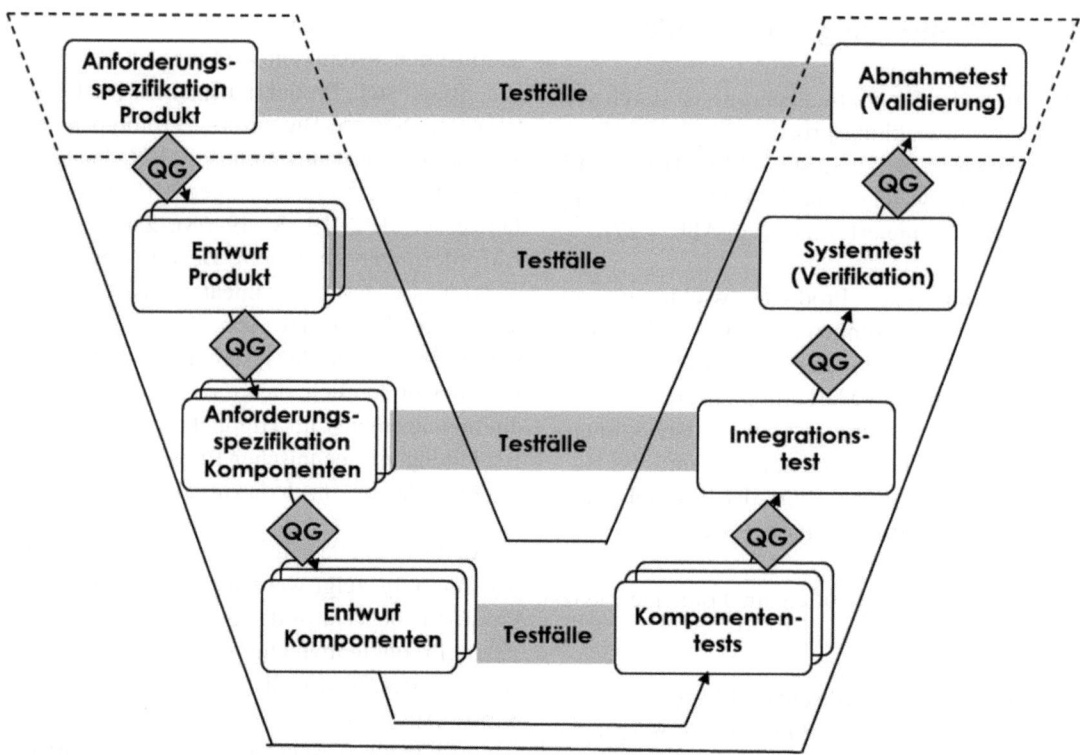

**Abb. 4.28** Das V-Modell der technischen Systementwicklung. (In Anlehnung an: Friedrich et al. 2009; Informationstechnikzentrum Bund 2019, S. 38)

technische Systeme dar, das aus unterschiedlichen Komponenten besteht. Somit bestehen die Herausforderungen darin, zunächst die Anforderungen an das technische System (Produkt) aus Marktsicht in einem Lastenheft zu definieren. Dieses wird dann in einen Gesamtsystementwurf aus technischer Sicht (Pflichtenheft) transformiert. Das System-Pflichtenheft stellt wieder Anforderungen an die Komponenten, die wiederum in Komponentenentwürfe transformiert werden, bis das Gesamtsystem spezifiziert ist. Dann werden zuerst die Komponenten implementiert und getestet, diese in weiteren Schritten integriert und geprüft (Integrationstest), bis am Ende das Gesamtsystem zunächst in technischer Hinsicht (Verifikationstest) und danach in der Nutzungsumgebung des Kunden integriert und getestet (Validierungstest) wird (vgl. Friedrich et al. 2009, S. 129–158, Informationstechnikzentrum Bund 2019, S. 27–54).

Das Spezifikum des V-Modells, das im Kern ein lineares Wasserfallmodell darstellt, besteht darin, dass zusammen mit den Anforderungen auch die Testkriterien und Testfälle mit definiert werden. Denn eine Anforderung ist erst dann eindeutig und vollständig, wenn angegeben kann, wie diese geprüft wird. Deshalb wird das lineare Wasserfallmodell an der Testseite gewissermaßen zu einem V „hochgeklappt" (vgl. Abb. 4.28).

> **Beispiel**
>
> **Entwicklung eines Smartphones nach dem V-Modell**
>
> Nach dem V-Modell würden die Anforderungen an ein neues Smartphone aus Marktsicht durch die Produktmanagerin in einem Lastenheft für das Gesamtsystem „Smartphone" definiert und mit der Entwicklung abgestimmt werden. Die systemverantwortliche Organisationseinheit hätte dann die Aufgabe, auf dieser Basis ein Systempflichtenheft für das Smartphone zu erstellen.

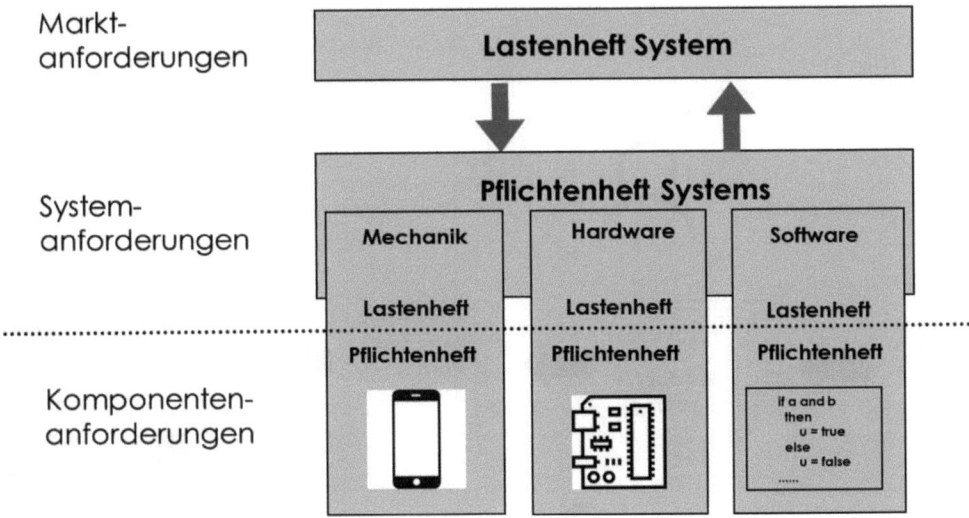

**Abb. 4.29** Lasten- und Pflichtenhefte auf System und Komponentenebene bei der Smartphone-Entwicklung

Zusammen mit den Komponentenverantwortlichen für das Gehäuse, die Leiterplatte und die Software-Schichten muss dann die Systemarchitektur festgelegt werden. Innerhalb dieser werden die Fragen beantwortet, welche Funktionen und Eigenschaften in Hardware und in den jeweiligen Softwareebenen realisiert werden müssen und wie das Gehäuse dimensioniert werden sollte, um beispielsweise die daraus entstehende Verlustleistung (Abwärme) abzuleiten. Das System-Pflichtenheft übernimmt also in der nächsten Spezifikationsstufe wieder die Funktion von Komponentenlastenheften, welche ihren Komponentenentwurf in Komponentenpflichtenheften dokumentieren (vgl. Abb. 4.29). ◂

Die Funktion eines Produktmanagers in diesem System bestünde darin, erstens das Lastenheft und zweitens die Abnahme- oder Validierungstests zu verantworten, die im Zuge der Lastenhefterstellung mit definiert und am Ende des Prozesses durchgeführt werden. Diese Aufgabe erfordert deshalb „Begleitung", weil im Entwicklungsverlauf permanent interne und externe Änderungsanforderungen entstehen, die Einfluss auf die Lastenheftanforderungen haben und deshalb vom Produktmanager mitentschieden werden müssen. Das wäre die Kernaufgabe eines „Inbound Produktmanagers" (vgl. Abschn. 2.3).

In einem anderen Entwicklungsmodell, dem Scrum-Ansatz, findet sich die Produktmanagerin in der Rolle des „Product Owners" wieder. Das zyklisch-iterative Scrum-Modell geht von der Annahme aus, dass sich Software-Produkte idealerweise in kurzen Entwicklungszyklen – begleitet von kontinuierlichem Feedback des Nutzers oder Kunden – entwickeln lassen (vgl. Schwaber und Beedle 2002; Schwaber 2004; Schwaber und Sutherland 2012; Sutherland 2014).

Diesem Gedanken folgend, muss am Anfang eine grobe „Vision" des Produkts entwickelt werden. Diese werden in Anforderungen oder „User Stories" aus Kundensicht differenziert und konstituieren gemeinsam den „Product Backlog". Für eine Entwicklungsiteration, einen „Sprint", werden dann aus dem „Product Backlog" diejenigen Anforderungen selektiert, die sich in einem „Sprint" von etwa zwei bis vier Wochen Dauer realisieren lassen. Die selektierten Anforderungen konstituieren den „Sprint Backlog". Die Aufgabe des „Scrum-Teams", das idealerweise in einem Raum zusammenarbeitet, besteht darin, innerhalb eines „Sprints" die selektierten Anforderungen zu implementieren. Das Team wird dabei durch einen „Scrum-Master" unterstützt, der auf die Einhaltung der „Scrum"-Regeln achtet, die täglichen „Standup-Meetings" („Daily Scrum") moderiert und Barrieren für das Team beseitigt. Am Ende jedes „Sprints" entsteht ein

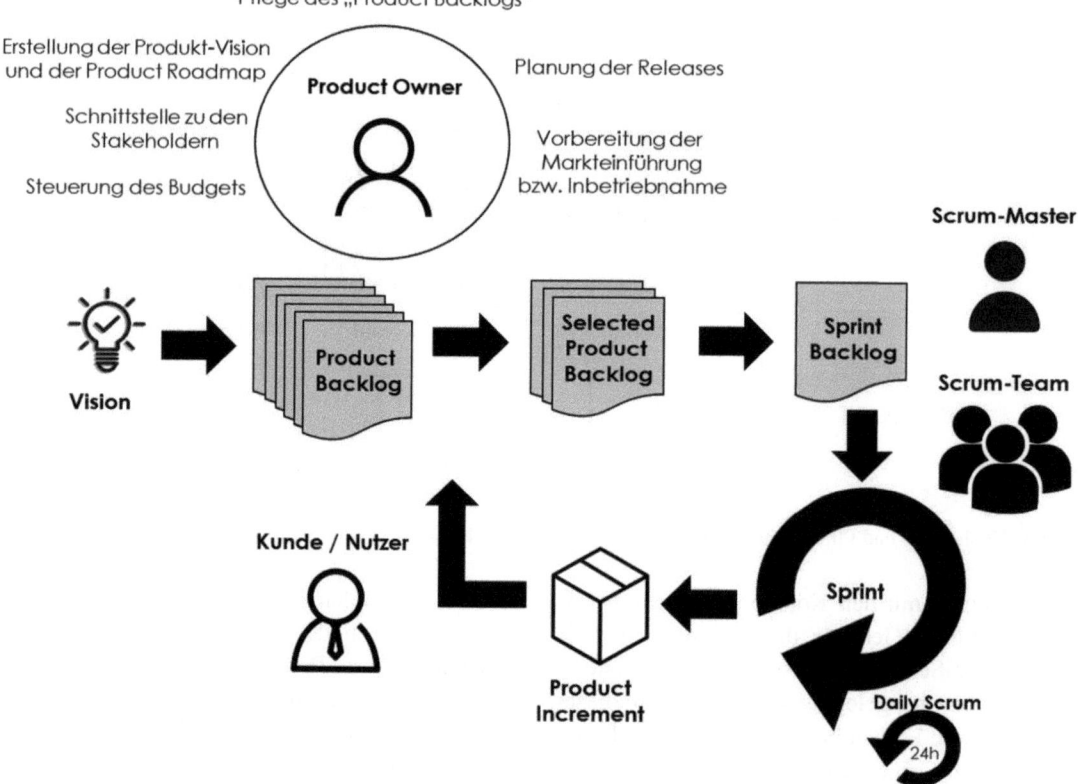

**Abb. 4.30** Die Rolle des Produktmanagers in Scrum. (Vgl. Schwaber 2004, S. 53–66; Schwaber und Sutherland 2012, S. 57–74; Sutherland 2014, S. 41–70; Pichler 2014, S. 7–25)

präsentierbares „Product Increment". Dieses kann eine Nutzeroberfläche oder eine realisierte Funktion sein. Das „Product Increment" wird durch den Kunden oder Nutzer geprüft, was wiederum in neuen Anforderungen und neuen Sprints resultiert. Während des Sprints sind keine Änderungen zugelassen. Erst wenn das Ergebnis, das „Product Increment", vorliegt und getestet wurde, können weitere Änderungen in zukünftigen „Sprints" vorgenommen werden (vgl. Abb. 4.30).

Die Rolle der Produktmanagerin deckt sich im Scrum-Ansatz häufig mit derjenigen des „Product Owners". In dieser Rolle ist sie für die Produktvision, die „Product Roadmap" sowie das „Product Backlog" verantwortlich und damit die „Hüterin des Produkts". Ferner fungiert sie als Budgetmanagerin für die Entwicklungsarbeit und als Schnittstelle zu den Nutzern bzw. Kunden und anderen Stakeholdern. Weiterhin bereitet sie die Markteinführung oder Inbetriebnahme vor. Idealerweise ist sie in dieser Rolle weitgehend getrennt vom Entwicklungsteam, zumindest während den „Sprint"-Zeiten (vgl. Pichler 2014, S. 7–25).

**Die Marketingplanung**
Die Marketingplanung bezeichnet den Weg von der Marktpositionierung zum Marketingkonzept. Dabei wird unterschiedlich interpretiert, was genau Inhalte eines Marketingkonzepts für Neuprodukte sind (vgl. Haines 2014, S. 385–412; Hofbauer und Sangl 2017, S. 365–387; Bruhn und Hadwich 2017, S. 251–294; Pepels 2017; Matys 2022, S. 193–299). Hier wird folgender Vorschlag gemacht (vgl. Abb. 4.31):

In einem Marketingkonzept sind zunächst grundsätzliche Entscheidungen zu treffen, was gemeinhin als „strategisches Marketing" bezeichnet wird. Dazu gehören die Markt-

## 4.4 Realisierung von Produkten

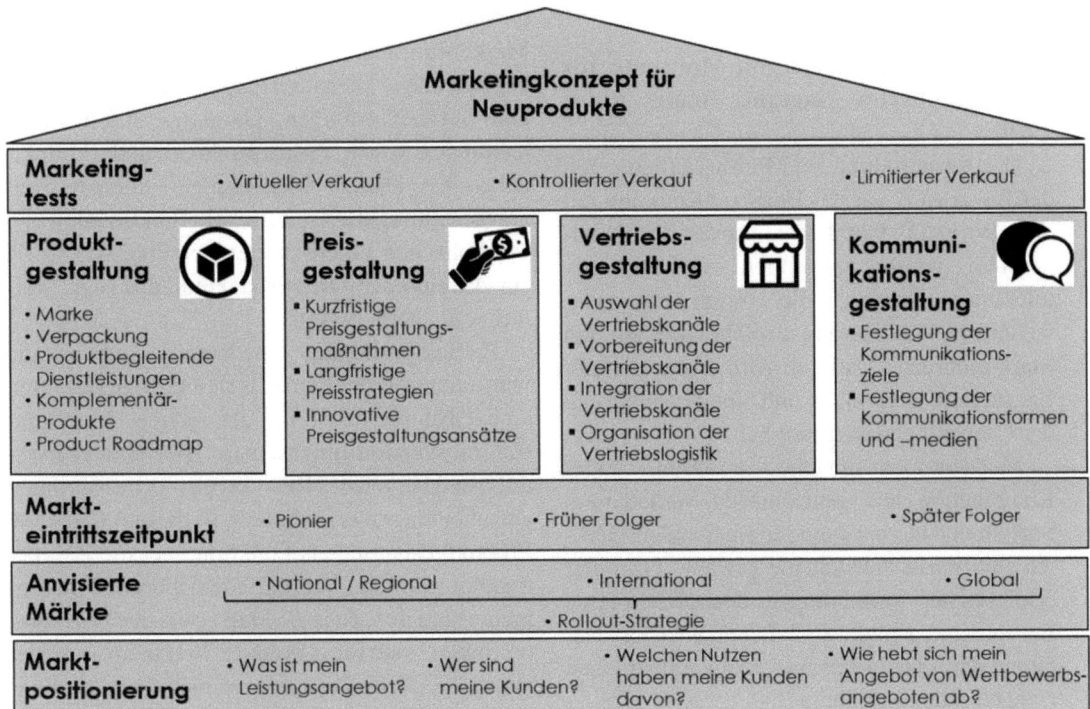

**Abb. 4.31** Mögliche Inhalte eines Marketingkonzepts für Neuprodukte

positionierung, die bereits in Abschn. 4.3 als Bestandteil der Produktdefinition behandelt wurde. Darüber hinaus sind auch die Festlegung der anvisierten Märkte und des Rollout-Konzepts sowie Entscheidungen zum Markteintrittszeitpunkt von grundlegender Bedeutung.

Bei der Festlegung der anvisierten Märkte sind für einen nationalen oder regionalen Markt (z. B. DACH-Region) andere Maßnahmen wesentlich als für eine internationale oder globale Strategie. Es stellen sich die die Fragen, wie standardisiert oder differenziert die Märkte bearbeitet werden müssen und ob Unternehmenszusammenschlüsse (z. B. Joint Ventures), Lizenzierungen oder Direktinvestitionen erforderlich sind (vgl. Herrmann und Huber 2013, S. 241–262; Berndt et al. 2016, S3–18).

In diesem Zuge ist zweitens auch zu überlegen, mit welchem Rollout-Konzept das Produkt in die Märkte eingeführt werden sollte, wenn es sich um mehrere Märkte handelt. Grundsätzlich wird für den Markteintritt eine Sprinklerstrategie von einer Wasserfall- oder Treppenstrategie unterschieden (vgl. Herrmann und Huber 2013, S. 255–257; Vahs et al. 2023, S. 521–523). Bei der Sprinklerstrategie wird das Produkt gleichzeitig in allen Märkten eingeführt, wodurch eine steile Lernkurve sowie die Bündelung der Marketingaktivitäten ermöglicht wird. Bei der Wasserfall- oder Treppenstrategie erfolgen die Markteintritte sequenziell nacheinander. Das hat die Vorteile einer Minimierung von Marktrisiken sowie einer fokussierten Konzentration auf einen Markt.

Drittens ist der Zeitpunkt der Markteinführung grundlegend. Eine Pionierstrategie, die das Ziel verfolgt, ein Neuprodukt als erster in den Markt oder die Märkte zu bringen, hat die Vorteile einer temporären Monopolstellung mit der Möglichkeit der Definition von Standards sowie eine frühe Lernkurve. Diesen Vorteilen stehen hohe Einführungskosten und -risiken gegenüber. Diese Nachteile können es auch angeraten sein lassen, einen Wettbewerber mit dem Produkt den Vorrang zu lassen und von dessen Erfahrungen und Vorbereitungsarbeiten zu profitieren. Dann wird meistens von einer frühen oder späten Folger-Strategie gesprochen (vgl. Herrmann und Huber 2013, S. 246–254; Vahs et al. 2023, S. 523 f.).

> **Beispiel**
>
> **Markteintrittsstrategie von Monsanto für genmanipuliertes Saatgut (ohne Autor 1999)**
>
> Das Kernprodukt von Monsanto (heute Teil der Bayer AG) war das Herbizid Roundup mit dem Wirkstoff Glyphosat. Dieses Breitbandherbizid wurde zusammen mit herbizidtoleranten Saatgut, die durch die gentechnische Veränderung erreicht wird, auf den Markt gebracht. Dadurch wird ein gezielterer Einsatz von Herbiziden und eine Verringerung der Umweltbelastung möglich.
>
> Monsanto hat für die Einführung seiner Kombination aus gentechnisch verändertem Saatgut und Herbizid auf internationalen Märkten eine Wasserfallstrategie gewählt: Nach der erfolgreichen Einführung in den USA folgten Europa und Mittel- und Lateinamerika. Der Grund dafür lag in den aufwändigen staatlichen Genehmigungsverfahren.
>
> Monsanto hat jedoch die Vorteile der Wasserfallstrategie nicht genutzt. Es wurde zwar die jeweiligen Anforderungen der Genehmigungsbehörden erfüllt, die Vorteile der Produktkombination jedoch kaum differenziert und proaktiv kommuniziert.
>
> So sollte beispielsweise in UK mit einem Medien-Budget von 1,6 mio. US $ den Verbrauchern die Vorteile von genmanipuliertem Saatgut mit der in den USA bewährten Kommunikationsstrategie erläutert werden, jedoch glaubten nur 1 % der Gesamtbevölkerung nach der Medienkampagne an die Vorzüge. ◄

Basierend auf diesen strategischen Entscheidungen kann das Produktmarketing operativ gestaltet werden. Entlang der klassischen Konzeption des operativen Marketings nach dem 4-P-Modell (vgl. McCarthy 1960; Borden 1964) können hier Überlegungen zur Produkt-, Preis-, Vertriebs- und Kommunikationsgestaltung des Produkts angestellt und festgesetzt werden:

Da das Produktdesign schon weitgehend bei der Produktspezifikation definiert wurde, beziehen sich die Überlegungen zur **Produktgestaltung** aus Marketingsicht auf Aspekte der Markenführung, Verpackung, der produktbegleitenden Dienstleistungen wie Beratungs- und Serviceleistungen, Garantie- und Kulanzleistungen sowie Zusatzprodukte und Produktzubehör. Diese Maßnahmen dienen zur Ausgestaltung der ästhetischen, funktionalen und symbolischen Eigenschaften des Produkts sowie zur Anreicherung des Produktnutzens (vgl. Meffert et al. 2015, S. 418).

Produktgestaltung bedeutet nicht, alle wünschenswerten Funktionen und Eigenschaften eines Neuprodukts in der ersten Markteinführungsversion umzusetzen. Hier sind meist – aufgrund begrenzter Ressourcen – Priorisierungsentscheidungen erforderlich. In diesem Fall kann Produktgestaltung als Funktion über die Zeit betrachtet werden. Die dafür existierende Instrumente sind der „Release Plan" (v. a. für Softwareprodukte) und die „Product Roadmap", in der unterschiedliche Produktversionen über die Zeitachse geplant sind (vgl. Specht und Behrens 2008; Pichler 2016, S. 146–173; Lombardo et al. 2017; Cagan 2018, S. 108–120; Münch et al. 2019).

> **Beispiel**
>
> **Release Planung und Product Roadmap**
>
> Die Release Planung dient dazu, Änderungswünsche von Kundenseite oder von internen Funktionen aufzunehmen, zu prüfen, zu entscheiden und einem (terminierten oder nicht terminierten) Release einer Software-Applikation zuzuordnen (vgl. Abb. 4.32).
>
> Eine Produkt-Roadmap definiert auf einem Zeitstrahl, welche Fehlerbehebungen, Verbesserungen oder Erweiterungen für die unterschiedlichen definierte Produktversionen vorgesehen sind (vgl. Abb. 4.33).
>
> Dies kann auch öffentlich gemacht und/oder unter Einbezug der Nutzer geschehen, wie das Beispiel Microsoft zeigt. Beispielsweise macht das Unternehmen für seine bekannte Office-Suite Microsoft 365 die Product Roadmap öffentlich, sodass sich interessierte Kunden über die Produktgestaltungsaktivitäten mit Hilfe unterschiedlicher Filter informieren können (Microsoft 2023). ◄

**Abb. 4.32** Release-Planung für eine Software-Applikation

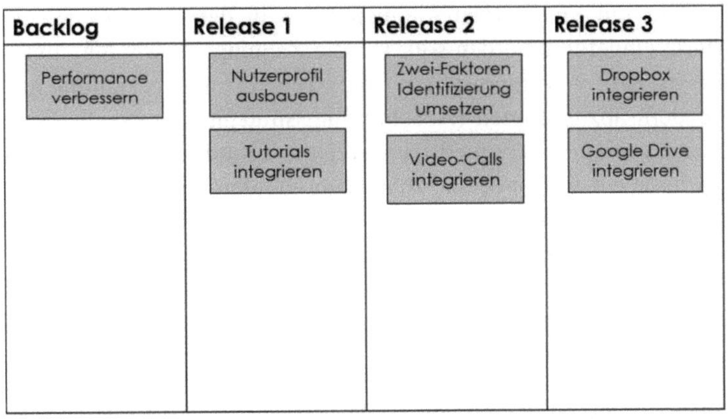

| Backlog | Release 1 | Release 2 | Release 3 |
|---|---|---|---|
| Performance verbessern | Nutzerprofil ausbauen | Zwei-Faktoren Identifizierung umsetzen | Dropbox integrieren |
|  | Tutorials integrieren | Video-Calls integrieren | Google Drive integrieren |

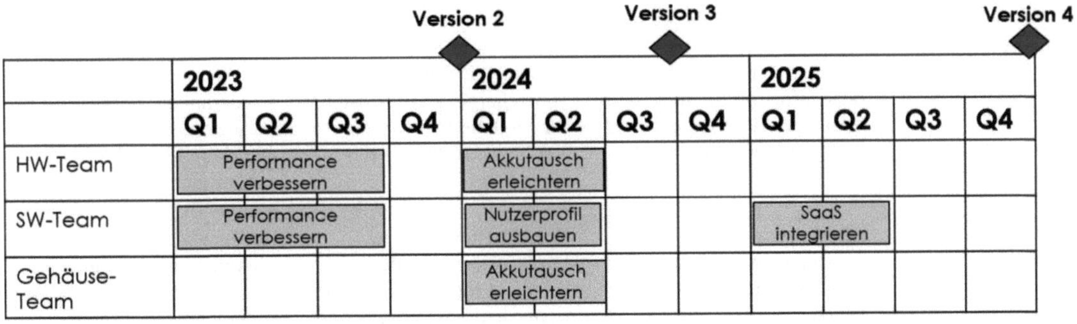

|  | 2023 |  |  |  | 2024 |  |  |  | 2025 |  |  |  |
|---|---|---|---|---|---|---|---|---|---|---|---|---|
|  | Q1 | Q2 | Q3 | Q4 | Q1 | Q2 | Q3 | Q4 | Q1 | Q2 | Q3 | Q4 |
| HW-Team |  | Performance verbessern |  |  | Akkutausch erleichtern |  |  |  |  |  |  |  |
| SW-Team |  | Performance verbessern |  |  | Nutzerprofil ausbauen |  |  |  | SaaS integrieren |  |  |  |
| Gehäuse-Team |  |  |  |  | Akkutausch erleichtern |  |  |  |  |  |  |  |

Meilensteine: Version 2 (Q1 2024), Version 3 (Q3 2024), Version 4 (Q4 2025)

**Abb. 4.33** Product Roadmap für ein Smartphone

Eng mit der Produktgestaltung verbunden ist die **Preisgestaltung**. Der Basispreis des Produkts wird in der Spezifikationsphase bestimmt (Abschn. 4.3). Dort wurde der Target Costing-Ansatz vorgeschlagen, andere Möglichkeiten zur Basispreisfestsetzung sind aber auch die Zuschlagskalkulation oder die wettbewerberorientierte Preisfestsetzung (vgl. Meffert et al. 2015, S. 443–506; Simon und Fassnacht 2016, S. 97–160; Matys 2022, S. 234–246).

In fast allen Fällen eröffnet die Basispreisbestimmung Preisgestaltungsspielräume, welche durch klassische oder neuere Preisgestaltungsmaßnahmen ausgefüllt werden können.

Zu den klassischen kurzfristigen Preisgestaltungsmaßnahmen zählen Preisdifferenzierungen, Rabattierungen, verkaufsfördernde Preisgestaltungen, die Gestaltung von Liefer- und Zahlungskonditionen sowie die Absatzfinanzierung. Preisdifferenzierung bedeutet, dass dasselbe Produkt zu unterschiedlichen Preisen ohne weitere Bedingungen an differenzierte Zielgruppen (z. B. Studierendenpreise), in verschiedenen Märkten (z. B. Auslandspreise) oder zu unterschiedlichen Zeiten (z. B. Peak-Off-Preise) angeboten wird. Es ist damit ein Instrument zur differenzierten Marktbearbeitung. Rabattierungen sind dagegen an bestimmte Handlungsbedingungen gebunden, wie z. B. die Abnahme von Mengen oder die Dauer der Kundenbeziehung und stellt damit ein Anreizinstrument dar. In derselben Funktion zielt eine verkaufsfördernde Preisgestaltung auf eine Steigerung des Absatzes durch eine zeitlich befristete Preissenkung ab. Liefer- und Zahlungskonditionen nutzen Instrumente wie Zahlungsziele oder Skonti zur Sicherung der Liquidität. Absatzfinanzierungsangebote gewähren Kredite für Endkunden oder Vertriebskanäle zur Finanzierung höherwertiger Produktkäufe (vgl. Meffert et al. 2015, S. 461–506; Simon und Fassnacht 2016, S. 233–263; Diller et al. 2021, S. 270–326; Matys 2022, S. 243–245).

Klassische langfristige Preisgestaltungsmaßnahmen drehen sich um die Frage, ob ein Neuprodukt mit einem relativ hohen Preis in den Markt eingeführt werden soll, um die Zahlungsbereitschaft von Innovatoren und frühen Anwendern abzuschöpfen (Abschöpfungsstrategie) oder zu einem relativ niedrigen Preis, um Kaufbarrieren der frühen Masse zu senken und damit schnell den Markt breit zu durchdringen (Penetrationsstrategie) (vgl. Crawford und Di Benedetto 2021; S. 388–391; Simon und Fassnacht 2016, S. 285–326).

Bei neueren Modellen der Preisgestaltung werden unterschiedliche Aspekte der Preisgestaltung in innovativer Art und Weise gestaltet, weshalb hierbei auch von „Preisinnovationen" (Hinterhuber und Liozu 2018; Simon und Fassnacht 2016, S. 571–602) oder „Ertragsmodellinnovationen"(Gassmann et al. 2017, S. 6–20) gesprochen wird (Tab. 4.4).

Ein drittes Entscheidungsfeld für das Produktmarketing bildet die **Vertriebsgestaltung**, d. h.

**Tab. 4.4** Beispiele für neuere Preisgestaltungsmodelle. (Vgl. Chen und Perez 2018; ZeroPrice 2023; Hinterhuber und Liozu 2018; Simon und Fassnacht 2016, S. 571–602; FINN 2023; Hall et al. 2015)

| Preisgestaltungsaspekt | Preisgestaltungsmodell | Beispiel | Wirkung |
|---|---|---|---|
| **Wer bezahlt?** | „Sponsored Pricing" Komplementäre Produkte oder Infrastrukturen werden vom Hersteller bereitgestellt und (vor-)finanziert | Die unbegrenzte lebenslange Nutzung der Tesla Supercharger war für Käufer der Modelle S und X bis 2017 bzw. 2020 im Preis inbegriffen | Zentrale Kaufbarrieren, wie z. B. Reichweite und Wiederaufladezeit bei E-Fahrzeugen, werden für alle aktuellen und zukünftigen Käufer minimiert. |
| **Womit wird bezahlt?** | „Zero Pricing" Kunden bezahlen ein Produkt nichtmonetär mit Aktivitäten oder Daten | Über Plattformen wie zeroprice.com erhalten Kunden Produkte kostenfrei, wenn sie diese testen und Verbesserungs-vorschläge liefern | Konsumenten mit geringem Einkommen erhalten Produkte kostenfrei; Unternehmen erhalten Nutzerfeedback und/oder Nutzerdaten |
| **Wofür wird bezahlt?** | „Pay-for-Performance", „Pay-per-Outcome", „Pay-per-use" „Pay-what-you-want" „Participative Pricing" Nicht das Eigentum an Produkten wird bepreist sondern deren Nutzen oder deren Nutzung | BASF bepreist in seinem Geschäftsbereich „Automotive Coatings" die Lacke nicht auf Basis der bestellten Mengen, sondern auf der Basis jedes fertig lackierten Autos | Hersteller und Kunden teilen das Risiko eines fehlerfreien Ergebnisses und das Interesse an einem möglichst ressourcenschonendem Materialeinsatz |
| **Wie wird bezahlt?** | „Flatrate" Nicht die konsumierten Einheiten werden bepreist, sondern ein definiertes Angebot zu einem Abonnement-Festpreis | FINN bietet Autos in einem Flatrate-Abonnement an, in welchem Steuern, Versicherungen, Anmeldung und Wartungskosten bereits enthalten sind und alle 6–12 Monate ein neues Modell zur Verfügung steht | Preissicherheit und Bequemlichkeit für den Kunden; eine kleine Kohorte an Vielnutzern wird durch eine große Kohorte an Wenignutzern finanziert, was Ertragssteigerungen pro Nutzer zur Folge haben kann |
| **Wieviel wird bezahlt** | „Dynamic Pricing" „Surge Pricing" „Yield/Revenue Management" Preise variieren dynamisch mit der Nachfrage | Bei Uber Technologies variieren die Beförderungspreise mit der Nachfrage, die über die Anzahl der Bestellungen automatisch erfasst wird. So kann eine Uber-Fahrt in der Sylvester-Nacht doppelt so hoch sein wie am Neujahrsmorgen. | Angebot und Nachfrage können über dynamische Preisgestaltung synchronisiert werden und der Umsatzertrag für das Unternehmen gesteigert werden. |

die Auswahl und Ausgestaltung der Vertriebskanäle sowie evtl. der Vertriebslogistik für die Produktdistribution.

Im Hinblick auf die Vertriebskanäle lassen sich zwei grundsätzliche Formen unterscheiden: der direkte Vertrieb über eigenes Verkaufspersonal oder eigene Shops und der indirekte Vertrieb über Handelsunternehmen oder Absatzhelfer (d. h. Handelsvertreter, Kommissionäre, Makler). Daneben existieren noch Zwischenformen wie Franchise-Systeme oder andere Vertragshandelsformen (vgl. Meffert et al. 2015, S. 512–554; Kotler et al. 2016, S. 516–540; Dent und White 2018).

Da die Vertriebskanäle gewissermaßen „das Gesicht" des Produkts zum Kunden darstellen, sind für deren Auswahl zwei Fragen entscheidend: Das Erfordernis von Beratung im Kaufprozess sowie die Kosten pro Transaktion. Entsprechend diesen beiden Entscheidungsparametern lassen sich dann die unterschiedlichen direkten und indirekten Vertriebsoptionen, wie in Abb. 4.34 dargestellt, klassifizieren.

Die Kosten pro Transaktion entstehen bei Kanälen mit einem hohen Unterstützungspotenzial für Kunden vor allem durch die Aufwände der Vorbereitung und Unterstützung der Vertriebskanäle. Dies reicht von Produktinformationen und Produktschulungen, über die Vereinbarung von exklusiven Vertriebsmonopolen und anderen Anreizen für eine adäquate Präsentation und Beratung des Produkts, bis hin zur Einräumung von Händlerrabatten und speziellen Liefer- und Zahlungskonditionen. Dies gehört zu den Aufgaben des Produktmanagements vor der Markteinführung (Crawford und Di Benedetto 2021, S. 386–88).

Werden mehrere Vertriebskanäle bespielt, also ein Multi-Channel-Format gewählt, stellt sich überdies die Frage, ob und wie die unterschiedlichen Kanäle zu einer nahtlosen „Customer Journey" integriert werden können, was unter dem Titel „Omni-Channel Vertrieb" diskutiert wird (Yrjölä et al. 2018). Die Vision ist dabei, dass der Kunde, egal auf welchem Kanal er seine „Reise" abbricht, diese nahtlos auf dem anderen Kanal fortsetzen kann.

Angesichts dieser Entscheidungen lässt sich auch – analog zur „Product Roadmap" – an eine „Channel Roadmap" denken, die die Auswahl und ggf. Integration der Vertriebskanäle an die Lebenszyklusentwicklung des Produkts anpasst. Dementsprechend werden bei der Markteinführung der ersten Version eines Neuprodukts häufig wenige, selektiv ausgewählte Vertriebskanäle genutzt, die bei positivem Marktwachstum dann sukzessive ausgeweitet und ggf. integriert werden. In diesem Zuge können auch Überlegungen dahingehend angestellt werden, welche Vertriebskanäle für das Produkt nicht nur aktuell bedeutend sind, sondern in welchen Vertriebskanälen zukünftig ein hohes Potenzial bestehen könnte (vgl. Dickson 1983).

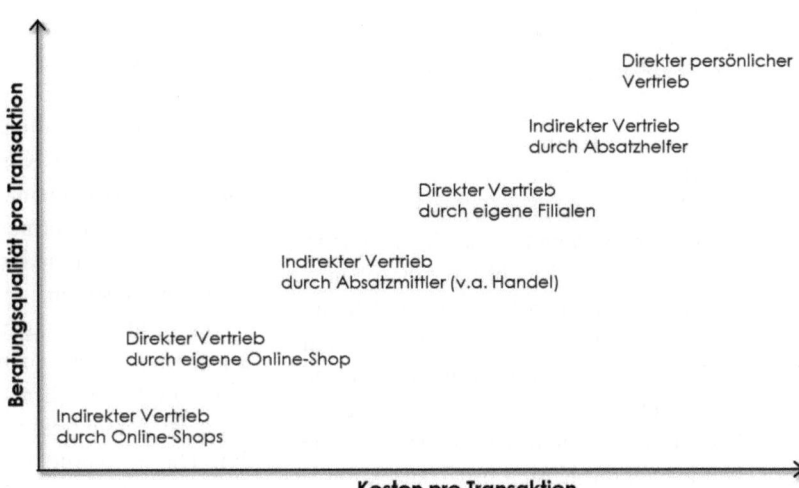

**Abb. 4.34** Mögliche Vertriebskanäle für ein Produkt. (Vgl. Meffert et al. 2015, S. 512–554; Kotler et al. 2016, S. 529 f.)

> **Beispiel**
>
> **Fragen der Vertriebsgestaltung beim Vertrieb von iFixit-Reparaturlösungen**
>
> Das 2003 in den USA gegründete Unternehmen iFixit vertreibt Lösungen zur Reparatur von Produkten, v. a. von Elektronikgeräten. Dazu hat es über 100.000 kostenfrei zugängliche, bebilderte Schritt-für-Schritt Reparaturanleitungen auf einer Webplattform veröffentlicht (iFixit 2023a). Den Umsatz erzielt es mit dem Vertrieb von dazugehörigen Ersatzteilen und Werkzeugen (iFixit 2023b). Wenn also ein Display gebrochen ist oder ein fest verschraubter Akku bei einem Smartphone gewechselt werden soll, kann ein Kunde mit Hilfe der gelieferten Ersatzteile und Werkzeuge anhand der Reparaturanleitungen diese Probleme selbstständig lösen.
>
> Für die Vertriebsgestaltung muss das Unternehmen vier Entscheidungen treffen:
>
> 1. Welche Vertriebskanäle haben geringe Kosten pro Transaktion?
>    Momentan sind die Vertriebskanäle die Online-Reparaturanleitungen sowie der eigene online-Shop. Daneben nutzt das Unternehmen auch Handelsplattformen wie Amazon. Damit wählt das kleine Unternehmen zwei Vertriebskanäle mit geringen Kosten pro Transaktion, aber auch wenig Unterstützung der Kunden bei der Reparatur ihrer Geräte.
> 2. Welche Vertriebskanäle minimieren die Kaufbarrieren der Kunden?
>    Die zentrale Barriere zur Nutzung der Lösungen ist die Angst des Konsumenten, Geräte zu öffnen, da dies ein zeitaufwendiges Neuland bedeutet und in der Regel damit auch ein Garantieverlust des Herstellers verbunden ist. Diese Barriere wird in der Regel nicht über die oben genannten, kostengünstigen Vertriebskanäle gesenkt. Es bedarf vielmehr Reparatur-Cafes oder Reparaturtheken im Elektronik-Fachhandel, um diese Barrieren zu senken. Mit diesen Unterstützungsleistungen steigen jedoch die Kosten pro Transaktion exponentiell.
> 3. Welche Vertriebskanäle unterstreichen die Marktpositionierung?
>    Den Gang in den stationären Fachhandel hat das Unternehmen bislang nicht vollzogen. Will es das tun, ist die Entscheidung zu treffen, welches Fachhandelsformat gewählt werden soll: Baumärkte, Elektronikhandel oder Fachhandel für nachhaltige Produkte. Diese Entscheidung hängt wesentlich von der Marktpositionierung der Lösung ab: Der Vertrieb über Baumärkte adressiert die Persona „Schrauber", derjenige über den Elektronikfachhandel positioniert die Lösung als Elektronik-Accessoire, derjenige über Nachhaltigkeits-Fachmärkte akzentuiert die Verlängerung des Produktlebenszyklus.
> 4. Können die ausgewählten Vertriebskanäle sinnvoll integriert werden?
>    Da die Ersatzteile und Werkzeuge nur in Verbindung mit den Reparaturanleitungen zu einer Lösung für den Kunden werden, können auch Überlegungen zu einer sinnvollen Integration der ausgewählten Vertriebskanäle zu einer nahtlosen „Customer Journey" angestellt werden: Ist der Einsatz der Werkzeuge und Ersatzteile in den Reparaturanleitungen verständlich beschrieben? Ist beim Kauf der Werkzeuge und Ersatzteile der schnelle und sichere Zugriff auf die richtige Reparaturanleitung sichergestellt? Ist bei Reparaturproblemen schnell ein wirksamer Service erreichbar? Kann evtl. der stationäre Fachhandel bei Fragen helfen? ◄

Ein viertes Handlungsfeld für das Marketing-Konzept stellt die **Kommunikationsgestaltung** dar. Damit ist gemeint, welche Inhalte zum Produkt in welchen Formen und über welche Medien zu welchen Zeitpunkten zu welchem Zweck platziert werden sollen.

Im Produktmanagement ist es hilfreich, bei der letzten Frage anzusetzen, dem Timing der Kommunikation. Ein erster Orientierungspunkt dafür ist der individuelle Kaufprozess der Kundin. Dieser wurde von verschiedenen Autoren unterschiedlich modelliert, kann aber zu einem

## 4.4 Realisierung von Produkten

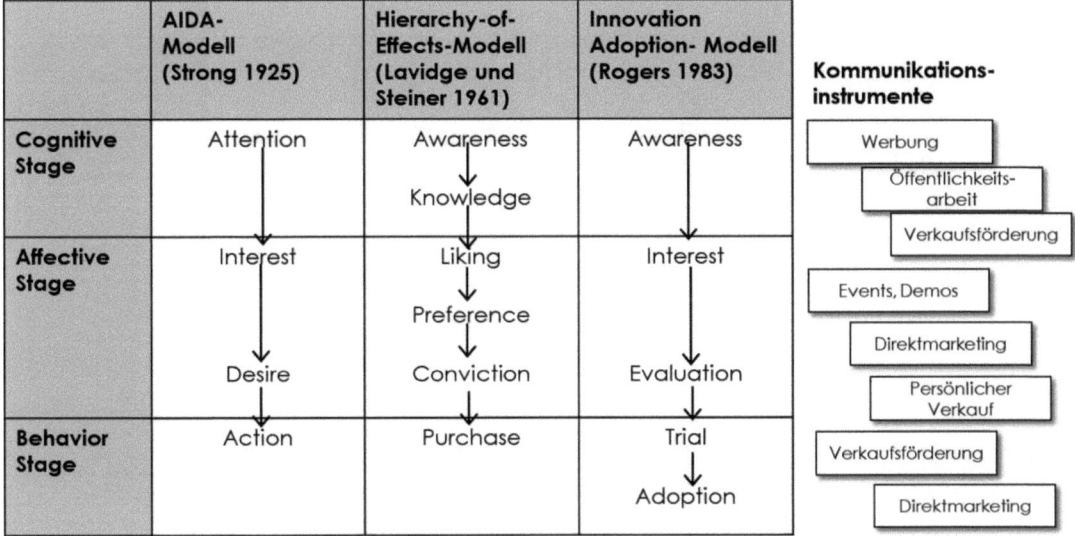

**Abb. 4.35** Kommunikationsgestaltung entlang des individuellen Kaufprozesses. (Vgl. Kotler et al. 2016, S. 586; Strong 1925, S. 9; Lavidge und Steiner 1961, S. 61; Rogers 1983, S. 79–86)

dreistufigen Prozess abstrahiert werden kann: Zunächst entsteht Aufmerksamkeit für das Angebot („cognitive stage"); aus dieser kann sich dann eventuell Interesse und ein Kaufwunsch entwickeln („affective stage"); dieser Kaufwunsch könnte dann in der dritten Phase ein eine Kaufhandlung münden („behaviour stage"). Die drei Phasen können durch entsprechende Kommunikationsmaßnahmen mit unterschiedlichen Zielen und Inhalten unterstützt werden (Abb. 4.35).

So kann durch kurze, prägnante und auffallende Botschaften und Gestaltungselemente in Online- und/oder Offline-Kanälen Aufmerksamkeit erzielt werden. Bezieht sich das auf ein Produkt, wird gemeinhin von „Werbung" gesprochen. „Öffentlichkeitsarbeit" bezeichnet dagegen die Darstellung eines Unternehmens. „Verkaufsförderung" ist die kommunikative Unterstützung von besonderen Preis- und/oder Vertriebsmaßnahmen zur Platzierung eines Neuprodukts am Markt. Für Konsumprodukte haben sich für diesen Zweck in den letzten Jahren kreative Maßnahmen des „Guerilla-Marketings" entwickelt (Krieger 2012).

Tiefergehendes Interesse und Überzeugung erfordert dagegen die Selektion der überzeugenden Argumente für die anvisierten Zielgruppen in einer adäquaten Form über Medien, die von dieser auch genutzt werden. Dafür sind häufig bidirektionale Kommunikationskanäle mit dem Kunden sowie Events und Demos hilfreich, vor allem wenn der Neuigkeitsgrad eines Produktes hoch und der Markt dafür noch nicht vorbereitet ist. In anderen Fällen können Testimonials und Testergebnisse unabhängiger Stellen Interesse und Überzeugung hervorrufen.

Für den Schritt von der Überzeugung zur Kauftransaktion haben bestimmte Kundengruppen eine mehr oder weniger große Hürde zu überwinden, die im Preis, in den Konditionen, in der Glaubwürdigkeit oder anderen Faktoren liegen kann. Hierfür können kommunikativ begleitete Verkaufsförderungsmaßnahmen oder wiederum die direkte Interaktion mit dem Kunden unterstützen.

### Beispiel

**„Customer Journey" des Amazon Shopping-Portals (in Anlehnung an: Carr** 2018)

„Web Economy"-Unternehmen wie Amazon.com haben im Hinblick auf die Kommunikationsgestaltung zur Unterstützung des Kaufprozesses von Kunden Standards gesetzt. Dies betrifft die „Customer Experience" von

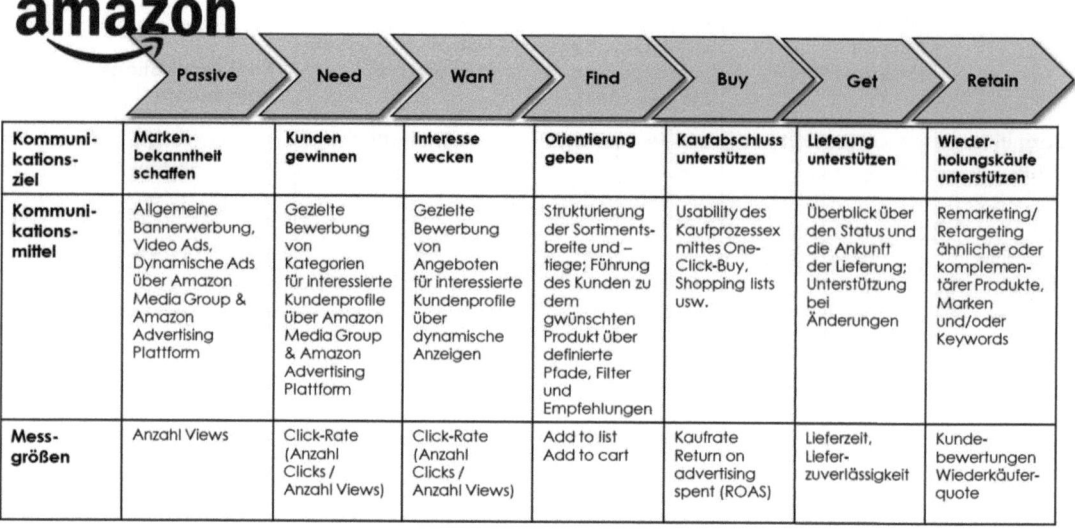

**Abb. 4.36** „Customer Journey" des Amazon-Shoppingportals. (Vgl. Carr 2018)

Zugänglichkeit, Einfachheit, Kundenservice und Personalisierung über den gesamten Kaufprozess bis hin zum Wiederholungskauf. Dies verdeutlicht, dass die Aufgabe der Kommunikationsgestaltung im Kern die Unterstützung der „Customer Journey" mit hilfreichen Informationen und wirksamen Antworten auf Fragen darstellt (vgl. Abb. 4.36). ◄

Analog zu den drei anderen operativen Marketing-Maßnahmen kann auch die Kommunikationsgestaltung über den Produktlebenszyklus des Produkts vorgedacht werden. Legt man den idealtypischen Produktlebenszyklus zugrunde (vgl. Abschn. 2.1), so besteht das Kommunikationsziel der Einführungsphase darin, durch prägnante, zielgruppenadäquate Informationen die Aufmerksamkeit auf das Produkt zu lenken. Die Wachstumsphase erfordert dagegen schwerpunktmäßig die Animation zum Wiederholungskauf und zur Weiterempfehlung. In der Reifephase schließlich sollte der Fokus auf Produkterinnerungen sowie auf der Betonung des Produkt-Mehrwerts liegen. Die kommunikative Begleitung der Abschwung-Phase besteht in der Bekanntgabe der Abkündigung des Produkts sowie im Angebot einer Alternative (vgl. Abb. 4.37).

Die Marketingplanung umfasst schließlich auch Antworten auf die Frage, wie die Erreichung der Marktfähigkeitsziele, die in Abschn. 3.2 thematisiert wurden, geprüft werden sollen. **Marketingtests** können grundsätzlich in drei Formen ausgeführt werden (vgl. Crawford und Di Benedetto 2021, S. 395–418):

- Als virtueller Verkauf vor der Fertigstellung eines marktreifen Produkts, indem entweder die Kaufabsicht von Kunden auf der Basis einer Produktbeschreibung (spekulativer Verkauf) oder auf Basis eines Prototyps (simulierter Verkauf) getestet wird;
- als kontrollierter Verkauf, indem das marktreife Produkt einem eng begrenzten Testmarkt unter kontrollierten Bedingungen entweder über informelle Verkaufsgespräche (informeller Verkauf), Direktmarketing-Medien (Direktmarketing) oder begrenzte Vertriebskanäle (Mini-Marketing) angeboten wird;
- als limitierter Verkauf, indem die Markteinführung schrittweise zunächst über Testmärkte in einem lokal eng begrenzten Feld (Testmarkt) und dann über ein Rollout-Konzept nach Anwendungsfeld (z. B. zunächst Konsum- und dann Geschäftsanwendungen), nach geografischen Regionen oder nach Absatzkanälen (z. B. zunächst nur Online, dann über den stationären Handel) ausgerollt wird (vgl. Abb. 4.38).

## 4.4 Realisierung von Produkten

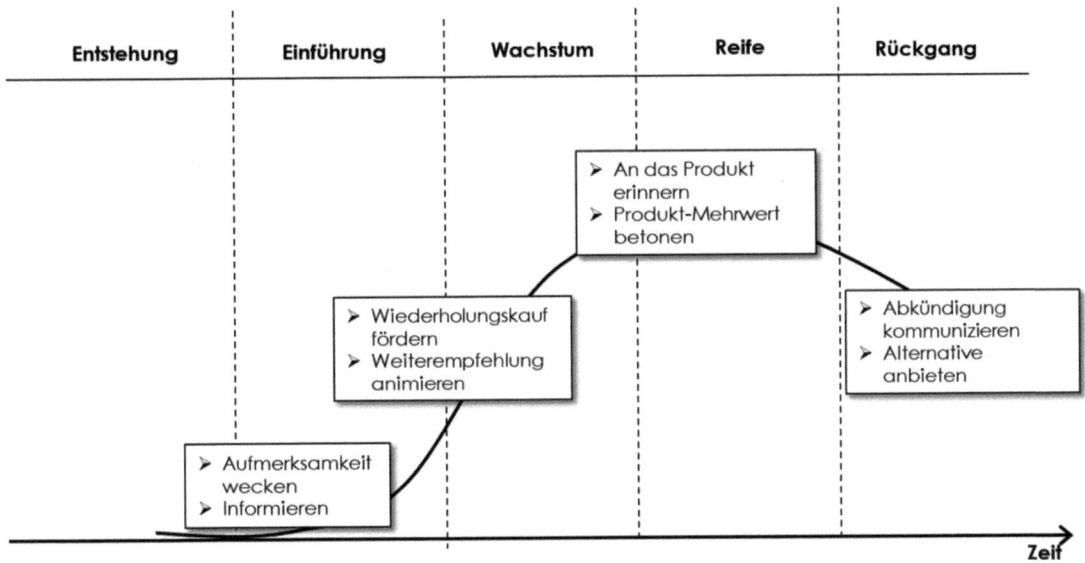

**Abb. 4.37** Kommunikationsgestaltung entlang des Produkt-Lebenszyklus. (Vgl. Guiltinan 1999; Crawford und Di Benedetto 2021, S. 375–384; Kotler et al. 2016, S. 578–605)

|  | Investitionsgüter („B2B") | | Gebrauchsgüter („B2C") | | |
|---|---|---|---|---|---|
|  | Physische Güter | Dienstleistungen | Kurzlebige Gebrauchsgüter | Langlebige Gebrauchsgüter | Dienstleistungen |
| **Virtueller Verkauf** | | | | | |
| Spekulativer Verkauf | | | | | |
| Simulierter Verkauf | | | | | |
| **Kontrollierter Verkauf** | | | | | |
| Informeller Verkauf | | | | | |
| Direktmarketing | | | | | |
| Mini-Marketing | | | | | |
| **Limitierter Verkauf** | | | | | |
| Testmarkt | | | | | |
| Rollout-Konzepte | | | | | |
| - Per Anwendungsfeld | | | | | |
| - Per Region | | | | | |
| - Per Absatzkanal | | | | | |

**Abb. 4.38** Methoden für Marketingtests. (Vgl. Crawford und Di Benedetto 2021, S. 400 f.)

Werden diese Tests mittels valider und objektiver Testkriterien und -methoden durchgeführt, kann so das Risiko eines Marktversagens eines Neuprodukts deutlich minimiert werden.

**Die Prozessgestaltung**

Ist das produktspezifische Wertschöpfungsmodell aus der Spezifikationsphase klar (Abschn. 4.3), können in einem weiteren Schritt die identifizierten Kernprozesse zur Realisierung des Leistungsversprechens gestaltet werden. Der Grund dafür ist evident: Stehen die wesentlichen Geschäftsprozesse nicht funktionsfähig zur Verfügung, ist die Realisierung des Leistungsversprechens des Produkts nicht realisierbar.

**Beispiel**

**Der vergessene Serviceprozess bei einem Messgerätehersteller**

Ein großer, international operierender Hersteller von Messgeräten für den Automotive After Sales hatte sich die Entwicklung und Markteinführung einer neuen Produktlinie von lasergestützten Achsvermessungswerkzeugen vorgenommen. Die Kunden sind herstellereigene und freie Autoreparaturwerkstätten. Der damit betraute Produktmanager beschäftigte sich mit Kunden- und Wettbewerberanalysen, definierte die Marktpositionierung der Produktlinie, schrieb das Lastenheft und hielt engen Kontakt zur Entwicklungsabteilung, um eine hohe Präzision und eine einfache Bedienbarkeit zu gewährleisten.

Nach der Markteinführung – ausnahmsweise pünktlich zum Messetermin – fiel aber ein Versäumnis schnell auf: Der Serviceprozess für die neue Produktlinie existierte de facto nicht. Weder waren die Servicemitarbeiter für die neue Produktlinie vorbereitet noch waren die Produkte im CRM System überhaupt angelegt. Niemand fühlte sich für diese Aufgaben zuständig. Die Opportunitätskosten für die schlechte Servicequalität, die in der Branche schnell die Runde machte, wurde ein Jahr nach der Markteinführung auf einen mittleren sechsstelligen Betrag geschätzt. ◄

Was der Begriff „Prozessgestaltung" im Einzelfall beinhaltet, hängt von der Situation in der jeweiligen Organisation ab. Dabei lassen sich drei grundlegende Szenarien unterscheiden (Abb. 4.39):

1. Wenn die identifizierten Kernprozesse in der Organisation bereits funktionsfähig für das Produkt existieren, können diese in unveränderter Form genutzt werden.
2. Sind die erforderlichen Geschäftsprozesse zwar formal vorhanden, aber für die Realisierung der Leistungsversprechen des Produkts nicht umsetzbar und/oder nicht wirksam, müssen diese optimiert werden.
3. Findet man im Hinblick auf das Wertschöpfungsmodell „weiße Flecken" vor, ist es Aufgabe in der Produktrealisierung, die Prozesse neu zu entwerfen und zu implementieren.

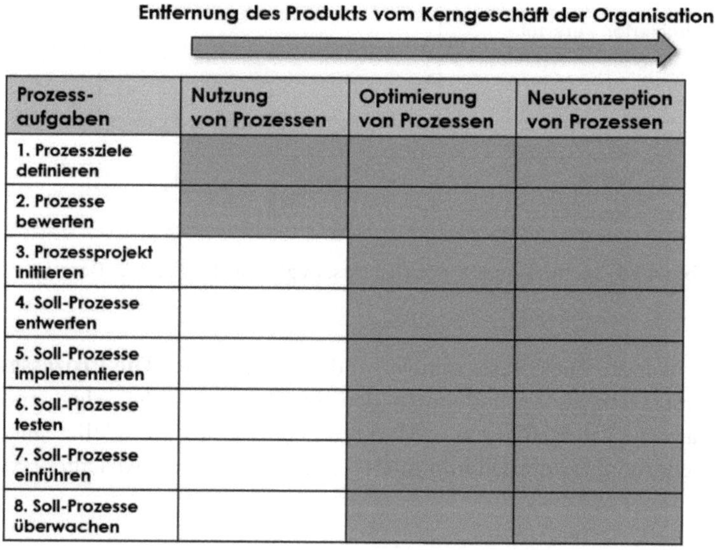

**Abb. 4.39** Szenarien der Prozessgestaltung. (Vgl. Erne 2019b, S. 152–159)

Entfernung des Produkts vom Kerngeschäft der Organisation →

| Prozessaufgaben | Nutzung von Prozessen | Optimierung von Prozessen | Neukonzeption von Prozessen |
|---|---|---|---|
| 1. Prozessziele definieren | | ■ | ■ |
| 2. Prozesse bewerten | | ■ | ■ |
| 3. Prozessprojekt initiieren | | ■ | ■ |
| 4. Soll-Prozesse entwerfen | | ■ | ■ |
| 5. Soll-Prozesse implementieren | | ■ | ■ |
| 6. Soll-Prozesse testen | | ■ | ■ |
| 7. Soll-Prozesse einführen | | ■ | ■ |
| 8. Soll-Prozesse überwachen | | ■ | ■ |

## 4.4 Realisierung von Produkten

In der Regel treten diese Szenarien in der Reihenfolge 1–3 mit zunehmender Entfernung des Produkts vom Kerngeschäft und dem existierenden Portfolio einer Organisation auf. Das ist einer der Gründe, weshalb der „strategic fit" (vgl. Abschn. 4.2) ein Auswahlkriterium für Produktideen darstellt (vgl. Harmancioglu et al. 2009).

Um im ersten Schritt einen Überblick über die Handlungserfordernisse im Einzelfall zu bekommen, bedarf es der Definition der Prozessziele und einer Bewertung der existierenden Prozesslandschaft im Hinblick auf die Erfüllung dieser Ziele. Auf dieser Basis kann entschieden werden, welche Prozesse unverändert genutzt werden können, welche zu optimieren und welche neu zu konzipieren sind.

> **Beispiel**
>
> **Ziele und Optimierungsbedarf beim Serviceprozess eines Messgeräteherstellers**
>
> Da die oben erwähnte Produktlinie Messwerkzeuge erstens neu ist und zweitens den professionellen Handwerkerbereich adressiert, ist der Serviceprozess vor allem in den ersten zwei Jahren nach der Markteinführung entscheidend.
>
> Deshalb definiert das Unternehmen zwei Serviceziele: Erstens die Schnelligkeit der Antwortrate auf Serviceanfragen. Da hier jedoch die Gefahr besteht, dass Servicemitarbeiterinnen – incentiviert durch dieses eine Ziel – dahin gesteuert werden, jede Serviceanfrage schnell und oberflächlich abzuarbeiten, wird ein zweites, gegenläufiges, Ziel definiert: Die Qualität der Problemlösung beim First-Level-Support. Diese zwei komplementären Ziele operationalisieren hinreichend, was unter „gutem Service" verstanden wird (vgl. Erne 2019b, S. 112–118). Sie sind überdies leicht messbar, da Serviceanfragen und Lösungen über ein CRM-System abgewickelt werden, in welchem die Messkriterien automatisiert, aktuell und permanent erhoben und über das Business Intelligence Dashboard visualisiert werden können (vgl. Tab. 4.5).
>
> Auf dieser Basis kann die Qualität des aktuell laufenden Serviceprozesses für die bestehenden Produkten in der Organisation beurteilt und der Optimierungsbedarf identifiziert werden. ◄

Ist der Handlungsbedarf identifiziert, folgt die Aufgabe der Prozessoptimierung oder -neukonzeption den Vorschlägen, die mittlerweile hinreichend in der Literatur zum Prozessmanagement ausgearbeitet sind (vgl. Stöger 2018, S. 89–154; Erne 2019b; Schmelzer und Sesselmann 2020, S. 222–230) und sich wie in Abb. 4.40 dargestellt zusammenfassen lassen.

Bei der Optimierung oder Neukonzeption von Prozessen sind im Kontext des Produktmanagements folgende Aspekte von besonderer Bedeutung:

- Das Ergebnis der Prozessplanung und der Definition des Prozesscontrollings sind klare,

**Tab. 4.5** Zieldefinition für einen Serviceprozess. (Vgl. Wirtz 2017)

| Zielaussage | Messkriterium | Zieltermin | Erfüllungsgrad durch die aktuellen Prozesse |
|---|---|---|---|
| Jeder Großkunde erhält innerhalb von ≤ 60 min. eine Antwort auf seine Serviceanfrage | **First Response Time (FRT) pro Monat:** Summe Zeitabstände zwischen Kundenanfragen und Antwortzeit/ Gesamtzahl der gesendeten Antworten ≤ 60 min | 30.08.2024 | 84 min. |
| In 70 % aller Fälle wird eine Serviceanfrage des Kunden mit der ersten Antwort zufriedenstellend gelöst | **First Contact Resolution (FCR) pro Monat:** Gelöste Servicefälle - erneut geöffnete Servicefälle/ Gesamtzahl aller Servicefälle ≥ 70 % | 30.08.2024 | 32 % |

| Aufgaben der Prozessgestaltung | | Werkzeuge der Prozessgestaltung |
|---|---|---|
| **1. Planung der Prozessgestaltung**<br>• Problemdefinition<br>• Geschäftsprozessidentifikation<br>• Zielformulierung<br>• Projektplanung | 3. Darstellung von Prozessen | • Prozessgraphiken<br>• Prozessmodelle |
| | 4. Analyse von Ist-Prozessen | • Instrumente zur Prozesserhebung<br>• Instrumente zur Prozessbewertung |
| | 5. Entwurf von Soll-Prozessen | • Aufgabenoptimierung<br>• Schnittstellenreduktion<br>• Ressourcenoptimierung |
| | 6. Umsetzung von Soll-Prozessen | • Formulare<br>• Anwendungen<br>• Systemintegration |
| | 7. Test von Soll-Prozessen | • Statische Tests<br>• Dynamische Tests |
| | 7. Einführung von Soll-Prozessen | • Migrationsplanung<br>• Prozesskommunikation<br>• Prozessqualifizierung<br>• Änderungsmanagement<br>• Übergabe in den laufenden Betrieb |
| **2. Prozesscontrolling**<br>• Datenerhebung<br>• Datenaufbereitung und -analyse<br>• Entscheidung<br>• Maßnahmeninitiierung | | |

**Abb. 4.40** Aufgaben der Prozessgestaltung. (Vgl. Erne 2019b)

messbare und terminierte Prozessziele, die erstens „einen guten Prozess" vollständig abbilden und zweitens für den Produktkunden einen Wert darstellen.
- Unabhängig davon, ob ein relevanter Geschäftsprozess dokumentiert ist oder nicht, existiert in der Regel eine gelebte Praxis, die erhoben und analysiert werden kann und soll. Ansonsten verändern Soll-Prozesse etablierte Handlungsmuster in der Organisation ohne Not fundamental, was unnötige Widerstände erzeugt.
- Modellierte Soll-Prozesse sollten klar erkennbar machen, an welchen Stellen etablierte Handlungsmuster aus welchem Grund verändert werden müssen, um kundenrelevante Ziele zu erreichen. Sie legen ferner nicht nur Inputs, Aufgabenschritte und Outputs fest, sondern definieren darüber hinaus auch die erforderlichen Ressourcen (d. h. Verantwortlichkeiten, Mitarbeiterkapazitäten und Werkzeuge), die für die Ausführung von Bedeutung sind (vgl. Stöger 2018, S. 4–13; Erne 2019b, S. 52–60).
- Sicht- und anwendbar für Prozessanwender wird ein Prozess nicht durch Prozessmodellierungen, sondern durch die Implementierung dieser Modellierungen in Checklisten oder Systeme. Diese sollten daher den Regeln der „Gebrauchstauglichkeit" bzw. „Usability" folgen, wie sie beispielsweise in DIN EN ISO 9241-11 kodifiziert sind (vgl. Deutsches Institut für Normung 2018).
- Ähnlich wie Produkte sollten Prozesse in der Anwendungsumgebung auf ihre Ausführbarkeit und Wirksamkeit getestet werden, bevor sie ausgerollt und institutionalisiert werden. Dafür stehen statische und dynamische Testverfahren zur Verfügung.
- Ein signifikanter Teil des Aufwands für eine Prozessoptimierung oder Prozessneukonzeption sollte in die Einführungsphase fließen, in der Prozesse „vom Papier ins Leben" gebracht werden und nur dort Wirksamkeit entfalten können.

> **Beispiel**
>
> **Modellierter Soll-Serviceprozess bei einem Messgerätehersteller**
>
> Der Soll-Serviceprozess des Messgeräteherstellers, der die beiden oben erwähnten Prozessziele erreichen soll, wurde in Anlehnung an den Leitfaden bzw. de facto Standard für Serviceprozesse ITIL (Information Technology Infrastructure Library) in der Version 4 entworfen (vgl. Abb. 4.41).

## 4.4 Realisierung von Produkten

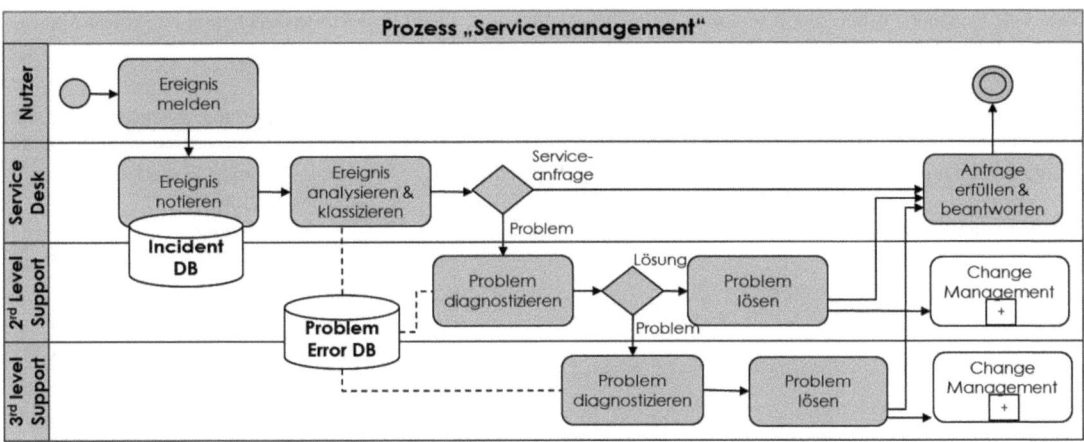

**Abb. 4.41** Modellierter Soll-Serviceprozess bei einem Messgerätehersteller. (In Anlehnung an: Axelos und TSO 2019)

Jede Nutzeranfrage geht als Ereignis („Incident") beim Service-Desk ein, welches diese Nutzeranfrage zunächst in der „Incident-Datenbank" aufnimmt und dann gleich – bei Bedarf unter Zuhilfenahme der „Problem & Error Datenbank" – analysiert und klassifiziert.

Stellt die Nutzeranfrage kein Problem dar, das gelöst werden muss, wird sie als „Service Request" klassifiziert und sofort bearbeitet. Kann das Service Desk das Problem nicht lösen, wird der „Incident" weitergeleitet an den 2nd Level Support, der das Problem zu lösen versucht. Kommt auch dieser nicht weiter, existiert ein 3rd-Level-Support in Form von Spezialisten in der Entwicklung.

Über dieses dreistufige Verfahren soll sichergestellt werden, dass erstens jede Nutzeranfrage kompetent beantwortet werden kann. Zweitens soll durch die Segmentierung der Nutzeranfragen nach Schwierigkeitsgrad („Triage") erreicht werden, dass Anliegen so schnell wie möglich bearbeitet werden, damit der Nutzer wieder handlungsfähig ist. Drittens existiert eine Verknüpfung zu einem „Change Management" Prozess, damit Nutzerprobleme mit den Produkten sich nicht wiederholen. ◀

Mit der Prozessgestaltung wird somit in der Realisierungsphase nicht nur für das Produkt und das Marketing, sondern auch für die „Key Processes" gesorgt, die ebenfalls einen notwendigen Bestandteil eines „Business Model Canvas" re-

präsentieren (vgl. Osterwalder und Pigneur 2010; Gassmann et al. 2017). Sie beinhalten aus der Perspektive der Profitabilität zugleich Kostenpositionen für Mitarbeiteraufwände und Werkzeuge. Diese Perspektive wird im Folgenden behandelt.

**Die Ertragsplanung**
In der Produktspezifikation wurde für die Bestimmung der Profitabilität des Produkts der Target Costing – Ansatz vorgeschlagen. Dieser ist in einer Phase hilfreich, wenn die Entwicklung der Umsätze und Kosten über die Zeit mangels Markt- und Realisierungsinformationen nicht belastbar abgeschätzt werden kann. Diese Lücke sollte in der Realisierungsphase geschlossen werden. Mit der technischen Produktentwicklung und dem Überblick über die relevanten Geschäftsprozesse sollte die Cash-Outflow-Seite, mit der Marketingplanung die Cash-Inflow-Seite klarer sein (vgl. Geracie und Eppinger 2013, S. 200–202; Haines 2014, S. 105–132 und 353–384; Hofbauer und Sangl 2017, S. 387–399; Crawford und Di Benedetto 2021, S. 214–234).

Die Genauigkeitsanforderungen an die Ertragsplanung nehmen also im Laufe der Produktentwicklung zu, wie es auch das Project Management Institut für einzelne Schätzphasen im Projektverlauf als Richtwerte vorgibt (Tab. 4.6).

Während in der Spezifikationsphase eine Grobschätzung ausreicht, erfordert die Ertrags-

**Tab. 4.6** Genauigkeitsanforderungen an einzelne Schätzphasen in einem Projekt. (In Anlehnung an Project Management Institute 2017, S. 168)

| | Genauigkeit | Einsatzbereich | Methode |
|---|---|---|---|
| **Grobschätzung** | −25 %–+75 % | Initiierung, Projektfreigabe, Vorstudien | Top-down-Schätzung, Analogieschätzung |
| **Budgetschätzung** | −10 %–+25 % | Finanzierung, Budgetfreigabe | Vergleichsschätzung, Expertenurteil, Parameterschätzung |
| **Planungsschätzung** | −5 %–+10 % | Planung, Angebotserstellung | Bottom-up-Schätzung |

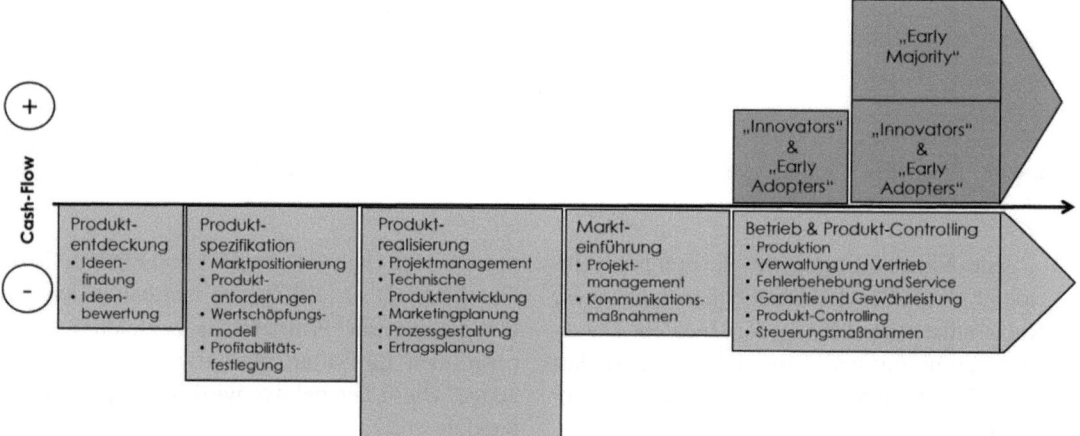

**Abb. 4.42** Cash-Flow-Positionen für die Ertragsplanung eines Produkts. (In Anlehnung an: Schmidt 2009, S. 8–23; Brugger 2009, S. 63–138; Taschner 2017, S. 53–72)

planung in der Realisierungsphase eine Planungsschätzung mit einem höheren Genauigkeitsgrad.

Als Modell für eine solche Planungsschätzung wird hier der Business Case herangezogen. Dieser beinhaltet Investitionsrechnungen für unterschiedliche Entwicklungsszenarien eines Investitionsprojekts innerhalb einer Organisation (vgl. Brugger 2009; Schmidt 2009; Taschner 2017).

Wie bereits oben erwähnt wurde, sind Einzahlungen (Cash-Inflows) aus Produktverkäufen und Auszahlungen (Cash-Outflows) für die Entdeckung, Spezifikation, Realisierung, Markteinführung und den Betrieb bzw. das Produkt-Controlling über einen definierten Zeitraum die zentralen Positionen, die in einem Business Case einander gegenübergestellt werden (Abb. 4.42).

> **Beispiel**
>
> **Business Case für eine neue Craft-Biersorte**
>
> Für ein einfacheres Standard-Produkt wie beispielsweise eine neue Craft-Biersorte könnte der Kern eines Business Cases – die dynamische Investitionsrechnung – wie in der dynamischen Investitionsrechnung dargestellt aussehen (vgl. Abb. 4.43).
>
> Als Betrachtungszeitraum wurden darin vier Jahre inkl. Entwicklung gewählt, was durchaus branchenüblich ist. Es wird zudem deutlich, dass die Investition v. a. personalintensiv ist, da lediglich die Abfüllanlage für das neue Flaschendesign modernisiert wurden musste und die Roh-, Hilfs- und Betriebsstoffe – v. a. Malz und Hopfen – relativ niedrigwertig sind. Eine Ausnahme bildet die Elektrizität, die separat ausgewiesen wurde, da sie die größte Kostenposition in der Bierproduktion darstellt.
>
> Insgesamt amortisiert sich das Bier-Neuprodukt nach gut 2 Jahren in der Reifephase mit einem zusätzlichen Gewinn aus den Investitionen (Kapitalbarwert) von 37.123,- € und einer Rentabilität (interner Zinsfuß) von 26 %. Diese Werte sprechen für eine Investitionsentscheidung für das Produkt – wenn die prognostizierten Einzahlungs- und Auszahlungswerte so zutreffen. ◂

## 4.4 Realisierung von Produkten

| Nr. | Position [TEXT] | 0 Jahr 0 (Entwicklung) [EUR] | 1 Jahr 1 (Einführung) [EUR] | 2 Jahr 2 (Wachstum) [EUR] | 3 Jahr 3 (Reife) [EUR] |
|---|---|---|---|---|---|
| | Cash-Outflow | 318.000,00 € | 270.216,00 € | 274.961,00 € | 279.806,00 € |
| O1 | Personal | 162.000,00 € | 165.240,00 € | 168.545,00 € | 171.916,00 € |
| O2 | Roh-, Hilfs- und Betriebsstoffe | | 71.080,00 € | 72.502,00 € | 73.952,00 € |
| O3 | Anlagen | 151.200,00 € | | | |
| O4 | Versicherungen (400*12) | 4.800,00 € | 4.896,00 € | 4.994,00 € | 5.094,00 € |
| O5 | Elektrizität und Wasser (1000*11) | | 11.000,00 € | 11.220,00 € | 11.444,00 € |
| O6 | Kapitaldienst (Rückzahlung + Zinsen) | | 18.000,00 € | 17.700,00 € | 17.400,00 € |
| | Cash-Inflow | 206.150,00 € | 323.636,00 € | 334.109,00 € | 344.791,00 € |
| I1 | Umsätze (Annahme 90% verkauft) | | 323.636,00 € | 334.109,00 € | 344.791,00 € |
| I2 | Fremdkapital | 150.000,00 € | | | |
| I3 | Eigenkapital | 56.150,00 € | | | |
| | Nettozahlungen p.a. | -111.850,00 € | 53.420,00 € | 59.148,00 € | 64.985,00 € |
| | Kalkulationszinssatz | 9% | | | |
| | Abzinsungsfaktor | 1,00 | 0,92 | 0,84 | 0,77 |
| | Barwerte p.a. | -111.850,00 € | 49.009,17 € | 49.783,69 € | 50.180,34 € |
| | Barwerte p.a. kumuliert | -111.850,00 € | -62.840,83 € | -13.057,14 € | 37.123,21 € |
| | Kapitalbarwert | 37.123,21 € | | | |
| | Annuität | 14.665,70 € | | | |
| | Interner Zinsfluss | 26,17% | | | |
| | Amortisationsdauer in Jahren | 2,13 | | | |

**Abb. 4.43** Dynamische Investitionsrechnung für eine neue Craft-Biersorte

Das oben angeführte Fallbeispiel zeigt, dass die Zuverlässigkeit der Ertragsplanung wesentlich von der Wahrscheinlichkeit des Eintreffens der getroffenen Annahmen abhängt: Verläuft die Umsatzentwicklung wie angenommen oder fällt diese aufgrund von Störgrößen wie (kalte) Witterung, Neuprodukteinführungen von großen Wettbewerbern oder Ablehnung des Produkts durch Kunden signifikant niedriger aus? Treffen die Kostenpositionen nach Art und Höhe so ein oder kommen unerwartete neue Kostenarten (z. B. Wartungskosten für Anlagen) oder Kostenhöhen (z. B. Preissteigerungen für Rohstoffe und Elektrizität) hinzu?

Wenn es zusätzlich möglich ist, die wesentlichen Einflussgrößen auf die Umsatz- und Kostenentwicklungen zu modellieren, lassen sich Szenarien entwerfen, die mit Hilfe von Monte Carlo-Simulationen unterschiedliche Cashflow-Prognosen (Best Case, Probable Case, Worst Case) sowie Sensitivitätsanalysen zulassen. Auf der Basis von Sensitivitätsanalysen können die entscheidenden Hebel zur Optimierung des Cashflows identifiziert werden.

> **Beispiel**
>
> **Cashflow-Szenarien für eine neue Craft-Biersorte**
>
> Die Einflussgrößen auf den Business Case für die oben erwähnte neue Craft-Biersorte lassen sich beispielhaft modellieren (vgl. Abb. 4.44).
>
> Auf Basis dieser Modellierung können für die den Investitionsfall „Neuprodukt einführen" unterschiedliche „Worst Case"-, „Probable Case"- und „Best Case"-Werte für die Input-Größen angenommen werden. Die abhängigen Variablen lassen sich dann durch ein Monte-Carlo-Simulationswerkzeug (z. B. „SRIM-TRIM", „Crystal Ball") für die drei Szenarien kalkulieren. Das erste Ergebnis ist eine Wahrscheinlichkeitsverteilung für die erwarteten Cashflows des Neuprodukts (vgl. Abb. 4.45).
>
> Zweitens bieten diese Werkzeuge die Option einer Sensitivitätsanalyse, welche zeigt, dass beispielsweise die Absatzmenge pro Jahr sowie der durchschnittliche Verkaufspreis pro Hektoliter die entscheidenden Hebel zur Verbesserung des Cashflows darstellen (vgl. Abb. 4.46).

**Abb. 4.44** Einflussgrößen auf den Cashflow einer neuen Craft-Biersorte. (In Anlehnung an Schmidt 2009, S. 25–28)

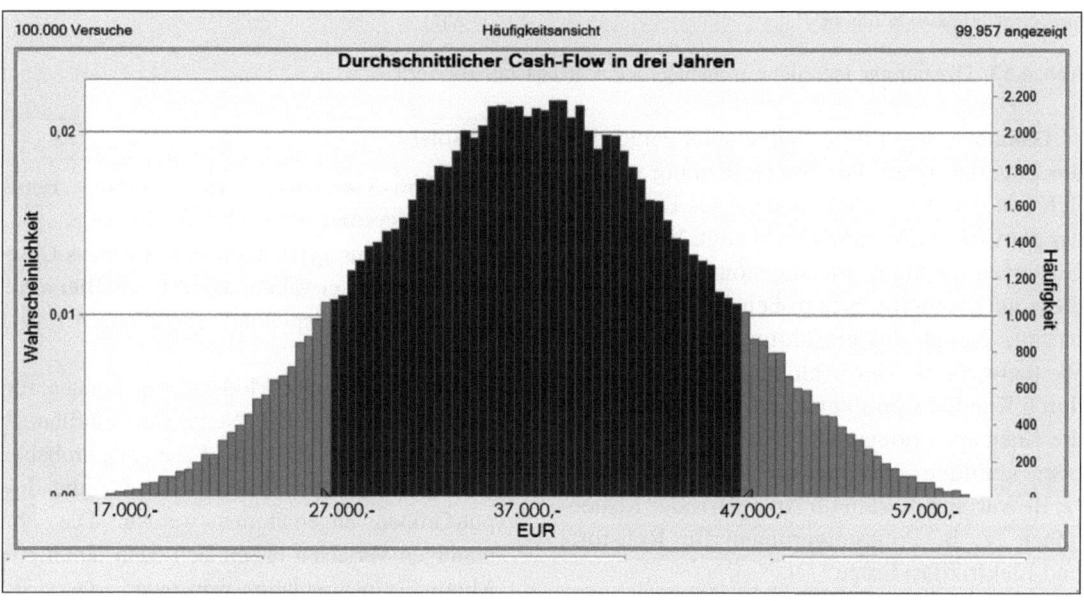

**Abb. 4.45** Wahrscheinlichkeitsverteilung des durchschnittlichen Cashflows in drei Jahren

Andere Ansatzpunkte, wie beispielsweise die Entwicklungs-, Produktions- oder Markteinführungskosten, haben kaum Einfluss auf die Verbesserung der Profitabilität. In anderen Worten hängt der Cashflow im Wesentlichen an den Marketingmaßnahmen inkl. der Preisgestaltung. ◄

Die Ausführungen zur Ertragsplanung verdeutlichen nochmals, wie eng die vier Handlungsstränge des Produktmanagements in der Realisierungsphase – technische Produktentwicklung, Marketingplanung, Prozessgestaltung und Ertragsplanung – zusammenhängen und sich wechselseitig beeinflussen. Genau diese Tatsache erfordert ein straffes Projektmanagement durch die Produktmanagerin.

## 4.4 Realisierung von Produkten

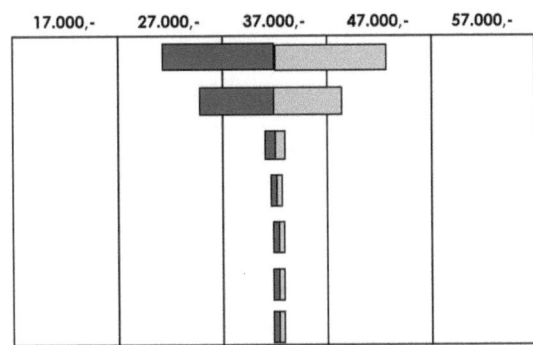

**Abb. 4.46** Sensitivitätsanalyse zur Verbesserung des Produkt-Cashflows

**Zusammenfassung: Realisierung von Produkten**

In der Produktrealisierung haben Produktmanager die Aufgabe, vier parallele Entwicklungsprozesse zu koordinieren:

1. Die technische Produktentwicklung
   In diesem Entwicklungsstrang werden die Produktanforderungen in ein Produktdesign transformiert. Die Rolle der Produktmanagerin variiert dabei mit dem Vorgehensmodell, das linear (Wasserfallmodell, V-Modell), zyklisch (Lean Startup, Design Thinking, Scrum) oder eine hybride Kombination sein kann. Gemeinsam ist diesen Entwicklungsmodellen, dass es Bedarf an einer Rolle gibt, die die Produktdefinition aus Marktsicht an die Entwicklung kommuniziert (Scharnierfunktion zwischen Markt und Technik), diese Marktsicht kontinuierlich in die Entwicklung bei allen Änderungen einbringt (Anwaltsfunktion für den Markt in die Entwicklung) und die Erfüllung der Anforderungen durch die Definition von Tests auch überwacht (Kontrollfunktion für den Markt in der Entwicklung). Dies ist die klassische Rolle der Produktmanagerin in der technischen Produktentwicklung.

2. Die Marketingplanung
   In der Marketingplanung wird die Marktpositionierung zu einem Marketingkonzept weiterentwickelt. Dieses beinhaltet grundsätzliche strategische Entscheidungen, Festlegungen zur Gestaltung der operativen Marketinginstrumente sowie die Planung und Durchführung von Marketingtests. Zu den grundsätzlichen Entscheidungen zählen die Marktpositionierung, die Wahl der anvisierten Märkte und der Rollout-Strategie, sowie die Entscheidung über den Markteintrittszeitpunkt. Die klassischen operativen Marketinginstrumente beziehen sich auf die Gestaltung des Produkts, des Preises, der Vertriebskanäle sowie der Kommunikation. Unter Marketingtests werden hier Maßnahmen des virtuellen, limitierten und kontrollierten Verkaufs zur Reduzierung der Marktrisiken verstanden.

3. Die Prozessgestaltung
   Basierend auf dem Wertschöpfungsmodell muss dafür Sorge getragen werden, dass die Kernprozesse für das Produkt umsetzbar und wirksam sind. Dies kann durch unveränderte Nutzung bereits existierender Geschäftsprozesse, durch deren Optimierung oder deren Neuentwicklung geschehen. Voraus-

setzung ist eine Definition der Prozessziele und eine Bewertung der Prozesslandschaft im Hinblick auf diese Ziele. Die Optimierung oder Neukonzeption erfolgt dann nach Maßgabe der Aufgaben und Werkzeuge des Prozessmanagements.

4 Die Ertragsplanung:
Für die Produkt-Ertragsplanung wird üblicherweise eine Cashflow-Rechnung bzw. dynamische Investitionsrechnung empfohlen, die den Kern eines Business Cases ausmacht. Diese basiert einerseits auf dem prognostizierten Umsatzvolumen und andererseits auf den zahlungswirksamen Kostenpositionen für Entwicklung und Betrieb über einen definierten Investitionszeitraum. Zur Berücksichtigung der Unsicherheit dieser Projektionen in die Zukunft wird empfohlen, Business Cases in Szenarien zu kalkulieren, die auf der Basis eines Einflussgrößenmodells erstellt werden können.

## 4.5 Markteinführung von Produkten

Die Phasen und Aktivitäten des „Upstram-Product Management" (Gorchels 2011, S. 145–248) kulminieren in der Markteinführung, die sowohl einen Meilenstein als auch eine Phase darstellt. Ein Meilenstein stellt sie insofern dar, als das Produkt zu einem definierten Zeitpunkt – oft im Kontext eines Events oder einer Messe – im Markt vorgestellt wird. Zugleich lässt sie sich als eine Phase bezeichnen, weil dieser Meilenstein vorbereitet, durchgeführt und nachbereitet werden muss. Hier soll die Markteinführung als Phase in den Fokus genommen werden.

Welche Aktivitäten für eine erfolgreiche Markteinführung erforderlich sind, wird deutlich, wenn typische Probleme bei der Markteinführung betrachtet werden, die als „Lessons Learned" oder Risiken für neue „Launches" verwendet werden können. Diese Risiken lassen sich wie folgt zusammenfassen (vgl. Haines 2014, S. 482–484; Crawford und Di Benedetto 2021, S. 420–437):

1. Es werden keine klaren Zeitfenster für die Markteinführung definiert. Im Hinblick auf den Markt wird dadurch das geeignete Zeitfenster verpasst (Kundenbedürfnisse, Wettbewerberaktivitäten). Hinsichtlich der organisationsinternen Steuerung entstehen dadurch Koordinationsprobleme zwischen der technischen Produktentwicklung, der Marketingplanung, der Prozessgestaltung und der Ertragsplanung (vgl. Abschn. 4.4).
2. Es werden keine oder unklare Verantwortlichkeiten für die Vorbereitung, Durchführung und Nachbereitung der Markteinführung definiert. Dadurch wird die Verantwortung auf unterschiedliche Stellen verteilt, was ebenfalls in der Regel zu Koordinationsproblemen führt.
3. Das Produkt ist noch nicht reif für die Markteinführung. Dies resultiert in zahlreichen Produkt- und Prozessproblemen bei der Einführung, welche die Akzeptanz des Produkts am Markt und organisationsintern erschweren.
4. Marketingmaterialien sind nicht rechtzeitig verfügbar und/oder Markteinführungsveranstaltungen liegen ungünstig. Dadurch werden erste, anfängliche Produktumsätze erschwert und verzögert.
5. Die Vertriebskanäle sind quantitativ und/oder qualitativ nicht auf die Markteinführung vorbereitet. Es fehlen somit in den Vertriebskanälen Kapazitäten, Kompetenzen und/oder Anreize für Produktverkäufe, was ebenfalls in Umsatzeinbußen resultiert.
6. Die wichtigen Geschäftsprozesse für das Produkt sind nicht fertig, um die Markteinführung zu unterstützen. Dadurch ergeben sich ebenfalls Umsatzeinbußen aufgrund von nicht bestell- oder nicht verfügbaren Produkten.
7. Das Produkt-Controlling ist nicht bereit. Dadurch kann weder der Erfolg der Markteinführung noch die weitere Marktentwicklung valide festgestellt werden und das Produkt in Folge auch nicht zielgerichtet gesteuert werden.

## 4.5 Markteinführung von Produkten

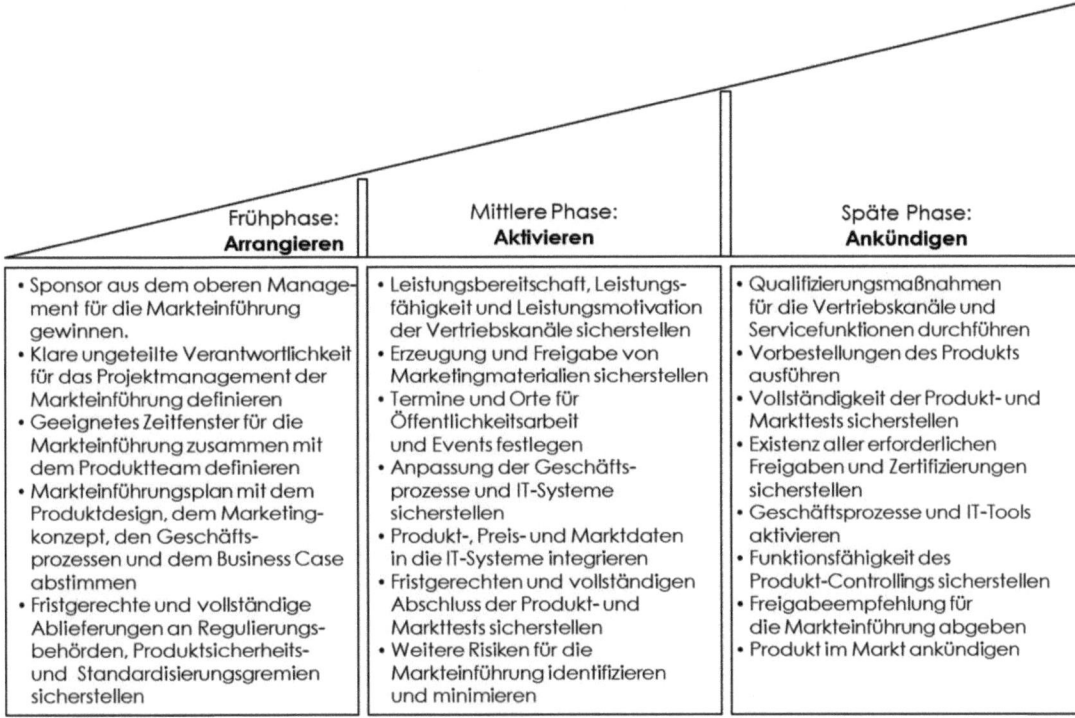

**Abb. 4.47** Generische Checkliste für die Markteinführung eines Produkts. (Vgl. Haines 2014, S. 484–505)

Diese „Lessons Learned"-Liste weist vor allem Koordinations- und Synchronisierungsrisiken in der Markteinführungsphase aus. Die Kernursachen dafür sind erstens in der Zuweisung einer klaren Verantwortlichkeit mit dazugehörigen Befugnissen für die Markteinführung und zweitens in der Anwendung eines stringenten Projektmanagements zu lokalisieren.

Die angeführten Risiken können in eine generische Checkliste für die Markteinführung transformiert werden, die situationsübergreifende Gültigkeit beanspruchen kann (vgl. Abb. 4.47).

Die Checkliste verdeutlicht, dass die Vorbereitung der Markteinführung sich mit der Produktrealisierungsphase überlappt, was im hier zugrunde gelegten Produktmanagement-Prozess aus didaktischen Gründen nicht dargestellt wurde (vgl. Abschn. 4.1).

Zur Sicherstellung von Lernerfahrungen aus Markteinführungsprojekten wird außerdem empfohlen, ein möglichst unabhängiges Review der Markteinführung 30–90 Tage nach dem „Launch"-Termin durchzuführen, um für zukünftige Markteinführungen „Lessons Learned" abzuleiten. Eine solches Review-Ergebnis könnte wie in Abb. 4.48 dargestellt aussehen.

> **Zusammenfassung: Markteinführung von Produkten**
>
> Erfahrungen mit der Einführung eines Neuprodukts am Markt zeigen zahlreiche Synchronisations- und Koordinationsprobleme, die mit klaren Verantwortlichkeiten und stringentem Projektmanagement minimiert werden können.
>
> Die Vorbereitung der Markteinführung startet während der Realisierungsphase und schließt mit einem Review der Stärken und Schwächen des Markteinführungsprojekts ab. Damit ist auch der Übergang von der Markteinführungsphase zur Phase des Produkt-Controllings in der Praxis fließend.

| Kriterien | Soll | Ist | Begründung für Verzögerungen |
|---|---|---|---|
| **Markteinführungstermine** | | | |
| Markteinführungstermin | 01.04. | 01.05. | 15 Tage Verspätung wegen falschem Logo auf der Verpackung und verspätetem Eintreffen der Bedienungsanleitung (da die technische Dokumentation dies nicht in ihrer T-Do-Liste hatte) |
| Allgemeiner Produktverfügbarkeitstermin | 15.07. | 05.09. | Fehler in einer zugelieferten Komponente bei den ersten Auslieferungen gefunden. Die Qualitätssicherung hat diese Komponente nicht getestet, da der verantwortliche Qualitätsingenieur die Firma verlassen hat. |
| **Senior Management Unterstützung** | | | |
| Event für Produktankündigung | 05.02. | 12.03. | Sponsor war für den Event aufgrund von Terminkonflikten für die Vorbereitungstreffen nicht verfügbar. Das Marketing hatte nicht die Befugnis, den Event für die Firma alleine festzulegen. Bedingt durch diese Ursachen wurde der Termin für den Event verzögert. |
| **Marketingmaterialien** | | | |
| Produktbroschüre | 15.03. | 30.05. | Gründe für die Verzögerung:<br>- Die Marketingkommunikation versuchte zunächst, den Inhalt zu verfassen, entschied aber dann, dies an einen externen Texter zu vergeben. Diesen zu finden zu beauftragen dauerte mehrere Wochen<br>- Die Produktmodelle wurden niemals an den Fotografen geliefert, da diese Aufgabe niemand in seiner To-Do-Liste hatte<br>- Die Freigabe der Broschüre durch die Rechtsabteilung wurde vergessen<br>- Das Produktteam wusste nicht, dass die interne Druckabteilung aus Kostengründen geschlossen wurde; daher musste erst ein externer Partner gefunden und beauftragt werden.<br>- Niemand übernahm die Aufgabe des Versendens der Produktbroschüren an die Vertriebshäuser. |
| **Vertriebstrainings** | | | |
| Vertriebstrainings West | 20.05. | 12.06. | Die E-Mail-Benachrichtigung des Vertriebsleiters wurde erst am 20.04. statt, wie geplant, am 10.03. versendet. Die Produktbroschüren waren aufgrund von inhaltlichen und drucktechnischen Verzögerungen nicht vorhanden. |
| Vertriebstrainings Ost | 30.05. | 19.06. | Die Produktdemos der Entwicklung waren erst in der ersten Juniwoche verfügbar. Der Entwickler war in dem zweiten Markteinführungmeeting nicht anwesend und hatte auch keinen Vertreter entsandt. |
| **Geschäftsprozesse und -tools** | | | |
| Aufnahme des Produkts in die Produktkataloge | 15.04. | 15.06. | Wurde durch den Produktmanager vergessen, da dies sein erstes Markteinführungsprojekt war. |
| Einstellen der Kundendienstdokumente in das CRM-System und Training des Kundendienstes | 15.06. | 12.07. | Die Kundendienstdokumente wurden zunächst nicht erstellt, da diese Aufgabe niemandem zugewiesen war<br>Die Trainings des Kundendienstes musste verschoben werden, da an diesen Terminen die verzögerten Vertriebstrainings stattfanden |
| **Kennzahlen der Markteinführung** | | | |
| Order-to-Delivery-Durchlaufzeit | 3 Tage | 6 Tage | Das webbasierte Auftragsabwicklungssystem ist für den Vertrieb nicht durchgehend zugänglich. Daher nutzt der Vertrieb zuweilen Faxaufträge 2-3 Tage nach der aktuellen Bestellung. Zudem ist die Auftragsabwicklung kontinuierlich unterbesetzt, so dass viele Aufträge liegen bleiben. |
| Order-to-Cash-Durchlaufzeit | 43 Tage | 67 Tage | Einige Kunden halten ihre Zahlungen zurück bis die Produktfehler behoben sind |
| Anzahl Kundenreklamationen in den ersten 30 Tagen nach Markteinführung | 250 | 820 | Die meisten Kundenreklamationen lassen sich auf der Basis der Statistik des Kundendienstes auf zwei Ursachen zurückführen: Produktfunktionalität und Produktdokumentation. Offensichtlich arbeitet das Produkt nicht in allen Fällen wie beschrieben. Außerdem ist offensichtlich die Bedienungsanleitung in einigen Punkten falsch. Je häufiger das Produkt verkauft wird, desto mehr Kundenreklamationen treffen zu diesen beiden Punkten ein. Die Statistiken zeigen auch erhöhte Kundenunzufriedenheit, je länger sie das Produkt in Benutzung haben. |
| Anzahl Kundenreklamationen in den zweiten 30 Tagen nach Markteinführung | 150 | 1624 | |

**Abb. 4.48** Exemplarisches Review-Ergebnis aus einer Produkt-Markteinführung. (Vgl. Haines 2014, S. 511–523)

## 4.6 Übungsaufgaben und Lösungen

### 4.6.1 Übungsaufgaben

**Aufgabe 1**
Angenommen, Sie wollen ein Dienstleistungsprodukt zum Energiespar-Contracting entwickeln. Dieses besteht darin, dass ein Dienstleister alle Maßnahmen, die zur Erreichung von Energieeinsparungen in Geschäftsgebäuden erforderlich sind, aus einer Hand realisiert: Beratung, Energieeinkauf, Ingenieurleistungen, energetische Betriebsführung, Abrechnungen. Dabei agiert der Dienstleister neutral und unabhängig gegenüber Energieversorgern. Den Kunden sollen stufenweise Verbrauchssenkungen um bis zu 40 % garantiert werden. Als Gegenleistung erhält der Dienstleister einen Teil der beim Kunden eingesparten Energiekosten, bis dessen Kosten und Gewinn abgegolten sind. Der Dienstleister stellt dem Kunden bei Vertragsabschluss also keinen Festpreis in Rechnung, sondern partizipiert an den erzielten Kosteneinsparungen. Für den Kunden entstehen durch die Inanspruchnahme der Leistungen somit keine Mehrkosten.

Würden Sie dieses Beratungsprodukt in einem linearen, einem zyklischen oder einem hybriden Prozessmodell entwickeln? Bitte geben Sie eine eindeutige Antwort und begründen Sie diese.

**Aufgabe 2**
Bitte bezeichnen Sie mit einem Begriff, welche Methode der Produktentdeckung die folgenden Unternehmen anwenden:

- Das „DHL Innovation Center" fordert immer wieder in Form eines webbasierten Wettbewerbs Erfinder, Hochschulen und Start-Ups aus der ganzen Welt auf, Prototyen zu entwickeln. Im Rahmen eines „Innovation Days" wird der Sieger dann mit 5000,- € prämiert. Unter anderem entstand daraus die Idee eines „Air Parcels", einer einfachen und schützenden Luftpolsterverpackung für Sendungen, von einer Studentin aus Weimar.
- Die Deutsche Bahn bietet Startups, Hacker und Entwickler in der „DB mindbox" in Berlin an, zusammen mit Bahn-Mitarbeitern Produktideen für die Bahn zu entwickeln, zu testen und bei Erfolg in den Markt einzuführen. Daraus entstanden Produktideen zur Verbesserung der Lautsprecherdurchsagen sowie eines KI-basierten Bots zur Reiseauskunft an Bahnhöfen.
- Der Werkzeughersteller Metabo testet seine Produkt-Prototypen zusammen mit Kunden. Dazu werden Handwerker zu einem halbtägigen Workshop eingeladen, in dem sie den Metabo-Prototypen und – im Vergleich – Wettbewerber-Produkte testen und im Anschluss daran Verbesserungen für den Prototypen vorschlagen.

**Aufgabe 3**
Bitte bewerten sie unten genannte (hypothetische) Marktpositionierungen nach zwei Kriterien:

1. Sind diese vollständig?
2. Bieten sie genügend Orientierung für die Aufgaben der Spezifikation und Realisierung der Produkte?
   - „Der ID3 ist ein rein elektrisch angetriebener PKW der Kompaktklasse, der zugleich alltagstauglich und bezahlbar ist" (Volkswagen AG).
- „Das iPhone 15 Pro und das iPhone 15 Pro Max sind aus robustem und leichten Titan gefertigt, haben einen neuen Action Button, verfügen über leistungsstarke Kamera-Upgrades sowie über einen leistungsstarken A17 Pro Chip für hohe Performance" (Apple Inc.).
- „Adidas liefert mit seiner neuen Kollektion „Adidas Sportswear" komfortable, stilvolle und vielfältig kombinierbare Alltagsbekleidung auf der Basis innovativer Adidas-Technologien" (Adidas AG).

**Aufgabe 4**
Uber Technologies Inc. bietet eine Plattform für On-Demand-Taxi-Dienstleistungen an, die selbstständige Fahrer (Anbieter) und Fahrgäste (Nachfrager) zusammenbringt. Die Preise sind dabei meist deutlich niedriger als die jeweiligen nationalen Taxipreise, variieren aber mit der Nachfrage (dynamisches „Surge Pricing").

Welche wesentlichen Geschäftsprozesse mussten bei diesem Geschäftsmodell zur Markteinführung problemlos laufen, damit das Dienstleistungsprodukt von Uber Technologies am Markt funktioniert? Bitte nennen Sie drei wesentliche Prozesse und begründen Sie kurz deren Relevanz für das Geschäftsmodell.

**Aufgabe 5**
Die WMF GmbH hat mehr als 80 Bratpfannen in ihrem Portfolio – dazu noch Servier-, Grill- und Schmorpfannen sowie Woks. Worin liegt eine zentrale Herausforderung bei der Markteinführung einer neuen Bratpfanne bei diesem Unternehmen im Hinblick auf die Produktkommunikation zu den Endkunden sowie auf die Vorbereitung der Vertriebskanäle? Bitte nennen Sie die zentrale Herausforderung für beide Aktivitäten und begründen Sie diese kurz.

### 4.6.2 Lösungen

**Lösungsskizze zu Aufgabe 1**
Für das Energiespar-Contracting ist ein rein zyklisches Prozessmodell wenig zielführend, da es zunächst eine „Produktarchitektur", d. h. einen logisch-zeitlichen Rahmen benötigt, in

dem die Energieeinsparungen realisiert werden sollen. Dieser Rahmen könnte wie folgt aussehen:

1. In Stufe 1 optimiert der Dienstleister den Energieeinkauf des Kunden, vor allem von Strom und Gas. Die Analyse der Energierechnung und der Vergleich der Bezugskonditionen sind für den Kunden kostenlos.
2. In Stufe 2 bietet der Dienstleister einen Effizienzcheck der Immobilie. Der Kunde erhält einen ersten Überblick über die möglichen Einsparpotenziale.
3. In Stufe 3 entwickelt der Dienstleister für den Kunden einen Effizienzfahrplan. Eine umfassende Analyse der energetischen Modernisierungspotenziale bildet die Grundlage für alle weiteren Maßnahmen.
4. In Stufe 4 installiert der Dienstleister ein Energiemanagementsystem: Über das Effizienzcockpit haben Kunden den Energieverbrauch ihrer Immobilie jederzeit im Blick. Durch eine optimierte energetische Betriebsführung, die ständige Kontrolle und erste Investitionen wie die Modernisierung des Beleuchtungssystems – lassen sich Energieverbrauch und $CO_2$Ausstoß um bis zu 30 % senken.
5. In Stufe 5 erfolgt eine umfassende Modernisierung oder Sanierung der energetischen Anlage. Die Energieeinsparung beträgt in dieser Stufe bis zu 40 %.

Ist dieses Stufenkonzept linear definiert, können einzelne Stufen, wie beispielsweise die Stufen 1, 2, 3 und 5 zyklisch entwickelt und/oder optimiert werden.

Insgesamt bietet sich für die Entwicklung des Energiespar-Contractings also ein „integriertes hybrides Prozessmodell" an.

## Lösungsskizze zu Aufgabe 2
Das „DHL Innovation Center" wendet zur Produktentdeckung einen „Crowdsourcing"-Ansatz an.

Die „DB mindbox" der Deutschen Bahn AG repräsentiert einen Inhouse „Inkubator" oder „Accelerator".

Die Methode des Werkzeugherstellers Metabo lässt sich als „Lead User Workshop" klassifizieren.

## Lösungsskizze zu Aufgabe 3
Bei der Marktpositionierung des ID3 ist unklar, wodurch sich die Baureihe von anderen voll elektrischen Wettbewerbern differenziert und was genau die Nutzenelemente „alltagstauglich" und „bezahlbar" für welches Kundensegment in Relation zu Wettbewerberangeboten bedeuten.

Die Marktpositionierungen der Modelle iPhone 15 Pro und das iPhone 15 Pro Max erschöpft sich in einer Liste von Features, deren Kunden, Kundennutzen und Wettbewerberdifferenzierung unklar ist: Wofür ist der Action Button? Was nützen die Kamera-Updates für wen? Welchen Beitrag zu welchen Use Cases bietet der A17 Pro Chip?

Die Marktpositionierung der „Adidas Sportswear" thematisiert ausschließlich sehr generische Nutzenelemente, die zu unspezifisch für eine Orientierung der nachfolgenden Phasen ist und keine klare Differenzierung zu den „Sportswear"-Kollektionen der Wettbewerber enthält. Zudem ist offen, welches Kundensegment die Alltagsbekleidung als „komfortabel", „stilvoll" und „vielfältig kombinierbar" bewerten soll.

## Lösungsskizze zu Aufgabe 4
Wesentliche erfolgskritische „Key Processes" bei Uber Technologies Inc. sind

- Der Prozess der Akquisition und Einführung der (freiberuflichen) Fahrer, da dieser Prozess die Angebotskapazität bestimmt, die für die Inanspruchnahme durch die Kunden kritisch ist.
- Der Prozess der Akquisition von Kunden, da dieser Prozess die Auslastung der Fahrer bestimmt, die kritisch ist für deren Umsatzerfolg
- Der Prozess der Kapazitätssteuerung zwischen Angebot und Nachfrage über das dynamische „Surge Pricing", der für eine gleichmäßige Kapazitätsauslastung der Fahrer und ein gleichmäßiges Transportangebot für die Kunden sorgt.

## Lösungsskizze zu Aufgabe 5

Die zentrale Herausforderung bei der Markteinführung einer neuen Bratpfanne besteht darin, den differenzierenden Nutzen des neuen Produkts im Vergleich zu den bereits existierenden Produkten im eigenen Portfolio gegenüber den Kunden im Markt und gegenüber den Vertriebskanälen klar und prägnant deutlich zu machen. Gelingt dies nicht einfach und überzeugend, können weder die Kunden noch die Vertriebskanäle die differenzierenden, kaufentscheidenden Elemente erkennen und erklären.

Bei Herstellern mit einem breiten und tiefen Portfolio besteht daher aus Produktmanagement-Sicht eine Aufgabe im „Portfolio Grooming", d. h. in der Reduzierung des Portfolios auf klar differenzierte Produkte, deren jeweiliger spezifischer Nutzen gegenüber den Kunden und den Vertriebskanälen klar und einfach kommunizierbar ist.

## Literatur

Abbas A, Zhang L, Khan SU (2014) A literature review on the state-of-the-art in patent analysis. World Pat Inf 37(2014):3–13

Ahn H, Clermont M, Schwetschke S (2018) Research on target costing: past, present and future. Manag Rev Q 68(2018):321–354

AirBnB (2020) Fast facts. AirBnB.com. https://news.airbnb.com/fast-facts/. Zugegriffen am 30.04.2020

Anable J (2005) 'Complacent car addicts' or 'aspiring environmentalists'? Identifying travel behaviour segments using attitude theory. Transp Policy 12:65–78

Ansari S, Bell J, Okano H (2007) Target costing: uncharted research territory. In: Chapman CS, Hopwood AG, Shields MM (Hrsg) Handbook of management accounting research, Bd 2. Elsevier, Amsterdam, S 507–530

Augsdorfer P (2021) Forbidden fruit: an analysis of bootlegging, uncertainty, and learning in corporate R&D, 2. Aufl. Avebury, Aldershot

Aumayr KJ (2019) Erfolgreiches Produktmanagement: Tool-Box für das professionelle Produktmanagement und Produktmarketing, 5. Aufl. Springer Gabler, Wiesbaden

Axelos, TSO (2019) ITIL Foundation. ITIL 4 Edition. TSO, Norwich

Aydin R (2019) How 3 guys turned renting air mattresses in their apartment into a $31 billion company, Airbnb. BusinessInsider.com. https://www.businessinsider.de/international/how-airbnb-was-founded-a-visual-history-2016-2/?r=US&IR=T. Zugegriffen am 30.04.2020

Barret Z (2011) Dropbox: the inside story of tech's hottest startup. Forbes.com. https://www.forbes.com/sites/victoriabarret/2011/10/18/dropbox-the-inside-story-of-techs-hottest-startup/#5adeb01a6437. Zugegriffen am 30.04.2020

Beck K et al (2001) Manifesto for Agile software development. AgileManifesto.org. https://agilemanifesto.org/. Zugegriffen am 12.03.2018

Becker A (2011) Akzeptanzkriterien im klassischen und agilen Testumfeld. OBJEKTspektrum. Testing (2011), S 1–3. https://www.sigs-datacom.de/fachzeitschriften/objektspektrum.html. Zugegriffen am 08.02.2018

Bender B (2004) Erfolgreiche individuelle Vorgehensstrategien in frühen Phasen der Produktentwicklung. Dissertation. Berlin, Technische Universität Berlin

Beretta M et al (2023) Lego takes customers' innovations further. MIT Sloan Manag Rev 65(1). https://sloanreview.mit.edu/article/lego-takes-customers--innovations-further/. Zugegriffen am 02.11.2023

Bernard Z (2018) The rise of Dropbox CEO Drew Houston, who just made the Forbes 400 after taking his company public. BusinessInsider.com. https://www.businessinsider.com/how-drew-houston-created-dropbox-2018-1?r=DE&IR=T. Zugegriffen am 30.04.2020

Berndt R et al (2016) Internationales Marketing-Management, 5. Aufl. Springer Gabler, Wiesbaden

Bitkom (2023) Welche Merkmale sind Ihnen beim Kauf Ihres nächsten Smartphones wichtig? Statista.de. https://de.statista.com/statistik/daten/studie/180389/umfrage/gruende-fuer-kaufentscheidung-von-smartphones/. Zugegriffen am 12.07.2023

Blank S (2013) The four steps to the epiphany: successful strategies for products that win. K&S Ranch, Somerset

Borden NH (1964) The concept of the 'marketing mix'. J Advert Res 4(1964):2–7

Brem A, Brem S (2019) Die Kreativ-Toolbox für Unternehmen: Ideen generieren und innovatives Denken fördern. Schäffer-Poeschel, Stuttgart

Brem A, Bilgram V, Gutstein A (2018) Involving lead users in innovation: a structured summary of research on the Lead User method. Int J Innov Technol Manag 15(3):1850022

Brown T (2009) Change by design: how design thinking transforms organizations and inspires innovation. Harper, New York

Brugger R (2009) Der IT Business Case: Kosten erfassen und analysieren – Nutzen erkennen und quantifizieren – Wirtschaftlichkeit nachweisen und realisieren, 2. Aufl. Springer, Berlin

Bruhn M, Hadwich K (2017) Produkt- und Servicemanagement. Konzepte, Prozesse, Methoden, 2. Aufl. Vahlen, München

Cagan M (2018) Inspired. How to create tech products customers love, 2. Aufl. Wiley, New York

Campos J, Balland J-C (2012) The voice of the customer for product development: your illustrated guide to obtaining, prioritizing and using customer requirements and creating winning, 4. Aufl. RapidInnovation Press, West Linn

Carr DJ (2018) A map of Amazon and modern marketing. Medium.com. https://djc1805.medium.com/a-map-of-amazon-and-modern-marketing-372e1590b564. Zugegriffen am 23.10.2023

Chang H-W et al (2008) A model for selecting product ideas in fuzzy front end. Concurr Eng 16(2):121–128

Chen BX, Richtel M (2014) Jonathan Ive on Apple's design process and product philosophy. NYTimes.com. https://bits.blogs.nytimes.com/2014/06/16/jonathan-ive-on-apples-design-process-and-product-philosophy/?_r=1. Zugegriffen am 28.04.2020

Chen Y, Perez Y (2018) Business Model Design: Lessons Learned from Tesla Motors. In: Da Costa P, Attias D (Hrsg) Towards a sustainable economy: paradoxes and trends in energy and transportation. Springer, Cham, S 53–69

Chesbrough H (2003) Open innovation: the new imperative for creating and profiting from technology. Harvard Business School Press, Boston

Chesbrough H (2006a) Open innovation: a new paradigm for understanding industrial innovation. In: Chesbrough H, Vanhaverbeke W, West J (Hrsg) Open innovation: researching a new paradigm. Oxford University Press, New York, S 1–14

Chesbrough H (2006b) Open business models: how to thrive in the new innovation landscape. Harvard Business School Press, Boston

Clifton MB et al (2004) Target costing: market driven product design. Marcel Dekker, New York

Cohn M (2010) User Stories: für die agile Software-Entwicklung mit Scrum. XP u.a. mitp, Frechen

Conforto C, Amaral DC (2016) Agile project management and Stage-Gate model: a hybrid framework for technology-based companies. J Eng Technol Manag 40(April–June):1–14

Contributor (2011) How DropBox started as a minimal viable product. Techcrunch.com. https://techcrunch.com/2011/10/19/dropbox-minimal-viable-product/. Zugegriffen am 30.04.2020

Cooper RG (1990) Stage-Gate systems: a new tool for managing new products. Bus Horizons 3(1990):44–54

Cooper RG (2008) The Stage-Gate idea-to-launch process – update, what's new and NexGen systems. J Prod Innov Manag 25(3):213–232

Cooper RG (2009) How companies are reinventing their idea-to-launch methodologies. Res Technol Manag 52(2):47–57

Cooper RG (2014) What's next? After Stage-Gate. Res Technol Manag 57(1):20–31

Cooper RG (2017) Winning at new products: creating value through innovation, Rev. Aufl. Basic Books, New York

Cooper RG, Edgett SC (2007) Generating breakthrough new product ideas: feeding the innovation funnel. Prod Dev Inst, Ontario

Cooper RG, Edgett SC (2008) Ideation for product innovation: what are the best methods? PDMA Vis Mag 1(2008):12–17

Cooper RG, Edgett SJ (2006) Ten ways to make better portfolio and project selection decisions. PDMA Vis 30(3):11–15

Cooper RG, Mills MS (2005) Succeeding at new products the P&G way: a key element is using the 'Innovation Diamond'. PDMA Vis 29(4):9–13

Cowley F (2017) Product and service innovation and discontinuation in manufacturing and service firms in Europe. Eur J Innov Manag 20(2):250–268

Crawford CM, Di Benedetto, CA (2021) New products management, 12. Aufl. McGraw-Hill, New York

Dent J, White M (2018) Sales and marketing channels: how to build and manage distribution strategy, 3. Aufl. Kogan Page, London

Deutsches Institut für Normung (2018) Ergonomie der Mensch-System-Interaktion – Teil 11: Gebrauchstauglichkeit: Begriffe und Konzepte. ISO 9241-11:2018; Deutsche Fassung EN ISO 9241-11:2018. Beuth, Berlin

Dickson PR (1983) Distributor portfolio analysis and the channel dependence matrix: new techniques for understanding and managing the channel. J Mark 47(3):35–44

Diller H et al (2021) Pricing: Prinzipien und Prozess der betrieblichen Preispolitik, 5. Aufl. Kohlhammer, Stuttgart

Disselkamp M (2012) Innovationsmanagement: Instrumente und Methoden zur Umsetzung im Unternehmen, 2. Aufl. Springer Gabler, Wiesbaden

Easton T (2010) How IBM does innovation. Slideshare.net. https://www.slideshare.net/cifs/how-ibm-does-innovation?qid=3f146205-a062-41e5-9050-b16fb56d15ba&v=&b=&from_search=2. Zugegriffen am 15.04.2017

Ebert C (2022) Systematisches Requirements Engineering: Anforderungen ermitteln, dokumentieren, analysieren und verwalten, 7. Aufl. dPunkt, Heidelberg

Ehrenspiel K et al (2014) Kostengünstig Entwickeln und Konstruieren: Kostenmanagement bei der integrierten Produktentwicklung, 7. Aufl. Springer, Berlin

Elmansky R (2014) How does Apple's design process work? Designorate.com. https://www.designorate.com/how-does-apples-design-process-work/. Zugegriffen am 28.04.2020

Erne R (2019a) Lean Project Management: Wie man den Lean-Gedanken im Projektmanagement einsetzen kann. Springer Gabler, Wiesbaden

Erne R (2019b) Lehrbuch Prozessmanagement. Allensbach Hochschule, Konstanz

Ernst H (2007) Management der Neuproduktentwicklung. In: Albers S, Herrmann A (Hrsg) Handbuch Produktmanagement: Strategieentwicklung – Produktplanung – Organisation – Kontrolle, 3. Aufl. Gabler, Wiesbaden, S 421–444

Felekoglu B, Moultrie J (2013) Top management involvement in new product development: a review and synthesis. J Prod Innov Manag 31(1):159–175

FINN (2023) Find your perfect car with a FINN car subscription. FINN.com. https://www.finn.com/en-US. Zugegriffen am 15.10.2023

Franken R, Franken S (2023) Wissen, Lernen und Innovation im digitalin Unternehmen. Mit Fallstudien und Praxisbeispielen, 3. Aufl. Springer Gabler, Wiesbaden

FreeNow (2023) Über FreeNow. Free-now.com. https://www.free-now.com/de/ueber-free-now/. Zugegriffen am 05.11.2023

Friedrich J et al (2009) Das V-Modell XT: Für Projektleiter und QS-Verantwortliche kompakt und übersichtlich, 2. Aufl. Springer, Berlin

Füller J, Matzler K, Hoppe M (2008) Brand community members as a source of innovation. J Prod Innov Manag 25(6):608–619

Furnham A (2000) The brainstorming myth. Bus Strategy Rev 11(4):21–28

Garzaniti N et al (2020) Toward a hybrid agile product development process. In: Fortin C et al (Hrsg) Product lifecycle management in the digital twin era. 16th IFIP WG 5.1 international conference, PLM 2019, Moscow, Russia, July 8–12, 2019. Springer, Cham, S 191–200

Gassmann O, Schweitzer F (2014) Managing the unmanageable: the fuzzy front end of innovation. In: Gassmann O, Schweitzer F (Hrsg) Management of the fuzzy front end of innovation. Springer, Cham, S 3–14

Gassmann O, Friesike S, Daiber M (2014) Crowdsourcing as an innovation tool. In: Gassmann O, Schweitzer F (Hrsg) Management of the fuzzy front end of innovation. Springer, Cham, S 75–87

Gassmann O, Frankenberger K, Csik M (2017) Geschäftsmodelle entwickeln: 55 innovative Konzepte mit dem St. Galler Business Model Navigator, 2. Aufl. Hanser, München

Gaubinger K et al (2015) Innovation and product management: a holistic and practical approach to uncertainty reduction. Springer, Heidelberg

Geise FA (2017) Integration of consumers into new product development by social media-based crowdsourcing: findings from the consumer goods industry in Germany. In: Christodoulides G, Stathopoulou A, Eisend M (Hrsg) Advances in advertising research, vol. VII: bridging the gap between advertising academia and practice. Springer Gabler, Wiesbaden, S 15–27

Gemünden HG, Hölzle K (2005) Schlüsselpersonen der Innovation: Champions und Promotoren. In: Albers S, Gassmann O (Hrsg) Handbuch Technologie- und Innovationsmanagement. Gabler, Wiesbaden, S 457–474

Geracie G, Eppinger SD (2013) The guide to the Product Management and Marketing Body of Knowledge (ProdBOK). Product Management Educational Institute, Carson City

German Fashion Modeverband (2022) Welche der folgenden Kriterien sind Ihnen persönlich bei der Auswahl Ihrer Bekleidung wichtig? Statista.com. https://de.statista.com/statistik/daten/studie/1183356/umfrage/umfrage-auswahlkriterien-beim-modekonsum-corona-pandemie/. Zugegriffen am 12.10.2023

Geschka H (1989) Voraussetzungen für erfolgreiche Innovationen. Beobachtung von Hindernissen und Erfolgsfaktoren bei der Innovationsplanung. In: Corsten H (Hrsg) Die Gestaltung von Innovationsprozessen. Hindernisse und Erfolgsfaktoren im Organisations-, Finanz- und Informationsbereich. Erich Schmidt, Berlin, S 57–69

Geschka H (2006) Kreativitätstechniken und Methoden der Ideenbewertung. In: Sommerlatte T, Beyer G, Seidel G (Hrsg) Innovationskultur und Ideenmanagement. Symposion, Düsseldorf, S 217–250

GFU Consumer & Home Electronics (2023) Durchschnittspreis der verkauften Smartphones auf dem Konsumentenmarkt in Deutschland von 2008 bis 2022 (in Euro) Statista.com. https://de.statista.com/statistik/daten/studie/28306/umfrage/durchschnittspreise-fuer-smartphones-seit-2008/. Zugegriffen am 10.10.2023

Girkinger W, Gaubinger K (2009) Target Costing. In: Gaubinger K, Werani T, Rabl M (Hrsg) Praxisorientiertes Innovations- und Produktmanagement: Grundlagen und Fallstudien aus B-to-B–Märkten. Gabler, Wiesbaden, S 143–154

Goffin K et al (2012) Beyond the voice of the customer: ethnographic market research. Res-Technol Manag 55(4):45–53

Gorchels L (2011) The product manager's handbook, 4. Aufl. McGraw Hill, New York

Großklaus RH (2009) Praxisbuch Produktmanagement. Moderne Industrie, München

Großklaus RH (2014) Von der Produktidee zum Markterfolg: Innovationen planen, einführen und erfolgreich managen, 2. Aufl. Springer Gabler, Wiesbaden

Guiltinan JP (1999) Launch strategy, launch tactics, and demand outcomes. J Prod Innov Manag 16(6):509–529

Hacker W (1999) Konstruktives Denken als Tätigkeit: Versuch einer Reinterpretation des Entwurfsdenkens (design problem solving). Zeitschrift für Sprache und Kognition 18(3/4):88–97

Haines S (2014) The product manager's desk reference, 2. Aufl. McGraw Hill, New York

Hall J, Kendrick C, Nosko C (2015) The effects of Uber's surge pricing: a case study. Uber.com. https://www.uber.com/blog/research/the-effects-of-ubers-surge-pricing-a-case-study/. Zugegriffen am 07.09.2022

Harmancioglu N, Droge C, Calantone RJ (2009) Strategic fit to resources versus NPD execution proficiencies: what are their roles in determining success? J Acad Mark Sci 37(2009):266–282

Hatzijordanou N, Bohn N, Terzidis O (2019) A systematic literature review on competitor analysis: status quo and start-up specifics. Manag Rev Q 69(2019):415–458

Hauschildt J et al (2023) Innovationsmanagement, 7. Aufl. Vahlen, München

Henderson B (1974) The experience curve reviewed: how does it work? Boston Consulting Group, Boston

Hensher DA et al (2020) Understanding Mobility as a Service (MaaS): past, present and future. Elsevier, Amsterdam

Herrmann A, Huber F (2013) Produktmanagement: Grundlagen – Methoden – Beispiele, 3. Aufl. Springer Gabler, Wiesbaden

Herstatt C (2002) Wie fortschrittliche Kunden zu Innovationen stimulieren. Harv Bus Manager 1(2002):60–68

Hinterhuber A, Liozu S M (2018) Is innovation in pricing your next source of competitive advantage? In: Hinterhuber A, Liozu S M (Hrsg) Innovation in pricing: contemporary theories and best practices, 2. Aufl. Routledge, New York, S 11–28

Hofbauer G, Sangl A (2017) Professionelles Produktmanagement: Der prozessorientierte Ansatz, Rahmenbedingungen und Strategien, 3. Aufl. Publicis, Erlangen

Hoffmann M (2012) Die Ideenvorauswahl im Innovationsprozess (4S-Verfahren). In: Pepels W (Hrsg) Launch – Die Produkteinführung: Wie Sie Produkte und Services erfolgreich in den Markt bringen, 2. Aufl. Symposion, Düsseldorf, S 47–60

Holzbaur U (2007) Entwicklungsmanagement: Mit hervorragenden Produkten zum Markterfolg. Springer, Berlin

Humphreys P (2016) City transport in the 2020s. TransportationAndTravel.com. https://transportandtravel.wordpress.com/2016/12/17/city-transport-in-the-2020s/. Zugegriffen am 15.03.2018

Hüsselmann C (2021) Lean Project Management: Hybride Methoden wertschöpfend anwenden. Schäffer-Poeschel, Stuttgart

Huston L, Sakkab N (2006) Connect and develop: Inside Procter & Gamble's new model for innovation. Harv Bus Rev 84(3):58–67

IDC (2023) Durchschnittlicher Verkaufspreis von Smartphones weltweit von 2009 bis 2022 und Prognose bis 2027 (in US-Dollar) Statista.com. https://de.statista.com/statistik/daten/studie/204674/umfrage/durchschnittlicher-verkaufspreis-von-smartphones/. Zugegriffen am 10.10.2023

iFixit (2023a) Anleitungen. de.ifixit.com. https://de.ifixit.com/Anleitung. Zugegriffen am 23.10.2023

iFixit (2023b) Werkzeuge und Ersatzteile. store.ifixit.de. https://store.ifixit.de/. Zugegriffen am 23.10.2023

Informationstechnikzentrum Bund (2019) V-Modell XT Bund, Version 2.3. Informationstechnikzentrum Bund, Bonn. https://www.itzbund.de/DE/Produkte/V-Modell-XT/v-modell-xt_node.html. Zugegriffen am 30.04.2020

Intalar N et al (2018) The role of quality control circles on new product development: a case study of Thailand. Qual Manag J 25(3):129–141

Jacobs J (2019) Produktlebenszyklusorientiertes Controlling am Beispiel des produktbezogenen Businessplans. Springer Gabler, Wiesbaden

Jang SH, Lee SM, Kim T (2019) Planting and harvesting innovation – an analysis of Samsung Electronics. Int J Qual Innov 5(7):1–16

Jantzer M et al (2019) Die Kunst, eine Produktentwicklung zu führen: Erfolgreiche Konzepte aus der Unternehmenspraxis. Springer Vieweg, Berlin

Jittrapirom P et al (2017) Mobility as a service: a critical review of definitions, assessments of schemes, and key challenges. Urban Plan 2(2):13–25

Kajüter P (2013) Target costing: market-driven cost management. In: Mitchell F, Nørreklit H, Jakobsen M (Hrsg) The Routledge companion to cost management. Routledge, New York, S 82–95

Kärkkäinen H, Elfvengren K (2002) Role of careful customer need assessment in product innovation management: empirical analysis. Int J Prod Econ 80(1):85–103

Kelley T, Littman J (2001) The art of innovation: lessons in creativity from IDEO, America's leading design firm. Doubleday, New York

Koen PA et al (2002) Fuzzy front end: effective methods, tools and techniques. In: Belliveau P, Griffin A, Sommermeyer S (Hrsg) The PDMA toolbook for new product development. Wiley, New York, S 5–36

Kohler T (2016) Corporate accelerators: building bridges between corporations and startups. Bus Horizons 59(3):347–357

Kotler P et al (2016) Marketing management, 3. Aufl. Harlow, Pearson

Krieger KH (2012) Guerilla Marketing: Alternative Werbeformen als Techniken der Produktinszenierung. Springer Gabler, Wiesbaden

Kuhn J (2007) Markteinführung neuer Produkte. Deutscher Universitäts-Verlag, Wiesbaden

Landes M, Steiner E (2022) Kreativität – Isolierte und integrierte Methoden zur Entfaltung des kreativen Potenzials in Unternehmen. In: Landes M, Steiner E, Utz T (Hrsg) Kreativität und Innovation in Organisationen: Impulse aus Innovationsforschung, Management, Kunst und Psychologie. Springer Gabler, Berlin, S 251–279

Lashinsky A (2012) Inside Apple: how America's most admired – and secretive – company really works. Hachette, New York

Lavidge RJ, Steiner GA (1961) A model for predictive measurements of advertising effectiveness. J Mark 25(6):59–62

Lebbon C, Rouncefield M, Viller S (2003) Observation for innovation. In: Clarkson J et al (Hrsg) Inclusive design. Springer, London, S 402–419

LeBlanc JS (2018) Launching for revenue: how to launch your product, service or company for maximum growth. HAL House, Shanghai

Lego (2023) Lego Ideas. Ideas.Lego.com. https://ideas.lego.com/. Zugegriffen am 02.11.2023

Lombardo CT et al (2017) Product roadmaps relaunched: how to set direction while embracing uncertainty. O'Reilly, Sabastopol

Loudon DL, Carter T (2003) Customer advisory boards: a strategic tool for customer relationship building. Routledge, New York

Majchrzak A, Malhotra A (2020) Unleashing the crowd: collaborative solutions to wicked business and societal problems. Palgrave Macmillan, Cham

Matys E (2022) Praxishandbuch Produktmanagement: Grundlagen und Instrumente, 8. Aufl. Campus, Frankfurt

McCarthy JE (1960) Basic marketing: a managerial approach. Irwin, Homewood

Meffert H, Burmann C, Kirchgeorg M (2015) Marketing: Grundlagen marktorientierter Unternehmensführung.

Konzepte – Instrumente – Praxisbeispiele, 12. Aufl. Springer Gabler, Wiesbaden

Merrick L. (2016) How Uber, Airbnb & Dropbox released MVPs to achieve rapid growth. Medium.com. https://medium.com/@LoganTjm/how-uber-airbnb-dropbox-released-mvps-to-achieve-rapid-growth-d823ac6eaed5. Zugegriffen am 07.03.2019

Michalik CC (2003) Innovatives Engagement: eine empirische Untersuchung zum Phänomen des Bootlegging. Deutscher Universitäts Verlag, Wiesbaden

Microsoft (2023) Microsoft 365-roadmap. Microsoft.com. https://www.microsoft.com/en-us/microsoft-365/roadmap. Zugegriffen am 12.11.2023

Moore R (2023) No employee suggestion, no Amazon Prime. LinkedIn.com. https://www.linkedin.com/pulse/employee-suggestion-amazon-prime-riley-moore/. Zugegriffen am 05.11.2023

Moschner S-L et al (2018) Toward a better understanding of corporate accelerator models. Bus Horizons 62(5):637–647

Müller-Stewens G, Lechner C (2016) Strategisches Management: Wie strategische Initiativen zum Wandel führen, 5. Aufl. Schäffer-Poeschel, Stuttgart

Münch J et al (2019) Product roadmap: from vision to reality. A systematic literature review. In: IEEE (Hrsg) International conference on engineering, technology and innovation (ICE/ITMC), Valbonne Sophia-Antipolis, France. IEEE, Piscataway, S 1–8

Ohne Autor (1999) Genetically modified food – food for thought. The Economist 351(8124):23–27

Osterwalder A, Pigneur Y (2010) Business model generation: a handbook for visionaries, game changers, and challengers. Wiley, Hoboken

Osterwalder A et al (2014) Value proposition design: how to create products and services customers want. Wiley, Hoboken

Özcan G, Drescher A (2016) Hybride Vorgehensmodelle und Lean Methoden in global verteilten Produktentwicklungsprojekten. In: Engstler M et al (Hrsg) Projektmanagement und Vorgehensmodelle. GI-Edition: Lecture notes in informatics/Proceedings, 263. Gesellschaft für Informatik e.V., Bonn, S 153–159

Pepels W (2012) Ideengenerierung für Neuprodukte. In: Pepels W (Hrsg) Launch – Die Produkteinführung: Wie Sie Produkte und Services erfolgreich in den Markt bringen, 2. Aufl. Symposion, Düsseldorf, S 15–46

Pepels W (2017) Grundprinzipien des Produktmarketings: 20 Bausteine zum professionellen Management von Produkten und Programmen. Duncker & Humblot, Berlin

Pichler R (2014) Agiles Produktmanagement mit Scrum: Erfolgreich als Product Owner arbeiten, 2. Aufl. Dpunkt, Heidelberg

Pichler R (2016) Strategize: product strategy and product roadmap practices for the digital age. Pichler Consulting, Wendover

Procter & Gamble (2023) What is Connect + Develop? PGConnectDevelop.com. https://www.pgconnectdevelop.com/what-is-connect-develop/. Zugegriffen am 29.10.2023

Project Management Institute (ed) (2017) A guide to the project management body of knowledge, 6. Aufl. Project Management Institute, Newton Square

Quinn JB (2000) Outsourcing innovation: the new engine of growth. MIT Sloan Manag Rev 41(4):13–28

Rao VR (2014) Applied conjoint analysis. Springer, Berlin

Reichhardt M (2019) Kosten- und Leistungsrechnung: Ein Überblick mit Fragen, Beispielen, Übungen und Lösungen. Springer Gabler, Wiesbaden

Reinhardt R, Gurtner S (2011) Enabling disruptive innovations through the use of customer analysis methods. Rev Manager Sci 5(2011):291–307

Ries E (2017) Lean startup: how today's entrepreneurs use continous innovation to create radically successful businesses. Currency, New York

Ritter Sport (2023) Beiträge. Facebook.com. https://www.facebook.com/RitterSportDeutschland/?locale=de_DE. Zugegriffen am 02.11.2023

Rogers EM (1983) Diffusion of innovation, 3. Aufl. Free Press, New York

Rohrbeck R (2014) Trend scanning, scouting and foresight techniques. In: Gassmann O, Schweitzer F (Hrsg) Management of the fuzzy front end of innovation. Springer, Cham, S 59–73

Ross JA (1997) Market research: why not a customer advisory board? Harv Bus Rev 75(1):12

Rupp C, die SOPHISTen (2021) Requirements-Engineering und -Management: das Handbuch für Anforderungen in jeder Situation, 7. Aufl. Hanser, München

Rustler F (2023) Denkwerkzeuge der Kreativität und Innovation: Das kleine Handbuch der Innovationsmethoden, 12. Aufl. Midas, Zürich

Salter J (2012) Airbnb: the story behind the $1.2 bn room-letting website. The Telegraph. https://www.telegraph.co.uk/technology/news/9525267/Airbnb-The-story-behind-the-1.3bn-room-letting-website.html. Zugegriffen am 30.04.2020

Schmelzer H, Sesselmann W (2020) Geschäftsprozessmanagement in der Praxis: Kunden zufriedenstellen, Produktivität steigern, Wert erhöhen, 9. Aufl. Hanser, München

Schmidt MJ (2009) Business case essentials: a guide to structure and content, 3. Aufl. Solution Matrix, Boston

Schon DA (1963) Champions for radical new inventions. Harv Bus Rev 41(2):77–86

Schwaber K (2004) Agile project management with Scrum. Microsoft Press, Redmont

Schwaber K, Beedle M (2002) Agile software development with Scrum. Prentice Hall, New York

Schwaber K, Sutherland J (2012) Software in 30 days: how agile managers beat the odds, delight their customers, and leave competitors in the dust. Wiley, Hoboken

Sethi R, Iqbal Z (2008) Stage-Gate controls, learning failure, and adverse effect on novel new products. J Mark 72(1):118–134

Shillito ML (2001) Acquiring, processing, and deploying: voice of the customer. CRC Press, Boca Raton

Simon H, Fassnacht M (2016) Preismanagement: Strategie – Analyse – Entscheidung – Umsetzung, 4. Aufl. Springer Gabler, Wiesbaden

Sommer AF et al (2015) Improved product development performance through Agile/Stage-Gate Hybrids: the next-generation Stage-Gate process? Res Technol Manag 58(1):34–45

Specht D, Behrens S (2008) Strategische Planung mit Roadmaps: Möglichkeiten für das Innovationsmanagement und die Personalbedarfsplanung. In: Möhrle MG, Isenmann R (Hrsg) Technologie-Roadmapping. VDI-Buch. Springer, Berlin, S 145–164

Steinhardt G (2017) The product manager's toolkit: methodologies, processes, and tasks in technology product management, 2. Aufl. Springer, Cham

Stephan-Korus A (2022) Bootlegging in a technology-driven organization: process, challenges, and opportunities. In: Augsdorfer P (Hrsg) Corporate underground: bootleg innovation and constructive deviation. World Scientific, Singapore, S 103–132

Stöger R (2018) Prozessmanagement: Kundennutzen, Produktivität, Agilität, 4. Aufl. Schäffer-Poeschel, Stuttgart

Stroebe W, Nijstad BA (2004) Warum Brainstorming in Gruppen Kreativität vermindert. Psychologische Rundschau 55(1):2–10

Strong EK (1925) The psychology of selling and advertising. McGraw-Hill, New York

Sucky E (2019) Von der Wertschöpfung zum Wertschöpfungsmanagement. In: Ulrich P, Baltzer B (Hrsg) Wertschöpfung in der Betriebswirtschaftslehre. Festschrift für Prof. Dr. habil. Wolfgang Becker zum 65. Geburtstag. Springer Gabler, Wiesbaden, S 343–364

Sutherland J (2014) Scrum: the art of doing twice the work in half the time. Crown Business, New York

Taschner A (2017) Business Cases: Ein anwendungsorientierter Leitfaden, 2. Aufl. Springer Gabler, Wiesbaden

Thom N (2003) Betriebliches Vorschlagswesen: Ein Instrument der Betriebsführung und des Verbesserungsmanagements. Peter Lang, Bern

Tomczak T, Reinecke S, Kaetzke P (2007) Konzept zur Gestaltung und zum Controlling existierender Leistungen. In: Albers S, Herrmann A (Hrsg) Handbuch Produktmanagement: Strategieentwicklung – Produktplanung – Organisation – Kontrolle, 3. Aufl. Gabler, Wiesbaden, S 471–492

Torres T (2021) Continuous discovery habits: discover products that create customer value and business value. Product Talk, Portland

Traut-Mattausch E, Kerschreiter R (2012) Kreativitätstechniken. In: Wastian M, Braumandl I, von Rosenstiel L (Hrsg) Angewandte Psychologie für das Projektmanagement: Ein Praxisbuch für die erfolgreiche Projektleitung, 2. Aufl. Springer, Heidelberg, S 263–281

Trommsdorff V (2007) Produktpositionierung. In: Albers S, Herrmann A (Hrsg) Handbuch Produktmanagement, 3. Aufl. Gabler, Wiesbaden, S 341–362

Trott P (2017) Innovation management and new product development, 6. Aufl. Pearson, Harlow

Tucci CL et al (2016) When do firms undertake open, collaborative activities? Introduction to the special section on open innovation and open business models. Ind Corp Change 25(2):283–288

Ulrich KT, Eppinger S (2016) Product design and development, 6. Aufl. McGraw-Hill, New York

Vahs D, Brem A, Oswald C (2023) Innovationsmanagement: Von der Idee zur erfolgreichen Vermarktung, 6. Aufl. Schäffer-Poeschel, Stuttgart

Verworn B, Herstatt C (2000) Modelle des Innovationsprozesses, Working Paper, No. 6, Hamburg, University of Technology (TUHH), Institute for Technology and Innovation Management. http://nbn-resolving.de/urn:nbn:de:gbv:830-opus-1607. Zugegriffen am 08.03.2019

Vollmann S (2018) Innovationsmanagement unter extremer Unsicherheit: Neue Methoden zur Ideenbewertung zu Beginn des Innovationsprozesses. Büchner, Marburg

Votteler A (2015) Methoden der Ideenfindung in der Produktentwicklung: Innovationen als Zukunftschance für Unternehmen. VDM, Zweibrücken

Walsh G et al (2020) Marketing: Eine Einführung auf der Grundlage von Case Studies, 3. Aufl. Springer Gabler, Wiesbaden

Whim (2023) MaaS Global. Whimapp.com. https://whimapp.com/maas-global/. Zugegriffen am 02.11.2023

Wirtz J (2017) Designing customer service processes. WS Professional, Singapore

Yelle LE (1979) The learning curve: historical review and comprehensive survey. Decis Sci 10(2):302–328

Yrjölä M, Saarijärvi H, Nummela H (2018) The value propositions of multi-, cross-, and omni-channel retailing. Int J Retail Distrib Manag 46(11/12):1133–1152

ZeroPrice (2023) We connect brands with customers. ZeroPrice.com https://www.zeroprice.com/. Zugegriffen am 12.09.2023

# 5 Wie werden Produkte erfolgreich am Markt gehalten?

**Lernziele dieses Kapitels**
- Den Begriff „Controlling des Produkterfolgs am Markt" verstehen
- Produkterfolg mit Hilfe von Kennzahlen und Zielwerten messbar definieren können
- Möglichkeiten zur Erhebung von Informationen zum Produkterfolg überblicken
- Die Vorgehensweise bei der Beurteilung des Produkterfolgs verstehen
- Probleme bei der Entscheidung und Initiierung von Steuerungsmaßnahmen lösen
- Aufgaben bei der Eliminierung von Produkten überblicken

## 5.1 Controlling des Produkterfolgs

Produkte nicht nur erfolgreich auf den Markt zu bringen, sondern dort auch zu halten, erfordert „Downstream Product Management" (Gorchels 2011, S. 243–325) oder „Produkt-Controlling" (Fischer 2017).

Bezieht man sich auf den letztgenannten Begriff des Controllings, so existiert ein weit verbreitetes Missverständnis in der Fehlübersetzung des englischen Begriffs als „Kontrolle". Dieses Missverständnis hat akademisch weit weniger Konsequenzen als für die Praxis, in der große Mengen an Kennzahlen produziert werden – weil sie erzeugt werden können –, ohne sie für die Steuerung zu nutzen. Denn das ist die korrekte Übersetzung des Begriffs: Controlling = Steuerung.

Steuerung beinhaltet Kontrolle, insofern Soll-Größen zu definierten Erfolgsindikatoren festgelegt, Ist-Größen ermittelt und Soll-Ist-Vergleiche angestellt werden müssen, um Steuerungsbedarf zu identifizieren. Damit der Steuerungsbedarf identifiziert werden kann, gehört zu einem erweiterten Kontrollbegriff auch die die Ermittlung der Abweichungsursachen. Der entscheidende Punkt ist jedoch die Initiierung von wirksamen und umsetzbaren Korrekturmaßnahmen (Abb. 5.1).

Controlling hat nach diesem Verständnis die Aufgaben …

- … den Soll-Zustand eines definierten Feldes („Control Area") anhand von Kennzahlen und Zielwerten zu definieren,
- … den Ist-Zustand in diesem Bereich zu erheben,
- … Soll-Ist-Vergleiche anzustellen und zu beurteilen, d. h. auch Ursachen für eventuelle Abweichungen zu identifizieren,
- … Vorschläge für Korrekturmaßnahmen zu erarbeiten und zu initiieren.

| Festlegung des Kontrollfeldes<br>Festlegung von Soll-Größen<br>Ermittlung von Ist-Größen<br>Soll-/Ist-Vergleich | **Traditioneller Kontrollbegriff** | **Erweiterter Kontrollbegriff** | **Controlling-Begriff** |
|---|---|---|---|
| Ermittlung der Abweichungsursachen | | | |
| Vorschläge für Korrekturmaßnahmen | | | |
| Korrekturentscheidung | | | |

**Abb. 5.1** Controlling und Kontrolle. (Vgl. Jung 2016, S. 1176 f.)

Zur Wahrnehmung dieser Aufgaben bedarf es des Aufbaus eines Informationssystems, was neben den „operativen Aufgaben" ebenfalls zu in die Verantwortung des Controllings fällt, da es dessen Arbeitsgrundlage bildet (vgl. Reichmann et al. 2017, S. 1–32; Horváth et al. 2020, S. 1–34; Weber und Schäfer 2022, S. 3–62).

Diese grundsätzlichen Aufgaben des Controllings treffen auch für das Controlling von Produkten zu.[1] Der einzige Unterschied besteht darin, dass die „Control Area" nicht ein Unternehmen oder eine Organisationseinheit, sondern ein Produkt ist, wie es in Abschn. 3.1 definiert worden ist. Die „Control Area" kann dabei noch genauer beschrieben werden, da sich Produkt-Controlling auf zwei Phasen des Produktlebenszyklus beziehen kann: Auf das Controlling des Produktentwicklungsprojekts oder auf die Steuerung des Produkterfolgs am Markt. In diesem Kapitel ist das letztgenannte Bezugsfeld – nach der Markteinführung – gemeint.[2] Entsprechend diesem Verständnis bestehen die Aufgaben des Produkt-Controllings darin (vgl. Abb. 5.2) …

- … den Produkterfolg messbar zu definieren,
- … Informationen zum Produkterfolg am Markt zu erheben,

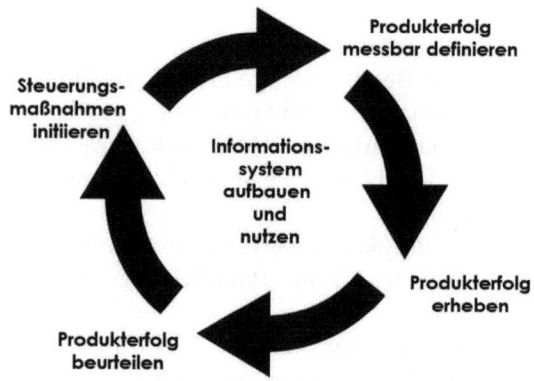

**Abb. 5.2** Aufgaben des Produkt-Controllings. (In Anlehnung an: Reichmann et al. 2017, S. 1–32; Horváth et al. 2020, S. 1–34; Weber und Schäfer 2022, S. 3–62)

- … den Produkterfolg auf Basis von Soll-/Ist-Vergleichen zu beurteilen,
- … zielgerichtete Steuerungsmaßnahmen im Fall von Abweichungen zu initiieren.

Diese Aufgaben sollen im Folgenden erläutert werden.

> **Controlling des Produkterfolgs**
>
> Controlling im Sinne einer Steuerung des Produkterfolgs am Markt ist die wesentliche Aufgabe des „Downstream Product Managements" und beinhaltet vier wesentliche Aufgaben:

---

[1] Ein etwas komplizierteres Modell des Produktcontrollings schlagen Tomczak et al. 2007, S. 481–488 sowie Bruhn und Hadwich 2017, S. 331–372 vor.

[2] Für das Controlling des Produktentwicklungsprojekts kann in weiten Teilen auf das Gegenstandsgebiet des Projekt-Controllings verwiesen werden (vgl. Wanner 2013; Friedrich 2021).

> - Messbare Definition des Produkterfolgs mit Hilfe von Kennzahlen und Zielwerten,
> - Erhebung von Ist-Werten,
> - Beurteilung von Soll-/Ist-Vergleichen,
> - Entscheidung und Initiierung von Steuerungsmaßnahmen
>
> Für die Konzeption eines wirtschaftlichen und wirksamen Controlling-Systems für den Produkterfolg am Markt empfiehlt es sich, in der Konzeption den gesamten Prozess zu durchdenken und zu definieren, da die Festlegung der „richtigen" Kennzahlen auch von den Möglichkeiten der Erhebung von Ist-Werten sowie den Steuerungsmöglichkeiten abhängt.

## 5.2 Definition des Produkterfolgs

Den Ausgangspunkt das Controlling des Produkterfolgs am Markt bilden klare und messbare Kennzahlen und Zielwerte, die festlegen, was unter dem „Erfolg" eines konkreten Produkts verstanden werden soll. Vor dem Hintergrund dieser Referenz wird die Ist-Entwicklung eines Produkts am Markt erst erkenn- und beurteilbar.

Allgemeine Indikatoren für den Produkterfolg entlang von drei Steuerungsfeldern wurden bereits in Abschn. 3.2 aufgezeigt. Diese Indikatoren erfüllen jedoch noch nicht die Anforderungen an Ziele. Denn Ziele unterscheiden sich von Visionen und Vorhaben dadurch, dass sie mindestens eine spezifische Aussage enthalten („specific"), einen Messindikator benennen, („measurable") und einen Termin für die Zielerreichung nennen („time-related"). Erst dadurch werden Ziele operativ wirksam, d. h. steuerbar bzw. „controllable". Daneben sollten sie auch noch einer spezifischen Funktion oder Person zuordnbar sein („assignable"), die das Ziel zu ihrem machen und es mit den gegebenen Ressourcen als realistisch („realistic") einschätzen. Diese fünf Anforderungen hat erstmals George Doran (1981) unter dem Akronym „SMART" zusammengefasst.[3]

Entsprechend dieses Anspruches stellen sich die Fragen,

1. Welche (spezifischen und messbaren) Kennzahlen
2. und welche Zielwerte (Soll-Größen, die zu einem bestimmten Termin erreicht werden sollen) für ein konkretes Produkt herangezogen werden sollten.
3. Wem diese Ziele als „seine Ziele" in einer Organisation zugeordnet werden können.

Diese drei Fragen sollen im Folgenden anhand eines Fallbeispiels beantwortet werden.

### Fallbeispiel

**„Segway PT"**

Die Entwicklung des 2001 auf den Markt gebrachten „Segway Personal Transporter" wurde bereits in Abschn. 1.2 skizziert und wird in Abb. 5.3 für die 20 Jahres seines Produktlebenszyklus nochmals grafisch dargestellt.

Die Frage ist, welche Kennzahlen und Zielwerte für das erste Jahr nach der Markteinführung zielführend gewesen wären. ◄

### Auswahl von Kennzahlen

Mögliche Kennzahlen für den Produkterfolg wurden bereits in Abschn. 3.2 aufgezeigt. Hier sollte auch deutlich werden, dass die Kennzahlen entlang von drei Steuerungsfeldern gesucht werden sollten: Marktfähigkeit, Realisierbarkeit und Profitabilität. Weitere Steuerungsfelder, wie beispielsweise „Verantwortbarkeit bzw. Nachhaltigkeit", können bei entsprechenden Zielsetzungen

---

[3] Das Akronym „SMART" wurde in den letzten 40 Jahren mit vielfältigen alternativen Bedeutungen belegt. Vgl. dazu auch Locke und Latham (1990, S. 27 ff.), die ca. 400 psychologische Studien über den Zusammenhang von Zielen und Arbeitsleistung zu einer Theorie integrierten. Dabei heben sie insbesondere die positiven Effekte von Zielen, die die Attribute „clarity", „challenge", „commitment", „feedback" und „task complexity" aufweisen, auf die Arbeitsleistung hervor. Das entspricht in weiten Teilen der Anforderung, Ziele sollen SMART sein.

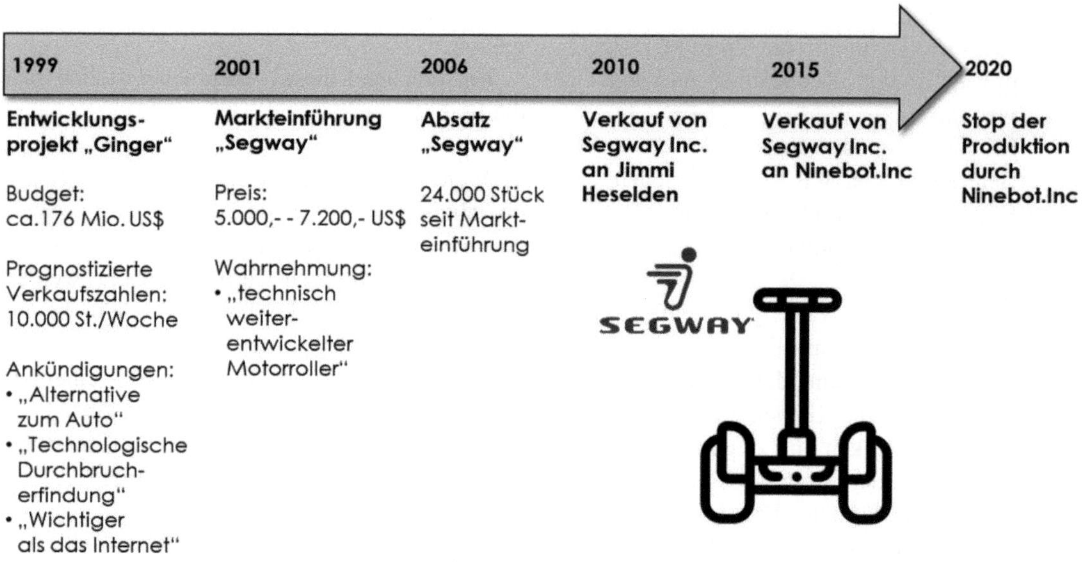

```
1999          2001              2006            2010            2015           2020

Entwicklungs- Markteinführung   Absatz          Verkauf von     Verkauf von    Stop der
projekt „Ginger"  „Segway"      „Segway"        Segway Inc.     Segway Inc.    Produktion
                                                an Jimmi        an Ninebot.Inc durch
Budget:       Preis:            24.000 Stück    Heselden                       Ninebot.Inc
ca.176 Mio. US$ 5.000,- - 7.200,- US$ seit Markt-
                                einführung
Prognostizierte Wahrnehmung:
Verkaufszahlen: • „technisch
10.000 St./Woche   weiter-
                   entwickelter
Ankündigungen:     Motorroller"
• „Alternative
  zum Auto"
• „Technologische
  Durchbruch-
  erfindung"
• „Wichtiger
  als das Internet"
```

**Abb. 5.3** Entwicklung des Segway PT 1999–2020. (In Anlehnung an: Clark et al. 2019)

hinzugefügt werden (vgl. Biermann und Erne 2020).

Die Frage, welche Kennzahlen in dem jeweiligen Steuerungsfeld herangezogen werden sollen, kann nicht allgemeingültig beantwortet werden, sondern hängt vom jeweiligen Produkt, der Organisation und dem Branchen- bzw. Marktumfeld ab. Folgende Mindestanforderungen sollten jedoch Kennzahlen erfüllen (vgl. Kühnapfel 2019, S. 5–8):

- **Relevanz:** Die Kennzahl hat die Aufgabe, die jeweils wichtigsten Aspekte in jedem Steuerungsfeld abzudecken. Zuweilen ist der Absatz wichtiger als der Umsatz, die Verfügbarkeit wesentlicher als die Fehlerrate oder die Lernkurve im Markt wichtiger als die Rentabilität. Genau diese Priorisierung wird in einer Kennzahl konzentriert.
- **Übersichtlichkeit:** Es empfiehlt sich, möglichst wenige Messgrößen heranzuziehen, die in ihrer Gesamtheit auch einen Informationswert haben. Parallel zur Zahl von Messgrößen sinkt deren Informationswert.
- **Verständlichkeit und Aussagekraft:** Zu jeder Messgröße sollte angegeben werden können, wie diese zustande kommt und woher die Daten kommen. Nur dann können Interessensgruppen und Adressaten die Aussagekraft von Kennzahlen sowie deren Grenzen angemessen einschätzen.
- **Pragmatismus:** Informationen aus Messgrößen haben die Funktion, Entscheidungen zu unterstützen, ob und welche Steuerungsaktivitäten erforderlich sind, um ein Produkt am Markt erfolgreich zu halten.
- **Erhebbarkeit, Aktualität und Vergleichbarkeit:** Input-Daten für die Messgrößen sollten leicht erhebbar sein, damit sie jederzeit aktuell abgerufen werden können und über eine längere Zeit vergleichbar sind.

**Fallbeispiel**

„Segway PT": Auswahl von Kennzahlen

Mögliche Kennzahlen für die Steuerung des „Segway PT" am Markt für das erste Jahr nach Markteinführung könnten beispielsweise sein:

**Für die Marktfähigkeit**

- Bekanntheitsgrad (Anzahl der Befragten, die das Produkt kennen/Gesamtanzahl der Befragten):
- Interessentenquote (Anzahl an interessierten kontaktierten Kunden/Gesamtanzahl an kontaktierten Kunden);

- Konversionsrate (Anzahl an Produktkäufern/Anzahl an interessierten Kunden);
- Referenzquote (Anzahl an Kunden, die das Produkt weiterempfehlen/Gesamtanzahl an Kunden).

Diese Kennzahlen hätten – als System implementiert – den Vorteil, dass sie den Kaufprozess bei Neukunden in den ersten drei Jahren abbilden und daher klare Ansatzpunkte für Steuerungsmaßnahmen bieten würden. Wenn beispielsweise der Bekanntheitsgrad und die Interessentenquote den Zielwerten entsprechen, nicht aber die Konversionsrate, würden diese Daten darauf hinweisen, dass an der Marktkommunikation und an den Produkteigenschaften nichts Wesentliches geändert werden muss, wohl aber an konkreten Kaufbarrieren, wie beispielsweise der Preis- und Konditionengestaltung oder der Verfügbarkeit und Testbarkeit des Produkts.

**Für die Realisierbarkeit**

- Fehlerrate (Anzahl an fehlerhaften Produkten/Gesamtanzahl verkaufter Produkte):
- Distributionsgrad (Anzahl an Verkaufsstellen, in denen das Produkt verfügbar ist/Gesamtanzahl der Verkaufsstellen in einem definierten Gebiet);
- Lösungszeit Produktservice (Gesamte Lösungszeit/Gesamtanzahl an Serviceanfragen).

Diese Kennzahlen zielen auf typische Realisierungs-Schwachstellen eines Neuprodukts am Markt ab: Die schnelle Entdeckung von Produktfehlern in den Augen der Käufer, die Verfüg- und Testbarkeit des Produkts für Interessenten sowie die Schnelligkeit und Qualität der Lösung von Serviceanfragen. Hier lassen sich auch Korrelationen zu den Kennzahlen der Marktfähigkeit ableiten.

**Für die Profitabilität**

- Deckungsbeitragsquote (Stückpreis – variable Stückkosten/Stückpreis);
- Lernkurve (Differenz der durchschnittlichen Stückkosten für das Produkt/Differenz der kumulierten Absatzmenge des Produkts);
- Vertriebs- und Servicekostenquote (Vertriebs- und Servicekosten für das Produkt/Umsatz Produkt).

Die ausgewählten Kennzahlen zur Profitabilität basieren auf der Annahme, dass bei Gebrauchsprodukten mit hohen Neuigkeitsgraden kurze Amortisationszeiten und schnelle Rentabilitäten in der Regel nicht möglich sind. Das Produkt benötigt für seine Diffusion auf dem Markt Zeit. Daher wird erwartet, dass das Produkt mittelfristig zunehmend mehr Beiträge zur Deckung der laufenden Gemeinkosten liefert, die durchschnittlichen Stückkosten proportional zur Absatzmenge sinken sowie die Service- und Vertriebskostenquote mit zunehmender Marktdurchdringung sinken. ◄

Die im Beispiel genannten Kennzahlen machen deutlich, dass isolierte Indikatoren wie beispielsweise die Referenzquote, die Fehlerrate oder die Deckungsbeitragsquote zwar wenige, relevante übersichtliche Informationen liefern, jedoch erst sehr spät im Prozess. Produktmanagerinnen erfahren erst im Nachhinein, dass ihr Handeln zu diesen Ergebnissen geführt hat. Ihr Beitrag für die Steuerung von Produkten ist, wie Robert Kaplan es ausdrückt, ähnlich, wie wenn man „ein Auto mit Hilfe des Rückspiegels steuern" wollte (vgl. Kaplan 1996). Gefordert ist also ein System an Kennzahlen, durch welches

- … Soll-Ist-Abweichungen möglichst früh erkannt werden,
- … Abweichungsursachen leicht identifiziert werden können,
- … Korrekturmaßnahmen einfach und wirksam ermöglicht werden.

In der Terminologie des Controllings sind genau das die Leistungen eines „Performance Measurement Systems" (vgl. Grüning 2002, S. 3–20; Gleich 2011, S. 9–66; Kleindienst 2017, S. 33–84). Darunter wird ein System von logisch und zeitlich verknüpften Kennzahlen für Erfolg verstanden. Es werden also nicht nur Endergebnisse oder „Output-Indikatoren" definiert und erfasst, sondern auch Zwischenergebnisse und

Input-Größen. Beispiele für „Performance Measurement Systeme" auf gesamtunternehmerischer Ebene sind die Balanced Scorecard (Kaplan und Norton 1992, 1996) sowie das EFQM-Modell für Exzellenz (European Foundation for Quality Management 2013).

> **Beispiel**
>
> **Beispiel für ein „Performance Measurement System für Produkterfolg"**
>
> Die Diffusion von „Fast Moving Consumer Goods" (FMCG) am Markt hängt von fünf wesentlichen Einflussgrößen ab (vgl. Abb. 5.4).
>
> - Dem Marktpotenzial des Zielmarktes: Abhängig von der geografischen Distribution des Produkts und den anvisierten Kundensegmenten wird die Zahl potenzieller Käufer abgeschätzt.
> - Der Bekanntheitsquote des Produkts („Awareness"): Der prozentuale Anteil an potenziellen Käufern in einem bestimmten Gebiet, der – beeinflusst durch Kommunikationsmaßnahmen – auf das Produkt aufmerksam wird.
> - Der Erstkäuferrate („Trial"): Der Anteil an Interessenten, die das Produkt erstmalig ausprobieren.
> - Der Produktverfügbarkeit („Availability"): Dem Distributionsgrad des Produkts in den Vertriebskanälen des definierten Zielmarkts, der den wiederholten Kauf möglich macht.
> - Der Wiederkäuferrate („Repeat"): Dem Anteil an Erstkäufern, der es aufgrund der positiven Ersterfahrungen sowie der Produktverfügbarkeit wiederholt erwerben.

Wenn beispielsweise Nischenanbieter für ein Smartphone mit Nachhaltigkeitsanspruch wie Fairphone (Fairphone 2023) oder Shiftphone (Shiftphone 2023) seinen Absatz für das erste Jahr nach Markteinführung nach Maßgabe des ATAR-Modells abschätzen möchte, könnte das Ergebnis wie in Tab. 5.1 aussehen.

Der Vorteil des ATAR-Modells für das Produkt-Controlling liegt darin, dass zu jedem dieser vier Indikatoren in Quartals- oder Halbjahreszeitabständen Ist-Werte erhoben werden können. Wenn die erhobenen Ist-Werte von den hier dargestellten Zielwerten signifikant

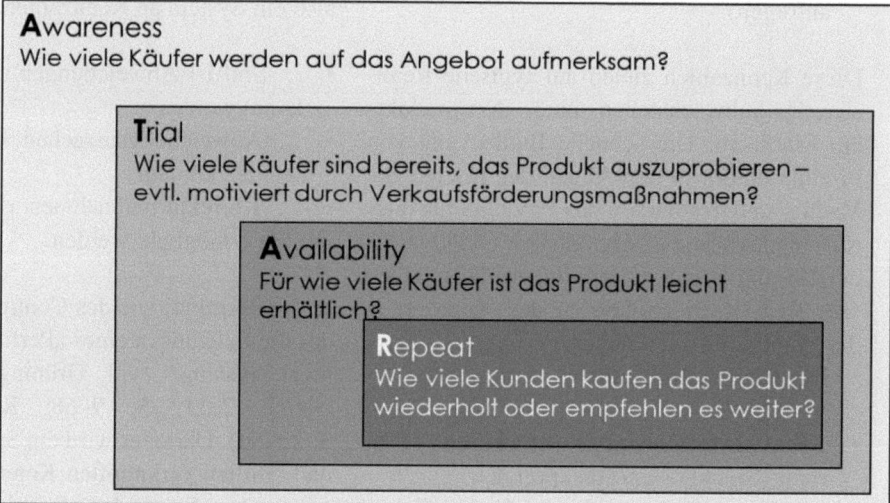

**Abb. 5.4** Das ATAR-Modell für die Marktfähigkeit von Produkten. (Vgl. Crawford und Di Benedetto 2021, S. 176–180)

## 5.2 Definition des Produkterfolgs

**Tab. 5.1** Abschätzung des Absatzes nach dem ATAR-Modell

| Position | Anteil | Ergebnis |
|---|---|---|
| Zielmarktgröße (Anzahl potenzieller Käufer) | | 3.000.000 |
| Aware (potenzielle Käufer, die aufmerksam werden) | 40 % | 1.200.000 |
| Trial (potenzielle Käufer, die das Produkt einmalig erwerben wollen) | 20 % | 240.000 |
| Availability (potenzielle Käufer, die das Produkt wiederholt erwerben können) | 40 % | 96.000 |
| Repeat (potenzielle Käufer, die Wiederholkäufer werden) | 50 % | 48.000 |

abweichen, sind frühzeitig „Stellschrauben" für die Produktsteuerung identifizierbar:

- Vielleicht muss der Bekanntheitsgrad des neuen Smartphone-Modells durch Kommunikationsmaßnahmen gesteigert werden („Awareness");
- oder es müssen Kunden durch Verkaufsförderungsmaßnahmen zum Test bewegt werden („Trial");
- eine dritte Option besteht darin, die Erhältlichkeit des Produkts durch die Erhöhung der Distributionsrate zu verbessern („Availability");
- viertens kann auch die Wiederkäuferquote durch die Steigerung von Kundenzufriedenheitswerten bzw. „Net Promotor Scores" erhöht werden („Repeat"). ◄

**Definition von Zielwerten**

Zielwerte für die Kennzahlen definieren, welche Größen für die ausgewählten Kennzahlen zu welchen Terminen als möglich und realisierbar angesehen werden. Diese Definitionen beruhen auf Annahmen, wie sich das Produkt am Markt entwickelt – oder anders formuliert: auf einem Bild des Produktlebenszyklus.

### Fallbeispiel

**„Segway PT": Definition von Zielwerten**

Mögliche Zielwerte für die Steuerung des „Segway PT" am Markt für das erste Jahr nach Markteinführung könnten beispielsweise sein:

Für die Marktfähigkeit

- Bekanntheitsgrad (Anzahl der Befragten, die das Produkt kennen/Gesamtanzahl der Befragten): 60 % im ersten Jahr nach Markteinführung.
- Interessentenquote (Anzahl an interessierten kontaktierten Kunden/Gesamtanzahl an kontaktierten Kunden): 30 % im ersten Jahr nach Markteinführung.
- Konversionsrate (Anzahl an Produktkäufern/Anzahl an interessierten Kunden): 10 % im ersten Jahr nach Markteinführung.
- Referenzquote (Anzahl an Kunden, die das Produkt weiterempfehlen/Gesamtanzahl an Kunden): 10 % im ersten Jahr nach Markteinführung.

usw.

Die Frage bei diesen Vorgaben bleibt offen, welche Begründungen und Annahmen diesen Zielwerten zugrunde liegen – und ob diese möglich und erreichbar sind. ◄

Die Annahmen über die Entwicklung von Produkten am Markt, die sich in Zielwerten widerspiegeln, lassen sich durch zwei Methoden fundieren: Dem Vergleich mit ähnlichen Produkten aus der Vergangenheit oder Erkenntnissen aus der Forschung.

Der Vergleich mit ähnlichen Produkten aus der Vergangenheit – entweder in der eigenen Organisation oder bei Wettbewerbern – hat zwei Probleme zu bewältigen: das Problem der Vergleichbarkeit der Fälle und das Problem der Verfügbarkeit von Informationen. Problemlos vergleichbar wäre die Entwicklung zweier Produkte auf dem Markt nur dann, wenn sowohl die Produkte selbst als auch die Rahmenbedingungen nahezu identisch wären. Diese Voraussetzungen sind „im Feld" jedoch nie gegeben. Hinzu kommt das Problem der Verfügbarkeit von Informationen zur Entwicklung des Produkts. Bereits in der eigenen Organisation ist diese häufig nicht in ausreichendem Maß gegeben. Das Problem verschärft sich bei Wettbewerberprodukten, bei denen die verfügbare Menge und Güte an zuverlässigen Informationen noch weitaus problematischer ist. In der Praxis behilft man sich zur Bewältigung dieser beiden Probleme mit „Analogieschlüssen". Faktisch sind das aber weniger Analogieschlüsse als eher Generalisierungen eines bestimmten Falls, ohne dass bekannt ist, ob wesentliche Aspekte oder Einflussgrößen in ihrer Art oder Stärke übersehen wurden. Der Vergleich ist also nur von unsicherem heuristischem Wert (vgl. Mayring 2007; Gloy 2023).

Erkenntnisse aus der Forschung sind besser verfügbar, weisen aber ähnliche Probleme der Anwendbarkeit auf das konkrete Produkt auf. Ein Beispiel dafür ist die viel beachtete Studie von Everett Rogers (1983) und Geoffrey A. Moore (2006) zur Diffusion von innovativen High-Tech-Produkten im Markt. Rogers identifiziert hier fünf typisierte Zielgruppensegmente (Abb. 5.5):

- „Innovatoren" oder „Enthusiasten" sind Personengruppen, die sich durch grundsätzliche Offenheit, Neugier und Risikobereitschaft in Bezug auf Neuprodukte auszeichnen. Deren Grundgesamtheit ist allerdings relativ gering (2,5 %).
- „Frühe Anwender" oder „Visionäre" zeigen ein ähnliches Verhalten wie Innovatoren in Bezug auf Neuprodukte, reagieren jedoch zeitlich verzögert. Ihr Anteil an der Grundgesamtheit ist jedoch deutlich höher (13,5 %), weshalb sie als Rollenmodell für die Mehrheit fungieren.
- Die Gruppe der „frühen Mehrheit" oder „Pragmatiker" orientiert sich an der Meinung und am Verhalten der „frühen Anwender" und wartet, bis sich ein Neuprodukt in ausgereifterer und preislich attraktiverer Form zeigt.
- Die Gruppe der „späten Mehrheit" oder „Konservativen" hält relative lange am Bewährten fest und wechselt zu neuen Produkten erst dann, wenn es sich als Standard etabliert hat.
- „Nachzügler" oder „Skeptiker" schließlich kaufen das Neuprodukt erst dann, wenn alte Lösungen nicht mehr verfügbar sind.

Die zentrale Herausforderung bei der Verbreitung innovativer High-Tech-Produkte im Markt besteht dieser Zielgruppensegmentierung zufolge darin, die „Kluft" zwischen den Innovatoren und frühen Anwendern einerseits und der (frühen und späten) Mehrheit andererseits zu überbrücken (vgl. Moore (2006). Erstere kaufen bereitwillig alles, was in einem Produktsegment „neu" und „cool" auf den Markt kommt. Letztere hingegen legen mehr Wert auf Funktionalität und Nutzbarkeit im Umfeld und zögern die Kaufentscheidung hinaus. Wird diese Kluft nicht überbrückt, stagniert eine

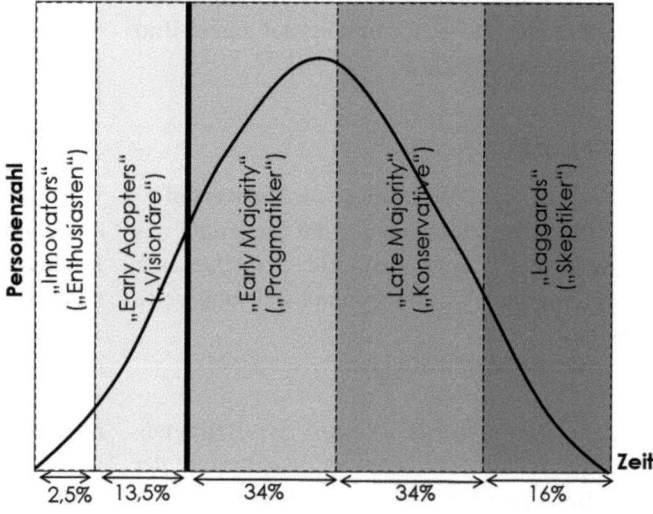

**Abb. 5.5** Segmentierung von Zielgruppen bei der Diffusion innovativer Produkte. (Vgl. Rogers 1983, S. 242–251)

## 5.2 Definition des Produkterfolgs

Innovation nach anfänglichem Anstieg der Absatz- und Umsatzzahlen relativ schnell, bevor sie wieder vom Markt verschwindet. Im Hinblick auf die Festlegung von Zielwerten legen diese Studien Zurückhaltung bei schnellen und hohen Umsatz- und Rentabilitätserwartungen bei Produkten mit hohen Neuigkeitsgraden nahe. „Disruptive Innovationen" haben es deshalb in etablierten Organisationen mit kurzfristigen Profitabilitätserwartungen relativ schwer. Diese Theorie lässt sich vielfach empirisch belegen.

> **Beispiel**
>
> **Diffusion der Baureihen von Tesla am Markt**
>
> Das Unternehmen Tesla benötigte fast sechs Jahre, um mit seinen fünf Baureihen ‚Roadster' (2008–2012), ‚Model S' (seit 2012), ‚Model X (seit 2015), Model 3' (seit 2017) und ‚Model Y' (seit 2019) in ein nennenswertes Umsatzwachstum zu kommen. Diese Entwicklung korreliert nahezu linear mit der Diffusion der Neuzulassungen von Elektroautos weltweit (ZSW 2023), zu deren Entwicklung Tesla signifikant beigetragen hat. Deshalb kann in diesem Kontext außer Acht gelassen werden, dass diese Baureihen unterschiedliche Zielgruppen adressierten. Es wird vielmehr anschaulich, dass es relativ lange Zeit benötigt, um bei einem innovativen Neuprodukt die Kluft in den Massenmarkt zu überbrücken (vgl. Abb. 5.6). ◄

Die Überlegungen machen deutlich, dass Zielwerte für Kennzahlen chronisch unsicher sind. Sie stützen sich im schlechtesten Fall allein auf Organisationserwartungen, im besten Fall zusätzlich auf Argumentationen aus Vergleichen und Forschungsergebnissen. Aus diesem Grund können Zielwerte als „best guess" betrachtet werden, die vor allem zur Erzielung von Lernergebnissen wichtig sind.

**Organisatorische Zuordnung von Zielwerten**

Entsprechend der Definition der Aufgaben von und Zuständigkeiten für das Produktmanagement in Kap. 1 liegt es nahe, die Verantwortung für die Zielerreichung bei der jeweiligen Produktmanagerin zu verorten. Dies hat den Vorteil der

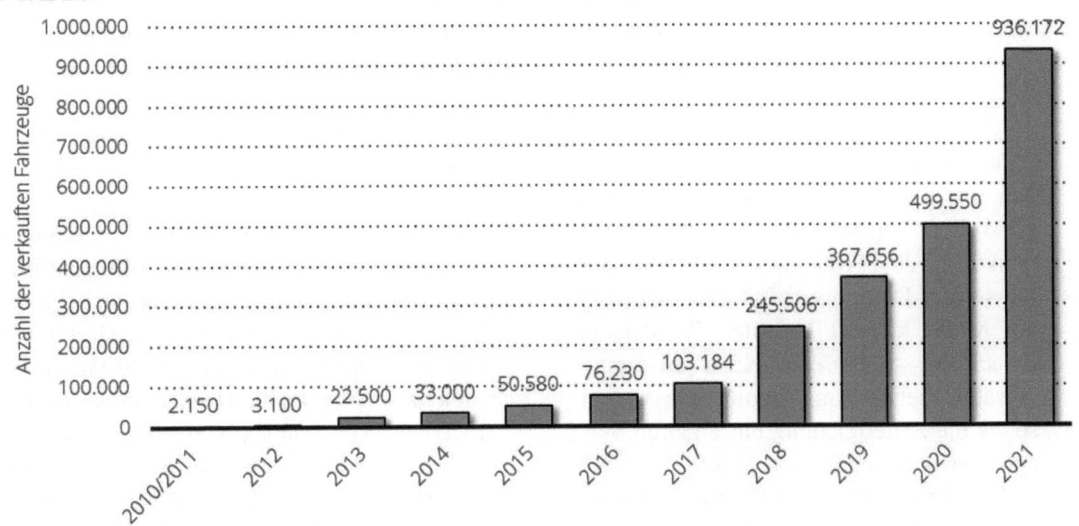

**Abb. 5.6** Anzahl der weltweit abgesetzten Elektroautos von Tesla von 2010 bis 2021. (Vgl. Tesla 2022)

Eindeutigkeit der Verantwortung, steht jedoch im Widerspruch zu der relativ geringen formellen Macht und damit der Einflussmöglichkeiten dieser Funktion.

Dennoch wird hier die Position vertreten, dass, wenn man die Funktion „Produktmanagement" ernst nimmt, Produkterfolgs-Ziele den Produktmanagern als persönliche Ziele zuzuordnen sind. Die Alternative bestünde in einer Zersplitterung der Verantwortlichkeiten und Ziele für das Produkt am Markt. Das würde eine eigenständige Funktion „Produktmanagement" schwächen und zu einem „Schein-Job" oder „Non-Job" (vgl. Malik 2006, S. 300 f.) machen.

Aufgrund der lediglich heuristischen Qualität von Zielwerten sowie aufgrund der begrenzen Einflussmöglichkeiten von Produktmangerinnen kann jedoch die Zielerreichung weder zum alleinigen noch zum dominanten Aspekt der „Performance" von Produktmanagern gemacht werden (vgl. Katsanis und Pitta 1999). Ferner sollte – v. a. im Lichte der Motivationsforschung zu „Pay-for-Performance" (vgl. Osterloh und Frey 2002; Ederer und Manso 2013) – kritisch hinterfragt werden, ob die Koppelung der Zielerreichung an variable Vergütungsbestandteile eher positive oder eher negative Motivationseffekte hat.

Die Diskussion sollte also um die Gewichtung und Bewertung der Zielerreichung in Organisationen geführt werden, nicht um die Zuordnung der Ziele zur Funktion des Produktmanagers.

> **Definition des Produkterfolgs**
> Um eine Referenz für die Beurteilung von Ist-Werten zu haben, besteht der Ausgangspunkt für das Produktcontrolling in der messbaren Definition, was Produkterfolg am Markt konkret bedeutet. Zu diesem Zweck müssen passende Kennzahlen ausgewählt, Zielwerte mit Terminen festgelegt sowie die Zielerreichung einer klaren Verantwortung zugeordnet werden.
>
> Für die Auswahl von Kennzahlen können die in Abschn. 3.2 aufgeführten Mess- und Steuerungsfelder als Leitlinie herangezogen werden. Dies können auch zu einem „Performance Measurement System" verknüpft werden, um rechtzeitige Frühwarnindikatoren zu erhalten und die Suche nach Abweichungsursachen zu erleichtern.
>
> Für die Festlegung von Zielwerten und Terminen sind lediglich Heuristiken aus vergleichbaren Fällen und aus Forschungsergebnissen verfügbar, die jedoch im Hinblick auf die Übertragbarkeit auf konkrete Fälle mit Unsicherheiten behaftet sind.
>
> Für die Erreichung der Zielwerte ist die Produktmanagerin verantwortlich, wobei die Zielerreichung aufgrund der Unsicherheit der Zielwerte sowie der begrenzten Einflussmöglichkeiten der Produktmanagerin nicht zu stark gewichtet werden sollten.

## 5.3 Erhebung des Produkterfolgs

Ein wesentliches Auswahlkriterium für Kennzahlen stellt deren wirtschaftliche Erhebbarkeit dar (vgl. Kühnapfel 2019, S. 47). Dazu benötigt es möglichst unaufwändige und valide Verfahren zur Erhebung von Ist-Werten. Die grundlegend zur Verfügung stehenden Erhebungsmethoden sind dabei weitgehend dieselben, die schon seit langem aus der Marketingforschung, der Organisationslehre und dem klassischen Controlling bekannt sind (Abb. 5.7):

- Mündliche oder schriftliche Befragungen, d. h. Erhebung von Daten mit Hilfe von Interviews oder Fragebögen, eignen sich für die Erhebung einiger Kennzahlen zur Marktfähigkeit sowie zur Realisierbarkeit. Ihr Vorteil und gleichzeitig ihr Nachteil besteht in der Thematisierung von subjektiven Sichtweisen zu einem Thema. Dies ist bei Sichtweisen von Kunden auf ein Produkt ein Vorteil. Bei der Erhebung von Aufwänden oder Zeiten liefert die Befragung von Mitarbeitern dagegen meist

## 5.3 Erhebung des Produkterfolgs

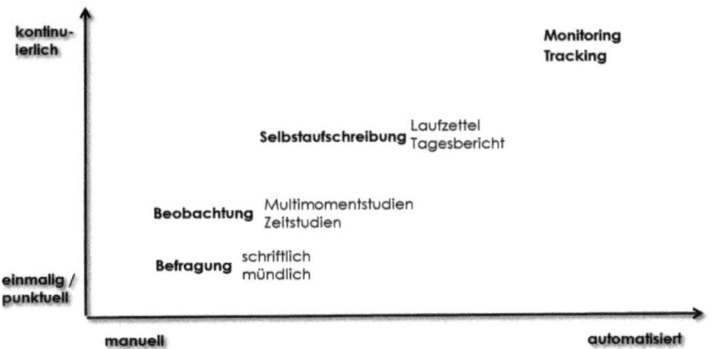

**Abb. 5.7** Erhebungsmethoden für den Produkterfolg. (In Anlehnung an: Bühner 2004, S. 17–60; Grunwald und Hempelmann 2012, S. 46–53; Schulte-Zurhausen 2014, S. 545–564; Herrmann und Huber 2013, S. 36–48; Koch et al. 2016, S. 40–76; Magerhans 2016, S. 115–133; Hague et al. 2016, S. 3–16; Kuß et al. 2018, S. 49–224; Horváth et al. 2020, S. 187–345; Weber und Schäfer 2022, S. 85–114)

stark verzerrte Ergebnisse, die bewusst (politisch motivierte Antworten) und/oder unbewusst (unzureichende Abschätzungskompetenz) zustande kommen können. Für Controlling-Zwecke haben Befragungsmethoden zudem die Nachteile, dass lediglich einmalige oder wiederholt punktuelle Werte erhoben werden können.

- Kontinuierliche oder stichprobenartige Beobachtungen können für die Erhebung von Marktfähigkeits- und Umsetzbarkeits-Kennzahlen vorgenommen werden. Sie sind sowohl unter Laborbedingungen einsetzbar, in denen die Umgebungsbedingungen stark kontrolliert werden (z. B. Reaktion von Konsumenten auf ein neues Produktdesign), als auch in Form von Feldbeobachtungen (z. B. Beobachtung der Nutzung eines Gebrauchsprodukts im Alltag). In beiden Fällen ist die Beobachtung relativ zeitaufwändig, bringt aber Erkenntnisse zutage, die nicht über Beobachtungen objektiv erhebbar sind, z. B. das tatsächliche Verhalten von Nutzern mit einem Produkt. Dies kann auch über einen längeren Zeitraum in Form einer teilnehmenden Beobachtung erfolgen, wie es z. B. bei der ethnografischen Feldforschung der Fall ist (vgl. Carson et al. 2001, S. 132–157; Roller und Lavrakas 2015, S. 168–229; Hague et al. 2016, S. 93–102). Für Controlling-Zwecke haben Beobachtungen dieselben Nachteile wie Befragungen, nämlich ihre einmaligen oder punktuellen Erhebungszeitpunkte.

- Selbstaufschreibungen in Form von (meist mehr oder weniger software-gestützten) Laufzettelverfahren oder Tagesberichten eignen sich vor allem für die Erhebung von Umsetzbarkeitsaspekten, wie z. B. zur Erhebung von Mengen, Zeiten, Aufgaben und/oder Aufgabenträger (vgl. Bühner 2004, S. 39 f.; Schulte-Zurhausen 2014, S. 556–562). Beim Laufzettelverfahren wird ein physischer oder digitaler „Laufzettel" an ein Objekt, z. B. ein Produkt, geheftet und dann die Bearbeitungs-, Warte- und Liegezeiten des Objekts in einem bestimmten Prozess an den einzelnen Stellen ermittelt. In Tagesberichten notieren Mitarbeiter Informationen über ihre Aktivitäten. Dies kann auch als Multimomentstudie konzipiert werden, in welcher Mitarbeiter zu Zufallszeiten ein Signal bekommen, zu dokumentieren, was sie gerade in welchem Umfang machen. Über die Menge an Daten kann dann auf die Grundgesamtheit extrapoliert werden. Für Controlling-Zwecke können Selbstaufschreibungen sowohl punktuell als auch kontinuierlicher eingesetzt werden.

- Tracking und Monitoring von Daten sind die bevorzugten Methoden des Controllings. Dabei wird im allgemeinen Sprachgebrauch „Tracking" meist zur Überwachung einer Variablen über die Zeit (z. B. des Umsatzes oder des Kundenfeedbacks) verwendet, während „Monitoring" die Überwachung mehrerer Variablen im Zeitablauf (z. B. Reklamationsquoten, Lieferzeiten, Umsätze und Cash-Inflows) bezeichnet. Beide Methoden erfordern die Extraktion, Verarbeitung und Repräsentation von Daten aus unterschiedlichen Datenbanken. Dies ist heute nicht nur für strukturierte Daten aus Data Warehouses möglich, sondern zusätzlich auch für unstrukturierte Daten (Texte, Bilder, Audio usw.) aus Sensoren, Social-Media-Kanälen, oder Produktrezensionen aus dem Web (vgl. Horváth et al. 2020, S. 467–494; Schön 2022, S. 368–613). Die Methoden eignen sich für die laufende Erhebung der meisten Marktfähigkeits-, Umsetzbarkeits- und Profitabilitäts-Kennzahlen. Ist-Werte zu den definierten Kennzahlen können beim Tracking und Monitoring kontinuierlich und weitgehend automatisiert in einem „Product Dashboard" übersichtlich dargestellt werden.

Im Zuge der Erhebung der Daten ist auch festzulegen, wie die erhobenen Daten aufbereitet und dargestellt werden sollen, damit eine angemessene Beurteilung von Abweichungsursachen sowie eine zielgerichtete Entscheidung über Steuerungsmaßnahmen möglich ist. Grundsätzlich können drei typische Reporting-Kategorien für den Produkterfolg am Markt unterschieden werden (vgl. Abb. 5.8):

- Statusberichte: In diesen wird der aktuelle Stand des Produkterfolgs am Markt dargestellt, beispielsweise in Form von Ampelstati.
- Fortschrittsberichte: Fortschrittsberichte beschreiben darüber hinaus den aktuellen Stand des Produkterfolgs vor dem Hintergrund der Ziele, typischerweise in Form von tabellarischen oder grafischen Soll-/Ist-Vergleichen. Dadurch wird das Ausmaß von Abweichungen repräsentiert.
- Trendberichte: Trendberichte repräsentieren neben der Soll-/Ist-Abweichung auch eine Vorhersage der prognostizierten zukünftigen Entwicklung, meist unter ceteris paribus Annahmen („es bleibt in der Zukunft, wie es in der Vergangenheit war"). Typische Darstellungsformen für diesen Berichtstyp sind Soll-/Ist-/Plan-Vergleiche in Form von grafischen Charts.

Die Gegenüberstellung der Darstellungsformen macht deutlich, dass mit zunehmendem Informationsgehalt der einerseits der Aufwand für die Datenerhebung und -aufbereitung wächst,

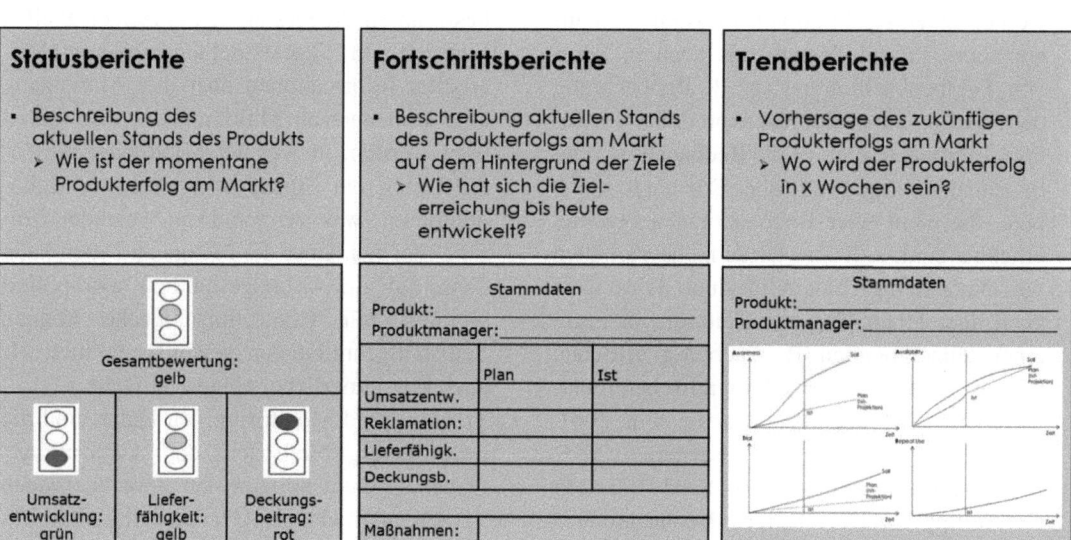

**Abb. 5.8** Darstellungsformen des Produkterfolgs

andererseits aber auch die Möglichkeit zur Analyse und Adressierung von zielgerichteten Steuerungsmaßnahmen einfacher wird.

Die Ausführungen zu den Erhebungsmethoden sollen deutlich machen, dass mit der Definition der Kennzahlen auch die Erhebungsmethoden mitgedacht werden müssen, damit erstens nur diejenigen Kennzahlen Einzug ins Produkt-Controlling finden, die auch erhebbar sind und zweitens das Produkt-Controlling in einem angemessenen Nutzen-/Aufwand-Verhältnis konzipiert wird.

grad (manuell oder automatisch) der Datenerhebung. Für das Produkt-Controlling sind grundsätzlich kontinuierliche und automatisierte Erhebungsmethoden zu präferieren, wenn diese technisch und wirtschaftlich möglich sind.

Das Ergebnis der Datenerhebung sind Ergebnisdarstellungen, die grundsätzlich in Statusberichte, Fortschrittsberichte und Trendberichte unterschieden werden können.

> **Erhebung des Produkterfolgs**
> Grundsätzliche Erhebungsmethoden für den Erfolg eines Produktes am Markt sind die (mündliche oder schriftliche) Befragung, die Beobachtung (Vollerhebung oder Stichprobenerhebung), Methoden der Selbstaufschreibung sowie Tracking und Monitoring. Diese Kategorien unterscheiden sich im Hinblick auf die Taktung (punktuell oder kontinuierlich) und den Automatisierungs-

## 5.4 Beurteilung des Produkterfolgs

Wenn die Kennzahlen und Zielwerte definiert sowie die Erhebungsmethoden festgelegt und angewendet sind, ist das Ergebnis häufig ein „Product Dashboard", in dem beispielsweise in Form eines Fortschrittsberichts die Ist-Werte den definierten Soll-Werten entlang der ausgewählten Kennzahlen über die Zeit gegenübergestellt werden (vgl. Abb. 5.9).

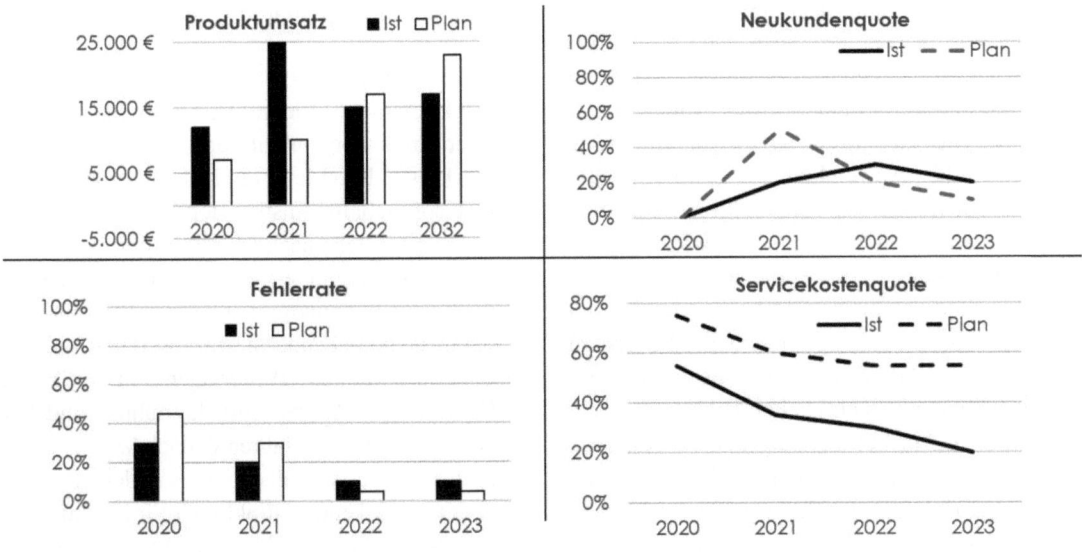

**Abb. 5.9** Beispiel für ein Product Dashboard für einen Segway PT Version 4.0

Diese Ergebnisdarstellung muss nun beurteilt werden, um zu einer Entscheidung zu kommen,

- … bei welchen Themen „Produkterfolg" gegeben ist und wo kritische Schwerpunktthemen liegen, die genauer betrachtet werden müssen,
- … wo die Ursachen für die Schwerpunktthemen liegen,
- … welche Steuerungsmaßnahmen in den Schwerpunktthemen in Frage kommen.

Diese drei Aspekte sollen im Folgenden anhand des Fallbeispiels erörtert werden.

**Identifikation von Schwerpunktthemen**
Die Identifikation der Schwerpunktthemen kann sich an drei unterschiedlichen Kriterien orientieren:

1. an Abweichungen der Ist-Werte von den Soll-Werten,
2. an der Beobachtung von Auffälligkeiten und Mustern bei einzelnen Variablen,
3. an möglichen Zusammenhängen zwischen unterschiedlichen Variablen.

Abweichungen zwischen Ist- und Soll-Werten sagen zunächst einmal aus, dass bestimmte Annahmen, die bei der Prognose der Entwicklung der Kennzahlen gemacht wurden, nicht zugetroffen haben. In dem Beispiel Abb. 5.9 trifft dies auf alle vier Kennzahlen zu, wobei besonders hohe Abweichungen beim Produktumsatz 2021, bei der Entwicklung der Neukundenquote sowie bei der Entwicklung der Servicekostenquote zu beobachten sind. Daher wäre es interessant zu erfahren, welche Annahmen den prognostizierten Soll-Werten zugrunde lagen und weshalb sich die Ist-Werte in diesen Fällen anders entwickelt haben.

Muster sind in Abb. 5.9 aufgrund der Kürze der Zeitreihen nur schwer erkennbar. Deutlich wird, dass Fehlerrate und Servicekostenquote im Zeitraum von vier Jahren kontinuierlich abgenommen haben, was auf eine kontinuierliche Reduzierung von anfänglichen Produktfehlern oder anderen Kundenproblemen schließen lässt. Auffällig ist ferner der steile Anstieg des Produktumsatzes und der Neukundenquote im zweiten Jahr nach Markteinführung sowie der Rückgang beider Werte ab dem dritten Jahr. Dabei ist die Neukundenquote stärker rückläufig als der Umsatz, was darauf schließen lässt, dass es eine höhere Zahl an Wiederkäufer gibt, die den Produktumsatz tragen.

Steuerungsmaßnahmen wären in diesem Fall also bei der Gewinnung von Neukunden erforderlich, da bei einer fortgesetzten Entwicklung der gesamte Umsatz durch Wiederkäufer erzielt werden müsste, was kritisch im Hinblick auf Markt- und Profitabilitätsziele wäre.

**Identifikation von Ursachen bei Schwerpunktthemen**
Zur Beantwortung der Frage, was getan werden sollte, um in Abb. 5.9 die Neukundenquote zu steigern, wäre es hilfreich zu wissen, was den steilen Anstieg im zweiten Jahr nach Markteinführung sowie den auffälligen Rückgang ab dem dritten Jahr verursacht hat. Hierzu müssen Hypothesen gebildet und im Anschluss überprüft werden. Hypothesen könnten beispielsweise sein:

- „Innovators" und „Early Adopters" haben im zweiten Jahr nach der Markteinführung für den Anstieg gesorgt und kaufen das Produkt danach mehrmals, aber das Produkt hat Schwierigkeiten damit, die Kluft in den Massenmarkt zu überbrücken. In anderen Worten: Das Produkt ist im Hinblick auf Funktionalität, Gebrauchstauglichkeit und/oder Preis noch nicht reif für den Massenmarkt, sondern bleibt ein Nischenprodukt.
- Der sprunghafte Anstieg der Neukundenquote im zweiten Jahr nach Markteinführung ist auf externe Bedingungen wie das Ende einer Pandemie, ein konjunktureller Aufschwung und die damit einhergehende Steigerung der Kaufkraft oder bestimmten Wetterlagen im Frühjahr, Sommer und Herbst zurückzuführen und hat sich in den beiden Jahren danach wieder „normalisiert". „Normalisierung" bedeutet dann aber eine sinkende Attraktivität für Neukunden.
- Der Niedergang der Neukundenquote ab dem dritten Jahr nach Markteinführung ist auf einen fast vollständigen Wechsel des Marketing- und Sales-Teams zurückzuführen, der in dieser Zeit stattgefunden hat.

## 5.4 Beurteilung des Produkterfolgs

Diese und weitere Hypothesen müssten nun überprüft, d. h. verifiziert oder falsifiziert werden, um zu den Ursachen für die Analyseschwerpunkte zu gelangen und adäquate Steuerungsmaßnahmen vorzuschlagen.

Dazu existieren drei Möglichkeiten:

1. die manuelle Ursachensuche mittels weiterer Informationsrecherche zu den Hypothesen;
2. die Korrelation mit anderen erhobenen Kennzahlen im Sinne eines „Performance Measurement Systems" das – wie in Abschn. 5.2 skizziert wurde – Hinweise auf mögliche Ursachen geben könnten.
3. Die Nutzung von „Business Intelligence" bzw. „Business Analytics" Applikationen, die mit Hilfe statistischer Verfahren sowie maschinellem Lernen auf der Basis eines großen Datenpools die Überprüfung von Hypothesen unterstützen.

Im ersten Fall müssten also manuell Informationen zusammengetragen werden, welche Kunden wie viele Produkte zu welchem Preis wann erworben haben, um typische Käuferprofile zu erzeugen. Weiterhin müssten typische Kaufbarrieren aus Kundenbefragungen, Kundenrezensionen, Produktbeurteilungen usw. zusammengetragen werden.

Im zweiten Fall könnten Kennzahlen zur Interessensquote und zur Konversionsrate untersucht werden, um die Suchfelder am Anfang besser einzugrenzen. Im zweiten Schritt bedarf es derselben manuellen Informationsrecherche wie im ersten Fall.

In der dritten Variante werden „Business Intelligence" bzw. „Business Analytics"-Technologien genutzt, um Hinweise zu Käuferprofilen, deren Kaufmotive und Kaufbarrieren zu erhalten. Unter „Business Intelligence" und „Business Analytics" werden Technologien zur Anbindung von Datenquellen sowie zur Bereitstellung, Auswertung und Darstellung von (strukturierten und unstrukturierten) Daten verstanden, um Managemententscheidungen zu unterstützen (vgl. Schön 2022, S. 463–470). Dabei verwenden „klassische Business Intelligence"-Anwendungen strukturierte Daten aus internen Datenquellen, die in einem „Data Warehouse" verwaltet und in „Data Marts" strukturiert werden. „Explorative Business Intelligence"- und „Business Analytics"- Anwendungen beziehen zusätzlich unstrukturierte Daten (Texte, Bilder, Audio) aus Sensoren oder dem Web mit ein, verwalten diese Daten in einem „BIg Data Store" oder einem „Data Lake" und können direkt oder automatisiert abgerufen werden (vgl. Abb. 5.10).

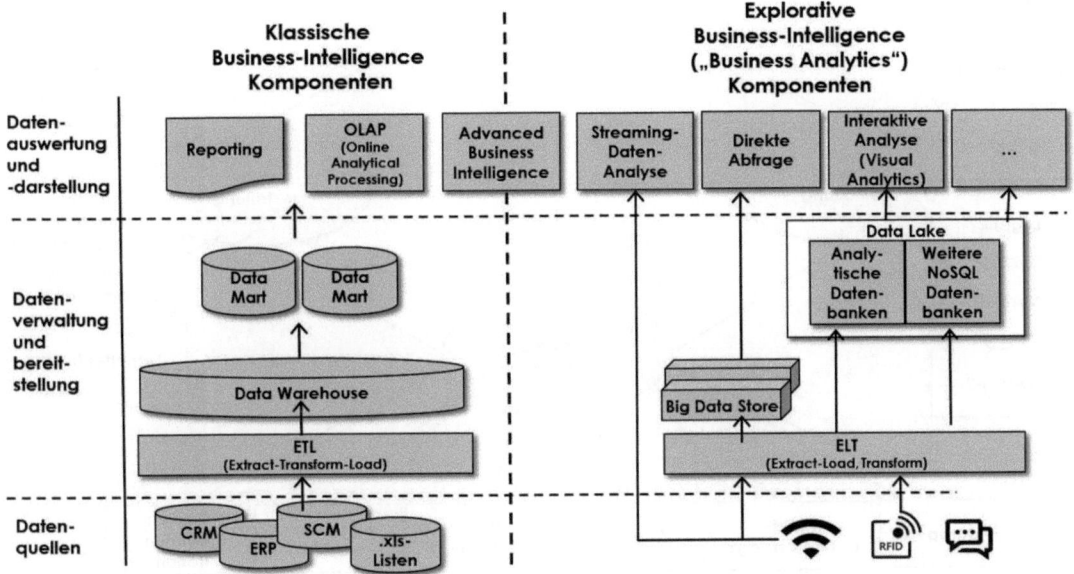

**Abb. 5.10** Klassische und explorative Business Intelligence Architekturen. (In Anlehnung an Horváth et al. 2020, S. 471; Schön 2022, S. 560)

Die Leistungsfähigkeit aller drei Verfahren hängt jedoch fundamental von der Qualität der Hypothesen bzw. von der Qualität der Fragen ab, die an die verfügbaren Daten mit Hilfe der Analysewerkzeuge gestellt werden.

**Identifikation von möglichen Steuerungsmaßnahmen bei Schwerpunktthemen**

Die Identifikation der wesentlichen Ursachen bei Schwerpunktthemen mit einer hinreichenden Evidenz bildet die Basis für die Auswahl wirksamer Steuerungsmaßnahmen. Diese können an unterschiedlichen Entwicklungssträngen der Produktspezifikation und Produktrealisierung ansetzen (vgl. Abschn. 4.3 und 4.4): an der Produktentwicklung, der Marketingplanung, der Prozessgestaltung und/oder an der Ertragsgestaltung (Abb. 5.11).

- Im Hinblick auf die Produktentwicklung können die Produktfunktionen erweitert, reduziert oder verbessert, die nicht-funktionalen Eigenschaften (Leistung, Gebrauchstauglichkeit, Zuverlässigkeit usw.) optimiert oder an Produktreife via Tests gearbeitet werden.
- Im Rahmen der Marketinggestaltung sind evtl. die anvisierten Zielgruppen, die definierte Marktpositionierung, die Zielmärkte, die Preisgestaltung, die Vertriebskanäle und/oder die Kommunikationsmaßnahmen zu überdenken.
- Hinsichtlich der Prozessgestaltung kann die Weiterentwicklung des Produkts aufgrund von Markterfahrungen, die Beschaffung, Produktion und Logistik, und/oder die Vertriebs- und Serviceprozesse Ansatzpunkte für Verbesserungen darstellen.
- Bezüglich der Ertragsgestaltung lassen die Ertragsquellen und -arten, die gewählte Kostenstruktur für das Produkt, die Business Case-Annahmen sowie Lerneffekte im Hinblick auf Technologien, Märkte und Geschäftsmodelle Steuerungsmöglichkeiten zu.

Die Auswahl und Konkretisierung der Ansatzpunkte für Steuerungsmaßnahmen bildet die Basis für die Entscheidung und Initiierung von

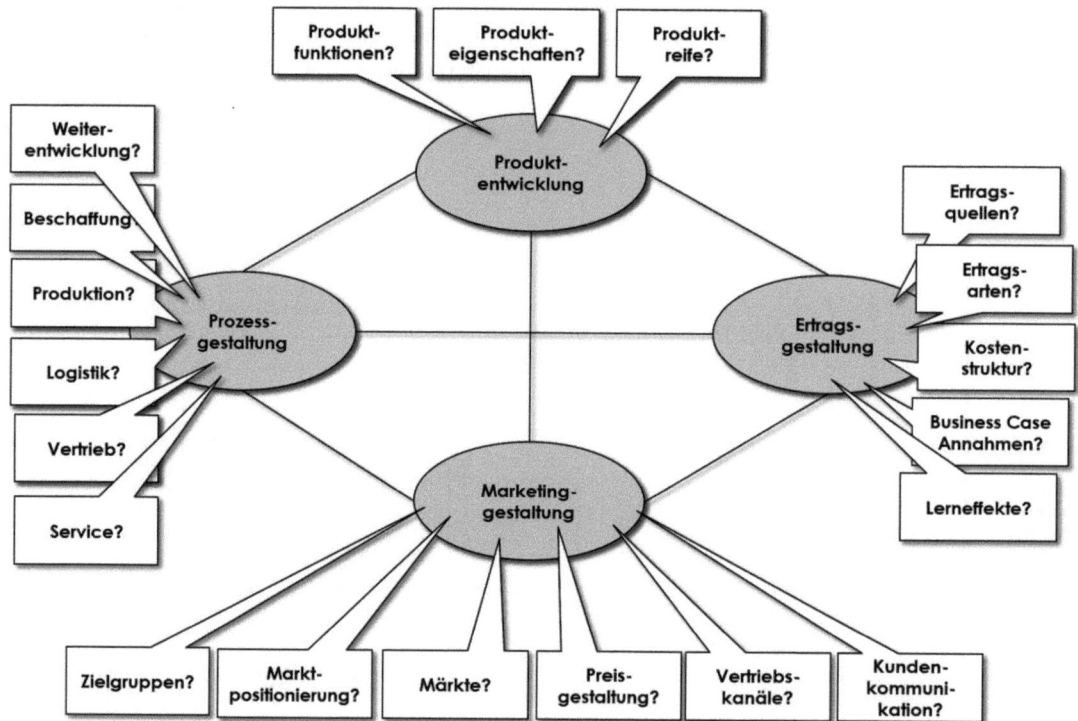

**Abb. 5.11** Ansatzpunkte für Steuerungsmaßnahmen im Produkt-Controlling

Steuerungsmaßnahmen, die im nächsten Abschnitt behandelt wird.

> **Beurteilung des Projekterfolgs**
>
> Sind Ergebnisse zu den Kennzahlen des Produkterfolgs erhoben und aufbereitet, müssen sie beurteilt werden, um wirksame Steuerungsmaßnahmen zu ermöglichen. Beurteilung des Produkterfolgs bedeutet,
>
> - … aus den vorhandenen Daten Schwerpunktthemen auf der Basis von signifikanten Abweichungen, Auffälligkeiten und Mustern zu identifizieren,
> - … Ursachen für die Schwerpunktthemen mit Hilfe von manuellen Methoden und/oder „Business Analytics"-Unterstützung zu identifizieren.
> - … Ansatzpunkte für Steuerungsmaßnahmen zu identifizieren und zu konkretisieren, welche die Ursachen wirksam adressieren.

## 5.5 Entscheidung und Initiierung von Steuerungsmaßnahmen

Damit Prozess-Controlling nicht nur Kontrolle, sondern Steuerung ist, bedarf es als letzten Schritt der Entscheidung und Einleitung von Steuerungsmaßnahmen.

Das vorherrschende Verständnis der Aufgabenaufteilung zwischen Controlling und Management ist, dass Controlling für die Bereitstellung von Informationen und Vorschläge für Steuerungsmaßnahmen, Management für Entscheidungen und Umsetzungen von Steuerungsmaßnahmen verantwortlich ist (vgl. Abb. 5.12).

Die Begründungen für diese Aufgabenteilung sind einerseits leicht einsichtig: Controller übersehen nicht die Gesamtheit an vorgeschlagenen Aktivitäten und verfügbaren Ressourcen in einem Organisationsbereich, was für (Priorisierungs-) Entscheidungen erforderlich ist. Sie haben zudem nicht die erforderliche formale Durchsetzungsmacht für Steuerungsentscheidungen in der Organisation. Daher obliegen die Entscheidung und Umsetzung den Vertretern des Linienmanagements.

Hält man andererseits konsequent an dem Grundsatz fest, dass Controlling nur eine Vorschlags-, aber keine Entscheidungskompetenz besitzen darf, wären für jede kleine Steuerungsmaßnahme im Produkt-Controlling entscheidungsrelevante Informationen aufzubereiten, ein Entscheidungsgremium einzuberufen, dort der Sachverhalt zu klären und die Entscheidungen zu dokumentieren. Da auch hier mit hoher Wahrscheinlichkeit die Pareto-Heuristik gilt, dass etwa 20 % aller Korrekturmaßnahmen ca. 80 % des gesamten Korrekturaufwands verursachen (vgl. Juran 1999, S. 520–524), bzw. 80 % der Maßnahmenentscheidungen sich auf kleinere Aktivitäten beschränken, wäre diese Vorgehensweise zu aufwändig, zu langdauernd und zu wenig „agil".

Es muss also ein ebenso risikosensibles wie praktikables Verfahren im Produkt-Controlling gefunden werden, um Verbesserungsmaßnahmen zu entscheiden und zu initiieren. Ein solches Verfahren wurde bereits 1966 im sogenannten

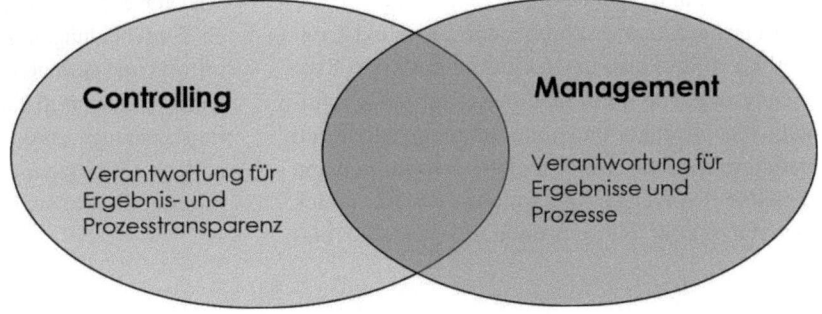

**Abb. 5.12** Rollenverteilung zwischen Controlling und Management bei Steuerungsmaßnahmen. (Vgl. International Group of Controlling 2013)

**Abb. 5.13** Segmentierung der Entscheidungen im Produkt-Controlling

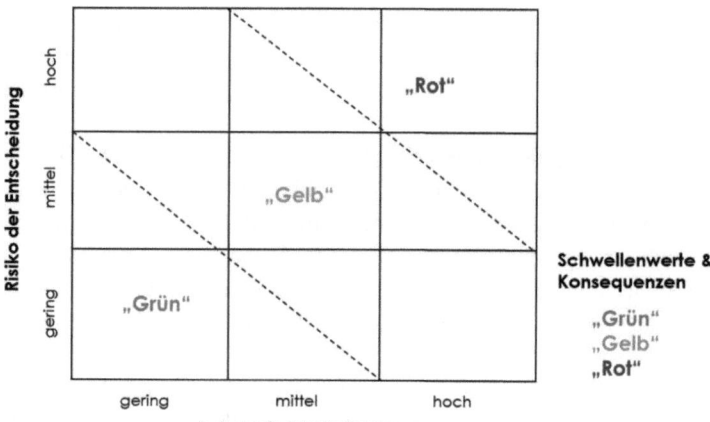

„Harzburger Modell" vorgeschlagen (vgl. Höhn 1977, S. 6 ff.). Danach enthält jeder Aufgabenträger einen fest abgegrenzten Verantwortungs-, Aufgaben- und Kompetenzbereich, in den grundsätzlich nicht eingegriffen werden darf. Dieser Kompetenzbereich lässt sich in einem Entscheidungsprozess durch Schwellenwerte abgrenzen. Somit ließe sich für das Produkt-Controlling die in Abb. 5.13 dargestellte Entscheidungssystematik etablieren.

Vorgeschlagene Steuerungsmaßnahmen lassen sich nach zwei Kriterien klassifizieren: Risiken der Entscheidung und Aufwand für die Maßnahmen. Sind beide Kriterien im „grünen Bereich", d. h. involvieren sie geringe Risiken und einen Aufwand nicht höher als 3 Personentage, können die Maßnahmen durch den Produkt-Controller oder Produktmanager entschieden und initiiert werden. Ist mindestens eines der beiden Kriterien gelb, liegt die Entscheidung bei dem jeweiligen Vertreter der unteren Managementebene. Ist mindestens eines der Kriterien im roten Bereich, entscheidet der Vertreter der nächsthöheren Managementebene.

Entscheidungsverfahren im Produkt-Controlling sollten also einer kriterienbasierten Segmentierung von Entscheidungstatbeständen folgen, die produkt- und unternehmensindividuell definiert werden. Durch solche Verfahren kann die Idee der Delegation, welches ein Kernstück des Harzburger Führungsmodells darstellt, relativ einfach in ein Entscheidungsverfahren für Steuerungsmaßnahmen eingebaut werden. Natürlich kann es noch zu Diskussionen darüber kommen, wie ein spezifisches Risiko oder ein spezifischer Aufwand einzuschätzen ist, die im Einzelfall zu entscheiden sind. In jedem Fall wäre aber über diese Segmentierung von Entscheidungstatbeständen eine Balance zwischen Risikominimierung und Effizienz im Entscheidungsverfahren erreichbar.

> **Zusammenfassung: Entscheidung und Initiierung von Steuerungsmaßnahmen**
> Die zentrale Herausforderung bei der Entscheidung und Initiierung von Steuerungsmaßnahmen im Produkt-Controlling besteht in der Etablierung eines ebenso risikosensiblen wie effizienten Entscheidungsverfahrens. Da Steuerungsmaßnahmen einerseits Risiken beinhalten können und andererseits Ressourcen beanspruchen, müssen einerseits Managementvertreter Priorisierungsentscheidungen treffen. Andererseits ist zu erwarten, dass ein Großteil an Entscheidungen kleine Risiken mit sich bringen und geringen Aufwand beanspruchen. Deshalb kann nach diesen beiden Kriterien ein Entscheidungsverfahren etabliert werden, das je nach Grenzwerten andere Entscheidungsträger in die Verantwortung nimmt.

## 5.6 Eliminierung von Produkten

Die Eliminationsentscheidung ist ein mögliches Ergebnis aus dem Produkt-Controlling, das aus zwei Perspektiven betrachtet werden kann: Aus der Perspektive des Unternehmens, das eine Eliminationsentscheidung trifft oder nicht trifft, sowie aus der Perspektive des Kunden, für den eine Eliminationsentscheidung Konsequenzen haben kann. Beide Perspektiven sollen hier skizziert werden.

Aus der Perspektive des Unternehmens stellt eine Produktelimination eine schwierige Entscheidung dar. Denn die Fortführung nicht marktfähiger, schwer lieferbarer und/oder wenig profitabler Produkte beansprucht einerseits Ressourcen, die für aussichtsreichere Aktivitäten verwendet werden könnten. Andererseits existieren Verbundeffekte mit anderen Produkten des Unternehmens und überdies verlassen sich Kunden – insbesondere Geschäftskunden bei Investitionsgütern – auf die Verfügbarkeit und Pflege bestehender Produkte. Aus diesem Grund wird die Unternehmenssicht auf die Produktelimination als Entscheidungsproblem thematisiert (vgl. Reiß 1999, Argouslidis und Baltas 2007, Meffert et al. 2015, S. 425–428; Cowley 2017).

Dieser Sichtweise folgend, kann ein rationaler Entscheidungsprozess für oder gegen eine Produktelimination wie in Abb. 5.14 gezeigt dargestellt werden.

Das Produkt-Controlling, dessen Aufgabe in der Überwachung der Ist- und Soll-Werte des Produkts besteht, hat die Aufgabe, eine Eliminationsentscheidung durch die Bereitstellung von Belegen und Argumenten vorzubereiten.

Soll diese Entscheidungsvorlage zu einem Entscheidungsergebnis führen, ist zunächst Klarheit über die Kriterien und kritischen Ist-Werte für eine Entscheidung über die Elimination eines Produkts zu erzielen. Dazu bedarf es aufbereitete Ist-/Soll-Werte in den Steuerungsfeldern Marktfähigkeit, Realisierbarkeit und Profitabilität über eine gewisse Zeitreihe. Zusätzlich sind auch noch qualitative Überlegungen zu Verbundeffekten mit anderen Produkten sowie Kundenreaktionen auf eine Eliminationsentscheidung anzustellen. Darüber hinaus kann es noch weitere Kriterien, wie beispielsweise Technologiewechsel, veränderte Kundenbedürfnisse, Wettbewerberaktivitäten oder gesetzliche Regelungen geben. Diese quantitativen und qualitativen Analyseschritte münden in eine Eliminationsempfehlung. Über diese haben

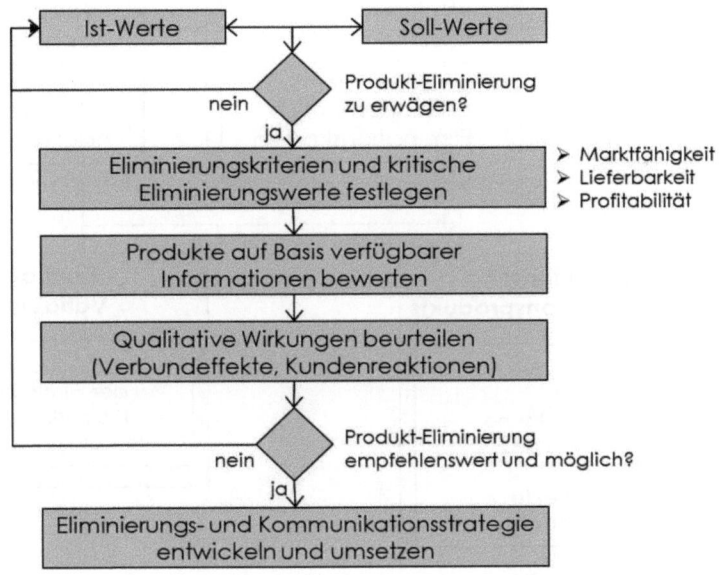

**Abb. 5.14** Entscheidungsprozess über die Produktelimination aus Unternehmenssicht. (In Anlehnung an: Meffert et al. 2015, S. 426)

dann die verantwortlichen Managementvertreter zu entscheiden.

Wird eine Eliminationsentscheidung getroffen, muss diese in einer Eliminations- und Kommunikationsstrategie umgesetzt werden. Denn es stellen sich die Fragen, ob die Herausnahme des Produkts sofort oder in Form eines längerfristigen Desinvestitionsprozesses erfolgen soll, wie dies den Kunden kommuniziert werden kann und welche Alternativen Kunden angeboten werden können und sollen.

Aus der Perspektive der Produktkunden – insbesondere der Geschäftskunden mit Investitionsprodukten – stellt sich die Eliminationsentscheidung über ein Produkt wie in Abb. 5.15 visualisiert dar.

Interpretiert man die Eliminationsentscheidung eines Unternehmens aus Kundensicht auf der Basis der Austauschtheorie, die das Verhalten von Menschen aus den wahrgenommenen Nutzen und Kosten erklärt (vgl. Cook et al. 2013), kann eine solche Entscheidung für Kunden sowohl psychologische als auch ökonomische Kosten mit sich bringen. Psychologische Kosten beziehen sich auf die Unsicherheit über die Zuverlässigkeit und die Vertrauenswürdigkeit des Unternehmens. Ökonomische Kosten bezeichnen die direkten und indirekten geldwerten Verluste, die eine Eliminationsentscheidung für Kunden mit sich bringt. Diese Kosten können Einfluss auf die Kundenzufriedenheit und die Kundenbindung haben. Deren Wahrnehmung wird andererseits beeinflusst durch das Verhalten des Unternehmens im Eliminationsprozess sowie durch das Angebot an brauchbaren alternativen Lösungen. Diese Prozesse werden moderiert und kontrolliert durch die Relevanz des Produkts für den Kunden, dessen produktspezifische Investitionen sowie eventuelle Verbundeffekte aus der Sicht des Kunden. Sie werden weiterhin kontrolliert durch die generelle Kundenzufriedenheit mit dem Produkt sowie dem Unternehmen sowie der Verfügbarkeit von Alternativen (vgl. Homburg et al. 2010).

Diese Erkenntnisse legen nahe, bei Eliminationsentscheidungen auf die Kommunikationsstrategie gegenüber Kunden, den

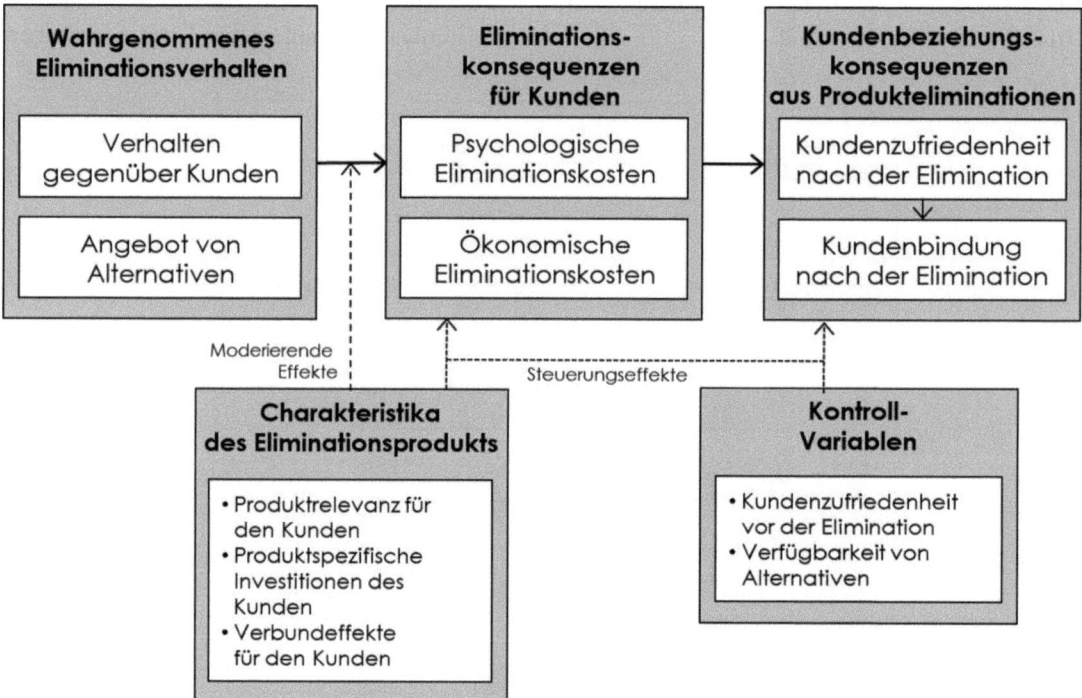

**Abb. 5.15** Entscheidungsprozess über die Produktelimination aus Kundensicht. (Vgl. Homburg et al. 2010, S. 532–534)

Eliminationsprozess sowie auf das Angebot von Alternativen („Switching Management") einen besonderen Fokus zu legen.

> **Zusammenfassung: Die Elimination von Produkten aus dem Markt**
>
> Eliminationsentscheidungen können und sollten aus der Perspektive des Unternehmens und aus der Perspektive des Kunden betrachtet werden.
>
> Aus der Perspektive des Unternehmens kommen Anstöße für Eliminationsüberlegungen aus dem Produkt-Controlling, wenn Ist-Daten zur Marktfähigkeit, Realisierbarkeit und Profitabilität signifikant und dauerhaft negativ von den Soll-Werten abweichen. Dann sollten die Ursachen für diese Abweichungen genauer untersucht und auch weitergehende Überlegungen, beispielsweise zu Verbundeffekten und Kundenreaktionen, mit einbezogen werden. Das kann in einer Eliminationsentscheidung münden, die dann geplant und kommuniziert werden muss.
>
> Aus der Perspektive von Kunden bringen Eliminationsentscheidungen psychologische und ökonomische Kosten mit sich, die sich auf die Kundenzufriedenheit und die Kundenbindung auswirken können. Die Auswirkungen hängen unter anderem von dem Kommunikationsverhalten des Unternehmens, dem Angebot von Alternativen, der Zufriedenheit des Kunden mit dem Unternehmen sowie der Bedeutung des Produkts für den Kunden ab. Auf die ersten drei Aspekte kann eine Produktmanagerin aktiv Einfluss nehmen.

## 5.7 Übungsaufgaben und Lösungen

### 5.7.1 Übungsaufgaben

**Aufgabe 1**
Ein Hersteller, der „faire Kleidung" unter der eigenen Marke ausschließlich über seinen eigenen Online-Vertriebskanal anbietet, präsentiert auf einer Konferenz sein Produkt-Controlling: „Unser Produkt-Controlling" manifestiert sich in einem Dashboard. Dort werden vier KPIs mit Ziel- und Ist-Werten wöchentlich überwacht: „On Time In Full Deliveries (OFTIF)", „Out Of Stock Rate (OOS)", „Inventory Turnover (in days)" und „Average Time To Sell (in days)".

Was fehlt in dieser Darstellung, damit von einem „Produkt-Controlling" in der ganzen Bedeutung des Begriffs gesprochen werden kann? Bitte nennen Sie das fehlende Element und begründen Sie dieses kurz.

**Aufgabe 2**
Eine Brauerei möchte ein neues „Bio-Craft-Bier" im Markt einführen. Der Umsatz-Zielwert für dieses neue Produkt beträgt $\geq$ 100 TEUR am Ende des ersten Jahres nach Markteinführung.

Bitte entwerfen Sie ein „Performance Management System" für den Erfolg dieser neuen Biersorte, indem Sie eine sinnvolle und messbare „Zwischen Kennzahl" sowie eine „Input-Kennzahl" nennen, anhand denen frühzeitig deutlich wird, ob das Jahresend-Umsatzziel erreicht werden kann.

**Aufgabe 3**
Welche der folgenden Produkt-Kennzahlen ist grundsätzlich automatisiert, d. h. über Methoden des „Tracking" und des „Monitoring", erhebbar? Bitte wählen Sie aus den unten genannten Kennzahlen aus

- Bekanntheitsgrad eines Produkts
- Wiederkäuferquote eines Produkts
- Fehlerrate eines Produkts
- Lieferfähigkeit eines Produkts
- Lieferzuverlässigkeit eines Produkts
- Deckungsbeitragsquote eines Produkts
- Umsatzrentabilität eines Produkts
- Recycling-Quote eines Produkts
- $CO_2$-Fussabdruck eines Produkts (Product Carbon Footprint)

**Aufgabe 4**
Angenommen, die Ist-Umsatzwerte eines neuen Produkts liegen über zwei Jahre nach Markteinführung hinweg jeden Monat konstant unter den Soll-Umsatzwerten.

Kennen Sie ein statistisches Verfahren, nach dem ermittelt werden kann, welche Ursachen für die negativen Abweichungen der Umsatzwerte mit hoher Wahrscheinlichkeit in Frage kommen? Bitte nennen und erläutern Sie das Verfahren kurz.

**Aufgabe 5**
Apple Inc. machte im Jahr 2023 seinen Umsatz zu 52,3 % mit der iPhone-Produktgruppe, zu 10,4 % mit Wearables/Home/Zubehör, zu 7,7 % mit der iMac-Produktgruppe und zu 7,4 % mit der iPad-Produktgruppe. Den Rest (22,2 %) verantworteten Software und Services.

Wenn Sie als CEO von Apple die Entscheidung hätten, in welche Hardware-Produktgruppe Sie in Steuerungsmaßnahmen investieren – welche Entscheidung würden Sie treffen?

Bitte nennen Sie eine klare Entscheidung und begründen Sie diese kurz.

**Aufgabe 6**
Angenommen, Microsoft Inc. kündigt den Support für seine Office-Suite (Word, Power Point, Excel, OneNote, OneDrive) am Markt zum Ende des laufenden Jahres ab. Was müsste das Unternehmen mindestens sicherstellen, um die ökonomischen und psychologischen Kosten dieser Produktabkündigung für den Kunden minimal zu halten und das Vertrauen in das Unternehmen nicht zu zerstören? Bitte nennen Sie zwei deutlich unterscheidbare minimale Eliminierungsaktivitäten.

## 5.7.2 Lösungen

**Lösungsskizze zu Aufgabe 1**
Es fehlen bei dieser Darstellung Angaben darüber, was mit den Werten aus dem Produkt-Dashboard gemacht wird: Die Beurteilung der Kennzahlen sowie die Initiierung von Steuerungsmaßnahmen. Erst dann wird aus einer „Kontrolle des Produkterfolgs" eine „Steuerung des Produkterfolgs" in der vollen Bedeutung des Begriffs „Controlling".

**Lösungsskizze zu Aufgabe 2**
Eine mögliche „Zwischen-/Prozess-/Throughput-Kennzahl" für die neuen Biersorte könnte der gestützte oder ungestützte Bekanntheitsgrad der neuen Biersorte oder die Referenzquote für die neue Biersorte in einer definierten Region nach der Markteinführung sein. Beide KPIs geben Auskunft über die Möglichkeit, das Umsatzziel am Jahresende zu erreichen.

Eine mögliche „Input-Kennzahl" für die neuen Biersorte könnte das Marktpotenzial (maximal möglicher Umsatz mit der neuen Biersorte) in einer definierten Region sein. Diese Kennzahl gibt zu Anfang der Produktentwicklung Auskunft darüber, ob es sich überhaupt lohnen kann, die neue Biersorte zu entwickeln und in den Markt einzuführen.

**Lösungsskizze zu Aufgabe 3**
Grundsätzlich automatisiert erhebbar sind folgende Kennzahlen:

- Wiederkäuferquote eines Produkts
  (Anzahl der Wiederkäufer/Anzahl der Erstkäufer),
  sofern eine CRM-Lösung im Unternehmen vorhanden ist
- Lieferfähigkeit eines Produkts
  (Anzahl ausgelieferter Bestellungen/Anzahl der Bestellungen insgesamt),
  sofern ein Warenwirtschaftssystem im Unternehmen vorhanden ist
- Lieferzuverlässigkeit eines Produkts
  (Anzahl eingehaltener Liefertermine/Anzahl an Lieferungen insgesamt),
  sofern ein Warenwirtschaftssystem im Unternehmen vorhanden ist
- Deckungsbeitragsquote eines Produkts
  ([Stückpreis – variable Stückkosten]/Stückpreis)
  sofern ein Kosten- und Leistungsrechnungssystem im Unternehmen vorhanden ist
- Umsatzrentabilität eines Produkts
  (Betriebsergebnis aus Produktverkäufen/Umsatzerlöse aus Produktverkäufen)
  sofern ein Kosten- und Leistungsrechnungssystem im Unternehmen vorhanden ist

Nicht automatisiert erhebbar sind in der Regel:

- Bekanntheitsgrad eines Produkts
 (Anzahl der Befragten, die das Produkt kennen/Gesamtanzahl der befragten Personen)
- Fehlerrate eines Produkts
 (Anzahl an fehlerhaft ausgelieferten Produkten/Gesamtanzahl ausgelieferter Produkte)
- Recycling-Quote eines Produkts
 (Menge an recycelten Materialien/Menge an Materialien insgesamt)
- $CO_2$-Fussabdruck eines Produkts
 ($CO_2$-Emissionen aus der Fertigung der Komponenten + + $CO_2$-Emissionen aus der Montage der Komponenten + $CO_2$-Emissionen aus den Logistikketten)

**Lösungsskizze zu Aufgabe 4**

Zur Ermittlung der Ursachen für die negativen Abweichungen der Ist- von den Soll-Umsatzwerten bietet sich das Verfahren der Varianzanalyse an. Die Varianzanalyse macht bei einem gegebenen Signifikanzniveau Aussagen darüber, ob die Unterschiede in den negativen Abweichungen als signifikant betrachtet werden können.

Dazu benötigt es ein Modell über mögliche Ursachenfaktoren, die für die Abweichungen in Frage kommen, sowie Ist-Werte zu diesen Faktoren über die zwei Jahre (z. B. Kundenpräferenzen, Wettbewerberaktivitäten, Konjunkturlage usw.).

In einer eindimensionalen Varianzanalyse kann dann festgestellt werden, welcher Faktor einen signifikanten Einfluss auf die negativen Abweichungen vom Zielwert haben. In einer zweidimensionalen Varianzanalyse kann festgestellt werden, ob Wechselwirkungen zwischen diesen Faktoren bestehen. Voraussetzung für den Einsatz der Varianzanalyse ist die Varianzhomogenität, d. h. dass die Varianzen der negativen Abweichungen für alle untersuchten Faktoren gleich sind. Dies kann beispielsweise durch F-Tests überprüft werden.

**Lösungsskizze zu Aufgabe 5**

Gemäß den Empfehlungen der Bosten Consulting Group-Matrix/Marktanteils-/Marktwachstums-Matrix sollte in diejenigen Produktgruppen investiert werden, die eine hohe Marktwachstumsrate haben. Hardwareseitig wären dies v. a. Wearables/Home/Zubehör (7,7 % Umsatzanteil), da diese im „Question Mark" oder „Star"-Status sind. Die iPhone-Produktgruppe (52,3 % Umsatzanteil) gehört zu den „Cash-Cows", die eher in ihrer Position gehalten werden sollte. Fraglich ist, ob und in welchem Ausmaß in die iMac-Produktgruppe (7,7 % Umsatzanteil) und in die iPad-Produktgruppe (7,4 % Umsatzanteil), die schon lange auf dem Markt sind und weder einen nennenswerten Marktanteil noch ein nennenswertes Marktwachstum aufweisen, noch investiert werden sollte. Verbundeffekte mit anderen Produkten könnten einen Grund darstellen.

**Lösungsskizze zu Aufgabe 6**

Microsoft Inc. müsste mindestens eine kompatible Open-Source Variante anbieten, durch die die vorhandenen Dateien lesbar und bearbeitbar sind, die Kompatibilität durch Tests sicherstellen und dies aktiv an die Bestandskunden kommunizieren.

## Literatur

Argouslidis PC, Baltas G (2007) Structure in product line management: the role of formalization in service elimination decisions. J Acad Mark Sci 35(4):475–491

Biermann B, Erne R (2020) Nachhaltiges Produktmanagement: Wie Sie Nachhaltigkeitsaspekte ins Produktmanagement integrieren können. Springer Gabler, Wiesbaden

Bruhn M, Hadwich K (2017) Produkt- und Servicemanagement. Konzepte, Prozesse, Methoden, 2. Aufl. Vahlen, München

Bühner R (2004) Betriebswirtschaftliche Organisationslehre, 10. Aufl. Oldenbourg, München

Carson D et al (2001) Qualitative marketing research. Sage, New York

Clark AV, Palombo CA, Garrick NW (2019) The rise and fall of the Segway: lessons for the social adoption of future transportation. Transfers 9(2):27–44

Cook KS, Chesire C, Rice ERW, Nakagawa S (2013) Social exchange theory. In: DeLamater J, Ward A (Hrsg) Handbook of social psychology, 2. Aufl. Springer, Dordrecht, S 61–88

Cowley F (2017) Product and service innovation and discontinuation in manufacturing and service firms in Europe. Eur J Innov Manag 20(2):250–268

Crawford CM, Di Benedetto, CA (2021) New products management, 12. Aufl. McGraw-Hill, New York

Doran GT (1981) There's a S.M.A.R.T. way to write Management's goals and objectives. Manag Rev 70(11):35–36

Ederer F, Manso G (2013) Is pay for performance detrimental to innovation? Manag Sci 59(7):1496–1513

European Foundation for Quality Management (2013) The EFQM excellence model. EFQM, Brussels

Fairphone (2023) Unsere Mission. Fairphone.com. https://www.fairphone.com/de/story. Zugegriffen am 12.11.2023

Fischer R (2017) Produkt-Controlling. In: Zerres C (Hrsg) Handbuch Marketing-Controlling: Grundlagen – Methoden – Umsetzung, 4. Aufl. Springer Gabler, Wiesbaden, S 255–272

Friedrich R (2021) Projektcontrolling: Instrumente in klassischen und agilen Projekten. In: Klein A (Hrsg) Projektcontrolling mit agilen Instrumenten: Grundlagen, Werkzeuge, Praxisbeispiele. Haufe, Freiburg, S 39–56

Gleich R (2011) Performance Measurement. Konzepte, Fallstudien und Grundschema für die Praxis, 2. Aufl. Vahlen, München

Gloy K (2023) Das analogische und das wissenschaftliche Denken. In: Noveanu A et al (Hrsg) Analogie: Zur Aktualität eines philosophischen Schlüsselbegriffs. Karl Alber, Baden Baden, S 9–34

Gorchels L (2011) The product manager's handbook, 4. Aufl. McGraw Hill, New York

Grüning M (2002) Performance-Measurement-Systeme. Messung und Steuerung von Unternehmensleistung. Deutscher Universitäts Verlag, Wiesbaden

Grunwald G, Hempelmann B (2012) Angewandte Marktforschung: Eine praxisorientierte Einführung. Oldenbourg, München

Hague P et al (2016) Market research in practice: an introduction to gaining greater market insight, 3. Aufl. Kogan Page, London

Herrmann A, Huber F (2013) Produktmanagement: Grundlagen – Methoden – Beispiele, 3. Aufl. Springer Gabler, Wiesbaden

Höhn R (1977) Führungsbrevier der Wirtschaft, 9. Aufl. Verlag für Wissenschaft, Wirtschaft und Technik, Bad Harzburg

Homburg C et al (2010) A customer perspective on product eliminations: how the removal of products affects customers and business relationships. J Acad Mark Sci 38(5):531–549

Horváth P, Gleich R, Seiter M (2020) Controlling, 14. Aufl. Vahlen, München

International Group of Controlling (2013) Controller-Leitbild. Controllerverein.com. http://www.controller-verein.com/Controller_Leitbild.34.html. Zugegriffen am 08.08.2013

Jung H (2016) Allgemeine Betriebswirtschaftslehre, 13. Aufl. München, Oldenbourg

Juran JM (1999) The quality improvement process. In: Juran JM, Godfrey AB (Hrsg) Juran's quality handbook, 5. Aufl. McGraw Hill, New York et al., S 5.1–5.73

Kaplan RS (1996) The balanced scorecard: you can't drive a car solely relying on a rearview mirror. Harvard Business School Press, Boston

Kaplan RS, Norton DP (1992) The balanced scorecard: measures that drive performance. Har Bus Rev 83(7):71–80

Kaplan RS, Norton DP (1996) The Balanced Scorecard: translating strategy into action. Harvard Business School Press, Boston

Katsanis LP, Pitta DA (1999) The performance appraisal process of pharmaceutical product managers in Canada: an empirical study. J Prod Brand Manag 8(6):463–493

Kleindienst B (2017) Performance Measurement und Management. Gestaltung und Einführung von Kennzahlen- und Steuerungssystemen. Springer Gabler, Wiesbaden

Koch J et al (2016) Marktforschung: Grundlagen und praktische Anwendungen, 7. Aufl. De Gruyter, Berlin

Kuß A et al (2018) Marktforschung: Datenerhebung und Datenanalyse, 6.Aufl. Aufl. Springer Gabler, Wiesbaden

Kühnapfel JB (2019) Vertriebskennzahlen: Kennzahlen und Kennzahlensysteme für das Vertriebsmanagement, 2. Aufl. Springer Gabler, Wiesbaden

Locke E, Latham G (1990) A theory of goal setting and task performance. Prentice Hall, Englewood Cliffs

Magerhans A (2016) Marktforschung: Eine praxisorientierte Einführung. Springer Gabler, Wiesbaden

Malik F (2006) Führen, leisten, leben: Wirksames Management für eine neue Zeit. Komplett überarb. Neuaufl. Campus, Frankfurt

Mayring P (2007) Generalisierung in qualitativer Forschung. Forum: Qualitative Sozialforschung 8(3). https://doi.org/10.17169/fqs-8.3.291

Meffert H, Burmann C, Kirchgeorg M (2015) Marketing: Grundlagen marktorientierter Unternehmensführung. Konzepte – Instrumente – Praxisbeispiele, 12. Aufl. Springer Gabler, Wiesbaden

Moore GA (2006) Crossing the chasm: marketing and selling high-tech poducts to mainstream customers. Harper Collins, New York

Osterloh M, Frey B (2002) Does pay for performance really motivate employees? In: Neely A (Hrsg) Business performance measurement theory and practice. Cambridge University Press, Cambridge, S 107–122

Reichmann T, Kißler M, Baumöl U (2017) Controlling mit Kennzahlen: Die systemgestützte Controlling-Konzeption, 9. Aufl. Vahlen, München

Reiß A (1999) Produktelimination oder Beibehaltung? Eine optionspreistheoretische Analyse. Marketing ZFP – Journal of Research and Management 21(3): 209–216

Rogers EM (1983) Diffusion of innovation, 3. Aufl. Free Press, New York

Roller MR, Lavrakas PJ (2015) Applied qualitative research design: a total quaity framework approach. Guilford, New York

Schön D (2022) Planung und Reporting im BI-gestützten Controlling: Grundlagen, Business Intelligence, Mobile BI und Big-Data-Analytics, 4. Aufl. Springer Gabler, Wiesbaden

Schulte-Zurhausen M (2014) Organisation, 6. Aufl. Vahlen, München

Shiftphone (2023) Impact. Shiftphones.com. https://www.shiftphones.com/impact/. Zugegriffen am 12.11.2023

Tesla (2022) Anzahl der weltweit abgesetzten Elektroautos von Tesla von 2010 bis 2021. Statista.de. https://de.statista.com/statistik/daten/studie/277932/umfrage/automobil-absatz-von-tesla. Zugegriffen am 22.02.2022

Tomczak T et al (2007) Konzept zur Gestaltung und zum Controlling existierender Leistungen. In: Albers S, Herrmann A (Hrsg) Handbuch Produktmanagement: Strategieentwicklung – Produktplanung – Organisation – Kontrolle. Gabler, Wiesbaden, S 472–492

Wanner R (2013) Projektcontrolling: Projekte erfolgreich planen, überwachen und steuern. CreateSpace, Scotts Valley

Weber J, Schäfer U (2022) Einführung in das Controlling, 17. Aufl. Schäffer-Poeschel, Stuttgart

ZSW (2023) Anzahl der Neuzulassungen von Elektroautos weltweit von 2012 bis 2022 Statista.de. https://de.statista.com/statistik/daten/studie/406683/umfrage/anzahl-der-verkaeufe-von-elektroautos-weltweit-prognose. Zugegriffen am 23.11.2023

# Ausblick: Zukunftsthemen für das Produktmanagement 6

Eine letzte Frage bei einer Einführung in das Gebiet des Produktmanagements bezieht sich auf die Themen, mit denen sich Forschung und Praxis in Zukunft auseinandersetzen müssen. Unter „Zukunft" wird hier ein Zeitraum „auf Sicht" – also etwa die nächsten 4 Jahre – verstanden, da weitergehende Entwicklungen kaum abschätzbar sind. Je nach Branche, Produktkategorie und Organisation sind hier unterschiedliche Themen relevant. Es werden aus diesen Gründen nur drei grobe Linien skizziert: die zunehmende Software-Integration und Vernetzung von Produkten, sich entwickelnde Möglichkeiten der „Digitalisierung" und „Agilisierung" des Produktmanagements sowie das Anwachsen staatlicher Regulierungen mit Produktbezug und die damit zusammenhänge Frage der gesellschaftlichen Verantwortlichkeit für Produkte.

**Software-Integration und Vernetzung bei Produkten**
Bereits vor knapp zehn Jahren haben Michael Porter und James Heppelmann (2014, 2015) zwei viel beachtete Artikel im Harvard Business Review zur markt- und unternehmensverändernden Wirkung von „smart, connected products" veröffentlicht.

Einerseits werden in zunehmend mehr Gebrauchsgüter – wie beispielsweise Maschinen oder Automobile, aber auch Gartengeräte, Kaffeemaschinen oder Lampen – Hardware-, Software- und Konnektivitäts-Komponenten integriert (vgl. Abschn. 3.1). Andererseits werden ursprünglich selbstständige Produkte wie Radio, Telefon, Wecker oder Navigationssysteme, sowie Bücher, Videos und Musik in mobile Endgeräte bzw. Content-Plattformen integriert (vgl. Kreutzer und Sirrenberg 2019, S. 74–78). Diese Entwicklungen ermöglichen eine wesentlich einfachere Individualisierung, Überwachung, Steuerung, Optimierung und/oder Autonomisierung von Produkten. Durch die jüngste Wiederbelebung des Themas „Künstliche Intelligenz" erhalten diese Themen derzeit weiteren „Auf- und Rückenwind" (vgl. Kreutzer und Sirrenberg 2019; Gruhn und von Heyn 2020).

Für das Produktmanagement ergeben sich daraus Chancen und Risiken:

Die Chancen bestehen darin, dass ein zunehmend durch Software getragener Produktnutzen über die gesamte Lebensdauer eines Produktes überwachbar, konfigurierbar und optimierbar wird. Produktentwicklung ist also nicht mehr mit der Realisierungsphase abgeschlossen, sondern eine Aufgabe über den gesamten Produktlebenszyklus. Zusätzlich ergeben sich neue Möglichkeiten zur Effizienzsteigerung, vorausschauenden Planung und Flexibilisierung in allen produktrelevanten Prozessen (vgl. Kreutzer und Sirrenberg 2019; Gruhn und von Heyn 2020; Wennker 2020). Neue Herausforderungen stellen sich dadurch in den Bereichen „Security" und „Safety" (vgl. Kenner et al. 2021), in der Sicherstellung der Zuverlässigkeit und Robustheit der Produktsysteme in allen „Use Cases" (vgl. Riccio et al. 2020) sowie in der Koordination der Produktentwicklung, die sich in diesen Fällen zu einem „Systems Engineering" entwickelt (vgl. Kossiakoff et al. 2020).

Produktmanagerinnen stehen in diesen Fällen einerseits vor der Aufgabe, die Chancen von „smart, connected products" im Hinblick auf Kundennutzen und Wettbewerberdifferenzierung auszuloten und klare Entscheidungen zu initiieren, welche grundsätzlich möglichen Funktionen in ein digitalisiertes Produkt integriert werden und welche – im Interesse einer besseren „Usability", Robustheit und/oder Reparierbarkeit – außen vorgelassen werden sollen. Andererseits sind die gefordert, angemessene Koordinationsmechanismen für die Spezifikation und Realisierung sowie das Testen und das Controlling dieser Produkte zu finden und zu implementieren.

**„Digitalisierung" und „Agilisierung" des Produktmanagements**

Zusammen mit der zunehmenden Software-Integration in Produkte verändern sich auch die Prozesse, durch die Produkte entdeckt, spezifiziert, realisiert, eingeführt und gesteuert werden. Diese Veränderungen lassen sich in zwei Richtungen lesen: Einerseits in Richtung „Digitalisierung", andererseits in Richtung „Agilisierung".

Im Hinblick auf die „Digitalisierung" existieren heute umfassendere Möglichkeiten der Analyse von Kunden- und Wettbewerberaktivitäten mittels Business Intelligence- und Data Analytics-Applikationen (vgl. Abschn. 5.4) sowie zur Integration von Kunden und Partnern in die Produktentwicklung (vgl. Abschn. 4.2). Die Spezifikation, das Design, das Testen, die Beschaffung und Fertigung bis hin zum Vertrieb und Service kann zunehmend durch integrierte Tool-Suiten unterstützt werden (vgl. Pessoa und Becker 2020; Marion und Fixson 2021; Kitsios 2021). Dies eröffnet Wege für ein datengestütztes und nahtloses „Product Lifecycle Management" über den gesamten Produktlebenszyklus (vgl. Eigner 2021; Wang et al. 2021; Stark 2022).

Die Auslotung und Entscheidung der Möglichkeiten zur Steigerung der Plantreue, Senkung des Aufwands, Beschleunigung der Durchlaufzeiten und/oder Minimierung von Fehlern mittels Software-Werkzeugen im Produktmanagement-Prozess stellt eine weitere Aufgabe für das Produktmanagement der Zukunft dar.

Mit „Agilisierung" ist gemeint, dass Produktmanagement im Zuge der Digitalisierung von Produkten und Prozessen die Möglichkeit kontinuierlicher interner und externer Änderungen in ihre Prozesse integrieren muss. Dies wird in der Produktentwicklung durch zyklisch-agile Vorgehensweisen wie „Scrum" oder „Kanban" abgebildet (vgl. Abschn. 4.1). Um die Integration unterschiedlicher agiler Produktkomponenten und Entwicklungsteams sicherzustellen, existieren mittlerweile zahlreiche „Frameworks" für die Skalierung agiler Vorgehensweise auf System- und Portfolio-Ebene (vgl. Uludag et al. 2021; Almeida und Espinheira 2021). Hier stellt sich die Frage nach der Rolle von Produktmanagern innerhalb agiler Vorgehensmodelle oder skalierter Frameworks. Obwohl dazu noch nicht allzu viel existiert, scheinen sich die Aufgabenschwerpunkte von Produktmanagerinnen in Richtung Produktentdeckung und Produktcontrolling, Unterstützung der Agilen Teams sowie Koordination mit teamexternen Stellen zu verlagern (vgl. Kittlaus 2012; Cagan 2018, S. 41–52; Kelly 2019, S. 97–116; Hoffmann 2020; Tkalich et al. 2022). Dabei soll an dieser Stelle die Diskussion nicht weiter ausgeführt werden, ob damit nicht im Wesentlichen die Aufgaben des „Product Owners" skizziert sind und ob sich „Product Manager" und „Product Owner" inhaltlich weitgehend überlappen oder doch eine Aufgabenaufteilung zwischen beiden Rollen angeraten ist (vgl. Abschn. 4.4). In jedem Fall hat sich Produktmanagement mit den Schwerpunkten seiner Rolle innerhalb von agilen Vorgehensweisen und skalierten „Frameworks" auseinanderzusetzen.

### Regulierungen von und Verantwortlichkeit für Produkte

Die staatlichen Regulierungen von Produkten haben vor allem im Hinblick auf Produktsicherheit und Verbraucherschutz eine lange Tradition. Je nach Produktkategorie und geografischem Geltungsbereich existieren unterschiedliche Rechtsvorschriften (Gesetze, Verordnungen, branchenspezifische Regeln, technische Normen), die am Produkt selbst anknüpfen oder zumindest Produktbezug haben (vgl. Grabenwarter et al. 2010, S. 65–90; Lach und Polly 2017; Bauer 2018). In den letzten Jahrzehnten kamen aufgrund der zunehmenden Software-Integration zusätzliche Rechtsvorschriften für den Verkauf und Betrieb von softwarebasierten Systemen hinzu (vgl. Redeker 2020; Erben und Günther 2021) Eine dritte Kategorie produktbezogener Regulierungen besteht in umweltrechtlichen Vorschriften zu Abfällen, Kreislaufwirtschaft, Wasser-, Natur-, Arten- und Klimaschutz (vgl. Kluth und Smeddinck 2020). In jüngster Zeit wurden CSR-Standards zur Wahrung der Menschen- und Arbeitnehmerrechte bei globalen Lieferanten im deutschen Lieferkettenschutzgesetz kodifiziert (vgl. Harings und Jürgens 2022). Nicht erwähnt werden hier die darüber hinausgehenden produktunternehmens- und branchenspezifischen Regelungen.

Bei diesem Themenbereich stellt sich erstens die Frage, wie die Vielzahl an Regulierungen mit Produktbezug, deren Einhaltung vielfach nachweispflichtig ist, im Produktmanagement gewährleistet werden kann. So nachvollziehbar die Rechtsvorschriften im Einzelnen sind, bergen sie in ihrer Fülle und Isoliertheit doch die Gefahren, dass sich erstens der Fokus stark auf die Berichtspflichten (statt auf die Intentionen) bezieht und zweitens, dass diese Normen und Berichtspflichten unverhältnismäßig aufwändig umgesetzt werden. Mit diesen Ineffektivitäten und Ineffizienzen wäre der Grundgedanke, gesellschaftliche Verantwortung für die eigenen Produkte und deren externe Kosten zu übernehmen, gefährdet. Hier bedarf es Lösungsansätze zur Integration der Zwecke der Rechtsvorschriften in die Prozesse und Methoden des Produktmanagements sowie einer weitgehenden Automatisierung der Nachweispflichten. Derartige Ansätze werden bereits im Rahmen des Prozessmanagements diskutiert (vgl. Sadiq und Governatori 2015).

Verantwortlichkeit für Produkte im Sinne von Produktsicherheit, Verbraucherschutz, Daten- und Informationssicherheit, Umweltschutz und Sozialstandards in den Lieferketten kann aber auch aktiv von Seiten des Produktmanagements wahrgenommen werden. Das bedeutet konkret, statt auf aktuelle oder bevorstehende Rechtsvorschriften zu reagieren, aktiv die wesentlichen gesellschaftlichen „Hot Spots" im Zusammenhang mit den eigenen Produkten zu identifizieren und zu minimieren. Motive für die aktive Übernahme von Verantwortung mögen dabei zusätzliche Verkaufsargumente und Differenzierungsmerkmale auf dem Markt, Risikostrategien im Hinblick auf Reputationsschäden oder zukünftige Regulierungen, oder aber auch ein Bewusstsein für unternehmerische Verantwortlichkeit für die „externe Kosten" des eigenen Tuns sein (vgl. Biermann und Erne 2020, S. 331–351; Laurent 2021). In jedem Fall begibt man sich mit diesem Ansatz gewissermaßen „vom Beifahrersitz des Reagierens" auf den „Fahrersitz des Agierens". Letzterer verspricht größere Gestaltungsfreiräume, eine höhere Wirksamkeit und effizientere Umsetzungen. Ansätze dazu haben wir in einer Monografie zum nachhaltigen Produktmanagement zur Diskussion gestellt (vgl. Biermann und Erne 2020).

## Literatur

Almeida F, Espinheira E (2021) Large-scale Agile frameworks: a comparative review. J Appl Sci Manag Eng Technol 2(1):16–29

Bauer M (2018) Das Recht des technischen Produkts: Praxishandbuch für Unternehmensjuristen. Springer Vieweg, Wiesbaden

Biermann B, Erne R (2020) Nachhaltiges Produktmanagement: Wie Sie Nachhaltigkeitsaspekte ins Produktmanagement integrieren können. Springer Gabler, Wiesbaden

Cagan M (2018) Inspired: how to create tech products customers love, 2. Aufl. Wiley, New York

Eigner M (2021) System Lifecycle Management: Digitalisierung des Engineering. Springer Vieweg, Berlin

Erben M, Günther WGH (2021) Gestaltung und Management von IT-Verträgen: eine Anleitung für Praktiker, 4. Aufl. Springer Gabler, Wiesbaden

Grabenwarter C, Griller S, Holoubek M (2010) Europäisches und öffentliches Wirtschaftsrecht II, 5. Aufl. Springer, Wien

Gruhn V, von Heyn A (2020) KI verändert die Spielregeln: Geschäftsmodelle, Kundenbeziehungen und Produkte neu denken. Hanser, München

Harings L, Jürgens M (2022) Das Lieferkettensorgfaltspflichtengesetz: Umsetzung und Auswirkungen des LkSG in der Praxis. Reguvis, Köln

Hoffmann S (2020) Einführung in das digitale Produktmanagement: Einordnung und Grundkonzepte. In: Hoffmann S (Hrsg) Digitales Produktmanagement: Methoden – Instrumente – Praxisbeispiele. Springer Gabler, Wiesbaden, S 1–27

Kelly A (2019) The art of agile product ownership: a guide for product managers, business analysts. APress, New York

Kenner A et al (2021) Safety, security, and configurable software systems: a systematic mapping study. In: Association for Computing Machinery (Hrsg) SPLC '21: proceedings of the 25th ACM international systems and software product line conference, Bd A. ACM, New York, S 148–159

Kitsios V (2021) Ihre Produktentwicklung digitalisieren: in einfachen Schritten den Grundstein für die digitale Transformation legen. Springer Vieweg, Wiesbaden

Kittlaus H-B (2012) Software product management and Agile software development: conflicts and solutions. In: Maedche A, Botzenhardt A, Neer L (Hrsg) Software for people: fundamentals, trends and best practices. Springer, Berlin, S 83–06

Kluth W, Smeddinck U (2020) Umweltrecht: Ein Lehrbuch, 2. Aufl. Springer, Berlin

Kossiakoff A, Seymour SJ, Flanigan DA, Biemer SM (2020) Systems engineering: principles and practice, 3. Aufl. Wiley, Hoboken

Kreutzer RT, Sirrenberg M (2019) Künstliche Intelligenz verstehen: Grundlagen – Use Cases – unternehmenseigene KI-Journey. Springer Gabler, Wiesbaden

Lach S, Polly S (2017) Produkt-Compliance: Leitfaden zum Produktsicherheitsgesetz, 3. Aufl. Springer Gabler, Wiesbaden

Laurent É (2021) Introduction to economics and sustainability. In: The Palgrave handbook of global sustainability. Palgrave Macmillan, Cham, S 1–10

Marion TJ, Fixson SK (2021) The transformation of the innovation process: how digital tools are changing work, collaborations, and organizations in new product development. J Prod Innov Manag 38(1):192–215

Pessoa MV, Becker JM (2020) Smart design engineering: a literature review of the impact of the 4th industrial revolution on product design and development. Res Eng Des 31(2):175–195

Porter ME, Heppelmann JE (2014) How smart, connected products are transforming competition. Harv Bus Rev 92(18):64–88

Porter ME, Heppelmann JE (2015) How smart, connected products are transforming companies. Harv Bus Rev 93(10):96–114

Redeker H (2020) IT-Recht, 7. Aufl. Beck, München

Riccio V et al (2020) Testing machine learning based systems: a systematic mapping. Empir Softw Eng 25(2020):5193–5254

Sadiq S, Governatori G (2015) Managing regulatory compliance in business processes. In: vom Brocke J, Rosemann M (Hrsg) Handbook on business process management, vol. 2: Strategic alignment, governance, people and culture, 2. Aufl. Springer, Berlin, S 265–288

Stark J (2022) Product lifecycle management, vol 1: 21st century paradigm for product realisation, 5. Aufl. Springer, Cham

Tkalich A, Ulfsnes R, Moe NB (2022) Toward an agile product management: what do product managers do in agile companies? In: Stray V, Stol K-J, Paasivaara M, Kruchten P (Hrsg) Agile processes in software engineering and extreme programming. Proceedings 23rd international conference on agile software development, XP 2022. Springer, Cham, S 168–184

Uludag Ö, Putta A, Paasivaara M, Matthes F (2021) Evolution of the agile scaling frameworks. In: Gregory P, Lassenius C, Wang X, Gruchten P (Hrsg) Agile processes in software engineering and extreme programming. Proceedings 22nd international conference on agile software development, XP 2021. Springer, Cham, S 123–139

Wang L et al (2021) Artificial intelligence in product lifecycle management. Int J Adv Manuf Technol 114(2021):771–796

Wennker P (2020) Künstliche Intelligenz in der Praxis: Anwendung in Unternehmen und Branchen: KI wettbewerbs-und zukunftsorientiert einsetzen. Springer Gabler, Wiesbaden

MIX
Papier aus verantwortungsvollen Quellen
Paper from responsible sources
FSC® C105338

If you have any concerns about our products,
you can contact us on
**ProductSafety@springernature.com**

In case Publisher is established outside the EU,
the EU authorized representative is:
**Springer Nature Customer Service Center GmbH**
**Europaplatz 3, 69115 Heidelberg, Germany**

Printed by Libri Plureos GmbH
in Hamburg, Germany